AF826378

Jaeger

Konkursordnung

mit Einführungsgesetzen

Großkommentar
begründet von Professor Dr. Ernst Jaeger †

Neunte, völlig neu bearbeitete Auflage

3. Lieferung
§§ 19–28

Bearbeitet von
Dr. Wolfram Henckel
Professor an der Universität Göttingen

1982
Walter de Gruyter · Berlin · New York

Hinweis

Um in der Erscheinungsweise nicht festgelegt zu sein und auf diese Weise Bedürfnissen der Praxis besser gerecht werden zu können, wird darauf verzichtet, die Bände durchgehend zu paginieren. Durch Verwendung der Randnummern sind Seitenzahlen — vor allem für das Zitieren — entbehrlich.

Die einzelnen Lieferungen werden in der Reihenfolge des Erscheinens durchnumeriert; die Folge wird also von derjenigen des Gesamtwerkes abweichen. Sobald ein Band vollständig ist, werden jeweils Einbanddecken geliefert.

Der Verlag

Erscheinungsdatum: Dezember 1981

ISBN 3 11 008860 6

©

Copyright 1981 by Walter de Gruyter & Co., vormals G. J. Göschen'sche Verlagshandlung, J. Guttentag, Verlagsbuchhandlung, Georg Reimer, Karl J. Trübner, Veit & Comp., 1000 Berlin 30.

Alle Rechte, insbesondere das Recht der Vervielfältigung und Verbreitung sowie der Übersetzung, vorbehalten. Kein Teil des Werkes darf in irgendeiner Form (durch Fotokopie, Mikrofilm oder ein anderes Verfahren) ohne schriftliche Genehmigung des Verlages reproduziert oder unter Verwendung elektronischer Systeme verarbeitet, vervielfältigt oder verbreitet werden.

Printed in Germany

Satz und Druck: H. Heenemann GmbH & Co, 1000 Berlin 42

Bindearbeiten: Lüderitz & Bauer, Buchgewerbe GmbH, 1000 Berlin 61

Verweisungsschlüssel

Das Erscheinen der 9. Auflage in Lieferungen und die neue Gliederung der Kommentierung bringen es mit sich, daß die Verweisungen, die sich auf die Randziffern (Anmerkungen) des Kommentars beziehen, nur innerhalb der Lieferungen und hinsichtlich der schon erschienenen Lieferungen der 9. Auflage stimmen. Verweisungen, die über die jeweils erschienene Lieferung hinausgreifen, sind auf die 8. Auflage ausgerichtet. Um die Benutzung des Kommentars zu erleichtern, werden in der folgenden Aufstellung die Verweisungen der ersten und zweiten Lieferung (§§ 1—18), soweit sie sich auf die Kommentierung der §§ 19—28 beziehen, aufgeführt und die Randziffern (Anmerkungen) der 9. Auflage genannt, die mit den Verweisungen angesprochen werden sollen.

Verweisende Anmerkung der 1. u. 2. Lieferung	Text der Verweisung (bezogen auf 8. Aufl.)	Anmerkung der 9. Aufl., auf die sich die Verweisung bezieht
§ 1 Anm. 38	§ 19 Anm. 3 b	§ 19 Anm. 23, 24
§ 1 Anm. 38	§ 21 Anm. 1	§ 21 Anm. 6
§ 1 Anm. 51	§ 25 Anm. 9	§ 25 Anm. 15, 21
§ 1 Anm. 84	§ 25 Anm. 6	§ 25 Anm. 11
§ 1 Anm. 88	§ 23 Anm. 14	§ 23 Anm. 62
§ 1 Anm. 88	§ 25 Anm. 3	§ 25 Anm. 10
§ 1 Anm. 90	§ 24 Anm. 4	§ 24 Anm. 5—13
§ 1 Anm. 92	§ 21 Anm. 4	§ 21 Anm. 10
§ 1 Anm. 100	§ 25 Anm. 9	§ 25 Anm. 15, 21
§ 1 Anm. 155	§ 25 Anm. 25 ff	§ 25 Anm. 51 ff
§ 3 Anm. 10	§ 25 Anm. 15 ff	§ 25 Anm. 35 ff
§ 3 Anm. 10	§ 25 Anm. 19	§ 25 Anm. 43
§ 3 Anm. 21	§ 24 Anm. 4	§ 24 Anm. 7 ff
§ 3 Anm. 26	§ 23 Anm. 14 ff	§ 23 Anm. 61 ff
§ 3 Anm. 57	§ 23 Anm. 3	§ 23 Anm. 37
§ 3 Anm. 58	§ 23 Anm. 3	§ 23 Anm. 34 ff
§ 6 Anm. 19	§ 25 Anm. 4	§ 25 Anm. 10
§ 6 Anm. 52	§ 25 Anm. 5	§ 25 Anm. 21
§ 6 Anm. 114	§ 23 Anm. 9 a	§ 23 Anm. 50
§ 7 Anm. 10	§ 23 Anm. 10 ff	§ 23 Anm. 48, 56
§ 8 Anm. 27	§ 27 Anm. 4	§ 27 Anm. 5
§ 8 Anm. 54	§ 23 Anm. 11	§ 23 Anm. 51 ff
§ 8 Anm. 57	§ 21 Anm. 8	§ 21 Anm. 12 ff
§ 10 Anm. 42	§ 25 Anm. 6	§ 25 Anm. 21
§ 15 Anm. 55	§ 24 Anm. 4, 4 a	§ 24 Anm. 5—9
§ 15 Anm. 55	§ 24 Anm. 7	§ 24 Anm. 18
§ 16 Anm. 1	§ 28 Anm. 4	§ 28 Anm. 4
§ 16 Anm. 17	§ 25 Anm. 6 ff	§ 25 Anm. 11 ff
§ 17 Anm. 26	§ 25 Anm. 4	§ 25 Anm. 3 ff
§ 17 Anm. 29	§ 25 Anm. 5	§ 25 Anm. 19
§ 17 Anm. 63	§ 26 Anm. 3, 14	§ 26 Anm. 4, 13
§ 17 Anm. 116	§ 25 Anm. 4	§ 25 Anm. 10
§ 17 Anm. 132	§ 23	§ 23 Anm. 44, § 27 Anm. 4

Verweisende Anmerkung der 1. u. 2. Lieferung	Text der Verweisung (bezogen auf 8. Aufl.)	Anmerkung der 9. Aufl., auf die sich die Verweisung bezieht
§ 17 Anm. 163	§ 26 Anm. 2	§ 26 Anm. 2
§ 17 Anm. 168	§ 26 Anm. 15	§ 26 Anm. 14
§ 17 Anm. 206	§ 19 Anm. 19	§ 19 Anm. 69
§ 17 Anm. 214	§ 26 Anm. 15	§ 26 Anm. 17
§ 17 Anm. 234	§ 23 Anm. 15	§ 23 Anm. 63
§ 17 Anm. 243	§ 19 Anm. 3 b zu 8	§ 19 Anm. 24

§ 19

War dem Gemeinschuldner ein von ihm gemieteter oder gepachteter Gegenstand vor der Eröffnung des Verfahrens überlassen, so kann sowohl der andere Teil als der Verwalter das Miet- oder Pachtverhältnis kündigen. Die Kündigungsfrist ist, falls nicht eine kürzere Frist bedungen war, die gesetzliche. Kündigt der Verwalter, so ist der andere Teil berechtigt, Ersatz des ihm durch die Aufhebung des Vertrags entstehenden Schadens zu verlangen.

Materialien: Motive I Bd. 1 S. 99 ff, Motive II S. 74 ff; Protokolle S. 15, 149; P. II S. 221 ff, VI S. 759 f; Begründung S. 29 f.

Übersicht

1 **I. Einleitung**

Die §§ 19–21 behandeln den Einfluß der Konkurseröffnung auf bestehende Miet- und Pachtverhältnisse. Ist der Gemeinschuldner Mieter oder Pächter, findet § 19 Anwendung, wenn die vermietete oder verpachtete Sache ihm im Zeitpunkt der Konkurseröffnung bereits überlassen war; andernfalls greift § 20 ein und daneben auch § 17 [§ 17 Anm. 13].

2 Ist der Gemeinschuldner Vermieter oder Verpächter, kommt § 21 zur Anwendung, wenn er die Sache dem Mieter oder Pächter vor der Konkurseröffnung überlassen hatte. Für den Fall, daß der Gemeinschuldner die Sache dem Mieter oder Pächter noch nicht überlassen hatte, enthält das Gesetz keine Sonderregelung. Da aber Miet- und Pachtverträge gegenseitige Verträge sind, findet für diesen Fall die allgemeine Regel des § 17 Anwendung [§ 17 Anm. 13], die im übrigen durch die §§ 19–21 verdrängt wird [s. auch Anm. 3 und § 17 Anm. 13].

II. Der Zweck des § 19

3 **1. Abweichung von § 17**

Miet- und Pachtverträge sind gegenseitige („zweiseitige", s. § 17 Anm. 11) Verträge i. S. des § 17. Für sie gibt § 19 eine Sonderregelung, die § 17 verdrängt. Sie beruht nicht darauf, daß Miet- und Pachtverträge Dauerschuldverhältnisse sind. Denn nicht alle Dauerschuldverhältnisse sind dem Anwendungsbereich des § 17 entzogen. So ist auf Sukzessivlieferungsverträge § 17 anwendbar [§ 17 Anm. 68 ff]. Der wesentliche Grund für die von § 17 abweichende Regelung liegt darin, daß der Vermieter oder Verpächter den Vertrag ohne sein Zutun über den Zeitpunkt der Konkurseröffnung hinaus erfüllt, wenn die Sache dem Gemeinschuldner vor Konkurseröffnung überlassen worden ist. Wäre § 17 anwendbar, so würde, wenn der Konkursverwalter nicht die Erfüllung wählt, das Schuldverhältnis im Verhältnis zur Masse in einen einseitigen Schadensersatzanspruch des Vermieters umgewandelt. Ein Anspruch auf Erfüllung zur Masse bestünde nicht. Der Konkursverwalter hätte kein Recht, die Sache gegenüber dem Aussonderungsverlangen des Vermieters zurückzuhalten [§ 17 Anm. 115, 149, 166]. Für die Zeit von der Konkurseröffnung bis zur Rückgabe der Sache wäre die Masse um den Gebrauchs- bzw. Nutzungswert der Sache ungerechtfertigt bereichert. Der Vermieter trüge das Risiko, daß die Bereicherung der Masse geringer ist als der vereinbarte Miet- oder Pachtzins. Dieses Risiko darf ihm nicht aufgebürdet werden, wenn er die Sache nicht bewußt und gegen den Willen des Konkursverwalters in der Masse beläßt. Deshalb darf das Miet- oder Pachtverhältnis, das sich auf eine dem Gemeinschuldner vor Konkurseröffnung überlassene Sache bezieht und sich deshalb von seiten des Vermieters durch Zeitablauf von selbst erfüllt, nicht schon mit der Konkurseröffnung in ein einseitiges Abwicklungsschuldverhältnis umgewandelt werden. Es besteht über die Konkurseröffnung hinaus und ist bis zu seiner Beendigung von beiden Seiten voll zu erfüllen. Der Mietzins ist vom Verwalter als Masseschuld (§ 59 I Nr. 2) zu zahlen. Das Synallagma des gegenseitigen Vertrages bleibt bis zu dessen Beendigung in Gestalt der wechselseitigen Erfüllungsansprüche erhalten.

2. Das außerordentliche Kündigungsrecht des Konkursverwalters 4

Andererseits soll aber der Konkursverwalter wie in § 17 das Recht haben zu entscheiden, ob er den Vertrag für die Masse fortsetzen will oder nicht. Deshalb ist ihm in § 19 ein außerordentliches Kündigungsrecht eingeräumt. Kann er die gemietete oder gepachtete Sache für die Verwaltung der Masse wirtschaftlich sinnvoll benutzen oder nutzen, so wird er nicht kündigen. Benötigt er aber die Sache nicht oder bringt sie ihm keinen dem Miet- oder Pachtzins gegenüber angemessenen Ertrag, so kann er die Masse durch die außerordentliche Kündigung von der Belastung mit dem als Masseschuld zu zahlenden Miet- oder Pachtzins freistellen. Eine fristlose Kündigung, wie sie nach gemeinem Recht dem Konkursverwalter eingeräumt wurde (Mot. II S. 77), würde aber die Interessen des Vermieters unangemessen beeinträchtigen. Dem Vermieter oder Verpächter muß die Möglichkeit eingeräumt werden, die Sache rechtzeitig anderweit zu vermieten oder zu verpachten. Deshalb muß der Konkursverwalter die gesetzliche Kündigungsfrist einhalten, und dem Vermieter wird lediglich zugemutet, daß ein vertragsmäßig erst später zu kündigender Vertrag mit der gesetzlichen Mindestfrist vorzeitig beendet wird.

3. Das außerordentliche Kündigungsrecht des Vermieters 5

Das in § 19 dem Vermieter oder Verpächter unter Wahrung der gesetzlichen Mindestfrist eingeräumte außerordentliche Kündigungsrecht ist durch den Konkurszweck nicht geboten. Es kann diesem sogar zuwiderlaufen, wenn der Vermieter oder Verpächter dem Konkursverwalter eine Sache, die dieser zur Konkursabwicklung dringend braucht oder aus der er zugunsten der Gläubiger einen Ertrag erwirtschaften könnte, vorzeitig entzieht, ohne daß der Konkursverwalter dafür Ersatz beschaffen könnte. Wenn der Gesetzgeber dennoch auch dem Vermieter und dem Verpächter das außerordentliche Kündigungsrecht gewährt hat, so waren dafür folgende Gründe maßgebend: Der Gesetzgeber meinte, weil der Vermieter durch volle Zahlung der Miete aus der Masse gesichert sei, brauche man nicht zu befürchten, daß er von dem Kündigungsrecht einen die Masse beeinträchtigenden Gebrauch machen werde; der Konkursverwalter könne innerhalb der vom Vermieter einzuhaltenden gesetzlichen Kündigungsfrist anderweit geeignete Dispositionen treffen; der Vermieter laufe Gefahr, daß sein Mietzinsanspruch durch das Vermieterpfandrecht und den Massebestand nicht gedeckt sei; die fristlose Kündigung wegen Zahlungsverzuges (§ 554 BGB) gebe ihm keinen ausreichenden Schutz; außerdem werde der Konkursverwalter das Mietobjekt meist in anderer Weise nutzen als ein nicht in Konkurs gefallener Mieter; das sei dem Vermieter auf die Dauer nicht zumutbar (Mot. II S. 78 f).

4. Unzulässige Rechtsausübung des Vermieters 6

Diese Gesichtspunkte sind für die Auslegung des § 19 zwar nicht in dem Sinne verwendbar, daß der Vermieter die Tatsachen, die eines der genannten Interessen begründen, nachweisen müßte, um seine Kündigung zu rechtfertigen. Sie geben aber einen Anhaltspunkt für die Prüfung, unter welchen Voraussetzungen eine außerordentliche Kündigung des Vermieters sich als unzulässige Rechtsausübung darstellt und deshalb unwirksam ist. Das ist der Fall, wenn der Konkursverwalter die Sache für die Verwaltung dringend benötigt und nicht anderweit beschaffen kann, wenn er die Miete als Masseschuld bezahlen kann und pünktlich bezahlt und die Sache vertragsgemäß verwendet. Durch Vorauszahlung oder Sicherstellung des Miet- oder Pachtzinses allein kann aber der Konkursverwalter die Kündigung nicht abwenden, wenn nicht die übrigen Voraussetzungen einer unzulässigen Kündigung vorliegen. Unwirksam ist z. B. die Kündigung des Vermieters einer elektronischen Datenverarbeitungsanlage, die der Buchhaltung des Gemeinschuldners diente und die der Konkursverwalter nicht durch eine andere Anlage ersetzen kann, die er aber noch für die Abwicklung des Konkursverfahrens benötigt und für die er den Mietzins bezahlen kann. Die Kündigung ist aber zulässig und wirksam, wenn der Vermieter bereit ist, mit dem Konkursverwalter einen neuen Vertrag zu angemessenen Bedingungen abzuschließen. Dabei darf er aber nicht verlangen, daß der Konkursverwalter den Mietzins, der sich auf die Zeit vor Konkurseröffnung bezieht, als Masseschuld bezahlt. Die Kündigung eines Pachtvertrages über ein der Kiesgewinnung dienendes Grundstück kann unzulässige Rechtsausübung sein, wenn die weitere Kiesgewinnung der Gläubigerbefriedigung dient, der Konkursverwalter den Pachtzins zahlen kann und die Kündigung nur zu dem Zweck erfolgt, die Kiesgrube einem anderen Interessenten zu verpachten, der dafür dem Gläubiger, der den Konkursantrag gestellt hat, Deckung für seine Konkursforderung versprochen hat (vgl. BGH BB **1962** 973 = DB **1962** 1203 = WM IV B **1962** 929). Die Kündigung eines Vermieters kann ferner dann mißbräuchlich sein, wenn der Vermieter nicht die vom Gesetzgeber als schutzwürdig anerkannten Interessen verfolgt, sondern mit der vorzeitigen Lösung eines langfristigen Mietvertrages sich vom Mieter auf dem Grundstück geschaffene Werte gegen ein unangemessen niedriges Entgelt zuführen will, z. B. ein Gebäude gegen Zahlung des Abbruchwertes, wenn im Vertrag vereinbart ist, daß bei Beendigung des Mietvertrages nur dieser Wert zu zahlen ist (LG Münster MDR **1953** 236 — Leitsatz). Daß die vom Gesetzgeber für das Kündigungsrecht des Vermieters angeführten Interessen für die Beurteilung der Zulässigkeit und Wirksamkeit einer Kündigung herangezogen werden können, zeigt auch die Rechtsprechung zur Kündigung des Vermieters gegenüber Mitmietern, von denen einer in Konkurs gefallen ist [s. Anm. 36 f].

III. Von § 19 erfaßte Verträge

7 **1. Konkursbefangenheit der Miet- und Pachtverträge**

Aus dem Zusammenhang der §§ 549 I, 581 II BGB mit § 851 I ZPO ergibt sich, daß der Anspruch des Mieters auf Gewährung des Gebrauchs der Mietsache und der Anspruch des Pächters auf Gewährung des Gebrauchs und des Fruchtgenusses des Pachtgegenstandes jedenfalls dann unübertragbar und unpfändbar sind, wenn der Vertrag nicht die Überlassung an Dritte gestattet. Seine grundsätzliche Unpfändbarkeit ist in der Rechtsprechung und in der Rechtslehre nicht bestritten (RGZ **70** 226, 229; **134** 91, 96; LG Berlin KGBl. **1902** 61; OLG Kiel SeuffArch. **69** Nr. 80; *Stein/Jonas/Münzberg* ZPO[19] § 857 Anm. II 4 c; *Staudinger/Emmerich* BGB[12] § 549 Anm. 8, 8 a — 2. Bearb. 1981 —). Abweichend von der Regel des § 1 ergibt sich aber aus §§ 19 ff, daß die bei Konkurseröffnung laufenden Miet- und Pachtverhältnisse ausnahmslos und einheitlich vom Konkurs erfaßt werden sollen (*Bley* KuT **1928** 65). Denn wenn die §§ 19, 20 nicht von einer allgemeinen Zugehörigkeit der Miet- und Pachtverhältnisse zur Konkursmasse ausgingen, hätte ein Kündigungsrecht des Verwalters (§ 19) oder die Anwendung des § 17 (§ 20 II) nicht so allgemein ausgesprochen werden können. Auch setzt § 59 I Nr. 2 nicht voraus, daß die Gegenleistung der Masse zufließt. Da folglich die Mietzinsschuld für die vom Gemeinschuldner bewohnte Privatwohnung Masseschuld ist, besteht auch hier das Bedürfnis der vorzeitigen Lösung, das den Gesetzgeber zu der Regelung des § 19 veranlaßt hat. Das schwebende Schuldverhältnis untersteht daher als Einheit dem Konkurs. Die in ihm begründeten Vertragsrechte des Gemeinschuldners übt auch für die Räume, die dieser persönlich bewohnt, der Konkursverwalter aus. Er kündigt. Ihm ist zu kündigen (OLG Celle LZ **1913** Sp. 794; LG Berlin KGBl. **1903** 116 f; OLG Dresden KuT **1928** 46 = JW **1928** 1155 f; LG Braunschweig BlGBW **1974** 37 = NdsRpfl. **1973** 255; *Bley* ZZP **51** 70; *v. Wilmowski/Kurlbaum* KO[6] § 19 Anm. 3; *Böhle-Stamschräder/Kilger* KO[13] § 19 Anm. 1; *Mentzel/Kuhn/Uhlenbruck* KO[9] § 19 Anm. 6; *Wolff* KO[2] § 19 Anm. 5). Das Miet- oder Pachtrecht kann der Verwalter besonders durch den weiteren Gebrauch gemieteter Geschäfts- oder Fabrikräume oder durch Nutzung eines Pachtgegenstandes für Rechnung der Masse verwerten (§§ 6 II, 117 I). Die Gebrauchsüberlassung an Dritte steht aber auch dem Verwalter nur mit Erlaubnis des Vermieters oder Verpächters zu (§§ 549 I S. 1, 581, 596 BGB). Jedoch ist für Wohnraum § 549 II BGB auch im Interesse der Konkursmasse anwendbar. Einseitig kann der Verwalter gemietete Geschäftsräume einem Dritten zu einem für Rechnung der Masse vorzunehmenden Ausverkauf überlassen (KG KGBl. **1905** 72 f). Unter dem Gesichtspunkt des § 129 I kann es gerechtfertigt sein, den Gemeinschuldner und seine Familie in der gemieteten Privatwohnung zu belassen. Die Ausübung außerordentlicher Kündigungsrechte des Gemeinschuldners z. B. aufgrund der §§ 542, 544, 554 a BGB durch den Verwalter läßt § 19 unberührt; ebenso die Ausübung außerordentlicher Kündigungsrechte des Vermieters gegenüber dem Verwalter z. B. aufgrund der §§ 553, 554, 554 a BGB. War dem Vermieter bereits vor dem Konkurs ein solches Kündigungsrecht erwachsen, so bewendet es dabei auch gegenüber dem Konkursverwalter. Doch könnte dieser der noch nicht ausgeübten fristlosen Kündigung des § 554 BGB durch volle Befriedigung der (an sich nur Konkursforderungen bildenden) Ansprüche des Vermieters nach § 554 I S. 2 BGB zuvorkommen oder die schon ausgesprochene Kündigung nach § 554 I S. 3, II Nr. 2 BGB abwenden, wenn es im Interesse der Masse liegt, die sofortige Vertragslösung abzuwenden.

2. Miet- oder Pachtvertrag

a) Allgemeines 8

§ 19 setzt eine rechtsbeständige und zur Zeit der Konkurseröffnung laufende Miete oder Pacht voraus. Gegenstand der Miete können nach § 535 BGB nur „Sachen" (§ 90 BGB), sei es Fahrnis oder Grundstücke, Wohnräume und andere Räume (§ 580 BGB), Gegenstand der Pacht aber nach § 581 BGB auch unkörperliche Gegenstände sein, z. B. ein Nießbrauch, ein Wohnrecht im Sinne des § 1093 BGB, ein Jagdrecht oder ein Fischereirecht. Deshalb fallen unter die Regelung der §§ 19 ff auch Jagdpachtverträge (§§ 11—14 BJagdG; RGZ **141** 391 ff; OLG Celle LZ **1913** Sp. 794 f; *Frommhold* JherJb. **53** 210 f; *Wurzer* GruchBeitr. **54** 379 ff; *Mitzschke/Schäfer* BJagdG[3] § 11 Anm. 13 e). Der Initiativantrag betr. den Entwurf eines Gesetzes zur Änderung des BJagdG (BTagDs. Nr. 1025 vom 23. 4. 1959) sah zwar eine Änderung des § 13 BJagdG dahin vor, daß der Jagdpachtvertrag erlischt, wenn über das Vermögen des Pächters das Konkursverfahren eröffnet wird, „weil solche Fälle fast immer zu unerwünschten und schwer kontrollierbaren Gefälligkeitsgeschäften geführt haben" (S. 6 aaO). Jedoch ist dieser Vorschlag nicht in die Novelle zum BJagdG vom 16. 3. 1961 eingegangen. — Die Miete soll den Gebrauch einer Sache, die Pacht den Gebrauch und Fruchtgenuß eines Gegenstandes gewähren. Ob Miete oder Pacht vorliegt, ist für die Anwendung des § 19 selbst — nicht für die Bemessung der Kündigungsfristen — ohne Belang.

9 **b) Abgrenzung zum Kauf und anderen von § 17 erfaßten Verträgen**

Wichtig ist auch für das Konkursrecht der im Einzelfall schwer festzustellende Unterschied zwischen Pacht (Miete) und Kauf, weil der Kaufvertrag unter § 17, nicht unter § 19 fällt. Zu den Einzelfragen der Abgrenzung muß auf die Kommentare zum BGB verwiesen werden (*Staudinger/Kiefersauer* BGB^{11} § 581 Anm. 35 ff; *Gelhaar* RGRK BGB^{12} Anm. 218 ff vor § 535; *Soergel/Mezger* BGB^{10} Anm. 6 vor § 581; *Palandt/Putzo* BGB^{40} Einf. vor § 581 Anm. 1 b; s. auch *Bley/Mohrbutter* VglO^{4} § 51 Anm. 6). Zum Schrankfachvertrag s. § 17 Anm. 13; zu den Energieversorgungsverträgen, auf die § 19 nicht anwendbar ist, s. § 17 Anm. 85 f; s. ferner OLG Köln ZIP **1980** 100 ff mit **abl.** Anm. von *Kübler* und OLG Düsseldorf ZIP **1980** 174. Die Überlassung eines Zählers durch das Elektrizitätswerk an den Abnehmer ist keine Miete, sondern eine Nebenleistung aus dem Elektrizitätslieferungsvertrag (*Staudinger/Kiefersauer* BGB^{11} § 581 Anm. 38).

10 **c) Fernsprechteilnehmerverhältnis**

Das Fernsprechteilnehmerverhältnis des Gemeinschuldners mit der Bundespost ist ein öffentlich-rechtliches Dauerschuldverhältnis, auf das wegen seines mietähnlichen Charakters § 19 anwendbar ist (§ 19 V Fernmeldeordnung i. d. F. d. Bekanntmachung vom 5. Mai 1971 — BGBl. I 541, zuletzt geändert durch Art. I der VO vom 23. 1. 1980 — BGBl. I 90 —; s. auch BGHZ **39** 35, 36; OLG Düsseldorf MDR **1960** 592; *Aubert* Fernmelderecht I^{3}, 1974, S. 243 f; s. ferner Anm. 69, 71). Die Kündigungsfrist bestimmt sich nach § 18 II Fernmeldeordnung. Zum Vertrag über Fernsprechteilnehmereinrichtungen s. § 17 Anm. 13.

11 **d) Partiarische Verträge**

Wird ein Grundstück „verpachtet" gegen einen Bruchteil des auf dem Grundstück erzielten Umsatzes oder Gewinns, ist nicht § 19 anzuwenden. Denn mit dem Konkurs ist eine Fortsetzung solcher Rechtsverhältnisse nicht zu vereinbaren. Der „Verpächter" kann nicht am Masseumsatz oder -gewinn beteiligt sein. Deshalb ist § 728 BGB unmittelbar oder entsprechend anzuwenden.

3. Leasingverträge

12 **a) Operating-Leasing**

Unter Leasing versteht man die mittel- und langfristige entgeltliche Gebrauchsüberlassung von Wirtschaftsgütern. Man unterscheidet zwischen Operating-Leasing und Finanzierungsleasing. Beim Operating-Leasing wird der Vertrag auf unbestimmte Zeit geschlossen und kann vom Leasingnehmer jederzeit ordentlich gekündigt werden. Solche Verträge finden vor allem Verwendung, wenn dem Leasingnehmer daran gelegen ist, Maschinen oder Anlagen relativ kurzfristig durch entsprechende Produkte der neuesten technischen Entwicklung zu ersetzen. Gegenüber dem Kauf solcher Anlagen bietet das Leasing den Vorteil, daß der Leasingnehmer nicht das Risiko aufwendiger Investitionen für Sachen trägt, die vor Ablauf ihrer normalen Nutzungsdauer technisch veralten und überholt sind. Der Operating-Leasingvertrag ist Mietvertrag. Auf ihn findet unstreitig § 19 Anwendung, wenn der Leasingnehmer in Konkurs fällt und das Leasinggut ihm vor Konkurseröffnung überlassen worden ist [s. aber Anm. 6].

13 **b) Finanzierungsleasing**

Das Finanzierungsleasing bietet zwar auch die Möglichkeit, das Überalterungsrisiko zu vermindern, da die Bindung des Leasingnehmers kürzer ist als bei gekauften

Wirtschaftsgütern. Im Vordergrund steht jedoch der Effekt einer hundertprozentigen Fremdfinanzierung. Der Leasingnehmer hat die Möglichkeit, das Wirtschaftsgut aus den laufenden Erträgen zu bezahlen, die er aus dessen Nutzung zieht.

aa) Vertragsgestaltungen 14

Finanzierungsleasingverträge werden auf bestimmte Zeit abgeschlossen. Bei Vollamortisationsverträgen decken die periodisch zu leistenden Zahlungen, die der Leasingnehmer während der unkündbaren Grundlaufzeit zu entrichten hat, die Anschaffungs- oder Herstellungskosten des Leasinggebers, dessen Gewinnspanne sowie die Zinsen und Kosten in vollem Umfang. Bei Teilamortisationsverträgen muß der Leasingnehmer regelmäßig für die am Ende der Vertragszeit noch nicht abgedeckten Kosten einstehen, soweit sie der Leasinggeber nicht durch anderweitige Verwendung des Leasinggutes oder durch dessen Verkauf erwirtschaften kann. Leasinggeber kann der Hersteller des Leasinggutes oder ein Zwischenhändler sein. Diese werden jedoch nur selten die Finanzierung selbst übernehmen wollen. Deshalb werden regelmäßig Leasinggesellschaften eingeschaltet. Der Leasingnehmer sucht das Wirtschaftsgut bei dem Lieferanten aus, die Leasinggesellschaft kauft es von diesem für eigene Rechnung, erwirbt es zu Eigentum und überläßt es dem Leasingnehmer zum entgeltlichen Gebrauch. Branchenkundige Leasinggesellschaften suchen auch den unmittelbaren Kontakt zu dem Leasingnehmer und beraten diesen bei der Beschaffung des Wirtschaftsgutes. Gebräuchlich ist daneben noch das „sale-and-lease-back"-Verfahren, bei dem der Leasinggeber das neue oder auch schon gebrauchte Wirtschaftsgut vom Leasingnehmer kauft, sich übereignen läßt und an diesen zurückvermietet.

bb) Optionen 15

Der auf bestimmte Zeit abgeschlossene Finanzierungsleasingvertrag wird häufig ergänzt durch eine Kauf- oder eine Verlängerungsoption zugunsten des Leasingnehmers. Bei der Kaufoption obliegt es dem Leasingnehmer, bis zu einem bestimmten Termin vor Vertragsablauf zu erklären, ob er das Wirtschaftsgut zurückgeben oder kaufen werde. Entscheidet er sich für den Kauf, wird ein Kaufvertrag abgeschlossen. Der Kaufpreis entspricht üblicherweise dem Buchwert im Zeitpunkt des Vertragsablaufs unter Anwendung der linearen Afa bzw. dem niedrigeren gemeinen Wert des Wirtschaftsgutes. Bei der Verlängerungsoption wird, wenn der Leasingnehmer die Verlängerung fristgerecht wählt, ein Verlängerungsvertrag geschlossen. Die Gegenleistung des Leasingnehmers für die weitere Gebrauchsüberlassung wird üblicherweise folgendermaßen berechnet: Sie muß den Wertverzehr für das Wirtschaftsgut decken, der sich auf der Basis des Buchwertes zum Zeitpunkt des Endes der Grundlaufzeit des Vertrages unter Anwendung der linearen Afa bzw. auf der Grundlage des niedrigeren gemeinen Wertes des Wirtschaftsgutes errechnet. Dieser Buchwert oder der niedrigere gemeine Wert wird ins Verhältnis gesetzt zu dem gewünschten Verlängerungszeitraum. Ist das Wirtschaftsgut bereits voll abgeschrieben auf eine DM, so ergibt sich also eine minimale Anerkennungsgebühr als Gebrauchsüberlassungentgelt für die Verlängerungszeit.

cc) Verträge ohne Option 16

Die Finanzierungsleasingverträge ohne Option sind reine Gebrauchsüberlassungsverträge. Auf sie ist § 19 uneingeschränkt anzuwenden, wenn der Leasingnehmer in Konkurs fällt und das Wirtschaftsgut ihm vor Konkurseröffnung überlassen worden ist. Angesichts der kurzen Kündigungsfristen, die für die Vermietung beweglicher

Sachen gelten (§§ 565 IV Nr. 2, 565 V BGB), sind aber bei Kündigungen des Leasinggebers die in Anm. 6 dargestellten Grenzen zulässiger Rechtsausübung zu beachten.

dd) Verträge mit Kaufoption

17 **(1) Kündigung durch den Konkursverwalter**

Für die Finanzierungsleasingverträge mit Kaufoption ist streitig, ob beim Konkurs des Leasingnehmers § 17 oder § 19 angewendet werden soll. Die h. M. wendet § 19 unmittelbar oder analog an (BGHZ **71** 189 ff; *Baumgarte* Leasing-Verträge über bewegliche Sachen im Konkurs, 1980, S. 60 ff; *Böhle-Stamschräder/Kilger* KO[13] § 19 Anm. 2; *Hiddemann* WM **1978** 834, 836; *Larenz* SchuldR II[12] § 63 II; *Meilicke* BB **1964** 691 ff; *Flume* DB **1972** 1 ff, 53 ff; *Palandt/Putzo* BGB[40] Einf. 4 c vor § 535; *Mentzel/Kuhn/Uhlenbruck* KO[9] § 19 Anm. 3, § 17 Anm. 16 a; **a. A.**, für Anwendung des § 17: *Stoppok* in Hagenmüller, Leasing-Handbuch[3], 1973, S. 291 ff; *Seeger* KTS **1974** 6, 9). Die umstrittene Frage nach der rechtlichen Qualifizierung der Finanzierungsleasingverträge (dazu ausführlich *Graf von Westphalen* Der Leasingvertrag, 1979, S. 25 bis 44 m. Nachw.) braucht hier nicht entschieden zu werden. Denn es kommt hier lediglich darauf an, wie die konkursrechtliche Frage zu beantworten ist, ob § 17 oder § 19 angewendet werden muß. Sie findet ihre Antwort unter Berücksichtigung des Zwecks dieser Vorschriften. Wie Leasingverträge im Blick auf andere Fragestellungen zu qualifizieren sind, ist dabei belanglos. Beim Leasingvertrag mit Kaufoption bleibt zunächst offen, ob der Leasinggeber am Ende der Grundlaufzeit das Wirtschaftsgut zurückbekommt oder ob der Leasingnehmer es käuflich erwerben wird. Der Vertrag ist zunächst auf die Gebrauchsüberlassung gerichtet und die Leasingraten werden in erster Linie als Entgelt für die Gebrauchsmöglichkeit gezahlt. Ist das Wirtschaftsgut dem Leasingnehmer bei Konkurseröffnung bereits überlassen, so erfüllt sich der Vertrag von seiten des Leasinggebers von selbst. Anders als beim Kaufvertrag, auf den § 17 Anwendung findet, kann der Leasinggeber seine Leistung nicht zurückbehalten, um seinen Anspruch auf die Gegenleistung zu sichern. Deshalb wäre es unangemessen, dem Konkursverwalter die Wahl zu belassen, ob der Vertrag mit der Konkurseröffnung, wie es § 17 vorsieht, in einen einseitigen Schadensersatzanspruch des Leasinggebers umgewandelt bleiben oder erfüllt werden soll. Denn wenn der Konkursverwalter die Erfüllung ablehnt, wäre die Gebrauchsmöglichkeit, die bis zur Entscheidung des Konkursverwalters der Masse verblieben ist, vom Leasinggeber rechtsgrundlos gewährt. Ihn auf einen Bereicherungsanspruch zu verweisen, wäre aber nur angemessen, wenn er durch eigenes Handeln die Leistung zur Masse erbracht hätte [Anm. 3]. Dies ist der entscheidende Gesichtspunkt für die Anwendung des § 19. Er will sicherstellen, daß derjenige, der dem Gemeinschuldner eine Sache vor Konkurseröffnung zum Gebrauch überlassen hat, die volle vertragliche Gegenleistung bekommt, bis der Vertrag für die Zukunft durch Kündigung beendet wird. Der Konkursverwalter kann also die Masse von der Zahlung der Leasingraten nur für die Zukunft befreien, indem er unter Einhaltung der gesetzlichen oder einer kürzeren vertraglichen Kündigungsfrist den Vertrag kündigt.

18 **(2) Kündigung des Leasinggebers**

Damit ist aber noch nicht entschieden, daß auch der Leasinggeber den Vertrag nach § 19 kündigen kann. Anders als beim Mietvertrag hat er die Entscheidung darüber, ob er das Wirtschaftsgut nach Ablauf der Grundmietzeit zurückbekommt, in die Hand des Leasingnehmers gelegt. Mit der Einräumung der Kaufoption ist er gebunden. Entscheidet sich der Leasingnehmer für den Kauf, muß der Leasinggeber den Kaufvertrag abschließen. Diese Bindung des Leasinggebers hat für den Leasingnehmer einen wirtschaftlichen Wert, und der Leasinggeber wird diese Beschränkung seiner Dispositionsfreiheit nicht unentgeltlich auf sich nehmen. *Baumgarte* (aaO — Anm. 17 — S. 62) nimmt deshalb an, daß in der Gegenleistung des Leasingnehmers ein — konkret nicht berechenbarer — Anteil enthalten sei, der nicht als Gebrauchsentgelt, sondern für die Einräumung der Option gezahlt werde. Könnte der Leasinggeber kündigen und damit dem Leasingnehmer die Option entziehen, wäre dieser Teil der Gegenleistung nutzlos verfallen. Auch wenn man dieser Begründung nicht folgen wollte, weil der Leasinggeber die ihm zustehende Gegenleistung nach dem Anschaffungsaufwand und seiner Gewinnspanne zuzüglich Zinsen und Kosten berechnet [Anm. 14], so stellt doch jedenfalls die Option für den Leasingnehmer einen Wert dar, den ihm der Leasinggeber nicht einseitig entziehen kann. Denn wenn der Leasingnehmer bzw. dessen Konkursverwalter nach Ausübung des Optionsrechts die Sache noch zu einem Preis verkaufen könnte, der über dem Preis liegt, den der Leasingnehmer bei Ausübung der Option an den Leasinggeber zahlen muß, gehört die Chance auf diesen Verkaufsgewinn zum Vermögen des Leasingnehmers. Ob dieser Wert vom Leasingnehmer realisiert werden soll, hängt aber nach dem Vertrag allein von dessen Entscheidung ab, ob er die Option ausüben will. Diese Entscheidungsbefugnis darf der Leasinggeber dem vertragstreuen Leasingnehmer nicht einseitig entziehen. Die Befugnis des Konkursverwalters, von der Option Gebrauch zu machen und das Leasinggut für die Masse günstig zu verwerten, verdient gegenüber dem Sicherungsinteresse des Leasinggebers Schutz. Das durch § 19 geschützte Interesse des Vermieters, die Sache bei Konkurseröffnung kurzfristig zurücknehmen zu können, muß zurücktreten, wenn bei normaler Vertragsbeendigung die Entscheidung darüber, ob die Sache zurückzugeben ist, beim Mieter liegt. Der Leasinggeber kann deshalb nur bei Zahlungsverzug des Konkursverwalters kündigen. Andererseits aber ist dem Leasinggeber nicht zuzumuten, unbegrenzt zu warten, ob der Konkursverwalter von dem Optionsrecht Gebrauch machen will. In entsprechender Anwendung des § 17 II muß ihm das Recht eingeräumt werden, den Konkursverwalter zur Erklärung aufzufordern, ob er von dem Optionsrecht Gebrauch machen will. Verneint der Konkursverwalter dies, ist § 19 uneingeschränkt anwendbar. Der Leasinggeber kann vorbehaltlich der Grenzen zulässiger Rechtsausübung [Anm. 6] kündigen. Unterläßt der Konkursverwalter die rechtzeitige Erklärung, so verliert die Masse das Optionsrecht. Der Vertrag ist dann wie ein optionsfreier nach § 19 kündbar.

(3) Vorzeitige Ausübung der Option? 19

Ob der Konkursverwalter das Optionsrecht vorzeitig ausüben kann, um das Wirtschaftsgut für die Masse vorteilhaft zu verwerten, läßt sich nicht generell beantworten. Die Verträge lassen eine derartige Möglichkeit regelmäßig nicht zu. Meist wird es zu einer Einigung kommen, wenn der Konkursverwalter einen Preis anbietet, der den vertraglichen Bedingungen und Kalkulationen entspricht und der verkürzten Laufzeit Rechnung trägt. Denn der Leasinggeber ist an der Eigenverwertung meist nicht interessiert. Unter Umständen kann der Leasinggeber nach Treu und Glauben verpflichtet sein, mit dem Konkursverwalter eine solche Vereinbarung zu schließen, wenn sie der Masse einen erheblichen Vorteil bringt und schutzwürdige Interessen des Leasinggebers nicht entgegenstehen.

ee) Verträge mit Verlängerungsoption 20

Beim Leasingvertrag mit Verlängerungsoption ist aus den genannten Gründen ebenfalls § 19 anzuwenden (*Baumgarte* aaO — Anm. 17 — S. 61 ff). Jedoch findet auch hier das Kündigungsrecht des Leasinggebers eine Einschränkung. Die Bindung, der sich der Leasinggeber mit der Einräumung der Option unterwirft, hat auch hier für den Leasingnehmer einen wirtschaftlichen Wert, der ihm nicht einseitig entzogen werden darf [s. Anm. 18]. Dem Konkursverwalter, der den Vertrag ordnungsgemäß erfüllen will, muß die Möglichkeit erhalten bleiben, nach Ablauf der Grundlaufzeit das Wirtschaftsgut gegen Zahlung der niedrigen Gegenleistung, die im Vertrag für die Verlängerungszeit vereinbart ist, für die Masse zu nutzen. Deshalb darf der Vermieter nicht kündigen, wenn der Konkursverwalter erklärt, daß er von der Option Gebrauch machen werde (weitergehend, das Kündigungsrecht des Leasinggebers völlig ausschließend: *Seeger* KTS **1974** 6, 12). § 17 II ist auch hier entsprechend anwendbar [s. Anm. 18 a. E.]. Das gilt auch dann, wenn die Grundlaufzeit sich noch relativ weit erstreckt. Denn einerseits ist bei einer Betriebsfortsetzung durch den Konkursverwalter oft nicht abzusehen, wie lange diese andauern wird. Zum andern erklärt sich der Leasinggeber in der Regel im voraus mit einem Mieterwechsel aus wichtigem Grund einverstanden, wenn der neue Mieter bereit und in der Lage ist, die Verpflichtungen aus dem Vertrag zu übernehmen. Der Konkursverwalter kann also bei einer Betriebsveräußerung den Leasingvertrag übertragen und dafür eine Gegenleistung in die Masse bringen, wenn das Wirtschaftsgut nach Ablauf der Grundlaufzeit noch einen höheren Wert verkörpern wird, als er der dann zu zahlenden Gegenleistung entspricht. Diese Möglichkeit darf der Leasinggeber dem Konkursverwalter nicht durch einseitige Kündigung entziehen.

21 **ff) Vereinbartes Kündigungsrecht**

In den Vertragsbedingungen der Leasinggesellschaften ist freilich meist ein Kündigungsrecht des Leasinggebers für den Fall vorgesehen, daß der Leasingnehmer in Zahlungsschwierigkeiten gerät, insbesondere seine Zahlungen einstellt, ein außergerichtliches oder gerichtliches Vergleichsverfahren oder ein Konkursverfahren beantragt wird oder wenn gegen ihn Zwangsvollstreckungsmaßnahmen eingeleitet oder Wechselproteste erhoben worden sind. Sofern aufgrund solcher Klauseln vor Konkurseröffnung bereits gekündigt wurde, hat es dabei — vorbehaltlich einer Anfechtung — sein Bewenden. Ist aber vor Konkurseröffnung nicht gekündigt worden, so gehört das Optionsrecht zur Masse, und der Leasinggeber darf es ihr nicht mehr einseitig entziehen. Die Kündigungsklausel ist unter den gleichen Voraussetzungen unwirksam wie eine Vereinbarung, die das dem Konkursverwalter in § 17 eingeräumte Wahlrecht ausschließt oder einschränkt (§ 17 Anm. 214; *Baumgarte* aaO — Anm. 17 — S. 79 f, der außerdem Unwirksamkeit nach § 9 I AGBG annimmt).

22 **gg) Schadensersatzpauschale**

Für Schadensersatzpauschalen, die in Leasingverträgen häufig für den Fall der konkursbedingten Kündigung des Konkursverwalters oder des Leasinggebers vereinbart werden, gilt das in Anm. 69, 71 Gesagte.

4. Lizenzverträge

23 **a) Patentlizenz**

Der Patentlizenzvertrag wird heute überwiegend nicht als Pachtvertrag eingeordnet, sondern als Vertrag eigener Art, für den aber Vorschriften über gesetzlich geregelte Vertragstypen je nach Vertragsgestaltung entsprechend anwendbar sein können, wie Bestimmungen des Gesellschafts-, Kauf-, Miet- oder Pachtrechts (*Benkard/Bock/*

Bruchhausen PatG[6] § 9 Anm. 38; *Lindenmaier/Weiss* PatG[6] § 9 Anm. 28; *Tetzner* Das materielle Patentrecht der Bundesrepublik Deutschland, 1972, § 9 Anm. 8; *Reimer* PatG[3] § 9 Anm. 5). Im Konkurs des Lizenznehmers wendet die h. L. sowohl bei ausschließlichen wie bei einfachen Lizenzverträgen § 19 an, bei ersteren freilich nur, wenn der Lizenzgeber bei Konkurseröffnung das Benutzungsrecht bereits übertragen hatte (*Lindenmaier/Weiss* PatG[6] § 9 Anm. 65; *Reimer* PatG[3] § 9 Anm. 123; *Tetzner* aaO § 9 Anm. 32; *Bernhardt* Lehrbuch[3] § 32 II; *Mentzel/Kuhn/Uhlenbruck* KO[9] § 19 Anm. 2; RGZ **122** 70, 73 f; **134** 91, 95). Die gesetzliche Kündigungsfrist i. S. des § 19 ergibt sich aus § 595 BGB (*Reimer* PatG[3] § 9 Anm. 123). Danach ist die Kündigung nur für den Schluß eines Pachtjahres zulässig; sie hat spätestens am ersten Werktag des halben Jahres zu erfolgen, mit dessen Ablauf die Pacht enden soll. Hat aber der Lizenzvertrag gesellschaftsrechtlichen Charakter, so ist nicht § 19 anzuwenden, sondern § 728 BGB (RGZ **122** 70, 72; s. auch oben Anm. 11; **a. A.** ohne Begründung: *Reimer* PatG[3] § 9 Anm. 123).

b) Filmlizenz **24**

Der Filmlizenzvertrag zwischen dem Produzenten und dem Verleiher (dazu *Berthold/Hartlieb* Filmrecht, 1957, S. 351 ff) wird als urheberrechtlicher Nutzungsvertrag eigener Art angesehen, der dem patentrechtlichen Lizenzvertrag ähnlich ist (RGZ **106** 362 ff; **118** 288 ff; **158** 321, 324 f; **161** 321 ff; BGHZ **2** 331 ff; **9** 262, 264 f; *Berthold/Hartlieb* aaO S. 356 ff mit Nachw.; *Ulmer* Urheberrecht[2] S. 383). Im Einzelfall sind aber die Vorschriften für typische Verträge des bürgerlichen Rechts und Handelsrechts entsprechend anwendbar. Daß die Rechtsprechung etwa hinsichtlich der Sachmängelhaftung nicht Pacht, sondern Kaufrecht entsprechend anwendet, läßt nicht auf die Unanwendbarkeit des § 19 schließen (**so aber** *Mentzel/Kuhn/Uhlenbruck* KO[9] § 19 Anm. 3). Vielmehr führt wie beim Patentlizenzvertrag die Anwendung des § 19 zu angemessenen Ergebnissen (*Berthold/Hartlieb* aaO S. 405; *Bley/Mohrbutter* VglO[4] § 50 Anm. 8; teilweise **abw.** *Goldschmidt* Ufita 1929, S. 1 ff). § 36 VerlG ist nicht entsprechend anwendbar (*Goldschmidt* aaO S. 15; **a. A.** *Seligsohn* Festgabe für Kohler, 1909, S. 293). Auch der Filmverleihvertrag, d. h. die entgeltliche Gewährung des Vorführungsrechtes durch den Filmverleiher an den Theaterunternehmer, fällt unter § 19, wenn letzterer in Konkurs fällt.

5. Typengemischte Verträge **25**

Zweifel können bei Verträgen entstehen, in denen zwar auch eine für Mietverträge typische Leistung vereinbart wird, daneben aber andere Leistungen, wie sie für andere Vertragsarten typisch sind (typengemischter Vertrag, *Larenz* SchuldR II[12] § 62). Es ist dann zu entscheiden, ob ein solcher Vertrag den §§ 19 ff zu unterwerfen ist oder dem § 17 oder anderen Normen des Konkursrechts.

a) Einheitlicher Vertrag **26**

Es ist daran festzuhalten, daß es sich auch in diesen Fällen um einen einheitlichen Vertrag handelt, nicht um mehrere Verträge, die nur miteinander äußerlich verbunden sind. Nach dem Willen der Vertragspartner ist ein Teil zu mehreren Leistungen verpflichtet, die aber eine Einheit bilden, gleichgültig für welche Vertragsarten sie typisch sein mögen. Die Einheitlichkeit der Gegenleistung ist ein Zeichen für die gewollte Einheitlichkeit des gesamten Vertrages, aber nicht notwendig (*Larenz* SchuldR II[12] § 62 II a).

27 **b) Auflösung des ganzen Vertrages**

Bei Anwendung der §§ 19 ff muß eine Auflösung des Vertrages den gesamten Vertrag erfassen, nicht etwa nur den Teil, der dem Typus der Miete entspricht; ein Fortdauern der anderen Verpflichtungen nach Beendigung des Mietteils ist ausgeschlossen, entspricht auch in keiner Weise dem Parteiwillen.

28 **c) Haupt- und Nebenleistung**

Es muß in jedem Falle bei einem so zusammengesetzten Vertrag geprüft werden, welche der verschiedenen Leistungen nach dem Parteiwillen die Hauptleistung ist, die dem Zweck des ganzen Vertrages in erster Linie das Gepräge gibt, auf das es den Parteien besonders ankommt, und welche Leistung von untergeordneter Bedeutung ist, nur der Erleichterung oder Ermöglichung der Hauptleistung dient und deshalb nur eine Nebenleistung ist. Die Hauptleistung begründet dann, wenn sie der Miete entspricht, die Anwendung der §§ 19 ff.

29 **d) Beispiele**

(1) Wenn bei der Miete von Maschinen deren Wartung mitvereinbart ist, so bleibt der Vertrag Miete und wird nicht zum Werkvertrag, denn die Wartung ist nur Nebenleistung.

30 (2) Hatte der Gemeinschuldner für auswärts arbeitende Monteure Hotelzimmer gemietet, so ist § 19 anwendbar, weil der Beherbergungsvertrag in der Hauptsache Raummiete ist, die Gewährung des Frühstücks oder anderer Verpflegung an die Raumüberlassung geknüpft wird (RGZ **169** 84, 87 f; BGH NJW **1975** 645, 646). Zur Behandlung von Werkmietwohnungen und Werkdienstwohnungen s. §§ 565 b—e BGB.

31 (3) Hat der Gemeinschuldner mit einem Gastwirt einen Vertrag geschlossen, in dem dieser sich verpflichtet, in seinen Räumen den Arbeitnehmern des Gemeinschuldners täglich ein Mittagessen zu bieten, so handelt es sich nicht um einen Mietvertrag. Der Vertrag hat in erster Linie die Gewährung der Speisen zum Gegenstand. Nur um diese Pflicht zu erfüllen, bietet der Gastwirt die Benutzung seiner Räume an. Auf diesen Vertrag ist deshalb nicht § 19, sondern § 17 anzuwenden (vgl. RGZ **65** 11 ff).

32 (4) Bei dem Vertrag, durch welchen einem Arzt zur Behandlung seiner Patienten Räume eines Krankenhauses zur Verfügung gestellt werden, liegt kein Mietvertrag vor, wenn sich der Arzt dazu verpflichtet, seine Patienten ausschließlich in dem Krankenhaus zu behandeln. In diesem Fall liegt das Schwergewicht der Vereinbarungen in dieser Abrede, welche die wirtschaftliche Grundlage für den Klinikbetrieb sichern soll, und nur zur Durchführung dieser Verpflichtung wird als selbstverständliche Folge die Gewährung der Räume vereinbart, die ihren Sinn verliert, wenn die Hauptverpflichtung endet (RG DR **1942** 1333). Ist aber der Belegarzt lediglich berechtigt, seine Patienten im Belegkrankenhaus zu behandeln, so handelt es sich um einen Dauervertrag atypischen Inhalts, der bei Entgeltlichkeit Elemente der Miete, bei Unentgeltlichkeit solche der Leihe enthält (offengelassen in BGH NJW **1972** 1128, 1129, dazu Anm. *Hepp* NJW **1972** 1514). Die gesetzliche Kündigungsfrist ist bei entgeltlichen Verträgen grundsätzlich die des § 565 I Nr. 3 BGB (§ 565 V BGB), wobei zu beachten ist, daß es sich um „Geschäftsräume" handelt. Bei unentgeltlichen Verträgen wendet der BGH (aaO) nicht die §§ 604, 605 BGB an, sondern verlangt bei Kündigung durch den Krankenhausträger eine „angemessene" Frist, die unter Berücksichtigung einer ordnungsmäßigen ärztlichen Versorgung der Patienten und des Interesses des Arztes, die

im Zeitpunkt der Kündigung von ihm betreuten Patienten klinisch zu behandeln, zu bestimmen ist. Im entschiedenen Fall hat der BGH einem Frauenarzt eine Kündigungsfrist von 6 Monaten gewährt. Diese Gesichtspunkte müssen auch bei entgeltlichen Verträgen berücksichtigt werden und können zu einer Modifizierung der Kündigungsfrist des § 565 I Nr. 3 BGB führen.

IV. Sonstige Voraussetzungen des § 19

1. Gemeinschuldner als Mieter oder Pächter 33

§ 19 setzt voraus, daß der Gemeinschuldner Mieter oder Pächter ist. Für den Nachlaßkonkurs ist Gemeinschuldner i. S. des § 19 der Erblasser, wenn der Vertrag vor dem Erbfall geschlossen worden war.

2. Mehrere Mieter oder Pächter 34

Das Miet- bzw. Pachtverhältnis bildet eine Einheit und kann deshalb nur einheitlich gekündigt werden. Das gilt auch dann, wenn Ehegatten gemeinsam Räume gemietet haben. Die früher verbreitete Annahme (auch Voraufl. Anm. 7 a), daß zwischen dem Vermieter und der mitmietenden Ehefrau nur ein unselbständiges, akzessorisches Mietverhältnis bestehe und deshalb die Kündigung des Mietvertrages im Verhältnis zum Ehemann den Mietvertrag mit der Frau erlöschen lasse, ist spätestens mit dem Inkrafttreten des Art. 3 II GG überholt (*Staudinger/Emmerich* BGB[12] Vorbem. 104, 109 zu §§ 535, 536 — 2. Bearb. 1981 —). Der Kündigungsgrund muß deshalb grundsätzlich im Verhältnis zu allen Mitmietern bzw. Mitpächtern vorliegen, wenn das einheitliche Miet- oder Pachtverhältnis gelöst werden soll. Der Mitmieter oder Mitpächter, der selbst nicht im Konkurs ist, braucht sich den Konkurs des anderen grundsätzlich nicht als Kündigungsgrund zurechnen zu lassen (BGHZ **26** 102, 108 f; **a. A.** *Bettermann* ZMR **1955** 298).

Der Grundsatz, daß ein Miet- oder Pachtverhältnis, an dem mehrere Personen als Mieter oder Pächter beteiligt sind, nur einheitlich gekündigt werden kann, würde aber die Masse unangemessen belasten, wenn der Konkursverwalter des einen in Konkurs gefallenen Mieters oder Pächters den Vertrag nicht nach § 19 kündigen könnte. Denn dann haftete die Masse für die Verbindlichkeiten aus dem fortbestehenden Mietvertrag nach § 59 I Nr. 2. Deshalb muß das möglicherweise bestehende Interesse des Mitmieters oder Mitpächters am Fortbestehen des Vertrages zurücktreten hinter den Interessen der Gesamtheit der Konkursgläubiger an einer Lösung des Vertrages. Der Konkursverwalter darf folglich das Mietverhältnis im ganzen kündigen (RGZ **141** 391, 393; OLG Celle OLGZ **1974** 490, 492 = NJW **1974** 2012 = MDR **1974** 673; vgl. auch BGHZ **26** 102, 105 f; *Mentzel/Kuhn/Uhlenbruck* KO[9] § 19 Anm. 10; *Böhle-Stamschräder/Kilger* KO[13] § 19 Anm. 7; *Staudinger/Emmerich* BGB[12] Vorbem. 102 zu §§ 535, 536 — 2. Bearb. 1981 —; *Palandt/Putzo* BGB[40] § 564 Anm. 3 f). Zum Schadensersatzanspruch des Vermieters gegen den Mitmieter s. Anm. 67. 35

Andererseits aber folgt aus dem Grundsatz der Einheitlichkeit des Mietverhältnisses, daß der Vermieter oder Verpächter kein Kündigungsrecht nach § 19 hat, wenn nur ein Mieter oder Pächter in Konkurs gefallen ist (BGHZ **26** 102 ff; LG Wuppertal NJW **1951** 662; LG Hannover MDR **1965** 388; ZMR **1962** 336 mit Anm. von *Wesche; Böhle-Stamschräder/Kilger* KO[13] § 19 Anm. 7; *Mentzel/Kuhn/Uhlenbruck* KO[9] § 19 Anm. 10; *Kuhn* WM **1959** 100; *Siegelmann* KTS **1968** 213, 217; *Weimar* KTS **1955** 89, 90; **a. A.** LG Berlin NJW **1954** 1207). 36

37 Die unterschiedliche Behandlung des Konkursverwalters und des Vermieters oder Verpächters ergibt sich aus der abweichenden Interessenlage. Zwar wollte der Gesetzgeber beide gleichstellen (Mot. II S. 79), jedoch hat er dabei die besonderen Probleme nicht berücksichtigt, die bei der Vermietung an mehrere Personen auftreten. Ein hinreichender Grund, von dem Grundsatz abzuweichen, daß das Mietverhältnis nur einheitlich und nur dann gekündigt werden kann, wenn der Kündigungsgrund im Verhältnis zu allen Mitmietern vorliegt, besteht nur für die Kündigung durch den Konkursverwalter. Der Vermieter kann sich an den Mitmieter halten, der nicht im Konkurs ist. Zahlt dieser nicht, so ist das kein Risiko, das durch den Konkurs des anderen begründet ist. Der Vermieter kann dann nach § 554 BGB kündigen. Er kann darüber hinaus dieses Risiko dadurch mindern, daß er im Mietvertrag vereinbart, das Mietverhältnis solle im ganzen durch den Konkurs eines Mieters aufgelöst werden (BGHZ **26** 102, 107).

38 Der nicht selbst im Konkurs stehende Mitmieter oder Mitpächter des Gemeinschuldners hat keine gesetzliche Befugnis zu vorzeitiger Lösung des Vertrages. Freilich könnte durch den Willen der Parteien dem einen Mitmieter oder Mitpächter bei Konkurs des anderen ein Kündigungsrecht eingeräumt sein. Es bestehen aber keinerlei rechtliche oder auch nur tatsächliche Vermutungen für einen solchen Vertragsinhalt.

39 Eine Sonderregelung enthält § 13a BJagdG, der den Grundsatz der einheitlichen Kündigung ausdrücklich durchbricht. Wird der Jagdpachtvertrag im Verhältnis zu einem Mitpächter — vom Verpächter oder vom Konkursverwalter — gekündigt, so bleibt er im Verhältnis zu den übrigen Mitpächtern bestehen. Ist einem der Beteiligten die Aufrechterhaltung des Vertrages infolge des Ausscheidens eines Pächters nicht zuzumuten, so kann er den Vertrag mit sofortiger Wirkung kündigen. Die Kündigung muß unverzüglich nach Erlangung der Kenntnis von dem Kündigungsgrund erfolgen (dazu *Mitzschke/Schäfer* BJagdG[3] § 13 a Anm. 1).

40 **3. Überlassung der Miet- oder Pachtsache vor Konkurseröffnung**

Mietsache oder Pachtgegenstand müssen dem Gemeinschuldner vor der Konkurseröffnung (§ 108) überlassen worden sein. Sonst greift § 20 Platz, mag auch die Überlassung an den Gemeinschuldner hinterher in Unkenntnis des Konkurses erfolgen.

41 **a) Überlassung**

Die Überlassung ist ein auch sonst für Miete und Pacht bedeutsamer Begriff (vgl. §§ 536, 537, 549, 565 II, 571, 577, 578 BGB, §§ 57, 152 ZVG), der einen weiteren Sinn hat als „Überlassen des Besitzes" (so z. B. die §§ 561, 957, 986 BGB). Die Auslegung muß sich nach dem besonderen Zweck des auszulegenden Rechtssatzes richten. Hier handelt es sich darum, eine zweckmäßige Abgrenzung des § 19 gegenüber dem § 20 zu gewinnen, der den Vermieter oder Verpächter vor der Überlassung zum Rücktritt ermächtigt. Überlassung i. S. des § 19 bedeutet die Verschaffung der gegenwärtigen Möglichkeit des vertragsmäßigen Gebrauchs oder Genusses. In welcher Weise dies zu geschehen hat, richtet sich nach dem Gegenstand des jeweiligen Vertrages. Setzt der Gebrauch der Sache notwendig den Besitz voraus, was bei Mietverträgen über Grundstücke oder Räume regelmäßig der Fall ist, so ist die Sache erst mit der Besitzverschaffung überlassen, nicht etwa schon mit der Bereitstellung (**so aber** *Mentzel/Kuhn/Uhlenbruck* KO[9] § 19 Anm. 4). Besitzverschaffung nach § 854 II BGB genügt, jedoch muß die gemietete Sache bereits existieren (BGH NJW **1976** 105 f zu § 571 BGB; vgl. auch BGHZ **19** 85, 93 u. OLG Düsseldorf MDR **1976** 142). Bei der Miete von Wohnungen braucht der Mieter nicht schon eingezogen zu sein. Es genügt die Aushändigung der

Schlüssel an ihn, nicht aber die Instandsetzung der Räume allein. Eigenmächtige Besitznahme ist keine Überlassung. Wohl aber kann ein Überlassen auch in stillschweigender Genehmigung der eigenmächtigen Besitznahme liegen. Hat der Mieter oder Pächter bei Konkursbeginn nur eigenmächtig erworbenen Besitz, so greift § 20, nicht § 19 ein. Andererseits genügt auch eine vorzeitige, d. h. vor Beginn der Vertragszeit bewilligte Überlassung. Ob der Miet- oder Pachtzins bei Konkurseröffnung schon bezahlt ist oder nicht, bleibt außer Betracht. Richtet sich die Gebrauchsgewährung nur auf die gelegentliche Benutzung einer im Besitz des Vermieters verbleibenden Sache, so ist der Besitz des Mieters nicht erforderlich (BGH NJW **1976** 105 f). Überlassen des Besitzes kommt auch dann nicht in Frage, wenn der Pachtgegenstand keine Sache ist. Ein Recht (z. B. ein verpachtetes Jagdrecht) ist überlassen, wenn der Verpächter den Pächter in die Lage alsbaldiger Rechtsausübung versetzt hat, nicht schon durch den Vertragsabschluß selbst (*Mentzel/Kuhn/Uhlenbruck* KO[9] § 19 Anm. 4; *Jacoby* SeuffBl. **72** 813 ff, 1034 ff; *v. Wilmowski/Kurlbaum* KO[6] § 19 Anm. 6). Der Umstand, daß der Gemeinschuldner als Mieter oder Pächter vor Konkursbeginn in Annahmeverzug versetzt war (§§ 293 ff BGB), reicht für sich allein zur Anwendbarkeit des § 19 noch nicht aus. Das leuchtet in Fällen der §§ 295, 296 BGB ohne weiteres ein. Unbeschadet der Folgen des Gläubigerverzugs greift also der dem Vermieter oder Verpächter noch günstigere § 20 Platz (**a. A.** *Pfeiffer* LZ **1913** Sp. 915 ff).

b) Vor Konkurseröffnung 42

Die Überlassung muß zur Zeit der Konkurseröffnung (§ 108) bereits vollzogen sein. Dieses Erfordernis ist schon dann erfüllt, wenn sie in der Hauptsache, im wesentlichen, vollendet war. Bei einheitlichen Schuldverhältnissen wird jede erhebliche Teilüberlassung genügen müssen. Keinesfalls kann der einheitliche Vertrag teils dem § 19, teils dem § 20 unterliegen (*Wolff* KO[2] § 19 Anm. 3; *v. Wilmowski/Kurlbaum* KO[6] § 19 Anm. 6).

c) Keine Fortdauer der Überlassung 43

Daß die Überlassung zur Zeit der Konkurseröffnung noch fortdauert, daß der Gemeinschuldner in diesem Augenblick den Miet- oder Pachtbesitz noch als unmittelbaren oder doch als mittelbaren (z. B. kraft Untervermietung oder Unterverpachtung, § 868 BGB) ausübt, verlangt das Gesetz nicht. Denn § 19 setzt nur voraus, daß der Gegenstand dem Gemeinschuldner vor der Eröffnung des Verfahrens überlassen „war", nicht, daß er ihm zur Zeit der Konkurseröffnung noch überlassen „ist" (*Mentzel/Kuhn/Uhlenbruck* KO[9] § 19 Anm. 5; *v. Wilmowski/Kurlbaum* KO[6] § 19 Anm. 6; *Wolff* KO[2] § 19 Anm. 3; **a. A.** *Hellwig* Verträge auf Leistung an Dritte, S. 424 ff). § 19 ist deshalb anwendbar, wenn dem späteren Gemeinschuldner der Mietbesitz durch verbotene Eigenmacht (§ 858 BGB) oder durch eine ungerechtfertigte vorläufige Entscheidung (§§ 708 Nr. 7, 935 ff ZPO) entzogen war. Auch ein vorzeitiger Auszug des Mieters schließt die Anwendung des § 19 nur dann aus, wenn er noch vor Konkurseröffnung zur Aufhebung des Mietverhältnisses geführt hatte. War dem Mieter der vertragsmäßige Gebrauch — mit oder ohne Verschulden des Vermieters — wieder entzogen worden, so steht dem Verwalter die außerordentliche Kündigung nach § 542 BGB frei.

4. Kündigung vor Konkurseröffnung 44

War der Mietvertrag durch Kündigung aufgelöst oder bei Rückgabe der Sache aufgehoben worden, bevor der Mieter in Konkurs fiel, ist § 19 nicht mehr anwendbar; der Vermieter hat für die Folgezeit aufgrund des Schuldverhältnisses nur noch Entschädigungs- und Schadensersatzansprüche (§ 557 BGB), die er (unbeschadet des § 49 I Nr. 2) als Konkursforderung geltend machen kann. Eine auf wiederkehrende begrenzte Zeiträume abgeschlossene Miete setzt meist für jede Gebrauchsperiode eine besondere Überlassung voraus. So z. B. die Miete einer Sommerwohnung für Ferien in den nächsten drei Jahren. Waren Miete oder Pacht schon vor dem Konkurs abgelaufen, so ist es gleichwohl denkbar, daß auf beiden Seiten noch Forderungen aus dem Schuldverhältnis begründet sind (z. B. des Vermieters auf rückständigen Zins und des Mieters auf Ersatz von Verwendungen). Dann kann zwar für eine Aufrechnung, nicht aber für die Anwendung der §§ 17 oder 19 Raum sein. War vor Konkurseröffnung gekündigt worden auf einen Zeitpunkt, der später liegt als der Tag, auf den nach § 19 gekündigt werden kann, so ist § 19 anwendbar mit der Folge, daß der Konkursverwalter und der Vermieter noch einmal kündigen können mit der kürzeren gesetzlichen Frist.

45 **5. Untermiete und Unterpacht**

Auf das Verhältnis des Untervermieters zum Untermieter (§ 549 BGB), des Unterverpächters zum Unterpächter (§§ 581 II, 596 I BGB) findet § 19 — wie auch die §§ 20, 21 — unmittelbare Anwendung, wenn der Gemeinschuldner Untermieter oder Unterpächter ist. Zur Untervermietung durch den Gemeinschuldner s. § 21 Anm. 5.

V. Rechtsfolgen des § 19

1. Die Kündigung

46 **a) Wirkung**

Die Kündigung bewirkt eine Lösung des Miet- oder Pachtverhältnisses vor der vertragsmäßig festgesetzten Zeit. Sie unterscheidet sich von der Erfüllungsablehnung des § 17 [§ 17 Anm. 149 ff] durch ihre Gestaltungswirkung, die das Schuldverhältnis zum Erlöschen bringt, und zwar nicht nur im Verhältnis zur Masse; vom Rücktritt (§ 20) dadurch, daß sie den in der Vergangenheit bereits erfüllten Teil des Schuldverhältnisses ebenso unberührt läßt (*Larenz* SchuldR I^{12} § 26 d) wie die unerfüllten Ansprüche, die sich auf die Zeit bis zum Wirksamwerden der Kündigung beziehen. Endet die Pacht eines landwirtschaftlichen Grundstücks infolge vorzeitiger Kündigung im Laufe des Pachtjahres, so geschieht die Auseinandersetzung nach Maßgabe der §§ 101, 592 BGB.

47 **b) Befreiung eines Bürgen**

Soweit infolge der Kündigung Ansprüche aus dem Mietverhältnis für die Zukunft entfallen, wird auch ein Bürge frei. Jedoch haftet der Bürge des Mieters für die Erfüllung des Schadensersatzanspruchs wegen vorzeitiger Kündigung, den § 19 S. 3 gewährt (OLG Köln RheinArch. **109** 319). Ob der Bürge auch für den Entschädigungsanspruch des § 557 I BGB haftet, ist durch Auslegung des Bürgschaftsvertrages zu ermitteln. Zur Haftung des Gesellschafters: OLG Frankfurt a. M. DB **1979** 2125 = WM **1979** 1274.

48 **c) Kündigungsfrist und Kündigungsschutz**

Die Kündigung darf — mag sie vom Verwalter oder vom Vertragsgegner ausgehen — im Interesse des Gemeinschuldners wie des anderen Teils nur unter Einhaltung der gesetzlichen Kündigungsfristen erfolgen. Setzt der Vertrag, sei es im allgemeinen oder gerade für den Konkursfall, zugunsten beider Teile oder nur zugunsten des Vermieters (Verpächters), eine kürzere Kündigungsfrist, so bleibt es nach § 19 S. 2 bei ihr, mag die Frist auch noch so knapp bemessen sein. Zu beachten sind aber die Beschränkungen der Vertragsfreiheit in §§ 565 II S. 3, 565 a III BGB. Auch Vertragsabreden, die im Konkursfall eine Lösung durch fristlose Kündigung, also die Möglichkeit sofortiger Vertragsaufhebung zulassen, sind wirksam (RGZ **56** 245, 247 f; **115** 271, 274). Selbst die Abrede, daß der Konkurs des Mieters (Pächters) als auflösende Bedingung von selbst — ohne die besondere Willenserklärung einer Partei — das Vertragsverhältnis beenden solle (§ 158 II BGB), ist auch für den Konkursverwalter bindend. Denn keine dieser Abmachungen widerstreitet dem Schutzzweck des Gesetzes (vgl. auch BGH LM Nr. 51 zu § 535 BGB).

aa) Grundstücke, Räume, Schiffe

(1) Kündigungsfrist 49

Die gesetzliche Kündigungsfrist bestimmt sich bei einem Mietverhältnis über Grundstücke, Räume oder im Schiffsregister eingetragene Schiffe nach § 565 I Nr. 3 BGB, bei einem Mietverhältnis über Wohnraum nach § 565 II S. 1, III Nr. 3 BGB (§ 565 V BGB). Der zur Kündigung Berechtigte kann eine längere Frist wählen (OLG Frankfurt a. M. ZIP **1980** 620 zu § 51 II VglO).

(2) Kündigungsschutz 50

Ein Mietverhältnis über Wohnraum kann der Vermieter nur unter den Voraussetzungen des § 564 b BGB kündigen. Diese Vorschrift gilt auch für vorzeitige Kündigungen, die unter Einhaltung der gesetzlichen Kündigungsfrist ausgesprochen werden (BTagDs. VII/2011 S. 8 u. VII/2638 S. 2; *Schmidt-Futterer/Blank* Wohnraumschutzgesetze[4] Rdn. B 459; *Staudinger/Sonnenschein* BGB[12] § 564 b Anm. 13 — 2. Bearb. 1981 —; *Sternel* Mietrecht[2] Rdn. IV 59; *Gelhaar* RGRK BGB[12] § 564 b Anm. 6; *Barthelmes* 2. WKSchG § 564 b Anm. 20). Die Vorschrift gewinnt nur Bedeutung, wenn nicht der Konkursverwalter kündigt. Der Konkurs des Mieters allein begründet kein berechtigtes Interesse des Vermieters an der Beendigung des Mietverhältnisses, zumal er nicht zu einem Mietausfall führt, wenn der Mieter bis zur Konkurseröffnung die Miete gezahlt hat und der Konkursverwalter nach Konkurseröffnung den Mietzins als Masseschuld (§ 59 I Nr. 2) begleicht. Ein berechtigtes Interesse des Vermieters kann aber vorliegen, wenn der Mieter vor Konkurseröffnung oder der Konkursverwalter nach Konkurseröffnung in Verzug geraten sind. Sind in einem solchen Fall die Voraussetzungen des § 554 BGB gegeben, kann der Vermieter fristlos kündigen. Auf diese Kündigung findet § 564 b BGB keine Anwendung. Erreicht der Zahlungsverzug nicht den in § 554 I S. 1 und II Nr. 1 BGB vorausgesetzten Umfang, so kann eine schuldhafte Pflichtverletzung im Sinne des § 564 b II Nr. 1 BGB vorliegen (*Staudinger/Sonnenschein* BGB[12] § 564 b Anm. 37 — 2. Bearb. 1981 —). Streitig ist, welchen Umfang der Zahlungsverzug erreicht haben muß, damit ein berechtigtes Interesse des Vermieters an der Beendigung des Mietverhältnisses angenommen werden kann (*Palandt/Putzo* BGB[40] § 564 b Anm. 6 b aa: mindestens halbmonatiger Verzug mit mindestens einer halben Monatsmiete; *Schmidt-Futterer/Blank* aaO Rdn. B 473: Verzug mit einer Monatsmiete über mehr als einen Monat; *Staudinger/Sonnenschein* BGB[12] § 564 b Anm. 37 — 2. Bearb. 1981 —: eine Monatsmiete, hinsichtlich der Dauer des Verzuges differenzierend). Für den Konkurs ist zu berücksichtigen, daß ein Zahlungsverzug des Mieters vor Konkurseröffnung, der die Voraussetzungen des § 554 BGB nicht erreicht, nicht die Prognose zuläßt, daß der Vermieter während des Konkurses mit weiteren Pflichtverletzungen rechnen müßte. Denn den Mietzins erhält der Vermieter jetzt vom Konkursverwalter. Zahlt dieser pünktlich, so fehlt es regelmäßig an einem berechtigten Interesse des Vermieters an einer Beendigung des Mietverhältnisses, jedenfalls für die Dauer des Konkursverfahrens. Denn einmalige Pflichtverletzungen — hier des Gemeinschuldners — begründen nur dann ein berechtigtes Interesse des Vermieters im Sinne des § 564 b II Nr. 1 BGB, wenn dadurch das Vertrauensverhältnis der Parteien nachhaltig gestört worden ist (*Schmidt-Futterer/Blank* aaO Rdn. B 471; *Staudinger/Sonnenschein* BGB[12] § 564b Anm. 33 — 2. Bearb. 1981 —). Der Verzug des Mieters vor Konkurseröffnung berührt aber nicht das Vertrauen des Vermieters in die Vertragstreue des Konkursverwalters. Beim Verzug des Konkursverwalters ist zu berücksichtigen, daß eine unverschuldete Illiquidität der Masse die Voraussetzungen des § 564 b II Nr. 1 BGB nicht erfüllt (*Gelhaar* RGRK BGB[12] § 564 b Anm. 12; *Palandt/Putzo* BGB[40] § 564 b Anm. 6 b aa; *Schmidt-Futterer/Blank* aaO Rdn. B 473; *Staudinger/Sonnenschein* BGB[12] § 564 b Anm. 39 — 2. Bearb. 1981 —).

51 Reicht die Konkursmasse zur Deckung der Masseschulden des § 59 I Nr. 2 nicht aus (§ 60), so liegen die Voraussetzungen des § 564 b II Nr. 1 BGB nicht vor, wenn der Konkursverwalter nicht mit der dem Vermieter gebührenden Quote in Verzug kommt. Jedoch kann § 564 b II Nr. 3 BGB in Betracht kommen, weil der Vermieter an einer angemessenen wirtschaftlichen Verwertung des Grundstücks gehindert wird und dadurch erhebliche Nachteile erleidet. Nach S. 2 dieser Vorschrift bleibt lediglich die Möglichkeit außer Betracht, im Falle einer anderweitigen Vermietung als Wohnraum eine höhere als die vertragliche Miete zu erzielen. Wohl aber kann der Umstand Berücksichtigung finden, daß der Vermieter in der Situation des § 60 nur eine Quote auf die vertragsmäßige Miete bekommt, bei anderweitiger Vermietung aber einen Mietzins in Höhe der vollen Vertragsmiete erzielen könnte.

52 Im übrigen kann in diesem Fall ein berechtigtes Interesse des Vermieters an der Beendigung des Mietverhältnisses wegen Unzumutbarkeit gegeben sein. § 564 b II BGB enthält keine abschließende Aufzählung der Gründe, die ein Interesse des Vermieters an der Kündigung rechtfertigen (*Staudinger/Sonnenschein* BGB[12] § 564 b Anm. 104 — 2. Bearb. 1981 —). Die Unzumutbarkeit einer längeren Fortsetzung des Vertrages rechtfertigt die Kündigung auch dann, wenn der Mieter seine Vertragspflichten schuldlos verletzt (*Staudinger/Sonnenschein* BGB[12] § 564 b Anm. 119 — 2. Bearb. 1981 —).

53 Der Gesichtspunkt der Unzumutbarkeit rechtfertigt die Kündigung des Vermieters schließlich auch dann, wenn mit Sicherheit zu erwarten ist, daß der Gemeinschuldner nach Beendigung des Konkursverfahrens die aus dem fortdauernden Mietverhältnis erwachsenden Verpflichtungen nicht wird erfüllen können. Der Vermieter braucht dann nicht zu warten, bis die Voraussetzungen des § 554 BGB erfüllt sind, sondern kann auf den Zeitpunkt der voraussichtlichen Konkursbeendigung mit gesetzlicher Frist kündigen.

54 Ob der Mieter der außerordentlichen befristeten Kündigung des Vermieters nach § 556 a BGB widersprechen kann, ist umstritten (bejahend: *Erman/Schopp* BGB[7] § 556 a Anm. 9; *Hoffmann* WuM **1963** 161; *Larenz* SchuldR II[12] § 48 IV e S. 223; *Schopp* ZMR **1963** 225, 226; *Staudinger/Sonnenschein* BGB[12] § 556 a Anm. 17 — 2. Bearb. 1981 —; *Zeller* ZVG[10] § 57 a Anm. 6 (3); **a. A.** OLG Oldenburg Rechtsentscheid NJW **1973** 1841; *A. Blomeyer* ZPR-Vollstreckungsverfahren § 78 VII 2 Note 42; *Dassler/Schiffhauer/Gerhardt* ZVG[11] § 57 a Anm. 6 b; *Gelhaar* RGRK BGB[12] § 556 a Anm. 6; *Holtgrave* Neues Miet- und Wohnrecht, 1960, S. 296 Rdn. 7; *ders.* DB **1964** 1097, 1103; *Mohrbutter* Handbuch[2] § 41 Note 3; *Palandt/Putzo* BGB[40] § 556 a Anm. 2 c; *Pergande* Wohnraummietrecht, 1968, § 556 a Anm. 4; *Roquette* Das Mietrecht des BGB, 1966, § 556 a Anm. 10). Der erstgenannten Auffassung ist zuzustimmen. Die Sozialklausel des § 556 a BGB ist gegenüber einer Kündigung des Vermieters nach Abs. 4 Nr. 2 der Vorschrift nur unanwendbar, wenn ein Grund zur fristlosen Kündigung des Vermieters vorliegt. Vertragsmäßige Beendigung des Mietverhältnisses ist nicht nur die Kündigung zum vereinbarten, sondern auch zu einem gesetzlichen, die vertragsmäßige Vereinbarung modifizierenden Termin. Denn der Inhalt des Mietvertrages bestimmt sich nicht allein aus der Vereinbarung, sondern auch aus dem Gesetz.

bb) Pachtverträge über Grundstücke und Rechte 55

Für Grundstücks- und Rechtspachtverträge ist die Kündigung nur für den Schluß eines Pachtjahres zulässig (§ 595 II BGB). Pachtjahr ist das im Vertrag festgelegte. Ist nichts bestimmt, beginnt das Pachtjahr mit dem Beginn des Pachtverhältnisses (*Palandt/Putzo* BGB[40] § 595 Anm. 1, § 584 Anm. 1). Die Kündigung hat spätestens am 1. Werktag des halben Jahres zu erfolgen, mit dessen Ablauf die Pacht endigen soll. Die Vorschriften über die Grundstückspacht gelten auch für die Pacht von Räumen (§§ 581, 580 BGB; BGH LM Nr. 2 zu § 595 BGB).

cc) Landpacht und Kleingartenpacht 56

Bei Landpachtverträgen kann das Amtsgericht (Landwirtschaftssache, § 1 LwVG) nach § 8 des Landpachtgesetzes vom 25. 6. 1952 (BGBl. I 343, berichtigt 398, BGBl. III 7813—2) auf fristgebundenen Antrag eines Vertragsteils eine Kündigung für unwirksam erklären und, soweit erforderlich, die Dauer des Vertrags auf angemessene Zeit festsetzen, wenn die Verlängerung dringend geboten erscheint und bei Abwägung der Interessen der Vertragsteile die Gründe für eine Verlängerung überwiegen. Diese Vorschrift ist auch bei einer Kündigung nach § 19 anwendbar (*Böhle-Stamschräder/Kilger* KO[13] § 19 Anm. 5; *Mentzel/Kuhn/Uhlenbruck* KO[9] § 19 Anm. 12). Bei der Abwägung der Interessen ist jedoch der Konkurszweck zu berücksichtigen. § 1 der VO über den Kündigungsschutz und andere kleingartenrechtliche Vorschriften i. d. F. der Neubekanntmachung vom 15. 12. 1944 (RGBl. I 347), geändert durch § 7 II Nr. 4 des Gesetzes zur Änderung und Ergänzung kleingartenrechtlicher Vorschriften vom 28. 7. 1969 (BGBl. I 1013), und § 2 I Nr. 1—3 des Gesetzes zur Änderung und Ergänzung kleingartenrechtlicher Vorschriften vom 28. 7. 1969 enthalten weitgehende Beschränkungen der Kündigungsbefugnis privater Verpächter von Kleingartenland. Das BVerfG hat durch Beschluß vom 12. 6. 1979 (NJW **1980** 985 = JZ **1979** 800 = MDR **1980** 197) diese Bestimmungen für nicht mit dem Grundgesetz vereinbar erklärt, da sie über den Rahmen einer nach Art. 14 I, II GG zulässigen Inhaltsbestimmung des Eigentums hinausgingen. Da das BVerfG nur den Verfassungsverstoß festgestellt und nicht auch die Nichtigkeitsfolge ausgesprochen hat, haben die Gerichte einschlägige anhängige Verfahren auszusetzen, bis der Gesetzgeber die verfassungswidrige Regelung durch eine mit dem Grundgesetz in Einklang stehende ersetzt (BGH NJW **1980** 2084; BGHZ **80** 87). Unbeschadet dessen kann der Konkursverwalter des Verpächters nach § 19 ohne Einschränkung kündigen.

dd) Miete und Pacht beweglicher Sachen 57

Für die Miete und Pacht beweglicher Sachen beträgt die gesetzliche Kündigungsfrist drei Tage (§§ 565 IV Nr. 2, V, 581 BGB). Die Kürze dieser Kündigungsfrist kann zu einer erheblichen Störung der Konkursabwicklung führen, wenn der Gegenstand der Miete oder Pacht vom Konkursverwalter dringend benötigt wird [s. dazu näher Anm. 6].

58 **d) Kündigungserklärung**

Die Kündigung ist eine einseitige, empfangsbedürftige Willenserklärung rechtsgestaltenden Inhalts, für welche die Vorschriften der §§ 130—132 BGB gelten. Eine besondere Form ist nur für Mietverhältnisse über Wohnraum vorgeschrieben (§ 564 a BGB). Die Erklärung hat bestimmt zum Ausdruck zu bringen, daß und wann das Vertragsverhältnis aufgelöst werden soll. Die Kündigung muß vom Konkursverwalter ausgehen oder dem Konkursverwalter zugehen. Die konkursmäßige Kündigung bleibt solange und nur solange statthaft, bis das Konkursverfahren wirksam beendet ist. Dadurch aber, daß der Konkurs noch vor dem Ablauf der Kündigungsfrist endet, wird der Erfolg einer vor Konkursbeendigung ausgesprochenen Kündigung nicht vereitelt (vgl. z. B. RGZ **54** 301 f; OLG Braunschweig OLGRspr. **7** 14).

59 **e) Kündigung nicht nur auf den ersten zulässigen Termin**

Daß die Kündigung ausgeschlossen sei, wenn sie nicht für den ersten Termin erfolgt, für den sie zulässig ist, hat § 19 nicht bestimmt. Eine solche Vorschrift wäre auch unangemessen, namentlich bei langfristigen Geschäftsraummieten, die der Verwalter einige Zeit fortzusetzen genötigt ist. Die Kündbarkeit tritt also, und zwar beiderseits, für die Dauer ein (Mot. II S. 79 f; RG JW **1904** 97; *Weimar* KTS **1955** 89, 90), es sei denn, die Verzögerung stellt einen Verstoß gegen Treu und Glauben dar (RG HRR **1930** 167). Deshalb kann eine verspätete Kündigung, wenn der Kündigende erkennbar das Vertragsverhältnis unter allen Umständen lösen will, für den folgenden Termin wirksam werden. Im Konkurs über den Nachlaß des Mieters (Pächters) ergibt sich für den Konkursverwalter die zweifache Möglichkeit, den Vertrag durch Ausübung der massezugehörigen Kündigungsbefugnis aus § 569 I BGB (vgl. RGZ **74** 35 ff) oder nach § 19 KO vor der bedungenen Zeit zu lösen. Aufgrund des § 19 kann er auch noch auf einen späteren gesetzlichen Zeitpunkt kündigen. Die Kündigung zu dem ersten zulässigen Termin bietet aber für die Masse den Vorteil, daß sie als Ausübung einer allgemeinen gesetzlichen Befugnis (§ 569 I BGB) der Masse eine Ersatzverbindlichkeit nicht aufbürdet. Im Gegensatz zum Kündigungsrecht des § 19 KO [Anm. 63] kann das des § 569 I BGB durch Vertragsbestimmung ausgeschlossen sein (RGZ **74** 35 ff; *Staudinger/Sonnenschein* BGB[12] § 569 Anm. 24 — 2. Bearb. 1981 —). Das Kündigungsrecht des § 569 I BGB entfällt, wenn die Voraussetzungen für eine Fortsetzung des Mietverhältnisses nach den §§ 569 a oder 569 b BGB gegeben sind (§ 569 II BGB).

60 **f) Kündigung neuer Verträge**

Verträge, die der Konkursverwalter neu abgeschlossen hat, unterliegen nicht dem § 19 mit § 59 I Nr. 2, sondern dem § 59 I Nr. 1 und sind vertragsgemäß beiderseits zu erfüllen.

61 **2. Die „Freigabe" des Miet- oder Pachtverhältnisses**

Von der Kündigung zu unterscheiden ist die „Freigabe" des Mietverhältnisses durch den Konkursverwalter (*Böhle-Stamschräder/Kilger* KO[13] § 19 Anm. 10). Sie kommt vor allem in Betracht hinsichtlich des Mietvertrages über die Wohnung des Gemeinschuldners, an dessen endgültiger Beendigung der Konkursverwalter meist kein Interesse haben wird. Ihm liegt lediglich daran, die Masse von der Mietzinsschuld freizustellen. Zu beachten ist aber, daß der Konkursverwalter die Masse durch eine „Freigabe" nicht einseitig von Masseschulden und Konkursforderungen freistellen kann (LG Hannover KTS **1955** 123). Die „Freigabe" bewirkt also nur, daß die Masse von dem Zeitpunkt an, in dem eine im Zeitpunkt der Freigabe ausgesprochene Kündigung wirksam würde, den Mietzins nicht mehr als Masseschuld nach § 59 I Nr. 2 zu begleichen hat. Bis zu diesem Zeitpunkt muß der Konkursverwalter die Mietzinsschuld — vorbehaltlich des § 60 — voll aus der Masse bezahlen. Etwas anderes gilt nur, wenn der Vermieter der „Freigabe" in dem Sinne zustimmt, daß er auf Masseschuldansprüche verzichtet (*Böhle-Stamschräder/Kilger* KO[13] § 19 Anm. 10; *Noack* WuM **1970** 18; *Weimar* ZMR **1962** 132, 133; *Zwiebler* JR **1934** 236, 237). Zur Regelung des Innenverhältnisses zwischen dem Konkursverwalter und dem Gemeinschuldner empfiehlt es sich, daß der Konkursverwalter mit dem Gemeinschuldner eine Vereinbarung über die Erstattung des Mietzinses durch den Gemeinschuldner an die Masse abschließt. Fehlt es an einer solchen Vereinbarung, so kann der Erstattungsanspruch nur aus den §§ 683, 684, 812 BGB abgeleitet werden. Zwar führt der Konkursverwalter ein eigenes Geschäft der Masse, wenn er die Mietzinsschuld für die Zeit von der Konkurseröffnung an als Masseschuld bezahlt. Aber er führt zugleich ein Geschäft des Gemeinschuldners, wenn die gemieteten Räume nicht für die Masse, sondern für den persönlichen Gebrauch des Gemeinschuldners genutzt werden. Die Führung eines fremden Geschäftes i. S. der §§ 677 ff BGB wird nicht dadurch ausgeschlossen, daß der Geschäftsführer zugleich eigene oder ihm kraft seines Amtes obliegende Interessen wahrnimmt (BGHZ **40** 28, 30; BGH NJW **1963** 2067 f). Die „Freigabe" kann die Masse auch nicht von dem Schadensersatzanspruch des § 19 S. 3 freistellen. Gestattet man dem Konkursverwalter, die Masse durch die „Freigabe" unter Einhaltung der gesetzlichen Kündigungsfrist von der Masseschuld nach § 59 I Nr. 2 freizustellen, so muß dem Vermieter bei vorzeitiger Kündigung des Verwalters der Ersatzanspruch des § 19 S. 3 als Konkursforderung (§ 26 S. 2) zustehen. Ein Schaden im Sinne dieser Vorschrift kann dem Vermieter dadurch entstehen, daß der Gemeinschuldner von dem Zeitpunkt ab, in dem der Mietzins nicht mehr als Masseschuld zu tilgen ist, die Miete nicht bezahlt. Dieser Schaden ist durch die vorzeitige Beendigung der Bindung der Masse an den Mietvertrag verursacht. Deshalb wird er von § 19 S. 3 miterfaßt. Zur Klauselumschreibung im Falle der „Freigabe" s. Anm. 62.

3. Räumungsklage 62

Die während des Konkurses erhobene Räumungsklage des Vermieters ist gegen den Konkursverwalter zu richten, auch wenn der Gemeinschuldner die gemietete Sache im Besitz hat. Mit der Klage macht der Vermieter ein Aussonderungsrecht geltend, gleichgültig, ob die Klage aus § 985 BGB oder aus § 556 BGB begründet ist. Denn auch schuldrechtliche Ansprüche begründen die Aussonderung [§ 43 Anm. 4 f, 28 ff], sofern mit ihnen geltend gemacht wird, daß die Sache nicht zum haftenden Vermögen des Gemeinschuldners, also zur Konkursmasse gehört [§ 3 Anm. 18, 21]. In der Vorauflage [§ 19 Anm. 14, § 59 Anm. 7] wurde der Rückgabeanspruch gleichzeitig als Masseschuldanspruch nach § 59 I Nr. 2 eingeordnet (ebenso *Zwiebler* JR **1934** 236, 237; **zweifelnd** BGH KTS **1979** 196, 197). Diese doppelte Einordnung ist unzweckmäßig und nicht sachgerecht (*Bley* KuT **1928** 65, 66). Die zusätzliche Annahme einer Masseschuld bringt dem Vermieter nicht mehr und nicht weniger als das Aussonderungsrecht. Da die Sache nicht zur Masse gehört, kann der Konkursverwalter den Anspruch nicht „aus der Konkursmasse" (§ 57) erfüllen. Weil die Herausgabe der Mietsache die Masse nicht schmälert und deshalb die Befriedigung anderer Massegläubiger nicht verkürzt, unterfällt der Herausgabeanspruch auch nicht der Regelung des § 60. Schließlich widerspräche die Subsumtion unter § 59 I Nr. 2 dem Grundgedanken dieser Vorschrift, daß Masseschuldansprüche entstehen, wenn in die Masse eine Gegenleistung kommt oder in ihr verbleibt (LG Hamburg KTS **1976** 64, 66; *Henckel* in: Einhundert Jahre Konkursordnung, 1977, S. 169, 174; *Niewöhner* KTS **1977** 155, 159 f). Als Aussonderungsanspruch ist der Räumungsanspruch gegen den Konkursverwalter zu richten. Denn weil das Mietverhältnis, dessen wirksame Beendigung Voraussetzung des Räumungsanspruchs ist, zur Masse gehört, richtet sich der schuldrechtliche Herausgabeanspruch gegen den Konkursverwalter als die für die Verwaltung zuständige Person (im Ergebnis ebenso OLG Dresden KuT **1928** 46, 47 = JW **1928** 1155 f; vgl. auch OLG Dresden JW **1918** 146 f; *Mentzel/Kuhn/Uhlenbruck* KO[9] § 19 Anm. 6; *Weimar* ZMR **1962** 132, 133). Der dingliche Herausgabeanspruch richtet sich gegen den Verwalter als unmittelbaren oder mittelbaren Besitzer. Der Gemeinschuldner selbst darf weder aufgrund des dinglichen noch des persönlichen Anspruchs verklagt werden. Denn die Disposition über das etwa bestehende Besitzrecht aus dem Mietvertrag, das zur Masse gehört, steht dem Konkursverwalter und nicht dem Gemeinschuldner zu. Das gegen den Konkursverwalter ergangene Urteil wirkt Rechtskraft auch für und gegen den Gemeinschuldner und ist gegen ihn vollstreckbar (LG Braunschweig MDR **1963** 1015; **a. A.** *Zwiebler* JR **1934** 236, 237 u. *Weimar* KTS **1955** 89, 90, der unter Berufung auf OLG Dresden JW **1928** 1155 den Kläger auf die Überweisung des Herausgabeanspruchs des Konkursverwalters gegen den Gemeinschuldner verweist (§ 886 ZPO)). Eine Ausnahme besteht nur dann, wenn es an der materiellrechtlichen Abhängigkeit fehlt. Das kann der Fall sein, wenn der Gemeinschuldner geltend macht, daß die herauszugebende Sache ihm gehöre und nicht Massebestandteil sei, sei es, daß er sie erst nach Konkurseröffnung zu seinem freien Vermögen erworben hat, sei es, daß die — bewegliche — Sache unpfändbar ist [s. dazu § 10 Anm. 18]. Hat der Konkursverwalter das Mietverhältnis „freigegeben" [Anm. 61], so kann der Gemeinschuldner auf Herausgabe bzw. Räumung verklagt werden (LG Braunschweig BlGBW **1974** 37). Erfolgt die „Freigabe" während des Prozesses, so findet ohne Zustimmung des Klägers kein Parteiwechsel statt (§ 265 ZPO, s. o. § 6 Anm. 116 ff). Ist der Prozeß durch die Konkurseröffnung unterbrochen und erfolgt die „Freigabe" mit Zustimmung des Vermieters vor der Aufnahme des Prozesses, so kann dieser vom Gemeinschuldner oder vom Vermieter gegenüber dem Gemeinschuldner aufgenommen werden. § 10 II ist entsprechend anwendbar (LG Braunschweig BlGBW **1974** 37). Das gegen den Konkursverwalter ergangene Räumungsurteil wirkt gegen den Gemeinschuldner, auf den analog § 727 ZPO die Klausel umgeschrieben werden kann (OLG Dresden KuT **1928** 46; LG Hannover KTS **1955** 123; *Bley* ZZP **51** 73; KuT **1928** 65; **a. A.** LG Braunschweig MDR **1963** 1015 = DGVZ **1964** 42; *Giese* BlGBW **1967** 170, 171: Vollstreckung gegen den Gemeinschuldner ohne Titelumschreibung). Behauptet der Gemeinschuldner, mit dem Vermieter einen neuen Mietvertrag abgeschlossen zu haben, muß er Vollstreckungsabwehrklage (§ 767 ZPO) erheben (LG Hannover KTS **1955** 123). Zur Unterbrechung eines bei Konkurseröffnung anhängigen Räumungsprozesses s. § 10 Anm. 18, § 11 Anm. 2.

63 **4. Abdingbarkeit des Kündigungsrechtes**

Das dem Konkursverwalter in § 19 eingeräumte Recht, im Interesse der Masse das Miet- oder Pachtverhältnis vorzeitig zu lösen, ist unabdingbar (RGZ **56** 245, 247). Der Miet- oder Pachtvertrag kann daran nichts ändern. Er kann die Befugnis eines künftigen Konkursverwalters, das Dauerschuldverhältnis vorzeitig zu lösen und so der Konkursmasse die Last einer hochgespannten sachen- und schuldrechtlichen Haftung (§§ 49 I Nr. 2, 59 I Nr. 2) abzunehmen, weder ausschließen noch erschweren. Abreden im Miet- oder Pachtvertrag, die dessen konkursmäßige Lösbarkeit unmittelbar oder auch nur dem Erfolge nach vereiteln oder beschränken, sind als Verstöße gegen eine zwingende gesetzliche Regelung unwirksam [s. auch § 17 Anm. 213]. Wohl aber würde eine Übereinkunft wirksam sein, in der die Gegenpartei das ihr in § 19 eingeräumte Kündigungsrecht oder den Anspruch auf Ersatz des aus vorzeitiger Kündigung des Verwalters erwachsenen Schadens aufgibt (RGZ **56** 245, 248). Die Verwertung des massezugehörigen Miet- oder Pachtrechts durch den Verwalter trotz Fortdauer des Vertrags auszuschließen, also den Verwalter des künftigen Konkurses aus seinem gesetzlichen Wirkungskreis zu verdrängen, haben die Vertragsparteien nicht die Macht.

Die zu § 17 [dort Anm. 214] streitige Frage, ob das Recht des Verwalters, den **64**
Vertrag fortzusetzen und zu erfüllen, abbedungen werden kann, ist für § 19 durch das Gesetz entschieden. Da § 19 auch dem Vermieter ein Kündigungsrecht gibt, hat der Konkursverwalter kein Recht, den Vertrag gegen den Willen des Vermieters oder Verpächters fortzusetzen. Da nach § 19 S. 2 eine vereinbarte kürzere Kündigungsfrist auch zugunsten des Vermieters wirkt, steht das Gesetz auch einem vereinbarten vollständigen Verzicht auf eine Kündigungsfrist nicht entgegen. Eine Vereinbarung, nach der im Falle des Konkurses des Mieters der Vertrag fristlos gekündigt werden kann, ist also grundsätzlich zulässig (RGZ **56** 245, 247 f; RG JW **1896** 132 Nr. 13). Eine Besonderheit besteht nur für die Wohnungsmiete, für die eine Vereinbarung einer kürzeren als der gesetzlichen Kündigungsfrist zugunsten des Vermieters nur wirksam ist, wenn der Wohnraum nur zu vorübergehendem Gebrauch vermietet (§ 565 II S. 3 BGB) und die Abrede eines fristlosen Kündigungsrechts für den Fall des Konkurses des Mieters nach § 554 b BGB unwirksam ist.

5. Schadensersatz **65**

Für den Fall, daß die Miete oder Pacht aufgrund des Vertrages — sei es durch Kündigung des Verwalters oder des Vermieters, sei es infolge Eintritts der vereinbarten auflösenden Bedingung — beendigt wird, kann von einem Ersatzanspruch des Vermieters oder Verpächters wegen Vertragsaufhebung keine Rede sein. Wird dagegen aufgrund des § 19 gekündigt, so ist hinsichtlich der Geltendmachung von Entschädigungsansprüchen zu unterscheiden:

a) Kündigung des Konkursverwalters **66**

Kündigt der Konkursverwalter aufgrund des § 19 S. 1, so ist der Vermieter (Verpächter) berechtigt, als Konkursgläubiger (§ 12) Ersatz des ihm infolge der Vertragsauflösung künftig etwa „entstehenden" Schadens zu verlangen (§ 19 S. 3, § 26 S. 2 KO, vgl. § 252 BGB). Ist das vermietete Grundstück zum Zwecke der Zwangsverwaltung beschlagnahmt, erstreckt sich die Beschlagnahme auf den Schadensersatzanspruch des § 19 S. 3, den der Zwangsverwalter zur Tabelle anmelden kann (LG Frankfurt a. M. NJW **1979** 934; **a. A.** *Sonnenschein* JuS **1980** 559 ff). Zur Bürgenhaftung s. Anm. 47. Schaden leidet der Gegner namentlich dann, wenn er innerhalb der Vertragszeit überhaupt nicht oder doch nur zu einem niedrigeren Preise anderweit vermieten oder verpachten kann. Die Tatsache der Entstehung und den Umfang des Schadens hat der Vermieter zu beweisen (vgl. § 287 ZPO). Verwendungen auf die Mietsache begründen als solche einen Ersatzanspruch nicht (OLG Dresden SächsArch. **14** 265, 266). Was der Vermieter dadurch erspart, daß er den vertragsmäßigen Gebrauch nicht weiter zu gewähren hat (z. B. Beleuchtung, Heizung, Wasserzins), mindert seinen Schaden (OLG Dresden SächsOLG **25** 353, 356; zur Schadensberechnung s. auch OLG Frankfurt a. M. DB **1979** 2125 = WM **1979** 1274). Auch der Wert des eigenen Gebrauchs wirkt schadensmindernd. Soweit aber eine anderweitige Gebrauchsverwertung noch möglich ist, bildet der Anspruch des Vermieters auf Erstattung des Mietzinsentgangs eine aufschiebend bedingte und dementsprechend nach Maßgabe der §§ 67, 154, 156, 168 Nr. 2, 169 zu behandelnde, nicht etwa eine unbedingte, aber dem Betrag nach ungewisse und deshalb nach § 69 alsbald für die gesamte Vertragsdauer abzuschätzende Konkursforderung (**a. A.** RG LZ **1912** Sp. 235 f). Denn die Antwort auf die Frage, ob und inwieweit ein Zinsausfall und damit ein Schadensersatzanspruch erwachsen wird, hängt vom Eintritt eines künftigen ungewissen Ereignisses, vom Mißlingen einer gleichgünstigen anderweitigen Verwertung ab. Glückt solche rechtzeitig, dann kommt überhaupt kein Zinsersatzanspruch zustande. Darum redet auch das Gesetz (§ 19 S. 3 wie § 22 II) nur von Ansprüchen auf Ersatz des durch die Aufhebung des Vertrags „entstehenden" (nicht „entstandenen") Schadens. Die Kündigung ist nur eine der mehreren Tatsachen, die den Entstehungsgrund der Ersatzforderung bilden (KG KGBl. **1909** 104 f; *Jaeger* LZ **1913** Sp. 362 f; *Mentzel/Kuhn/Uhlenbruck* KO[9] § 19 Anm. 15; **a. A.** OLG Dresden SächsOLG **25** 353, 355; OLG Köln RheinArch. **107** 295 ff). Das Gebot der Angabe eines bestimmten Betrags bei der Anmeldung (§ 139) bereitet hier wie in Fällen des § 22 II Schwierigkeiten. Den Entgang des Mietzinses oder des Gehalts für die volle ursprüngliche Vertragszeit vorsorglich als bedingte Konkursforderung anzumelden und zur Feststellung zu bringen, dürfte deshalb unbedenklich sein, weil es auch dann noch Sache des Anmelders bleibt, den Umfang des Entgangs nachzuweisen, wenn er Anteile ausbezahlt haben will. Sobald einmal feststeht, von wann ab und zu welchem Entgelt die Weitervermietung erfolgt, ist der Anspruch auf Erstattung des künftigen Ausfalls nicht mehr bedingt, sondern nur noch betagt (§ 65, vgl. RG JW **1891** 392). Unterläßt der Vermieter schuldhaft die Weitervermietung, so greift § 254 BGB Platz (vgl. BGH NJW **1968** 985). Eine seinen Interessen widerstreitende Art der Weitervermietung kann dem Vermieter nicht zugemutet werden, wohl aber, daß er sich überhaupt um anderweitige Vermietung bemüht (RGZ **115** 271, 272: Beweislast des Vermieters). Keineswegs schließt schon die abstrakte Möglichkeit der Weitervermietung den Schadensersatzanspruch aus.

67 Durch die Kündigung des Konkursverwalters wird das Mietverhältnis auch gegenüber allen Mitmietern aufgehoben, die nicht in Konkurs gefallen sind [Anm. 34 f]. Einen Schadensersatzanspruch nach § 19 S. 3 hat der Vermieter gegen diese jedoch nicht (OLG Celle OLGZ **1974** 490, 493 ff = NJW **1974** 2012 = MDR **1974** 673; *Staudinger/Emmerich* BGB[12] Vorbem. 110 zu §§ 535, 536 — 2. Bearb. 1981 —). Mehrere Mieter sind Gesamtschuldner der Vertragsverbindlichkeiten (§ 421 BGB). Nach § 425 BGB wirkt die konkursbedingte Kündigung des Konkursverwalters als Grundlage des Schadensersatzanspruchs des § 19 S. 3 KO nicht gegen die übrigen Gesamtschuldner.

68 Der Entschädigungsanspruch wegen Vertragslösung, also wegen Unterbleibens der weiteren Erfüllung, ist das Gegenteil des im § 59 I Nr. 2 vorausgesetzten Anspruchs aus dem beiderseits zu erfüllenden Vertrag und bildet deshalb nicht — wie die Mietzinsforderung für die Zeit nach Eröffnung des Verfahrens — eine Masseschuld. Vielmehr ist der Anspruch einfache Konkursforderung (§ 26 S. 2). Nach der positiven Vorschrift des § 49 I Nr. 2 ist der Entschädigungsanspruch des Vermieters und des Verpächters nicht durch ein Absonderungsrecht gedeckt.

69 Für die Vereinbarung einer Vertragsstrafe, die bei vorzeitiger Kündigung durch den Konkursverwalter verfallen soll, gilt das in Anm. 206 zu § 17 Gesagte entsprechend. Ebenso ist die Vereinbarung einer Schadensersatzpauschale für den Fall der konkursbedingten vorzeitigen Beendigung des Mietvertrages unwirksam, wenn sie dem Konkursverwalter den Beweis abschneidet, daß der tatsächliche Schaden des Vermieters niedriger ist (*Böhle-Stamschräder/Kilger* KO[13] § 19 Anm. 8; vgl. auch § 11 Nr. 5 AGBG). Einen Anspruch der Deutschen Bundespost auf Ersatz eines pauschalierten Schadens (Restgebühren) hat der BGH (BGHZ **39** 35, 38 ff) abgelehnt. Die Entscheidung ist freilich insoweit überholt, als die Fernmeldeordnung inzwischen dahin geändert ist, daß nach ausdrücklicher Anordnung ihres § 19 V als Schadensersatz i. S. des § 19 S. 3 KO die Restgebühren zu entrichten sind, die nach §§ 24 I, 45 II, 46 VI, 49 IV und 50 IX Fernmeldeordnung berechnet werden. § 19 V Fernmeldeordnung ist jedoch durch die Ermächtigung in § 14 des Postverwaltungsgesetzes vom 24. 7. 1953 (BGBl. I 676, III 900-1) nicht gedeckt. Denn es ist ein Satz des Konkursrechts, das nach § 19 S. 3 KO nur der tatsächlich entstandene Schaden des Vermieters zu ersetzen ist. Zur Änderung der Konkursordnung ist aber der Bundesminister für Post- und Fernmeldewesen durch § 14 Postverwaltungsgesetz nicht ermächtigt. Deshalb kann die Bundespost auch jetzt nur Ersatz des tatsächlich entstandenen Schadens verlangen.

b) Kündigung des Vermieters **70**

Kündigt der Vermieter (Verpächter) kraft der ihm durch § 19 verliehenen Befugnis vor der vertraglich bedungenen Zeit, so steht von Gesetzes wegen weder der Konkursmasse noch dem Gemeinschuldner persönlich noch aber dem kündigenden Vermieter ein Ersatzanspruch zu. Das ergibt ein Gegenschluß aus § 19 S. 3 (RGZ **115** 271, 273; *Mentzel/Kuhn/Uhlenbruck* KO[9] § 19 Anm. 16; *Böhle-Stamschräder/Kilger* KO[13] § 19 Anm. 8; *Kohler* Leitfaden[2] S. 98 f Note 2).

Eine andere Frage ist aber, ob der Vermieter (Verpächter) sich für den Fall, daß er **71**
selbst im Konkurs des Mieters (Pächters) kündigen sollte, einen bestimmten Betrag als Schadensersatz im voraus ausbedingen kann. Das Reichsgericht (RGZ **115** 271 ff) bejaht diese Frage, weil „grundsätzlich die Konkursgläubiger die Verträge des Gemeinschuldners so hinnehmen müssen, wie sie einmal geschlossen sind" (ebenso *Baumgarte* aaO — Anm. 17 — S. 83 f; *Bendix* JW **1927** 382 f; *Mentzel/Kuhn/Uhlenbruck* KO[9] § 19 Anm. 16; **a. A.** *Lion* JW **1927** 1640; *Levy* KuT **1927** 39; *Fuchs* Die Justiz, Bd. 3, 1927, S. 59 ff und die Vorauflagen dieses Kommentars, § 19 Anm. 19 a). Dem Reichsgericht wird entgegengehalten, daß jede vertragsmäßige Begünstigung eines einzelnen Gläubigers, die den Schutz der Allgemeinheit vereiteln würde, indem sie die Lösbarkeit des Dauerschuldverhältnisses erschwere, an einem zwingenden gesetzlichen Verbot scheitere. Jedoch ist nicht zu erkennen, warum ein vertraglich vereinbarter Schadensersatzanspruch die Kündigung erschweren sollte. Weder das Kündigungsrecht des Verwalters noch das des Vermieters wird durch eine solche Vereinbarung eingeschränkt oder behindert. Entscheidend ist deshalb, ob die Regelung des § 19, die dem kündigenden Vermieter keinen Schadensersatzanspruch gewährt, zwingendes Recht enthält. Aus der Begründung des Entwurfs (S. 29 f) ist dazu nichts zu entnehmen. Daß § 19 dem kündigenden Vermieter keinen Schadensersatz gewährt, erklärt sich nicht daraus, daß ein Schadensersatzanspruch wegen eigenen Handelns des Geschädigten — der Kündigung — eine ganz ungewöhnliche Sanktion wäre (**so aber** *Lent* Voraufl. § 19 Anm. 19 a). Denn der Grund eines Schadensersatzanspruchs des Vermieters läge nicht in seiner Kündigung, sondern in der konkursbedingten vorzeitigen Beendigung des Mietvertrages. Wenn das Gesetz dem Vermieter bei eigener Kündigung keinen Schadensersatz gewährt, so beruht dies vielmehr darauf, daß regelmäßig kein ersatzwürdiger Schaden entsteht. Denn wenn der Konkursverwalter nicht kündigt, bekommt der Vermieter den Mietzins, solange die Masse zur Deckung der Masseschulden des § 59 I Nr. 2 ausreicht. Kündigt der Vermieter dennoch, so fügt er sich einen Schaden zu, den er hätte vermeiden können. Reicht aber die Masse zur Deckung

des Mietzinses nicht aus, so muß der Verwalter die Masse durch seine Kündigung von der Masseschuld entlasten mit der Folge, daß der Vermieter nach § 19 S. 3 Schadensersatz verlangen kann. Dieser Grundgedanke des § 19 ist für die Beurteilung eines vereinbarten Schadensersatzes für den Fall der Vermieterkündigung zu berücksichtigen. Kann der Konkursverwalter den Mietzins aus der Masse für die vertragliche Mietzeit bezahlen, bekommt der Vermieter keinen Schadensersatz, wenn er selbst kündigt. Denn den Schaden, den er durch seine vorzeitige Kündigung erleidet, hat er sich selbst zuzurechnen (§ 254 BGB). Die Schadensersatzvereinbarung kann also nur dann einen Anspruch begründen, wenn der Vermieter auch ohne seine vorzeitige Kündigung einen Schaden erlitten hätte, also dann, wenn er für seinen Mietzinsanspruch keine Deckung in der Masse findet. Reicht aber die Masse zur Zahlung des Mietzinses nicht aus, so ist die Schadensersatzforderung des Vermieters als Konkursforderung uninteressant, weil aus der unzureichenden Masse keine Quote gezahlt werden kann. Daß in dem vom Reichsgericht (RGZ **115** 271 ff) entschiedenen Fall dem Vermieter Schadensersatz aufgrund einer derartigen Vereinbarung zugesprochen wurde, beruht darauf, daß ein pauschalierter Ersatz vereinbart worden war und das Reichsgericht die Zulässigkeit einer solchen Vereinbarung zu Unrecht bejaht hat [s. § 17 Anm. 206, § 19 Anm. 69].

6. Sonstige Ansprüche

72 a) Mietvorauszahlungen

Das Kündigungsrecht des § 19 steht dem Vermieter auch dann zu, wenn der Mieter den Mietzins für eine Zeit nach Wirksamwerden der Kündigung vorausentrichtet hatte. Nach § 557 a BGB gehört zur Masse ein vertraglicher Anspruch auf Rückerstattung der Vorauszahlung, dessen Umfang sich nach §§ 818, 819 BGB bemißt (Rechtsfolgenverweisung: BGHZ **54** 347, 351; *Palandt/Putzo* BGB[40] § 557 a Anm. 3 a; *Staudinger/Sonnenschein* BGB[12] § 557 a Anm. 13 — 2. Bearb. 1981 —; *Wunner* NJW **1966** 2285; *Frotz* AcP **164** 309, 323). Zum verlorenen Baukostenzuschuß s. BGHZ **29** 289 ff; BGH WM **1959** 538 = NJW **1959** 872 = BGH LM Nr. 8 zu § 818 II BGB; WM **1967** 750 = WarnRspr. **1967** Nr. 124; *Wunner* NJW **1966** 2285 ff; *Staudinger/Emmerich* BGB[12] Vorbem. 128 ff zu §§ 535, 536 — 2. Bearb. 1981 —; für Wohnraummiete: Art. VI des Gesetzes zur Änderung des zweiten Wohnungsbaugesetzes vom 21. 7. 1961 — BGBl. I 1041 —, zuletzt geändert durch Gesetz vom 24. 8. 1965 — BGBl. I 969 —.

73 b) Anspruch auf Wiederherstellung der Mietsache

Ob ein Anspruch des Vermieters auf Wiederherstellung der Mietsache, auf die Durchführung von Schönheitsreparaturen, die im Vertrag versprochen wurden (dazu allg. *Staudinger/Emmerich* BGB[12] §§ 535, 536 Anm. 142—149 a — 2. Bearb. 1981 —) oder ein Anspruch auf Schadensersatz wegen Nichterfüllung dieser Ansprüche Masseschuld oder Konkursforderung ist, wird unterschiedlich beantwortet. Der Meinungsstreit schließt die Frage ein, wie ein Anspruch des Vermieters auf Bezahlung des Ausbaus und des Rücktransports beweglicher Sachen konkursrechtlich einzuordnen ist.

74 Ausgangspunkt der früher h. L. ist ein Urteil des OLG Dresden (OLGRspr. **35** 253 = JW **1918** 146 mit zust. Anm. von *Jaeger*), das den Anspruch des Vermieters auf Ersatz der Kosten für Wiederherstellungsarbeiten in einer Wohnung des Gemeinschuldners als Masseschuld (§ 59 I Nr. 2) ansah, wenn das Mietverhältnis nach Konkurseröffnung beendet wurde (zustimmend OLG Nürnberg MDR **1973** 678; DB **1973** 966; Voraufl. § 19 Anm. 19 a; *Böhle-Stamschräder/Kilger* KO[13] § 59 Anm. 4). Ihm folgte das OLG Frankfurt a. M. (BB **1974** 1322 mit **abl.** Anm. von *Wollweber*) hin-

sichtlich der Verpflichtung, die Mietsache in renoviertem Zustand zurückzugeben, sowie das AG Frankfurt a. M. (KTS **1976** 70) und die Oberlandesgerichte Bremen (KTS **1978** 38) und Köln (KTS **1978** 50) für die Verpflichtung des Mieters, die Kosten des Ausbaus und des Rücktransports einer Telefonanlage zu bezahlen.

Demgegenüber hat der Bundesgerichtshof (BGHZ **72** 263 ff) entschieden, daß der vertragliche Anspruch des Vermieters auf Erstattung der für den Ausbau und die Abholung der Mietsache entstandenen Kosten auch dann eine einfache Konkursforderung ist, wenn der Mietvertrag erst nach Konkurseröffnung beendet und die Mietsache danach abgeholt worden ist (zustimmend *Böhle-Stamschräder/Kilger* KO[13] § 59 Anm. 4; *Mentzel/Kuhn/Uhlenbruck* KO[9] § 59 Anm. 12; zuvor schon LG Hamburg KTS **1976** 64; ferner *Wollweber* BB **1974** 1323 hinsichtlich der Kosten für die Wohnungsrenovierung; *Kilger* KTS **1975** 142, 153 f u. *Niewöhner* KTS **1977** 155, 161 ff für alle hier behandelten Verpflichtungen des Mieters). **75**

Die Streitfrage ist unter Berücksichtigung des Zwecks der §§ 19, 59 I Nr. 2 zu entscheiden. Wie § 17 [s. § 17 Anm. 6—8] orientiert sich auch § 19 am Prinzip des Synallagmas gegenseitiger Verträge. Für Leistungen, die der Vertragspartner nach Konkurseröffnung erbringt und die der Konkursverwalter nicht ablehnen darf, erhält der Vertragspartner — vorbehaltlich des § 60 — die volle Gegenleistung, die der Konkursverwalter als Masseschuld (§ 59 I Nr. 2) zu tilgen hat. Während im Falle des § 17 der Konkursverwalter bei beiderseits nicht voll erfüllten Verträgen jede nach Konkurseröffnung vom Vertragspartner angebotene Leistung ablehnen darf, muß er im Fall des § 19 die Gebrauchsgewährung solange hinnehmen, bis die Kündigung des Vertrages wirksam geworden oder der Vertrag durch Zeitablauf beendet ist. Die bis zu diesem Zeitpunkt erbrachten Leistungen des Vermieters muß er als Masseschulden bezahlen. Daraus folgt für die Wiederherstellung und Instandsetzung der Mietsache einschließlich der Schönheitsreparaturen, daß der Konkursverwalter hierzu nur verpflichtet ist, soweit die Wiederherstellung oder Instandsetzung durch Veränderung oder Abnutzung nach dem Zeitpunkt der Konkurseröffnung notwendig geworden ist. Die Schönheitsreparaturen sind also nur zeitanteilig den Masseschulden zuzurechnen. Soweit danach kein Masseschuldanspruch besteht, sind die Ansprüche des Vermieters Konkursforderungen (§ 3), weil sie mit dem vor Konkurseröffnung geschlossenen Vertrag als aufschiebend bedingte oder betagte entstanden sind. Dabei ist es gleichgültig, ob der Gemeinschuldner durch den Vertrag verpflichtet ist, die Wiederherstellung oder Schönheitsreparatur selbst auszuführen, ausführen zu lassen oder mit einer Geldzahlung an den Vermieter abzugelten. Der Vermieter hat, soweit er Konkursgläubiger ist, nur eine Geldforderung, die er zur Tabelle anmelden muß. Hinsichtlich der Kosten für die Demontage und den Rücktransport beweglicher Sachen kommt es, wie das OLG Bremen (KTS **1978** 38 f) zutreffend hervorhebt, nicht darauf an, daß die Rückgabepflicht des Mieters eine Bringschuld ist (*Staudinger/Sonnenschein* BGB[12] § 556 Anm. 26 — 2. Bearb. 1981 —). Da die Rückgabepflicht keine Masseschuld ist [oben Anm. 62], kann aus der Verpflichtung des Konkursverwalters, die Sache zurückzugeben, nicht geschlossen werden, daß die Transportkosten und die Kosten einer für den Transport notwendigen Demontage Masseschulden seien. Unerheblich ist auch, ob der Konkursverwalter den Abbau und den Abtransport hätte bezahlen müssen, wenn er einen Dritten damit beauftragt hätte. Entscheidend ist vielmehr, ob der Konkursverwalter dem Vermieter gegenüber verpflichtet ist, auf Kosten der Masse abbauen und transportieren zu lassen oder dem Vermieter die Kosten für Abbau und Transport zu ersetzen. Diese Verpflichtung ist nicht Masseschuld nach § 59 I Nr. 2, weil sie nicht im Synallagma zu den Hauptpflichten des Vermieters steht. Anders ist die Rechtslage freilich, wenn der **76**

Konkursverwalter selbst den Mietvertrag abgeschlossen hat. Dann muß er diesen Vertrag nach § 59 I Nr. 1 voll erfüllen. Deshalb wäre zu erwägen, ob der Anspruch des Vermieters nicht auch dann eine Masseschuld begründet, wenn der Konkursverwalter den Mietvertrag nicht zum ersten zulässigen Termin kündigt und die gemietete Sache, etwa die Telefon- oder EDV-Anlage für seine Verwaltungsaufgaben benutzt. Die Rechtslage wäre dann ähnlich wie bei einem Kaufvertrag, dessen Erfüllung der Verwalter nach § 17 wählt mit der Folge, daß er alle vor Konkurseröffnung begründeten Nebenpflichten aus diesem Vertrag voll erfüllen muß. Aber die Situation beim Mietvertrag läßt sich insoweit mit der des Kaufvertrages nicht gleichsetzen. Unterlassen der Kündigung ist etwas anderes als die Erfüllungswahl des § 17. Der Konkursverwalter ist durch einmaliges Unterlassen der Kündigung nicht an den Vertrag gebunden, wie er es nach § 17 ist, wenn er die Erfüllung wählt. Vielmehr kann er von dem Kündigungsrecht des § 19 auch später noch Gebrauch machen. Er muß also nicht den Vertrag mit dem vereinbarten Inhalt voll erfüllen, sondern lediglich für die Dauer des Vertrages nach Konkurseröffnung die Gegenleistung erbringen. Dazu gehören die Abbau- und Transportkosten nicht. Der Vermieter ist für den Fall der Weiterbenutzung der Anlage durch den Konkursverwalter nicht schutzlos. Er kann den Vertrag mit dreitägiger Frist kündigen und, wenn der Konkursverwalter die Anlage benötigt, mit diesem einen neuen Vertrag schließen [s. o. Anm. 6], aufgrund dessen der Verwalter dann aus der Masse die Kosten des Abbaus und Rücktransports bei Vertragsbeendigung zahlen muß. Das Argument des OLG Bremen (KTS **1978** 38, 39), die Behandlung des Anspruchs auf Ersatz der Abbau- und Transportkosten als Konkursforderung wäre ungerecht, wenn der Vertrag erst kurz vor Konkurseröffnung geschlossen worden, die Anlage dann aber vom Konkursverwalter für lange Zeit genutzt worden sei, überzeugt deshalb nicht, weil der Vermieter sogleich hätte kündigen können.

77 Ist das Mietverhältnis bereits vor Konkurseröffnung beendet, so ist der Schadensersatzanspruch des Vermieters für den Mietausfall in der Zeit, in der er die Mieträume wiederherstellen lassen muß, Konkursforderung (OLG Nürnberg DB **1973** 966).

78 **c) § 557 BGB**

Von dem Schadensersatzanspruch des § 19 S. 3 ist der Entschädigungsanspruch zu unterscheiden, den § 557 I, III BGB dem Vermieter gewährt. Während § 19 S. 3 den Schaden betrifft, der dem Vermieter dadurch entsteht, daß er die vorzeitig freigewordene Sache nicht anderweitig mit gleichem Ertrag wirtschaftlich nutzen kann, wird der Vermieter durch § 557 I, III BGB dafür entschädigt, daß der Mieter die gemietete Sache nach Beendigung des Mietvertrages nicht herausgibt. § 19 S. 3 knüpft an die konkursbedingte vorzeitige Kündigung an, § 557 BGB dagegen an die nicht konkursbedingte verspätete Rückgabe. Da § 557 BGB die Beendigung des Mietverhältnisses voraussetzt, gewährt er keinen vertraglichen Anspruch. Vielmehr entsteht infolge der Vorenthaltung der Mietsache ein gesetzliches Schuldverhältnis (*Staudinger/Sonnenschein* BGB¹² § 557 Anm. 29 mit Nachw. — 2. Bearb. 1981 —). Der daraus erwachsende Entschädigungsanspruch wird mitunter als Schadensersatzanspruch verstanden (BGH NJW **1961** 916; LG Bonn ZMR **1968** 114; *Palandt/Putzo* BGB⁴⁰ § 557 Anm. 3; *Staudinger/Sonnenschein* BGB¹² § 557 Anm. 29 — 2. Bearb. 1981 —; **a. A.** BGHZ **68** 307, 310: vertraglicher Anspruch eigener Art; zustimmend *Schmidt-Futterer/Blank* Wohnraumschutzgesetze⁴ Rdn. B 390; *Soergel/Kummer* BGB¹¹ § 557 Anm. 13). Das ist deshalb problematisch, weil § 557 I u. III BGB keinen Schaden voraussetzt. Der Anspruch ist vielmehr auch dann begründet, wenn der Vermieter die Räume nicht anderweitig vermieten konnte oder wollte. Man müßte schon eine gesetzlich angeordnete abstrakte Schadensberechnung annehmen, um den Anspruch als Schadensersatzanspruch deklarieren zu können [vgl. § 17 Anm. 176]. Jedoch handelt es sich in Wahrheit gar nicht um den Ersatz eines Schadens, sondern um einen Wertersatz, der nach dem vertraglichen Mietzins oder der ortsüblichen Miete berechnet wird. Dem an sich naheliegenden Gedanken, diesen Wertersatzanspruch bereicherungsrechtlich zu deuten, weil der Mieter ohne Rechtsgrund besitzt, steht der Gesichtspunkt entgegen, daß die Vorenthaltung der Mietsache ein vertragsähnliches gesetzliches Schuldverhältnis begründet. Den Vermieter treffen zwar nicht mehr die Vertragspflichten, wie sie bis zur Beendigung des Mietverhältnisses bestanden. Aber in abgeschwächtem Umfang obliegen ihm noch vertragsähnliche Verpflichtungen, etwa dem Mieter einen gefahrlosen Zugang zu den Räumen zu ermöglichen (*Staudinger/Sonnenschein* BGB[12] § 557 Anm. 45 — 2. Bearb. 1981 —), wie auch die Verpflichtungen des Mieters sich nicht in der Zahlung der Entschädigung erschöpfen (*Staudinger/Sonnenschein* BGB[12] § 557 Anm. 46 — 2. Bearb. 1981 —). Für die Entschädigungsforderung hat der Vermieter in ähnlicher Weise wie für die vertragliche Mietzinsforderung ein Vermieterpfandrecht (§ 559 BGB). Diese vertragsähnliche Natur des gesetzlichen Schuldverhältnisses rechtfertigt die Anwendung des § 59 I Nr. 2 (im Ergebnis ebenso OLG Colmar LZ **1908** 473; OLG Nürnberg DB **1973** 966; *Bley* KuT **1928** 65, 67; *Beyer* BB **1951** 546; *Böhle-Stamschräder/Kilger* KO[13] § 19 Anm. 9; *Weimar* ZMR 1962 132, 133). Der Mieter zahlt für seinen fortbestehenden Besitz an der Sache, der den Vermieter an einer Disposition über die Sache hindert. Das Synallagma-Prinzip des § 59 I Nr. 2 [oben Anm. 76] rechtfertigt dessen Anwendung, nicht dagegen der in der Vorauflage angeführte Gesichtspunkt, daß die Herausgabeschuld Masseschuld sei [dazu oben Anm. 62] und deshalb auch der Entschädigungsanspruch eine Masseschuld begründe. Soweit der Vermieter nach § 557 I S. 2, II BGB den Ersatz eines weiteren Schadens verlangen kann, handelt es sich um schuldhafte Verletzungen der Rückgabepflicht durch den Konkursverwalter (*Staudinger/Sonnenschein* BGB[12] § 557 Anm. 49, 55 — 2. Bearb. 1981 —), für welche die Masse nach § 59 I Nr. 1 haftet [§ 6 Anm. 41—46].

Der Entschädigungsanspruch nach § 557 I, III BGB kann sich ziffernmäßig dek- **79**
ken mit dem Schadensersatzanspruch des § 19 S. 3; so, wenn der Vermieter wegen der vorzeitigen Kündigung nicht anderweitig vermieten kann, der Konkursverwalter aber die Sache nicht rechtzeitig zurückgibt. Jedoch entsteht von Rechts wegen der in § 19 S. 3 vorausgesetzte Schaden insoweit nicht, wie der Vermieter nach § 557 BGB, 59 I Nr. 2 KO die Entschädigung für die Vorenthaltung bekommt.

VI. Das nicht gekündigte Miet- oder Pachtverhältnis **80**

Solange weder der Konkursverwalter noch der Vermieter oder Verpächter kündigt, setzt sich das Schuldverhältnis nach § 59 I Nr. 2 für Rechnung der Konkursmasse fort. So namentlich bei der Miete von Geschäftsräumen, wenn der Konkursverwalter sie zum Zwecke einstweiliger Weiterführung des Gewerbebetriebs benötigt, der Vermieter aber keine bessere Verwertung zu erzielen vermag. Mieterrechte und Mieterpflichten hat fortan der Konkursverwalter wahrzunehmen. Kündigungen sind an den Verwalter zu richten und von ihm auszusprechen, sei es zu späteren Terminen noch nach § 19, sei es aufgrund allgemeiner Vorschriften. Hier äußern Miete und Pacht in bezeichnender Weise ihre Eigenart als Dauerschuldverhältnisse. Forderungen des Vertragspartners, die aus dem Miet- oder Pachtverhältnis bis zur Konkurseröffnung bereits als selbständige Ansprüche erwachsen waren, sind und bleiben Konkursforderungen (§§ 3, 12). Das gilt nicht nur von Ansprüchen auf den Mietzins der Vorkonkurszeit, sondern auch von Forderungen auf einmalige Leistung, die vor dem Konkurs entstanden waren, wie z. B. auf Ersatz eines schon vorher durch vertragswidrigen Mietgebrauch verursachten Schadens. Andererseits erwachsen als Masseansprüche alle später entstehenden Forderungen, sei es auf den Miet- oder Pachtzins für die Zeit von der Konkurseröffnung bis zum Wirksamwerden der Kündigung, sei es auf einmalige, vom Konkursverwalter zu erbringende Leistungen. Der Konkursverwalter wird von der Verpflichtung, den Mietzins als Masseschuld zu zahlen, nicht dadurch befreit, daß er die Mietsache vorzeitig zurückgibt. Die Beweislast dafür, daß der Vermieter die Mietsache vor Ablauf der Mietzeit anderweitig vermietet habe, trägt der Konkursverwalter (OLG Düsseldorf KTS **1968** 189 f).

81 **VII. Beispiel zu § 19**

A mietet von B ab 1. Januar 1970 eine Wohnung auf unbestimmte Zeit, kündbar nur für den Schluß eines Kalenderjahres, und zwar spätestens am 31. Mai des Jahres, zu einem am Monatsbeginn zu entrichtenden monatlichen Mietzins von 400,— DM, bezieht sie sofort und gerät am 1. Juli 1980 in Konkurs, ohne den Mietzins für Juni 1980 bezahlt zu haben. Nach § 19 steht sowohl dem Vermieter als dem Konkursverwalter das Recht zu, bis zum 3. Juli 1980 mit Wirkung für den Ablauf des 30. September 1980 zu kündigen (§ 565 II S. 1, V BGB) nicht also erst zum Ablauf des 30. Juni 1981, da § 565 II S. 2 BGB nach § 565 V BGB nicht zur Anwendung kommt. Vertragsmäßig könnte erst mit Wirkung für den 31. Dezember 1981 gekündigt werden.

82 Kündigt der Verwalter nach § 19 für den 30. September 1980, so hat der Vermieter, wenn ihm die anderweitige Vermietung trotz redlichen Bemühens erst vom 1. Januar 1981 ab gelingt,

eine Konkursforderung in Höhe von 400,— DM für den Zinsrückstand des Juni, gedeckt durch ein Absonderungsrecht an den eingebrachten Sachen des A (§ 49 I Nr. 2 KO mit § 559 BGB);

eine nach § 59 I Nr. 2 als Masseschuldanspruch zu verfolgende und zugleich durch das gesetzliche Pfandrecht gedeckte Forderung auf 1.200,— DM Mietzins für die Monate Juli bis einschließlich September;

eine durch ein Absonderungsrecht nicht gesicherte Konkursforderung auf Ersatz eines Schadens in Höhe von 1.200,— DM, der durch das Leerstehen der Wohnung während der Monate Oktober bis Dezember erwächst (§§ 26 S. 2, 49 I Nr. 2);

wird aber die Wohnung erst zum 31. Oktober 1980 geräumt, so hat der Vermieter eine als Masseschuld (§ 59 I Nr. 2) zu berichtigende Entschädigungsforderung nach § 557 BGB in Höhe von 400,— DM. Die Schadensersatzforderung nach § 19 S. 3 ermäßigt sich dann auf 800,— DM.

83 Kündigt der Vermieter nach § 19 für den 30. September 1980, so hat er eine Konkursforderung in Höhe von 400,— DM für den Zinsrückstand des Monats Juni, einen Masseschuldanspruch in Höhe von 1.200,— DM für die Monate Juli bis September, aber keine Schadensersatzforderung nach § 19 S. 3, auch wenn er das Haus vor dem 1. Januar 1980 nicht anderweit vermieten kann. Wird aber die Wohnung erst zum 31. Oktober 1980 geräumt, so hat der Vermieter für den Monat Oktober den Entschädigungsanspruch des § 557 BGB.

84 Kündigt kein Teil, kann der Vermieter den Mietzins für den ganzen Rest der Vertragszeit, und zwar in den vertragsmäßigen Raten von je 400,— DM als Massegläubiger verfolgen (§ 59 I Nr. 2 Fall 2). Diese Forderung ist in vollem Umfang nach § 559 S. 2 BGB durch das Vermieterpfandrecht gedeckt.

VIII. Verkauf der Mietsache 85

Ein Verkauf der Mietsache oder des Pachtgegenstandes durch den Vermieter oder Verpächter äußert gegenüber der Konkursmasse des Mieters oder Pächters keine andere Wirkung als der Verkauf außerhalb des Konkurses (§§ 571, 581 II, 986 BGB; für den Fall der Zwangsversteigerung und Zwangsverwaltung §§ 9 Nr. 2, 21, 57 ff, 93, 152, 162, 169, 171 a, 171 f, 183 ZVG). Eine Abtretung der dem Vermieter zustehenden Konkursforderungen oder Masseansprüche ändert deren Wesen nicht.

IX. Übernahme von Bauwerken 86

Nicht selten behalten Vermieter oder Verpächter eines Grundstücks sich im Vertrage für jeden Fall der Vertragsbeendigung das Recht vor, Bauwerke, die der Mieter oder Pächter mit dem Grund und Boden verbunden hat, zu einem näher bestimmten Preise kaufweise zu übernehmen. Bei solchen Bauwerken besteht die Vermutung, daß Mieter oder Pächter sie nur für die Dauer des Vertragsverhältnisses und damit für einen vorübergehenden Zweck errichtet haben (BGH LM Nr. 5 zu § 95 BGB = JZ **1958** 362 = WM **1958** 564). Wird diese Vermutung nicht widerlegt, so ist das Bauwerk nicht wesentlicher Bestandteil, sondern Scheinbestandteil des Grundstücks i. S. des § 95 I S. 1 BGB. Die Vermutung wird aber schon dadurch widerlegt, daß dem Vermieter ein Wahlrecht eingeräumt ist, ob er das Bauwerk übernehmen wolle oder seine Beseitigung verlangen werde (RG JW **1937** 2265; OGHZ **1** 168, 169; BGH LM Nr. 5 u. 15 zu § 95 BGB = MDR **1971** 748; BGH LM Nr. 24 zu § 985 BGB = DB **1964** 368 = WM **1964** 424; BGH DB **1965** 1553 = WM **1965** 1028). In diesem Fall ist das Bauwerk wesentlicher Bestandteil des Grundstücks. Es gehört also nicht zur Konkursmasse. Mit dem Grundstück ist es nach Beendigung des Mietverhältnisses zurückzugeben (§ 556 BGB), wenn der Vermieter sich bereit erklärt, das Bauwerk zu übernehmen. Die Übernahmevereinbarung bedeutet danach nur, daß der Vermieter verpflichtet ist, den Übernahmepreis in die Masse zu zahlen und daß der Konkursverwalter das Gebäude nicht abbrechen darf, sondern mit dem Grundstück herausgeben muß. Will der Vermieter von der Übernahmebefugnis keinen Gebrauch machen, so muß an sich der Mieter das Gebäude vom Grundstück entfernen und das Grundstück wiederherstellen. Der darauf gerichtete Anspruch des Vermieters ist aber Konkursforderung [Anm. 73—76]. Gibt nun der Konkursverwalter das Grundstück zurück, ohne das Gebäude abzubrechen, so bekommt der Vermieter oder Verpächter, obwohl er die Übernahme abgelehnt hat, das Gebäude. Einen vertraglichen Anspruch auf einen Übernahmepreis hat der Konkursverwalter in diesem Falle nicht. Wohl aber hat der Vermieter oder Verpächter das Gebäude ohne Rechtsgrund erlangt. Dafür schuldet er wertmäßigen Ausgleich nach den für eine aufgedrängte Bereicherung geltenden Grundsätzen (hierzu *Larenz* SchuldR II[12] § 70 II mit Nachw. S. 578 Fn. 1).

Ausnahmsweise wird auch bei einer im Mietvertrag enthaltenen Übernahmeberechtigung des Vermieters das Bauwerk nicht wesentlicher Bestandteil, sondern Scheinbestandteil i. S. des § 95 I S. 1 BGB sein, nämlich dann, wenn auch der Eigentümer nach der Übernahme das Bauwerk nur zu vorübergehendem Zweck mit dem Grundstück verbunden wissen will. Macht in einem solchen Falle der Vermieter von der Übernahmeberechtigung durch Erklärung gegenüber dem Konkursverwalter Gebrauch, so kommt damit wie durch die Erklärung eines Wiederkaufs (§ 497 BGB) ein Kaufvertrag zustande, den nun der Verwalter nach § 17 erfüllen oder nicht erfüllen kann. Entscheidet er sich für die Erfüllung, hat der Vermieter oder Verpächter einen Anspruch als Massegläubiger auf vertragsgemäße Übergabe des Grundstücks. Der Konkursverwalter zieht den Kaufpreis zur Masse ein. 87

§ 20

(1) War dem Gemeinschuldner ein von ihm gemieteter oder gepachteter Gegenstand zur Zeit der Eröffnung des Verfahrens noch nicht überlassen, so kann der andere Teil von dem Vertrage zurücktreten.

(2) Auf Erfordern des Verwalters muß der andere Teil demselben ohne Verzug erklären, ob er von dem Vertrage zurücktreten will. Unterläßt er dies, so kommen die Bestimmungen des § 17 zu Anwendung.

Materialien: Motive I Bd. 1 S. 108 f, Motive II S. 81 f; Protokolle S. 15, 149; Begründung S. 30.

Übersicht

I. Einleitung

1 1. Zweck und Inhalt des § 20

War dem Gemeinschuldner bei Konkurseröffnung der gemietete oder gepachtete Gegenstand noch nicht überlassen, so gewährt das Gesetz dem Vermieter oder Verpächter ein einseitiges, aber unverzüglich auszuübendes Rücktrittsrecht, das sich aus der wesentlichen Bedeutung der Person des Mieters oder des Pächters rechtfertigt. Der Vermieter oder Verpächter braucht also das Schuldverhältnis nicht etwa erst durch Überlassung des gemieteten oder gepachteten Gegenstandes zur Ausführung zu bringen, um es dann zum ersten zulässigen Termin zu kündigen; vielmehr kann der Vermieter oder Verpächter durch seinen Rücktritt den Vollzug des Rechtsverhältnisses hindern. Fordert der Konkursverwalter den Vermieter oder Verpächter zur Erklärung auf, ob er von dem Rücktrittsrecht Gebrauch machen wolle, so verliert dieser das Rücktrittsrecht, wenn er mit der Antwort schuldhaft zögert. Der Konkursverwalter hat dann das Wahlrecht des § 17.

2 2. Kein Sozialschutz des Mieters

Die Schutzvorschriften des sozialen Mietrechts (§§ 556 a, 564 b BGB) sind beim Rücktritt des Vermieters nicht anwendbar. Unter der Geltung des Mieterschutzgesetzes ergab sich dies aus § 26 dieses Gesetzes, der den Vermieter sogar bei der konkursbedingten Kündigung (§ 19) von den Bindungen des Mieterschutzes freistellte. Eine entsprechende Vorschrift fehlt im BGB. Jedoch ergibt sich aus § 570 a BGB, daß der vereinbarte Rücktritt nur dann der Kündigung gleichgestellt wird, wenn er nach Überlassung der Wohnung an den Mieter erklärt wird. Dasselbe muß für den gesetzlichen Rücktritt gelten (*Staudinger/Sonnenschein* BGB[12] § 556 a Anm. 19, § 564 b Anm. 17, § 570 a Anm. 8 — 2. Bearb. 1981 —; *Gelhaar* RGRK BGB[12] § 570 a Anm. 2).

II. Die Voraussetzungen des § 20

1. Voraussetzungen, die mit denen des § 19 übereinstimmen 3

Wie in § 19 wird auch hier ein Miet- oder Pachtvertrag vorausgesetzt, dessen Mieter oder Pächter der Gemeinschuldner ist. Zwischen Verträgen über Gegenstände des beweglichen und des unbeweglichen Vermögens wird ebensowenig wie in § 19 unterschieden. Miete und Pacht finden konkursrechtlich die gleiche Behandlung [s. § 19 Anm. 8 ff]. § 20 gilt auch für die Untermiete.

2. Die besondere Voraussetzung des § 20 4

Im Gegensatz zu § 19 darf im Zeitpunkt der Konkurseröffnung die Überlassung der Mietsache oder des Pachtgegenstandes noch nicht vollendet sein [§ 19 Anm. 40 ff]. Eine Vorauszahlung des Miet- oder Pachtzinses steht der Anwendbarkeit des § 20 nicht entgegen, mag sie auch für die ganze Vertragsdauer erfolgt sein [s. § 19 Anm. 41].

III. Das Rücktrittsrecht (Absatz 1)

1. Rücktrittserklärung 5

Absatz 1 gewährt dem Vermieter oder Verpächter ein gesetzliches Rücktrittsrecht, das durch einseitige, formlose, aber empfangsbedürftige Willenserklärung rechtsgestaltenden Inhalts auszuüben ist. Die Erklärung ist gegenüber dem Konkursverwalter abzugeben, nicht gegenüber dem Mieter oder Pächter selbst. Sie ist unwiderruflich. Sind mehrere Personen als Vermieter oder Verpächter beteiligt, so können sie das Rücktrittsrecht nur einheitlich ausüben. Erlischt es für einen, so erlischt es für alle. Haben außer dem Gemeinschuldner noch andere Personen mitgemietet oder mitgepachtet, so kann ihnen allen gegenüber der Rücktritt nur einheitlich ausgeübt werden (§ 356 BGB). Jedoch setzt ein wirksamer Rücktritt voraus, daß der Rücktrittsgrund gegenüber jedem der mehreren Mieter oder Pächter vorliegt. Ebensowenig wie der Vermieter nach § 19 kündigen kann, wenn nur einer der Mieter im Konkurs ist [§ 19 Anm. 34, 37], kann der Vermieter nach § 20 vom Vertrag zurücktreten, wenn neben dem Gemeinschuldner andere, nicht im Konkurs befindliche Mieter am Vertrag beteiligt sind. Zwar hat der BGH (NJW **1976** 1931 f) entschieden, daß es zur Auslösung des einheitlichen Rücktrittsrechts genügen solle, daß dessen Voraussetzungen durch das Verhalten nur eines der Beteiligten geschaffen worden sind. Jedoch handelt es sich dabei um einen anderen Fall, in dem feststand, daß die von dem Rücktrittsberechtigten mit mehreren Personen geschlossenen Verträge zu einem einheitlichen Rechtsverhältnis miteinander derart verbunden sein sollten, daß die Gültigkeit des einen Rechtsgeschäfts von der des anderen abhing. Das ist bei Mietverträgen mit mehreren Mietern regelmäßig nicht der Fall. Deshalb steht die Entscheidung des BGH der hier vertretenen Auffassung nicht entgegen. Eine Rücktrittsfrist hat das Gesetz nicht bestimmt. Doch bringt die Verschweigung auf die Anfrage des Verwalters das Rücktrittsrecht zum Erlöschen [Anm. 10].

6 **2. Die Wirkungen des Rücktritts**

Der Rücktritt bewirkt, daß die im Vertrag begründeten primären Leistungspflichten, soweit sie nicht bereits erfüllt oder auf andere Weise erloschen sind, aufgehoben werden und zugleich ein Rückgewährschuldverhältnis hinsichtlich der beiderseits empfangenen Leistungen begründet wird (*Larenz* SchuldR I[12] § 26 a). Wie die Abwicklung des Schuldverhältnisses nach dem Rücktritt erfolgen soll, ist im Gesetz nicht ausdrücklich gesagt. Eine Verweisung auf die Vorschriften über das vertragliche Rücktrittsrecht (§§ 346 ff BGB), wie sie in §§ 327, 467 BGB enthalten ist, fehlt. Das Reichsgericht hat für gesetzliche Rücktrittsrechte außerhalb des BGB mehrfach entschieden, daß mangels einer ausdrücklichen Verweisung die §§ 346 ff BGB nicht anwendbar seien, sondern die Abwicklung nach bereicherungsrechtlichen Regeln erfolgen solle (RGZ **116** 377, 379 f; **130** 119, 122 f; RG JW **1928** 57, 58 mit Anm. *H. Stoll*; ebenso auch BGHZ **6** 227, 230). Stets handelte es sich um Fälle, in denen der Rücktrittsgegner oder/und der Rücktrittsberechtigte den Rücktrittsgrund nicht zu vertreten hatten. Soweit der Rücktrittsgegner den Rücktrittsgrund nicht zu vertreten hatte, hätte das Ergebnis auch mit einer entsprechenden Anwendung des § 327 S. 2 BGB (den übrigens auch das RG und der BGH aaO heranziehen) erreicht werden können. In den anderen Fällen ging es um die umstrittene Frage, ob die bereicherungsrechtliche Haftung, wie sie in § 327 S. 2 BGB vorgesehen ist, auch zugunsten des Rücktrittsberechtigten Platz greift, der den Rücktrittsgrund nicht zu vertreten hat. Gleichgültig, wie man sich zu dieser Streitfrage stellt (dazu MünchKomm.-*Emmerich* § 327 Anm. 17—19 mit Nachw. in Noten 12—16 und *Staudinger/Otto* BGB[12] § 327 Anm. 28—32), bedarf es eines Ausschlusses der Rücktrittsregeln des BGB (§§ 346 ff) für gesetzliche Rücktrittsrechte, die außerhalb des BGB gewährt werden, nicht (*Staudinger/Otto* BGB[12] § 327 Anm. 38; *Palandt/Heinrichs* BGB[40] § 327 Anm. 2; **anders** nur *Wolf* AcP **153** 97, 102). Denn mit der restriktiven oder ausweitenden Anwendung des § 327 S. 2 BGB auch für den Fall des § 20 KO erhält man das jeweils für richtig gehaltene Ergebnis. Für die Anwendung der Rücktrittsregeln des BGB beim Rücktritt nach § 20 KO spricht auch, daß die Begründung des Entwurfs (Motive II S. 82) auf die §§ 354, 355 ADHGB verweist, die das Rücktrittsrecht wegen nicht ordnungsmäßiger Erfüllung regelten. Die Fassung, die § 20 durch die Novelle 1898 erhalten hat und die erstmals das Wort „Rücktritt" enthält, wird mit einer Anpassung an die Terminologie des BGB erklärt (Begründung S. 30). Auch daraus ergibt sich, daß der Gesetzgeber die Rücktrittsfolgen des BGB eintreten lassen wollte. Im übrigen enthält § 557 a BGB für die wichtigste Rücktrittsfolge, nämlich die Rückzahlung vorausentrichteten Mietzinses, einen eindeutigen Hinweis. Diese Vorschrift gilt für alle Fälle der Beendigung des Mietverhältnisses, also auch für den Rücktritt, gleichgültig, ob das Rücktrittsrecht im BGB oder in einem anderen Gesetz gewährt wird. Sie ordnet grundsätzlich die Haftung des Vermieters nach § 347 BGB an, läßt ihn aber nur nach Bereicherungsrecht haften, wenn er den Rücktrittsgrund nicht zu vertreten hat. Das ist beim Konkurs des Mieters regelmäßig der Fall. Die Verweisung auf das Bereicherungsrecht bedeutet keine Rechtsgrundverweisung, denn der Rücktritt läßt den rechtlichen Grund nicht fortfallen. Vielmehr handelt es sich lediglich um eine Milderung der Rücktrittsfolge (*Staudinger/Sonnenschein* BGB[12] § 557 a Anm. 19 — 2. Bearb. 1981 —). Zum Umfang der bereicherungsrechtlichen Haftung s. *Staudinger/Sonnenschein* BGB[12] § 557 a Anm. 20—24 (2. Bearb. 1981).

7 Soweit dem Gemeinschuldner bei Konkurseröffnung bereits Sachen zum Gebrauch oder zur Nutzung überlassen sind — im Rahmen des § 20 kommen nur Nebenleistungen in Betracht, da § 20 voraussetzt, daß der Hauptmiet- oder Hauptpachtgegenstand nicht überlassen ist —, müssen diese vom Konkursverwalter zurück-

gegeben werden. Der Vermieter oder Verpächter kann sie aussondern. Ist die Herausgabe infolge eines vom Gemeinschuldner vor Konkurseröffnung herbeigeführten, von ihm zu vertretenden Umstandes unmöglich, haftet er auf Schadensersatz. Der Ersatzanspruch ist Konkursforderung. Er gründet sich auf die Verletzung des Mietvertrages und nicht auf § 347 S. 1 BGB, ist also auch dann Konkursforderung, wenn der Verwalter die Rückgabe einer Mietvorauszahlung verlangt und damit Erfüllung des Rücktrittsschuldverhältnisses fordert [§ 17 Anm. 28]. Der Vermieter kann aber mit seinem Schadensersatzanspruch gegen den Anspruch des Konkursverwalters auf Rückgabe der Mietvorauszahlung aufrechnen.

3. Kein Schadensersatzanspruch 8

Ein Schadensersatzanspruch wegen vorzeitiger Beendigung des Miet- oder Pachtvertrages entsteht beim Rücktritt des Vermieters oder Verpächters weder zu dessen Gunsten noch zugunsten der Konkursmasse.

4. Abdingbarkeit des Absatz 1 9

Einer Vereinbarung, daß der Konkurs des Mieters oder Pächters als auflösende Bedingung wirken soll, steht § 20 nicht entgegen [s. § 19 Anm. 48, 64]. Da das Rücktrittsrecht ausschließlich dem Interesse des Vermieters oder Verpächters Rechnung trägt, kann dieser darauf nicht nur im Vertrag selbst im voraus verzichten, sondern auch noch im Konkurs durch Erklärung gegenüber dem Konkursverwalter. Einen solchen Verzicht kann der Vermieter oder Verpächter von Vorauszahlungen oder Sicherstellungen abhängig machen. Er hat aber kein Recht darauf, statt des Verzichts oder nach Verlust des Rücktrittsrechts Vorauszahlung oder Sicherstellung zu beanspruchen.

IV. Die Anwendung des § 17 (§ 20 Abs. 2)

1. Das Wahlrecht des Konkursverwalters 10

Durch rechtzeitige Rücktrittserklärung schneidet der Vermieter oder Verpächter dem Konkursverwalter die Ausübung des Wahlrechts nach § 17 ab. Das Rücktrittsrecht erlischt jedoch nach § 20 II, wenn der Rücktritt auf Anfrage des Verwalters (§§ 130 ff BGB) nicht unverzüglich, d. h. ohne schuldhaftes Zögern [§ 17 Anm. 207] erklärt wird. Ausdrücklicher oder stillschweigender Verzicht [Anm. 9] ist der Verschweigung gleichzubehandeln. Hat der Vermieter oder Verpächter auf die eine oder andere Weise sein Rücktrittsrecht eingebüßt oder es schon im Vertrag aufgegeben [Anm. 9], kommen nach Abs. 2 S. 2 unmittelbar und ausschließlich die Vorschriften des § 17, nicht etwa die des § 19 zur Anwendung. Das gilt auch im Fall der Vorauszahlung des Mietzinses für die ganze Vertragszeit, denn hier ist anders als in § 17 nicht zur Voraussetzung gemacht, daß der Vertrag von keiner Seite vollständig erfüllt ist (*Mentzel/Kuhn/Uhlenbruck* KO[9] § 20 Anm. 6). Deshalb kann jetzt der Konkursverwalter wählen, ob er die Erfüllung des Vertrages verlangt oder nicht.

a) Erfüllungsablehnung 11

Die Erfüllungsablehnung durch den Verwalter ist von der Kündigung nach § 19 zu unterscheiden. Jene läßt das unangetretene Vertragsverhältnis gar nicht erst zur Ausführung kommen, sondern beläßt es bei der mit der Konkurseröffnung eingetretenen Folge, daß der Vermieter oder Verpächter gegenüber der Masse nur sein Erfüllungsinteresse als Konkursforderung geltend machen kann [§ 17 Anm. 149 ff]. Im Falle der Kündigung dagegen muß der Vertrag beiderseits bis zum Kündigungstermin erfüllt werden. Vom Rücktritt unterscheidet sich die Erfüllungsablehnung dadurch, daß bei dieser der Vertrag in dem Anspruch auf das Erfüllungsinteresse fortwirkt, während der Rücktritt ein Rückgewährschuldverhältnis begründet [Anm. 6]. Infolge der Erfüllungsablehnung hat also der Vermieter oder Verpächter als Konkursgläubiger Ersatz eines durch sie verursachten Schadens (§ 26 S. 2) zu beanspruchen. Ein Absonderungsrecht steht ihm wegen dieses Anspruchs nicht zu (§ 49 I Nr. 2). Reicht die Masse aus, um den einfachen Konkursgläubigern (§ 61 I Nr. 6) eine Quote auszuzahlen, so steht der Vermieter oder Verpächter also besser, wenn er nicht zurücktritt, sondern dem Konkursverwalter die Ablehnung der Vertragserfüllung überläßt. Denn aufgrund des Rücktritts erwächst ihm kein Schadensersatzanspruch [Anm. 8].

12 **b) Erfüllungsverlangen**

Wählt der Konkursverwalter die Erfüllung, so kann der Vermieter oder Verpächter die Gegenleistung als Massegläubiger (§ 59 I Nr. 2) beanspruchen. Eine vorzeitige Kündigung nach § 19 ist ausgeschlossen. Für die Kündigung gelten die Vertragsvereinbarungen und die allgemeinen gesetzlichen Regeln.

13 **2. Verhältnis des Wahlrechts des Verwalters zum Rücktrittsrecht des Vermieters**

Dem Vermieter oder Verpächter verleiht das Gesetz lediglich die Befugnis zum Rücktritt, nicht etwa die Wahl zwischen Rücktritt und Erzwingung der Vertragserfüllung. Das ergibt sich sowohl aus dem Wortlaut des § 20, als auch aus dem Zweck des § 19, der den Verwalter ermächtigt, eine schon angetretene Miete oder Pacht vorzeitig (wenn auch nur durch Kündigung) zu lösen. Die Regel des § 17 wird durch § 20 nur insofern durchbrochen, als der Konkursverwalter nicht gegen den rechtzeitig erklärten Willen des anderen Teils auf Erfüllung des Miet- oder Pachtvertrages bestehen kann. Der Vermieter oder Verpächter kann die Erfüllungswahl des Konkursverwalters durch rechtzeitigen Rücktritt vereiteln. Zur Erfüllungsablehnung aber ist der Verwalter nach § 17 von vornherein und unbeeinflußt durch § 20 ermächtigt. Es besteht kein schutzwürdiges Interesse des Vermieters oder Verpächters, die Befugnis des Konkursverwalters zur Erfüllungsablehnung hinauszuschieben. Denn diese stellt den Vermieter oder Verpächter nicht schlechter als der Rücktritt. Der Verwalter kann also die Erfüllung schon ablehnen, auch wenn der Vermieter oder Verpächter sich zu seinem Rücktrittsrecht noch nicht erklärt hat und unabhängig davon, ob er zu dieser Erklärung vom Verwalter schon aufgefordert ist. § 20 II S. 2 sagt nicht, daß § 17 nur anwendbar sei, wenn der zur Erklärung aufgeforderte Gegner nicht antwortet. Hat dieser freilich den Rücktritt erklärt, so kann der Konkursverwalter die Erfüllung nicht mehr ablehnen.

§ 21

(1) Hatte der Gemeinschuldner einen von ihm vermieteten oder verpachteten Gegenstand dem Mieter oder dem Pächter vor der Eröffnung des Verfahrens überlassen, so ist der Miet- oder Pachtvertrag auch der Konkursmasse gegenüber wirksam.

(2) Im Falle der Vermietung oder der Verpachtung eines Grundstücks sowie im Falle der Vermietung von Wohnräumen oder anderen Räumen ist jedoch eine Verfügung, die der Gemeinschuldner vor der Eröffnung des Verfahrens über den auf eine spätere Zeit entfallenden Miet- oder Pachtzins getroffen hat, insbesondere die Einziehung des Miet- oder Pachtzinses der Konkursmasse gegenüber nur insoweit wirksam,

als sich die Verfügung auf den Miet- oder Pachtzins für das zur Zeit der Eröffnung des Verfahrens laufende *Kalendervierteljahr*[1] bezieht; erfolgt die Konkurseröffnung innerhalb des letzten halben Monats eines *Kalendervierteljahres*[1], so ist die Verfügung auch insoweit wirksam, als sie sich auf den Miet- oder Pachtzins für das folgende *Kalendervierteljahr*[1] bezieht.

(3) Soweit die Entrichtung des Miet- oder Pachtzinses der Konkursmasse gegenüber wirksam ist, kann der Mieter oder der Pächter gegen die Miet- oder Pachtzinsforderung der Konkursmasse eine ihm gegen den Gemeinschuldner zustehende Forderung aufrechnen.

(4) Eine von dem Konkursverwalter vorgenommene freiwillige Veräußerung des von dem Gemeinschuldner vermieteten oder verpachteten Grundstücks oder eingetragenen Schiffs wirkt, sofern das Grundstück oder das Schiff dem Mieter oder dem Pächter vor der Eröffnung des Verfahrens überlassen war, auf das Miet- oder Pachtverhältnis wie eine Zwangsversteigerung. Die Vorschriften der §§ 57 b, 169 Abs. 2 des Gesetzes über die Zwangsversteigerung und Zwangsverwaltung bleiben jedoch außer Betracht.

Materialien: Motive I Bd. 1 S. 107 ff, Motive II S. 80 ff; Protokolle S. 15, 149; P. II S. 135 f Note 1, S. 164, 168; Begründung S. 30 f; Kommissionsbericht S. 1951 f, Reichstag II. Session 1914/15 Drucks. Nr. 71 S. 3, 9, 11 f. — Neue Fassung Art. 3 des Ges. v. 8. 6. 1915 (RGBl. 329), Art. 7 der VO zur Durchführung des Gesetzes über Rechte an eingetragenen Schiffen und Schiffsbauwerken v. 21. 12. 1940 (RGBl. I 1609).

[1]Hierzu § 12 der Verordnung über Maßnahmen auf dem Gebiete der Zwangsvollstreckung vom 26. Mai 1933 (RGBl. I 305):

Die Vorschriften der *§§ 573, 574, 1123, 1124 des Bürgerlichen Gesetzbuchs* (RGBl. 1896 S. 195, 1915 S. 327)[2] *und* des *§ 21 der Konkursordnung* (RGBl. 1898 S. 612, 1915 S. 327) sind, soweit sie die Wirksamkeit von Verfügungen und Rechtsgeschäften in Ansehung von Miet- und Pachtzinsforderungen gegenüber dem Erwerber des Grundstücks, den Hypothekengläubigern und der Konkursmasse betreffen, mit der Änderung anzuwenden, daß die in ihnen erwähnten Verfügungen und Rechtsgeschäfte nur für den laufenden Kalendermonat und, wenn das nach den genannten Vorschriften maßgebende Ereignis (der Übergang des Eigentums, die Kenntnis von dem Eigentumsübergang, die Beschlagnahme oder die Konkurseröffnung) nach dem 15. Tage des Monats eingetreten ist, für den folgenden Kalendermonat wirksam sind.

[2]§ 12 der VO vom 26. 5. 1933 ist, soweit er die §§ 573, 574, 1123 und 1124 BGB betrifft, aufgehoben durch Gesetz vom 5. 3. 1953 (BGBl. I S. 33).

Übersicht

1 **I. Einleitung**

Ist der Gemeinschuldner Vermieter (Verpächter), so muß, ebenso wie in §§ 19, 20 unterschieden werden, ob der Vertragsgegenstand dem Mieter (Pächter) bei Konkurseröffnung bereits überlassen war oder nicht.

2 **1. Überlassung vor Konkurseröffnung**

Hatte der Gemeinschuldner den von ihm vermieteten oder verpachteten, nun zur Masse gehörenden Gegenstand dem anderen Teil schon vor der Konkurseröffnung überlassen, so ist der Vertrag auch der Konkursmasse gegenüber wirksam. Diesen Fall behandelt § 21. Für konkursfreie Gegenstände gilt § 21 nicht [§ 17 Anm. 107].

3 **2. Keine Überlassung vor Konkurseröffnung**

War die Überlassung des Massegegenstandes zur Zeit der Konkurseröffnung noch nicht vollzogen, so ist mangels einer Sondervorschrift § 17 anzuwenden, und zwar auch dann, wenn der Zins für die ganze Vertragszeit vorausbezahlt wurde. Mit der Zinszahlung allein hat der Mieter oder Pächter noch nicht vollständig erfüllt. Aus der Anwendung des § 17 folgt, daß der Mieter oder Pächter weder die Erfüllung des Vertrages erzwingen noch ihn aufkündigen oder rückgängig machen kann. Vielmehr steht dem Verwalter die Wahl zwischen Erfüllung und Nichterfüllung zu. Entscheidet er sich für die Nichterfüllung, so hat der Mieter oder Pächter keinen Anspruch auf Überlassung des Gegenstandes aus der Konkursmasse. Die Schutzvorschriften des sozialen Mietrechts (§§ 556 a, 564 b BGB) finden keine Anwendung. Denn Schutz vor einer Beendigung des Mietverhältnisses, die auf andere Weise als durch Kündigung bewirkt wird, gewährt § 570 a BGB nur nach Überlassung des Wohnraums an den Mieter [vgl. § 20 Anm. 2]. Der Mieter oder Pächter kann einen durch die Erfüllungsablehnung des Verwalters entstehenden Schaden als Konkursgläubiger geltend machen (§ 26 S. 2), namentlich im voraus entrichtete Miet- oder Pachtzinsen verzinst vom Tage der Leistung ab zurückfordern. Besteht dagegen der Verwalter auf Erfüllung, so muß er seinerseits die Verbindlichkeiten eines Vermieters oder Verpächters — wie Überlassung und Erhaltung des Gegenstandes, Haftung für Mängel, Ersatz von Verwendungen (§§ 535 ff, 581 BGB) — in vollem Umfang erfüllen. Ist die Vermietung oder Verpachtung vorteilhaft, so wird der Verwalter auf Vertragserfüllung bestehen. Kein Vertragspartner kann dann vorzeitig den Vertrag auflösen. Eine Kündigung ist erst zum nächsten ordentlichen — vereinbarten oder mangels Vereinbarung maßgebenden gesetzlichen — Termin zulässig. Ein freihändiger Verkauf durch den Konkursverwalter wirkt, wenn die Überlassung vor dem Konkurs noch nicht erfolgt war, auf das Vertragsverhältnis nicht wie eine Veräußerung in den Formen der Zwangsvollstreckung, verleiht also dem Erwerber auch bei Grundstücken kein außerordentliches Kündigungsrecht (§§ 571 ff, 580, 581, 986 BGB, § 11 ErbbauVO, § 37 III WEG). Das ergibt ein Umkehrschluß aus § 21 IV (*Mentzel/Kuhn/Uhlenbruck* KO[9] § 21 Anm. 13; **a. A.** *Oetker* ZZP **14** 1, 46). Entscheidet sich der Verwalter für die Vertragserfüllung, so muß er Vorausverfügungen des Gemeinschuldners über den Miet- oder Pachtzins gelten lassen, soweit nicht § 15 eingreift oder die allgemeinen Sätze der Gläubigeranfechtung Anwendung finden. Das ergibt sich zwar nicht aus einem Umkehrschluß aus § 21 II (**so aber** Voraufl. § 21 Einl.), weil § 21 II die Wirksamkeit von Vorausverfügungen nicht einschränkt, sondern erweitert [Anm. 31 ff]. Die Wirksamkeit der Vorausverfügungen folgt vielmehr aus der Anwendung des § 17, der den Verwalter bei Erfüllungswahl auch dann zur Erbringung der Vertragsleistungen verpflichtet, wenn der andere Teil vorausgeleistet oder den Anspruch auf die Gegenleistung abgetreten hat [§ 17 Anm. 84, 145]. Die Masse ist hier hinreichend dadurch geschützt, daß der Verwalter die Erfüllung ablehnen kann. Bei der Abtretung von Mietzinsforderungen für künftige Zahlungsperioden stellt sich allerdings die Frage, ob es sich um Vorausabtretungen handelt (so *Larenz* SchuldR I[12] § 34 III), die nach § 15 unwirksam sind [§ 15 Anm. 44]. Für die Beantwortung dieser Frage kommt es nicht darauf an, ob die Mietzinsforderungen für die gesamte Vertragszeit bereits mit Vertragsschluß entstehen oder für die einzelnen Mietzinsperioden jeweils neu begründet werden. Denn wenn der Verwalter die Erfüllung des Vertrages wählt, wird dieser (vorbehaltlich des § 60 KO) vom Konkurs nicht betroffen. Ebenso wie der Verwalter bei einem solchen Vertrag Vorauszahlungen des Mieters hinnehmen muß, auch wenn der Gemeinschuldner sie vor Konkurseröffnung verbraucht hat und sie sich nicht mehr in der Masse befinden, muß er sich auch mit der Vorausabtretung abfinden, mit der sich der Gemeinschuldner vor Konkurseröffnung Werte verschafft hat, die in der Masse nicht mehr vorhanden sind. Die Konkursmasse ist dadurch hinreichend geschützt, daß der Verwalter die Erfüllung des Vertrages nach § 17 ablehnen kann. Einer Aufrechnung des Mieters mit einer Konkursforderung gegen die Mietzinsforderung des Konkursverwalters, die sich auf die Mietzeit nach Konkurseröffnung bezieht, steht § 55 S. 1 Nr. 1 auch dann nicht entgegen, wenn man annimmt, daß die Mietzinsforderung erst nach Konkurseröffnung entstanden ist. Denn wenn der Mieter auf die künftige Forderung wirksam vorauszahlen kann, muß ihm auch die Aufrechnung gegen diese Forderung gestattet sein, wenn seine Gegenforderung vor Konkurseröffnung entstanden ist. Vorauszahlungen auf Dauerschuldverhältnisse, deren

Erfüllung der Konkursverwalter wählt, muß er aber stets gegen sich gelten lassen, auch wenn die massezugehörige Forderung nicht bereits schon mit Vertragsschluß entstanden ist, sondern für die einzelnen Zahlungsperioden jeweils neu entsteht. Wird der Verwalter von dem Mieter nicht zur Erklärung aufgefordert (§ 17 II) und erklärt er sich nicht, ob er die Erfüllung verlangen oder ablehnen will, so kann der Mieter nicht die Erfüllung aus der Masse verlangen, sondern nur Schadensersatz wegen Nichterfüllung als Konkursforderung (s. o. § 17 Anm. 210; **a. A.** *Siegelmann* KTS **1968** 213, 214 in Anlehnung an die oben in Anm. 209 zu § 17 referierte h. L.).

II. Die Voraussetzungen des § 21

1. Erfaßte Vertragstypen

4 **a) Allgemeines**

Die Voraussetzungen des § 21 entsprechen denjenigen des § 19 mit dem Unterschied, daß der Gemeinschuldner im Fall des § 21 Vermieter oder Verpächter sein muß. Es genügt auch, daß er nachträglich (z. B. aufgrund der §§ 571, 581, 1056, 2135 BGB) in das von einem anderen abgeschlossene Miet- oder Pachtverhältnis eingerückt ist (*Wolff* KO[2] § 21 Anm. 4). Was zu § 19 [Anm. 8—11, 25—32, 40—45] über die Begriffe Miete und Pacht, Überlassung der Mietsache oder des Pachtgegenstandes gesagt ist, gilt auch hier. Auf eine erst vom Konkursverwalter abgeschlossene Vermietung oder Verpachtung bezieht sich § 21 nicht [Anm. 28].

5 **b) Untermiete**

§ 21 I—III ist auch auf Untermietverträge anwendbar, wenn der Gemeinschuldner Untervermieter ist und die Mietsache bei Konkurseröffnung dem Untermieter überlassen war. Jedoch kann der Hauptvermieter, wenn die Hauptmiete (etwa infolge Kündigung nach § 19) endet, auch unmittelbar vom Untermieter die Mietsache zurückfordern (§ 556 III BGB). Insoweit entfällt die Anwendung des § 21 auf die Untermiete. Ersatz kann der Untermieter nur als Konkursgläubiger fordern, mag die Hauptmiete durch Kündigung des Verwalters oder durch eine die beiderseitige konkursrechtliche Kündigungsbefugnis (§ 19) des Verwalters und des Vermieters verwirklichende besondere Übereinkunft gelöst worden sein. In beiden Fällen ist auch die Aufhebung der Untermiete mittelbare Folge des Konkurses i. S. des § 26. § 59 I Nr. 1 ist also unanwendbar (RGZ **67** 372, 376 f; RG LZ **1910** Sp. 473; BGHZ **17** 127 ff). Wenn dagegen der Hauptvermieter ohne Mitwirkung des Konkursverwalters den Mietvertrag nach § 19 kündigt, kommt ein Ersatzanspruch des Untermieters gegen den Untervermieter nicht zustande (§ 275 BGB).

6 **c) Lizenz- und Know-How-Verträge**

Lizenzverträge und Know-How-Verträge sind zwar keine Pachtverträge, jedoch sind hinsichtlich der konkursrechtlichen Folgen die Vorschriften über die Pacht entsprechend anwendbar (s. o. § 19 Anm. 23; *Klauer/Möhring* PatG[3] § 9 Anm. 94; *Mentzel/Kuhn/Uhlenbruck* KO[9] § 21 Anm. 4 a; *Reimer* PatG[3] § 9 Anm. 123; *Stumpf* Der Know-How-Vertrag[3], 1970, S. 172). Streitig ist, ob § 21 auch anwendbar ist, wenn Nebenverpflichtungen des Lizenzgebers nicht erfüllt sind, z. B. die Verpflichtung zur Überlassung von Verbesserungen, zur Einarbeitung oder zur Lieferung bestimmter Maschinen (bejahend *Reimer* PatG[3] § 9 Anm. 123; **a. A.** *Klauer/Möhring* PatG[3] § 9 Anm. 94). § 21 kann nur angewendet werden, wenn es sich nach dem Zweck und der wirtschaftlichen

Bedeutung des Vertrages um ein einheitliches Rechtsgeschäft handelt. In diesem Fall ist zu fragen, ob schon eine „Überlassung" im Sinne des § 21 vorliegt. Das muß verneint werden, wenn die Ausübung der Lizenz ohne die Erfüllung der Nebenpflichten noch nicht möglich ist. Dann ist § 17 und nicht § 21 anzuwenden.

2. Massezugehörigkeit des Miet- oder Pachtobjekts 7

§ 21 setzt voraus, daß der vermietete oder verpachtete Gegenstand zur Konkursmasse gehört, bleibt also unanwendbar auf Verträge über konkursfreie Gegenstände [Freigabe: Anm. 11, 19]. Gehört der vermietete oder verpachtete Gegenstand zum Gesamtgut einer von einem Ehegatten allein verwalteten ehelichen Gütergemeinschaft, so ist § 21 anwendbar, wenn dieser Ehegatte in Konkurs gerät, nicht dagegen im Konkurs des nicht verwaltenden Ehegatten (§ 2). Bloßes Miteigentum des Gemeinschuldners genügt zur Anwendbarkeit des § 21 grundsätzlich nicht [s. auch Anm. 29]. Haben aber die Miteigentümer den Gebrauch der Mietsache in der Weise geregelt, daß der spätere Gemeinschuldner die Sache unentgeltlich allein benutzen darf, so gehört sein Benutzungsrecht zur Masse. Vermietet er die Sache, so finden die Absätze 1—3 des § 21 Anwendung, nicht aber Absatz 4, weil nicht der Konkursverwalter das Grundstück veräußert, sondern die Miteigentümergemeinschaft, auch nicht § 571 BGB, weil dieser voraussetzt, daß Vermieter und Eigentümer identisch sind (BGH NJW **1974** 1551). Ist dem späteren Gemeinschuldner die Mietsache von der Miteigentümergemeinschaft entgeltlich zum Alleingebrauch überlassen, so ist regelmäßig ein Mietvertrag zustande gekommen (BGH MDR **1969** 658; *Palandt/Thomas* BGB^{40} § 743 Anm. 2). Hat der Gemeinschuldner weitervermietet, so liegt ein Untermietvertrag vor [dazu Anm. 5]. Im Nachlaßkonkurs gilt § 21 für Nachlaßgegenstände, gleichgültig ob nur ein Erbe oder eine Erbenmehrheit vorhanden, ob der Vertrag noch vom Erblasser oder erst nach dem Erbfall von den Erben abgeschlossen oder ob die Vorausverfügung (Absatz 2) vom Erblasser oder vom Erben vorgenommen worden ist.

III. Die Rechtsfolgen des § 21 Abs. 1 8

Wie ein Wechsel in der Person des Vermieters oder Verpächters — dessen Tod oder die Veräußerung des Vertragsgegenstandes (§§ 571 ff, 580, 581, 986 BGB) — den Bestand der Miete oder Pacht im allgemeinen unberührt läßt, bleibt auch nach der Konkurseröffnung und dem damit verbundenen Wechsel der Verwaltung (§ 6) der Miet- oder Pachtvertrag der Konkursmasse gegenüber wirksam, wenn der Gegenstand des Vertrages dem anderen Teil bereits vor Konkurseröffnung überlassen worden war.

1. Zweck des Absatz 1 9

Mit der Rechtsfolge des § 21 I ist zweierlei verneint: einmal die im Regelfall des § 17 dem Konkursverwalter zustehende Befugnis der Erfüllungsablehnung, zum andern das im Falle des § 19 beiden Teilen zuerkannte Recht, den Vertrag vorzeitig zu kündigen. Dem Mieter oder Pächter infolge des Konkurses eine vorzeitige Beendigung des Vertragsverhältnisses zuzumuten, besteht kein Grund, weil die Masse keinen gewichtigen Nachteil erleidet. Denn der Konkursverwalter, der die Masse zu liquidieren hat, wird den vermieteten oder verpachteten Gegenstand alsbald veräußern. Ein ungünstiger Miet- oder Pachtvertrag des Gemeinschuldners, der ihm keinen angemessenen Ertrag bietet, wirkt sich dabei nicht zum Nachteil der Masse aus, weil der Erwerber nach §§ 21 IV KO, 57 a ZVG den Vertrag kurzfristig kündigen kann. Daß dieses Kündigungsrecht für die Wohnraummiete durch § 564 b BGB beschränkt ist [s. Anm. 24], mag sich zwar auf den Kaufpreis auswirken und damit der Masse Nachteile bringen, muß aber hingenommen werden, da der Schutz des Wohnraummieters durch den Konkurs nicht berührt wird. Bei der Vermietung beweglicher Sachen kann die Masse allerdings erhebliche Nachteile erleiden, wenn der Mietzins unangemessen niedrig ist und der Gemeinschuldner eine lange Vertragszeit vereinbart hatte. Denn die Veräußerung der vermieteten beweglichen Sache läßt weder den Erwerber in den Mietvertrag eintreten noch begründet sie ein außerordentliches Kündigungsrecht. Der Mieter kann nach § 986 II BGB die Herausgabe der Sache an den Erwerber verweigern, solange der mit dem Gemeinschuldner geschlossene Mietvertrag fortbesteht. Das erschwert eine Veräußerung der Mietsache durch den Verwalter, der durch die Bindung an den Mietvertrag gemäß § 21 I den unzureichenden Ertrag aus der Mietsache für lange Zeit hinnehmen muß. Die Entscheidung des Gesetzgebers ist jedoch eindeutig. § 21 I schützt auch den Mieter beweglicher Sachen, und der Konkursverwalter hat kein besonderes Kündigungsrecht.

10 **2. Fortbestand des Vertrages**

Der Konkursverwalter hat die Rechte und Pflichten eines Vermieters oder Verpächters so auszuüben und aus der Masse zu erfüllen, wie sie aufgrund des fortdauernden Miet- oder Pachtvertrages weiterhin erwachsen. Dementsprechend muß der Verwalter während der Vertragsdauer dem Mieter den Gebrauch der Mietsache, dem Pächter darüber hinaus den ordnungsmäßigen Fruchtgenuß gewähren (§§ 535, 536, 581 BGB). Damit ist anerkannt, daß Mieter und Pächter die Herausgabe des Vertragsgegenstandes verweigern dürfen (§ 986 BGB) und daß besonders der Pächter eine unwiderrufliche Aneignungsbefugnis i. S. des § 956 I S. 2 BGB hat [§ 15 Anm. 19]. Die für die Zeit nach Konkurseröffnung erwachsenden Verbindlichkeiten eines Vermieters oder Verpächters — Erhaltung des Gegenstandes in gebrauchsfähigem Zustand, Haftung für Fehler der Sache und für Mängel im Recht, Tragung der Lasten, Ersatz von Verwendungen (§§ 536 ff BGB) — stellen Masseschulden i. S. des § 59 I Nr. 2 dar, die der Konkursverwalter von Amts wegen zu berücksichtigen hat. Dahin gehört auch die Erfüllung von Nebenverbindlichkeiten, wie etwa zur Beheizung oder zur Lieferung von Dampfkraft oder elektrischem Strom. Ein aus der Verletzung dieser Pflichten erwachsender Schadensersatzanspruch des Gegners fällt unter § 59 I Nr. 1. Der Mieter oder Pächter ist nach § 273 I BGB zur Verweigerung der ihm obliegenden Zinsleistung (§§ 535 S. 2, 551 f, 581 BGB) und zur Aufrechnung befugt (§§ 387 ff, 552 a BGB, §§ 53 ff KO, s. auch §§ 537 ff BGB). Andererseits übt der Verwalter die Rechte des Vermieters oder Verpächters aus und zieht deshalb den geschuldeten Miet- oder Pachtzins jeweils beim Eintritt der Fälligkeit zur Konkursmasse ein, es sei denn, daß etwa das vermietete oder verpachtete Grundstück zum Zwecke der Zwangsverwaltung beschlagnahmt [s. § 4 Anm. 10, § 14 Anm. 22] oder daß sonst eine auch der Konkursmasse gegenüber wirksame Verfügung über die Zinsforderung getroffen worden ist [unten Anm. 12 ff]. Beiden Vertragsteilen steht die Kündigung nach Maßgabe des BGB zum vertragsmäßigen oder in dessen Ermangelung zum ordentlichen gesetzlichen Termin frei. Eine wirksame Kündigung des Verwalters bleibt wie eine konkursmäßige [§ 19 Anm. 46 ff] maßgebend, auch wenn der Konkurs noch vor Ablauf der Kündigungsfrist endet.

11 **3. Freigabe des Miet- oder Pachtobjekts**

Masseschulden, die durch die Fortdauer des Miet- oder Pachtvertrages nach Konkurseröffnung entstanden sind, kann der Verwalter auch durch eine Freigabe des Miet- oder Pachtgegenstandes nicht mehr abschütteln. Auch für die Zukunft kann der Verwalter die Masse von den Verpflichtungen aus dem Vertrag nicht ohne weiteres durch

Freigabe des Grundstücks freistellen (a. A. *Mentzel/Kuhn/Uhlenbruck* KO[9] § 21 Anm. 3), wie er auch sonst Masseschulden nicht einseitig aufheben kann. Die Freigabe überführt das Grundstück in das freie Vermögen des Gemeinschuldners [§ 6 Anm. 17 ff]. Dieser Vermögenswechsel ist einer Veräußerung ähnlich. Wie bei dieser muß der Mieter oder Pächter davor geschützt werden, daß das ihm jetzt haftende Vermögen unzulänglich ist. Deshalb ist § 571 II BGB entsprechend anzuwenden: Erfüllt der Gemeinschuldner die ihn von der Freigabe an treffenden Verbindlichkeiten aus dem Miet- oder Pachtvertrag nicht, so haftet die Masse für den vom Gemeinschuldner zu ersetzenden Schaden wie ein Bürge, der auf die Einrede der Vorausklage verzichtet hat. Der Verwalter sollte dem Mieter oder Pächter die Freigabe sofort mitteilen, um die Haftungsbefreiung entsprechend § 571 II S. 2 BGB alsbald zu erreichen.

IV. Vorausverfügungen (Absatz 2)

1. Anwendungsbereich des Absatz 2 12

Nur Verträge über Liegenschaften, nämlich die Miete von Grundstücken, Wohnräumen und anderen Räumen (z. B. Geschäftsräumen, Lagerräumen, Speichern, Garagen, Stallungen) und die Grundstückspacht (§§ 535 ff, 580, 581 ff BGB) fallen unter die Vorschrift des Absatz 2. Ausgenommen sind also die Miete und Pacht beweglicher Sachen und die Pacht nutzbarer Rechte [s. Anm. 31 ff]. Mitunter kann zweifelhaft sein, ob Rechtspacht oder Sachpacht vorliegt. So bildet die Verpachtung der Fischerei in offenen Gewässern durch den Fischereiberechtigten eine Rechtspacht, während die entgeltliche Überlassung eines geschlossenen Gewässers (z. B. eines Teiches) zur Fischereinutzung Grundstückspacht ist (KG OLGRspr. **38** 93) und als solche unter § 21 II fällt. Jagdpacht ist Rechtspacht (§ 11 BJagdG; RGZ **98** 101, 102; *Mentzel/Kuhn/Uhlenbruck* KO[9] § 21 Anm. 8). Hat die im Konkurs stehende Konzerthaus-, Theater-, Kino-, Sportplatzunternehmung ihre Garderoben verpachtet, so liegt nicht eine Pacht der Räume, sondern eine Pacht des Garderobegewerbebetriebs vor (RGZ **97** 166 ff), auf die § 21 II keine Anwendung findet. Ebensowenig trifft die Vorschrift die Verpachtung des Nießbrauchs, auch wenn diese an einem Grundstück bestellt ist. Zur Abgrenzung s. ferner *Gelhaar* RGRK BGB[12] § 581 Anm. 10, 11; *Staudinger/Kiefersauer* BGB[11] § 581 Anm. 2 ff; BGH LM Nr. 31 zu § 581 BGB).

2. Unwirksamkeit von Vorausverfügungen 13

Vorausverfügungen sind — von der Anfechtbarkeit abgesehen — insoweit unwirksam, als sie den Miet- oder Pachtzins für eine spätere Zeit als für den bei Konkurseröffnung laufenden Kalendermonat betreffen. Doch soll, wenn die Konkurseröffnung nach dem 15. Tage des Monats erfolgt, auch die Vorausverfügung für den dem laufenden folgenden Kalendermonat wirksam sein, einerlei, wann sie vorgenommen worden ist. Diese durch § 12 der Verordnung über Maßnahmen auf dem Gebiet der Zwangsvollstreckung vom 26. 5. 1933 eingeführte Regelung steht im Einklang mit der Fassung, welche die §§ 573 f, 1123 f BGB durch das Gesetz vom 5. 3. 1953 erhalten haben. Eine nach Absatz 2 wirksame Verfügung kann unter den Voraussetzungen der §§ 29 ff anfechtbar sein (OLG Breslau OLGRspr. **27** 252 f), insbesondere nach § 30 Nr. 2 die Pfändung von Zinsansprüchen durch Konkursgläubiger.

a) Begriff der Vorausverfügung

aa) Rechtsgeschäftliche Vorausverfügungen 14

Verfügung ist ein Rechtsgeschäft, durch das ein Recht aufgehoben, übertragen, belastet oder zum Nachteil des Verfügenden verändert wird. Vorausverfügung ist deshalb die im Gesetz als Beispiel („insbesondere") hervorgehobene Einziehung des Miet- oder Pachtzinses. Die Einziehung ist „Verfügung" über den Zinsanspruch, weil dieser durch Empfangnahme der Leistung getilgt wird. Eine nach Konkurseröffnung an den Gemeinschuldner geleistete Zinsvorauszahlung befreit, wenn sie in Unkenntnis des Konkurses erfolgt (§ 8), den Leistenden der Masse gegenüber auch nur in den Grenzen des Absatz 2. Denn wer nach Konkurseröffnung an den Gemeinschuldner zahlt, kann nicht besser gestellt sein, als wer vorher leistet. Ferner kommen als Vorausverfügung in Betracht die Abtretung der Zinsforderung (§ 398 BGB), die Bestellung eines Nießbrauchs (§ 1074 BGB) oder eines Pfandrechts (§ 1279 BGB) an ihr, der Erlaßvertrag (§ 397 BGB) und auch die bloße Stundung oder sonst eine zeitliche, örtliche oder gegenständliche Änderung der Zahlungsart.

15 **bb) Zwangsvollstreckungsmaßnahmen**

„Verfügungen, die im Wege der Zwangsvollstreckung oder Arrestvollziehung erfolgen", sind hier — anders als in den §§ 135, 161, 184, 353, 499, 883, 2115 BGB — der rechtsgeschäftlichen Verfügung des Schuldners nicht ausdrücklich gleichgestellt. Es fragt sich deshalb, ob auch die Pfändung künftiger Zinsansprüche (§§ 829, 835, 930 ZPO) oder deren Beschlagnahme zum Zwecke der Zwangsverwaltung (§ 148 I ZVG) im Verbotsbereich des § 21 II „der Konkursmasse gegenüber" ohne weiteres unwirksam ist. Die gleiche Frage ist für die §§ 573, 1124 BGB erhoben und für diese den Verkehrsbedürfnissen entsprechend von der Rechtsprechung aus überzeugenden Erwägungen bejaht worden (RGZ **58** 181 ff; **59** 177 ff; **64** 415, 418; **76** 116, 118; LG Heidelberg NJW **1965** 1384; *Palandt/Putzo* BGB[40] § 573 Anm. 2). Gleiches muß für § 21 II gelten (*Mentzel/Kuhn/Uhlenbruck* KO[9] § 21 Anm. 7). Demnach begründen auch Zwangsverfügungen über Zinsansprüche des Vermieters oder Verpächters keine Absonderungsrechte, soweit rechtsgeschäftliche Verfügungen nach Absatz 2 unwirksam bleiben. Das ist von Bedeutung für den Zwangszugriff persönlicher Gläubiger. Auch für den früheren Mieter, der wegen seines Anspruchs auf Rückzahlung eines Baukostenzuschusses die Mietzinsforderungen des Vermieters gegen andere Mieter gepfändet hat, gilt nichts anderes (LG Heidelberg NJW **1965** 1384). Hat dagegen ein Grundpfandgläubiger kraft seines dinglichen Rechts künftige Zinsansprüche in Beschlag genommen, dann hat er damit nach § 1123 BGB nur eine Haftung aufrechterhalten, die er auch noch während des Konkurses zwangsweise wahren kann [§ 14 Anm. 21 f]. Deshalb steht § 21 II seiner Vorauspfändung nicht entgegen.

16 **b) Veräußerung des Grundstücks durch den Konkursverwalter**

Veräußert der Konkursverwalter das Grundstück für Rechnung der Masse, sei es im Wege der Zwangsversteigerung oder der freiwilligen Verwertung, so greift § 21 II auch zugunsten des Erwerbers ein.

17 **3. Bereicherungsausgleich bei unwirksamer Vorausverfügung**

Soweit der Mieter oder Pächter wegen Unwirksamkeit der Vorauszahlung noch einmal (zur Konkursmasse) leisten muß, hat er einen Bereicherungsanspruch gegen den Gemeinschuldner, weil der mit der Vorauszahlung bezweckte Erfolg der Schuldbefreiung nicht eingetreten ist (§ 812 I S. 2 BGB). Der Rückgewähranspruch entsteht unmittelbar infolge der Konkurseröffnung, da diese der Vorauszahlung die Wirksamkeit nimmt, und ist deshalb als Konkursforderung verfolgbar (*Mentzel/Kuhn/Uhlenbruck* KO[9] § 21 Anm. 10). Daß der Anspruch nicht gegen Zinsansprüche der Masse aufgerechnet werden kann, ergibt sich aus § 21 III. Zum Schutz des Mieters oder Pächters bei Ungewißheit über die Person des Gläubigers s. § 372 BGB, § 75 ZPO. Hat der Mieter oder Pächter den Zins an den Konkursverwalter geleistet, ist seine Zahlung aber nach § 1124 BGB dem Hypothekengläubiger gegenüber unwirksam und muß er deshalb an diesen noch einmal leisten, so hat er einen Massebereicherungsanspruch nach § 812 I S. 2 BGB mit § 59 I Nr. 4 KO.

4. Unanwendbarkeit des Absatz 2

a) Baukostenzuschüsse 18

Entgegen der Rechtsprechung des Reichsgerichts (RGZ **94** 279, 281; **136** 407, 413 f; **144** 194, 197) ist § 21 II auch dann anwendbar, wenn die Mietvorauszahlung bereits im Mietvertrag vereinbart war. Der Bundesgerichtshof sieht grundsätzlich jede Vorauszahlung, auch wenn der Mieter sie schon im ursprünglichen Mietvertrag versprochen hat, als Vorausverfügung an, die nur in den Grenzen des § 21 II wirksam ist. Etwas anderes gilt aber dann, wenn vereinbart worden ist, daß die Vorauszahlung zum Auf- oder Ausbau des Grundstücks verwendet werden soll und der Mieter nachweist, daß sie tatsächlich zu diesem Zweck verwendet worden ist und eine Wertsteigerung des Grundstücks bewirkt hat. Ob die Zweckvereinbarung im ursprünglichen Mietvertrag oder erst später getroffen worden ist, bleibt gleichgültig (BGHZ **6** 202, 206 f; **15** 296, 303 f; **16** 31, 35; **37** 346, 349 f; **53** 35, 38; BGH LM Nr. 1 zu § 57 b ZVG; Nr. 2 zu § 574 BGB; Nr. 33 zu § 535 BGB; *Staudinger/Emmerich* BGB[12] § 573 Anm. 8—10 — 2. Bearb. 1981 —; *Mentzel/Kuhn/Uhlenbruck* KO[9] § 21 Anm. 9). Eine vorweggenommene, den vorauszahlenden Wohnungsmieter schlechterstellende Vereinbarung zugunsten der Konkursmasse oder eines künftigen Grundstückserwerbers ist entsprechend § 557 a BGB unwirksam (BGHZ **53** 35, 39 f). Wirksam ist die Vorauszahlung der Miete der Konkursmasse und dem Grundstückserwerber gegenüber auch dann, wenn sie vereinbarungsgemäß zur Befriedigung eines Realgläubigers verwendet worden ist (OLG Düsseldorf ZMR **1972** 376; *Staudinger/Emmerich* BGB[12] § 573 Anm. 10 — 2. Bearb. 1981 —).

b) Freigabe des Grundstücks 19

Wenn der Konkursverwalter das Grundstück dem Gemeinschuldner freigibt, weil es z. B. wegen Überlastung mit Grundpfandrechten für die Masse wertlos ist (*Jaeger* KuT **1929** 34), kommt § 21 II nicht zur Anwendung, soweit sich die Vorausverfügung auf den Mietzins für die Zeit nach der Freigabe bezieht. Die bis zum Zeitpunkt der Freigabe zu entrichtende Miete oder Pacht kommt dagegen der Masse zu (RGZ **138** 69, 72; s. o. § 6 Anm. 26).

c) Vorausverfügungen des Konkursverwalters 20

Vorausverfügungen, die der Konkursverwalter selbst vor der Übereignung des Grundstücks über den künftigen Miet- oder Pachtzins trifft, binden den Erwerber in gleicher Weise wie den Ersteher in der Zwangsversteigerung. Denn die freiwillige Veräußerung des Verwalters wirkt nach § 21 IV wie eine Zwangsversteigerung. Deshalb findet § 57 ZVG mit §§ 573 S. 1, 574 BGB Anwendung. § 21 II dagegen kommt nicht zum Zuge. Zur Vermietung durch den Verwalter s. Anm. 28. Daß Vorausverfügungen des Konkursverwalters auch gegenüber der Masse eines späteren Konkurses verbindlich bleiben, der nach Beendigung des ersten eröffnet wird, folgt aus der Verfügungsmacht des Verwalters. Hat also der Konkursverwalter künftigen Mietzins eines wegen Überlastung nicht verwerteten Grundstücks eingezogen, und wird der Konkurs nach § 204 eingestellt, später aber von neuem eröffnet, so muß der Mieter an den neuen

Konkursverwalter den Mietzins nicht noch einmal zahlen. Das gilt auch, wenn der erste Konkurs durch Zwangsvergleich endete, gleichgültig, ob das zweite Verfahren ein wiederaufgenommener Konkurs i. S. des § 198 oder ein Neukonkurs ist.

V. Aufrechnung (Absatz 3) und Zurückbehaltungsrecht

21 **1. Aufrechnung**

Durch die dem § 1125 BGB nachgebildete Vorschrift des Absatz 3 wird die Aufrechnungsbefugnis des Mieters oder Pächters den Vorausverfügungen entsprechend geregelt. Soweit eine Einziehung des Miet- oder Pachtzinses nach Absatz 2 unwirksam wäre, ist auch die Aufrechnung einer vor oder infolge der Konkurseröffnung [Anm. 17] entstandenen Forderung gegen den Gemeinschuldner mit der Miet- oder Pachtzinsforderung „der Konkursmasse gegenüber“ unwirksam. Dementsprechend kann der Mieter oder Pächter mit einer ihm gegen den Gemeinschuldner zustehenden Konkursforderung gegen den massezugehörigen Anspruch auf den Miet- oder Pachtzins für den bei Konkurseröffnung laufenden (im Falle des Absatz 2 Hs. 2 auch für den nächstfolgenden) Kalendermonat und für eine frühere Zeit aufrechnen. Daß der Mieter oder Pächter eine erst nach Konkurseröffnung gegen den Gemeinschuldner selbst (als unanmeldbare Neuforderung, nicht etwa als Masseanspruch) entstandene Forderung zum Nachteil der Masse überhaupt nicht aufrechnen kann, ergibt sich aus § 55 S. 1 Nr. 1, 2.

22 **2. Zurückbehaltungsrecht**

Mit Verwendungsansprüchen kann der Mieter oder Pächter nur in den Grenzen des § 21 III aufrechnen. Die Unzulässigkeit einer weitergehenden Aufrechnung schließt begrifflich nicht auch die Zurückbehaltung aus. Jedoch kann wegen einer Konkursforderung eine zur Masse geschuldete Geldleistung nicht zurückbehalten werden. Denn nach § 12 können Konkursgläubiger ihre Forderungen nur durch Anmeldung zur Tabelle und Teilnahme an den Verteilungen ausüben. Ausnahmen enthalten die §§ 53 ff für die Aufrechnung und § 49 I Nr. 3, 4 für die Zurückbehaltung der Sache, auf die Verwendungen gemacht worden sind, und für das kaufmännische Zurückbehaltungsrecht. Eine weitere Ausnahme wird in § 17 vorausgesetzt [§ 17 Anm. 6]. Darüber hinaus gibt es keine konkursfesten Zurückbehaltungsrechte. Der Mieter oder Pächter kann also wegen seiner Verwendungsersatzansprüche, soweit diese Konkursforderungen sind, den Mietzins nicht zurückbehalten.

23 **VI. Veräußerung des Miet- oder Pachtobjekts durch den Konkursverwalter (Absatz 4)**

Nach Absatz 4 wirkt eine freiwillige Veräußerung des Miet- oder Pachtgrundstücks durch den Verwalter auf das Schuldverhältnis der Miete oder Pacht wie eine Zwangsversteigerung. Die Vorschrift bezieht sich nur auf Grundstücke (vgl. § 11 ErbbauVO, § 1 WEG) und eingetragene Schiffe und trifft weder ihrem Zweck noch ihrem Wortlaut nach die Übertragung eines Bruchteils [Anm. 29], erst recht nicht die Veräußerung vermieteter oder verpachteter Fahrnis.

24 **1. Kündigungsbefugnis des Erwerbers**

Die Veräußerung eines vermieteten oder verpachteten und bereits an den Mieter oder Pächter überlassenen Grundstücks bewirkt stets, daß der Erwerber anstelle des Veräußerers in die sich während der Dauer seines Eigentums aus dem Miet- oder Pachtverhältnis ergebenen Rechte und Verpflichtungen eintritt (§§ 571 I BGB, 57

ZVG). Während aber bei der rechtsgeschäftlichen Veräußerung dem Erwerber eine vorzeitige Beendigung des Vertragsverhältnisses nicht gestattet ist, darf der Ersteher im Falle der Zwangsversteigerung das Miet- oder Pachtverhältnis unter Einhaltung der gesetzlichen Kündigungsfrist vorzeitig, also vor Ablauf der vertragsmäßig bestimmten Zeit, kündigen. Dies gilt nach § 21 IV auch bei der freiwilligen Veräußerung durch den Konkursverwalter. Veräußerung i. S. des Absatz 4 ist die Übereignung des Grundstücks (BGH WM **1962** 901 = BGHZ **37** 346 ff, dort insoweit nicht abgedruckt). Das Mietverhältnis muß im Zeitpunkt der Veräußerung noch bestehen (OLG Celle NdsRpfl. **1956** 161 = ZMR **1956** 337). Das Recht vorzeitiger Kündigung geht dem Erwerber verloren, wenn er es nicht gleich bei der ersten der Übereignung folgenden Gelegenheit ausübt (§ 57 a S. 2 ZVG). Kündigt der Erwerber nicht für den ersten Termin, für den die Kündigung zulässig, d. h. ihm erlaubt und möglich ist, kann er nur noch nach Maßgabe des Vertrages kündigen. Das gilt auch dann, wenn er durch die irrtümliche Annahme, der Vertrag dauere ohnehin nur noch kurze Zeit, zur Unterlassung der Kündigung bestimmt worden ist. Die Unterlassung der Kündigung ist nicht wegen Irrtums anfechtbar (*v. Tuhr* Allg. Teil § 57 Note 30). Nur wenn auch bei Beobachtung der erforderlichen Sorgfalt die Kündigung zu dem ersten zulässigen Termin nicht möglich war, kann noch wirksam zum nächsten Termin mit der gesetzlichen Frist gekündigt werden (RGZ **98** 273; **103** 274; LG Braunschweig MDR **1961** 417). Das vorzeitige Kündigungsrecht des Erwerbers kann vertragsmäßig abbedungen werden. Es ist durch §§ 57 c, d ZVG wesentlich eingeschränkt. Jedoch kann eine Aufforderung nach § 57 d ZVG bei einer freiwilligen Veräußerung durch den Konkursverwalter nicht ergehen, weil ein zuständiges Organ fehlt. Um den Kündigungsschutz des § 57 c ZVG zu erreichen, muß der Mieter oder Pächter den Konkursverwalter veranlassen, dem Erwerber die notwendigen Mitteilungen über die geleisteten Finanzierungsbeiträge im Sinne des § 57 c ZVG zu machen. Der Konkursverwalter ist aber auch kraft Amtes zu diesen Mitteilungen verpflichtet. Unterläßt er sie, haftet er nach § 82 (*Mohrbutter* KTS **1956** 107, 112). Veräußert der Konkursverwalter im Wege der Zwangsversteigerung (§§ 172—174 ZVG), so hat der Mieter oder Pächter überdies die aus § 9 Nr. 2 mit § 59 ZVG fließenden Rechte. § 57 (mit § 57 a) ZVG gilt auch für die Zwangsversteigerung durch den Konkursverwalter (§ 172 ZVG), während § 57 b ZVG durch § 173 S. 1 ZVG auch bei vollstreckungsmäßiger Verwertung des Konkursverwalters ausgeschaltet bleibt. Der Kündigungsschutz, den das BGB dem Wohnungsmieter in §§ 564 b, 556 a BGB gewährt, wird durch § 57 a ZVG nicht beeinträchtigt. Beide Vorschriften gelten auch bei außerordentlicher befristeter Kündigung [§ 19 Anm. 50—54]. Für Landpacht- und Kleingartenpachtverträge gilt das in Anm. 56 zu § 19 Gesagte entsprechend.

2. Kein Kündigungsrecht des Mieters 25

Dem Mieter oder Pächter steht im Falle der konkursmäßigen Veräußerung des Grundstücks ein vorzeitiges Kündigungsrecht nicht zu, mag die Veräußerung in der Vollstreckungsform erfolgen oder nicht. Doch kann er entsprechend § 19 S. 3 Ersatz des infolge der Auflösung des Vertrags entstandenen Schadens fordern [§ 19 Anm. 66 ff] und diesen Anspruch als Konkursgläubiger, aber auch nur als solcher geltend machen (§ 26 S. 2; RGZ **67** 372, 376; RG LZ **1916** Sp. 1191 f Nr. 14). Da der Rechtsgrund des Ersatzanspruchs bei Konkurseröffnung bereits gelegt war, steht seiner Aufrechnung gegen eine vorher entstandene Forderung des Gemeinschuldners § 55 S. 1 Nr. 2 nicht entgegen (RG LZ **1916** Sp. 1191 f Nr. 14). Dagegen ist die Aufrechnung mit dem Ersatzanspruch gegen eine Mietzinsforderung, die sich auf die Zeit nach Konkurseröffnung bezieht, nur in den Grenzen des Absatz 3 zulässig.

26 **3. Eintritt des Mieters in den Mietvertrag, Vorausverfügungen und Aufrechnung**

Auf die freiwillige Grundstücksveräußerung des Konkursverwalters finden nach § 21 IV KO mit § 57 ZVG die §§ 571, 572, 573 S. 1, 574, 575 BGB entsprechende Anwendung, nicht aber der auf die freiwillige Verwertung nicht passende § 57 b ZVG. Der Erwerber muß also, solange der Vertrag nicht beendet ist, alle Vermieterpflichten uneingeschränkt erfüllen. Dazu gehört aber nicht die vom Gemeinschuldner einem Mieter gegenüber eingegangene Verpflichtung, diesem ein Dauerwohnrecht zu bestellen (BGH KTS **1976** 297 = NJW **1976** 2264). Eine aufgrund des § 571 II BGB erwachsende Ersatzverbindlichkeit ist Masseschuld im Sinne des § 59 I Nr. 1, weil sie durch die Veräußerung des Konkursverwalters ausgelöst wurde (*Mentzel/Kuhn/Uhlenbruck* KO^{9} § 21 Anm. 16). Vorausverfügungen, Rechtsgeschäfte zwischen dem Vermieter und dem Mieter über die Mietzinsforderungen und die Aufrechnung des Mieters muß der Erwerber nach Maßgabe der §§ 573 S. 1, 574, 575 BGB gegen sich gelten lassen. Zum Anspruch auf Rückgabe einer Kaution gegen den Erwerber s. *Gölz* ZIP **1981** 127 ff.

27 **4. Vermietete Schiffe**

Die freiwillige Veräußerung eines vom Gemeinschuldner vermieteten oder verpachteten Schiffes durch den Konkursverwalter löst die Folgen des § 169 I S. 1 ZVG mit § 580 a BGB aus. Ein vorzeitiges Kündigungsrecht wird dem Erwerber in § 580 a BGB nicht eingeräumt, jedoch gilt nach § 162 ZVG auch hier § 57 a ZVG, der in Verbindung mit § 21 IV KO dem Erwerber das vorzeitige Kündigungsrecht gewährt. § 169 I S. 2 ZVG ist nicht anwendbar, weil er auf die freiwillige Veräußerung ebensowenig paßt wie § 57 b ZVG. Der Gesetzeswortlaut des § 21 IV S. 2 KO ist insoweit falsch. Nicht § 169 II ZVG soll ausgeschlossen werden, sondern § 169 I S. 2 ZVG. Es handelt sich offensichtlich um ein Redaktionsversehen. In den Motiven zur Durchführungsverordnung zum Gesetz über die Rechte an eingetragenen Schiffen und Schiffsbauwerken (Deutsche Justiz **1941** 209 ff) heißt es zu Art. 7: „Von den Vorschriften der Artikel, in denen die Fassung von Gesetzen geändert wird, haben einige nur redaktionelle Bedeutung. Keiner besonderen Begründung bedürfen im allgemeinen die Fälle, in denen lediglich aus der jetzt gleichen rechtlichen Gestaltung die eingetragenen Schiffe und Schiffsbauwerke und die Schiffshypotheken in einzelnen Vorschriften neben die Grundstücke und die Rechte an Grundstücken gestellt worden sind.“ Aus diesen Sätzen kann geschlossen werden, daß die Verweisung auf § 169 ZVG den gleichen Zweck verfolgt wie die auf § 57 b ZVG.

5. Unanwendbarkeit des Absatz 4

28 **a) Vermietung durch den Konkursverwalter**

Einen vom Konkursverwalter selbst abgeschlossenen Miet- oder Pachtvertrag trifft § 21 IV nicht. Der Erwerber des vom Verwalter veräußerten Miet- oder Pachtgrundstücks hat daher kein gesetzliches Recht zu vorzeitiger Vertragskündigung. Sonst würde der Mieter oder Pächter, der nach § 59 I Nr. 1 Massegläubiger ist, in einer sachlich unangemessenen Weise gefährdet. Auch bei der Veräußerung des Grundstücks durch den Konkursverwalter in der Vollstreckungsform hat der Ersteher nicht das Kündigungsrecht des § 57 a ZVG. Zwar verweist § 172 ZVG auch auf § 57 a ZVG, jedoch bezweckt diese Verweisung nur die vorzeitige Kündbarkeit der schon vom Gemeinschuldner abgeschlossenen Miet- und Pachtverträge.

b) Gemeinschuldner als Miteigentümer 29

Ist der Gemeinschuldner nicht Alleineigentümer, sondern Miteigentümer des vermieteten oder verpachteten Grundstücks und betreibt der Konkursverwalter die Zwangsversteigerung anstelle des Gemeinschuldners zum Zwecke der Gemeinschaftsteilung (§§ 180 ff ZVG, § 753 BGB, §§ 16, 51 KO), so bleibt nach der die §§ 57 a, 57 b ZVG ausdrücklich ausschließenden Vorschrift des § 183 ZVG der Ersteher an die vertragsmäßigen Kündigungsvorschriften gebunden, obgleich sich diese Veräußerung in den Vollstreckungsformen vollzieht. Erst recht gilt dies, wenn der Konkursverwalter das Grundstück im Zusammenwirken mit den übrigen Miteigentümern freiwillig veräußert oder den Anteil des Gemeinschuldners im Wege rechtsgeschäftlicher Verfügung oder im Zwangswege [§ 126 Anm. 4] verwertet. Dem Ersteher steht somit das Kündigungsrecht nach § 57 a ZVG nicht zu (*Mentzel/Kuhn/Uhlenbruck* KO⁹ § 21 Anm. 17).

VII. Vermietung beweglicher Sachen und Rechtspacht

1. Bewegliche Sachen

a) § 21 Abs. 1 30

Auf Mietverträge über bewegliche Sachen und auf Rechtspachtverträge ist § 21 I anwendbar. Der Miet- oder Pachtvertrag bleibt also wirksam. Das in Anm. 8—11 Gesagte gilt uneingeschränkt.

b) Vorausverfügungen und Aufrechnung 31

Die Absätze 2 und 3 des § 21 sind auf die Vermietung beweglicher Sachen und auf die Rechtspacht nicht anwendbar. Damit ist aber noch nicht gesagt, daß Vorausverfügungen über den Miet- oder Pachtzins wirksam wären oder daß der Mieter oder Pächter gegen die auf die Zeit nach Konkurseröffnung bezogenen Mietzinsforderungen mit einer Konkursforderung aufrechnen dürfte. Rechtsprechung ist zu diesen Fragen nicht nachweisbar, jedoch dürften sie mit zunehmender Verbreitung der Leasingverträge über bewegliche Sachen Bedeutung gewinnen. Die Antwort muß sich aus dem Verhältnis des § 21 II und III zu den allgemeinen Vorschriften über die Wirksamkeit von Verfügungen des Gemeinschuldners und über die Aufrechnung ergeben. Über dieses Verhältnis bestand schon im Gesetzgebungsverfahren Unklarheit. In der Begründung zur Novelle 1898 (S. 30 f) wird gesagt, daß Verfügungen des Gemeinschuldners über die auf die Zeit nach der Konkurseröffnung entfallenden Miet- oder Pachtzinsen bei Mietverträgen über bewegliche Sachen den Konkursgläubigern gegenüber uneingeschränkt wirksam seien. Ohne daß der Wortlaut des Entwurfs geändert wurde, hat aber der Vertreter der Reichsregierung in den Beratungen der Reichstagskommission erklärt, daß der heutige § 21 III keine Einschränkung, sondern eine Erweiterung der Aufrechnungsbefugnis des Mieters gegenüber der allgemeinen Regel des § 55 S. 1 Nr. 1 enthalte. Wenn dies richtig ist, darf also der Mieter beweglicher Sachen und der Rechtspächter gegen die auf die Zeit nach Konkurseröffnung bezogenen Miet- oder Pachtzinsforderungen mit einer Konkursforderung überhaupt nicht aufrechnen, weil die Erweiterung der Aufrechnungsbefugnis in § 21 III nur für den Grundstücksmieter vorgesehen ist. Für die Vorausverfügungen kann dann nichts anderes gelten. Enthält nämlich § 21 III eine Begünstigung des Grundstücksmieters im Verhältnis zu den allgemeinen Regeln, so muß das auch für § 21 II gelten. Die Entwurfsbegründung und die Stellungsnahme des Regierungsvertreters in der Reichstagskommission widersprechen sich also, und damit ist der Grund gelegt für einen Streit, der bis heute andauert (s. näher *Henckel* Festschrift für Baur, 1981, S. 443, 447 ff).

32 Aufschlußreich für das Verhältnis des § 21 II und III zu den allgemeinen Vorschriften über die Wirksamkeit von Verfügungen des Gemeinschuldners und über die Aufrechnung ist die Rechtsprechung des Reichsgerichts zur Grundstücksmiete aus der Zeit vor 1900, als es die Vorschriften des § 21 II und III noch nicht gab. Diese Entscheidungen mußten also die Frage nach der Wirksamkeit von Vorausverfügungen und Aufrechnungserklärungen aus den allgemeinen Regeln des Konkursrechts beantworten, die in gleicher Weise für die Grundstücksmiete wie für die Miete beweglicher Sachen und die Rechtspacht maßgeblich waren. Soweit diese Entscheidungen die Aufrechnung betreffen, beruft sich auf sie auch heute noch die h. M. (Voraufl. § 55 Anm. 6; *Mentzel/Kuhn/Uhlenbruck* KO[9] § 55 Anm. 6). Das Reichsgericht hat damals mehrfach entschieden, daß § 48 S. 1 Nr. 1 (jetzt § 55 S. 1 Nr. 1) der Aufrechnung des Mieters mit einer Konkursforderung gegen die Mietzinsforderung des Konkursverwalters für die Zeit nach Konkurseröffnung entgegenstehe (RGZ **1** 347, 348; **33** 45, 50; **40** 120, 125). Daraus leitet die heute h. M. ab, daß dies auch für den Mieter beweglicher Sachen gelte, weil § 21 III nur für den Grundstücksmieter eine günstigere Regelung gäbe (Voraufl. § 55 Anm. 6; *Mentzel/Kuhn/Uhlenbruck* KO[9] § 55 Anm. 6; aus der älteren Literatur: *v. Wilmowski/Kurlbaum* KO[6] § 55 Anm. 2; *Petersen/Kleinfeller* KO[4] § 55 Anm. 2; **a. A.** *Lang* Das Aufrechnungsrecht, Seine Erweiterungen und seine Beschränkungen im Konkurs des Schuldners, 1906, S. 195 f, 258 f).

33 Vorausabtretungen des Gemeinschuldners, die sich auf den Mietzins für die Zeit nach Konkurseröffnung beziehen, hat das Reichsgericht als unwirksam angesehen (RGZ **6** 109, 112 ff). Dem ist die h. M. nicht gefolgt (Voraufl. § 21 Anm. 5; *Mentzel/Kuhn/Uhlenbruck* KO[9] § 21 Anm. 11). Sie beruft sich auf die spätere Entscheidung des Reichsgerichts (RGZ **40** 120, 122), in der Mietvorauszahlungen an den Gemeinschuldner beiläufig für wirksam erklärt werden mit der knappen Begründung, daß eine entgegenstehende Vorschrift nicht erkennbar sei. Daß in derselben Entscheidung die Aufrechnung des Mieters mit einer Konkursforderung gegen die Mietzinsforderungen für die Zeit nach Konkurseröffnung für unzulässig angesehen wird, hat das Reichsgericht offenbar nicht als Widerspruch empfunden.

34 **aa) Vorausabtretung**

Die ältere Rechtsprechung des Reichsgerichts bietet den richtigen Ansatz zur Lösung des Problems. In RGZ **1** 347, 348 heißt es, der Mietzins sei Äquivalent für die Mietnutzung, welche dem Mieter während des Konkurses gewährt werde. Diese Nutzung habe aber nicht der Gemeinschuldner, sondern die Gläubigerschaft gewährt, weshalb ihr auch der Anspruch auf die betreffende Mietzinsrate zukomme, so daß eine Aufrechnung des Mieters mit einer Konkursforderung nicht zulässig erscheine. Sieht man von der in dieser Entscheidung zugrunde gelegten Konstruktion, daß die Gläubigerschaft als Rechtssubjekt Inhaber der Konkursmasse sei, ab, so gewinnt man den maßgebenden Entscheidungsgesichtspunkt. Das Vermögen des Gemeinschuldners ändert damit, daß es zur Konkursmasse wird, seine Funktion. Es dient jetzt ausschließlich der Befriedigung der Gläubiger. Es ist deren Haftungsobjekt, d. h. es ist den Gläubigern haftungsrechtlich zugewiesen [§ 1 Anm. 3, 4, § 3 Anm. 3]. Zur Masse gehört die vermietete Sache und das Recht, daraus Nutzungen zu ziehen. Deshalb gebührt der Mietzins der Konkursmasse, wenn diese dem Mieter den Gebrauch der Sache belassen muß (ähnlich RGZ **6** 109, 112 f für die Vorausabtretung). Da der Mietvertrag den Konkurs überdauert (§ 21 I), muß die Masse dem Mieter den Gebrauch belassen. Der Mieter ist mit seinem Anspruch auf Gebrauchsgewährung nicht Konkursgläubiger, sondern er kann volle Erfüllung des Vertrages verlangen. Soweit aber aus der Masse gegenseitige Verträge zu erfüllen sind, gebührt nach dem Grundgedanken der §§ 17 ff, 59 I Nr. 2 der Masse die Gegenleistung. Die Masse darf nicht dadurch verkürzt werden, daß aus ihr Leistungen zu erbringen sind, für welche sie keine Gegenleistung erhält. Das gilt beim Kaufvertrag, wenn der Gemeinschuldner die bereits entstandene, aber mit der Einrede des nichterfüllten Vertrages behaftete Forderung vor Konkurseröffnung abgetreten hatte. Hier wird die Masse dadurch geschützt, daß der Konkursverwalter die Erfüllung des Kaufvertrages nach § 17 ablehnen kann oder daß die Masse einen Bereicherungsanspruch gegen den Zessionar erlangt, wenn der Konkursverwalter den Vertrag erfüllt und damit die Forderung des Zessionars einredefrei macht [§ 17 Anm. 145]. Beim Mietvertrag kann der Konkursverwalter die Erfüllung des Vertrages nicht ablehnen. Der Schutz der Masse davor, daß sie Leistungen erbringt, ohne die Gegenleistung zu erhalten, muß deshalb auf andere Weise bewirkt werden. Die für den Kaufvertrag angemessene Lösung eines Bereicherungsanspruchs gegen den Zessionar, falls der Konkursverwalter erfüllt, kann auf den Mietvertrag nicht übertragen werden. Denn im Mietvertragsrecht gibt es nach Überlassung der Mietsache nicht die Einrede des nichterfüllten Vertrages. Ist die Miete nach dem Vertrag monatlich vorauszuzahlen, besteht der Mietzinsanspruch einredefrei, obwohl der Mieter die Mietsache in der Mietzinsperiode noch nicht hat nutzen können. Der Zessionar der Mietzinsforderung erhält also mehr als der Zessionar der Kaufpreisforderung. Während letzterer eine einredebehaftete Forderung erwirbt, wenn der Verkäufer noch nicht erfüllt hat, und deshalb nur einen Wert, der die Konkursmasse nicht belastet, solange der Kaufvertrag vom Verwalter nicht erfüllt ist, hat der Zessionar der Mietzinsforderung im Zeitpunkt der Fälligkeit den vollen Wert, um den bei Wirksamkeit der Abtretung die Masse verkürzt wäre. Das zwingt zu dem Schluß, daß die Vorausabtretung der Mietzinsforderung durch den Gemeinschuldner unwirksam sein muß, weil sie dem Grundprinzip der §§ 17 ff, 59 I Nr. 2 widerspricht. Die Unwirksamkeit läßt sich auch aus § 15 ableiten, weil eine Rechtshandlung des Gemeinschuldners vor Konkurseröffnung, nämlich die Abtretung, die nicht von § 7 erfaßt wird, nach Konkurseröffnung, nämlich im Zeitpunkt der Fälligkeit der Mietzinsforderung, die Masse verkürzt, indem die Gegenleistung für die aus der Masse erbrachte Leistung dieser bei Wirksamkeit der Abtretung entzogen würde. Für diese Anwendung des § 15 kommt es nicht darauf an, ob man die Abtretung als Vorausabtretung einer künftigen Forderung deutet, auf die § 15 ohnehin anwendbar ist [§ 15 Anm. 44], oder als Abtretung einer schon bestehenden, aber noch nicht fälligen Forderung (s. näher *Henckel* Festschrift für Baur, 1981, S. 443, 454).

bb) Pfändung 35

In gleicher Weise wie die Vorausabtretung der Mietzinsforderung ist deren Vorauspfändung nach § 15 unwirksam. Zwar erstreckt sich nach § 832 ZPO das Pfändungspfandrecht auch auf die mitgepfändeten künftigen Mietzinsforderungen (*Stein/Jonas/Münzberg* ZPO[19] § 832 Anm. II). Das bedeutet jedoch nicht, daß der Pfändungsgläubiger ein Absonderungsrecht an den Mietzinsforderungen erhält, die sich auf die Zeit nach Konkurseröffnung beziehen (s. näher *Henckel* Festschrift für Baur, 1981, S. 443, 454 ff).

cc) Vorauszahlung 36

Auch hinsichtlich der Vorauszahlungen des Mieters an den Gemeinschuldner muß sich das konkursrechtliche Prinzip durchsetzen, daß Gegenleistungen für Leistungen, welche aufgrund eines gegenseitigen Vertrages aus der Masse erbracht werden müssen, der Masse nicht entzogen werden dürfen. Beim Kaufvertrag, auf den der Vertragspartner des Gemeinschuldners vorgeleistet hatte, wird die Masse dadurch vor einem Nachteil bewahrt, daß der Konkursverwalter die Erfüllung ablehnen kann und damit den Vertragspartner auf die Konkursquote verweist. Beim Mietvertrag kann der Konkursverwalter die Erfüllung nicht ablehnen, wenn die Sache dem Mieter bei Konkurseröffnung bereits überlassen war. Hier muß deshalb der Masseschutz durch Unwirksamkeit der Vorauszahlung erreicht werden. Sie ergibt sich aus § 15, weil die vor Konkurseröffnung vom Gemeinschuldner angenommene Vorauszahlung, die nicht von § 7 erfaßt wird, die Konkursmasse verkürzen würde, indem diese für ihre Leistung keine Gegenleistung erhielte (*Henckel* Festschrift für Baur, 1981, S. 456 ff).

37 **dd) Aufrechnung**

Für die Aufrechnung gilt Entsprechendes. § 55 S. 1 Nr. 1 will verhindern, daß ein Konkursgläubiger mit einer Konkursforderung gegen eine Forderung der Masse aufrechnet, die dadurch entstanden ist, daß die Masse eine Leistung erbringen muß. Auch hier kann der Konkursverwalter die Masse nicht vor Nachteilen dadurch bewahren, daß er — wie beim Kaufvertrag — die Erfüllung ablehnt. Deshalb muß die Aufrechnung hier unzulässig sein, wie die h. M. im Ergebnis mit Recht annimmt (*Henckel* Festschrift für Baur, 1981, S. 443, 459 f).

38 **c) Veräußerung durch den Konkursverwalter**

Auf die Veräußerung beweglicher Sachen durch den Konkursverwalter findet § 21 IV keine Anwendung. Der Miet- oder Pachtvertrag bleibt also unverändert zwischen den bisherigen Vertragspartnern bestehen. Der Mieter oder Pächter kann dem neuen Eigentümer gegenüber nach § 986 BGB die Herausgabe verweigern, solange der Miet- oder Pachtvertrag besteht.

2. Rechtspacht und Lizenzen

39 **a) Rechtspacht**

Für die Rechtspacht gilt dasselbe wie für die Vermietung oder Verpachtung beweglicher Sachen [Anm. 30—38].

40 **b) Lizenzen**

Der Lizenzvertrag ist zwar kein Pachtvertrag, wird jedoch im Konkurs wie ein Rechtspachtvertrag behandelt [Anm. 6]. Die Übertragung des Patents durch dessen Inhaber läßt die ausschließliche Lizenz unberührt. Sie wirkt wie ein dingliches Recht auch gegenüber dem Erwerber (*Benkard/Bruchhausen* PatG[3] § 9 Anm. 79; *Klauer/Möhring* Patentrechtskomm.[3] § 9 Anm. 26; *Lüdecke/Fischer* Lizenzverträge S. 77 Rdn. A 25; *Reimer* PatG[3] § 9 Anm. 59; **a. A.** *Rasch* Der Lizenzvertrag, 1933, S. 63; vermittelnd: *Stumpf* Der Lizenzvertrag[4], 1965, S. 161; *ders.* Der Know-How-Vertrag[3], 1977, S. 173: Wirksamkeit gegenüber dem Erwerber nur, wenn die Lizenz in die Patentrolle eingetragen ist). Für die einfache Lizenz nimmt die h. M. an, daß der Erwerber des Patents in die Lizenz eintrete (*Klauer/Möhring* Patentrechtskomm.[3] § 9 Anm. 39; *Lüdecke/Fischer* Lizenzverträge S. 77 f; *Lüdecke* GRUR **1964** 470, 473; *Reimer* PatG[3] § 95; *Stumpf* Der Lizenzvertrag[4] Rdn. 328 ff; *ders.* Der Know-How-Vertrag[3] S. 173 f Rdn. 215 a; **a. A.** *Benkard/Bruchhausen* PatG[6] § 9 Anm. 49). Mit einer Anwendung des § 571 BGB läßt sich das nicht begründen. Denn nach § 581 II BGB ist § 571 BGB nur auf Grundstückspachtverträge anzuwenden, nicht aber auf Rechtspachtverträge (*Staudinger/Kiefersauer* BGB[11] § 581 Anm. 78; *Benkard/Bruchhausen* PatG[6] § 9 Anm. 49).

Auch eine analoge Anwendung der §§ 571 ff BGB kommt nicht in Betracht. Für sie besteht auch kein Bedürfnis. Der Lizenzvertrag erlischt durch die Veräußerung des Patents nicht (**a. A.** *Benkard/Bruchhausen* PatG[6] § 9 Anm. 49). Nach § 413 BGB findet auf die Übertragung des Patents § 404 BGB Anwendung. Der Lizenznehmer kann sich also dem Erwerber gegenüber auf die Lizenz berufen, mag diese eine ausschließliche oder eine einfache Lizenz sein. Die Anwendung des § 571 BGB würde bedeuten, daß der Erwerber des Patents alle schuldrechtlichen Verpflichtungen aus dem Lizenzvertrag erfüllen müßte. Eine solche Folge kann aber ohne seine Zustimmung nicht eintreten. Sie kann nur durch Vertragsübernahme herbeigeführt werden, an der neben dem Veräußerer sowohl der Erwerber des Patents als auch der Lizenznehmer beteiligt sein müssen (*Benkard/Bruchhausen* PatG[6] § 9 Anm. 49). Ist aber § 571 BGB nicht anwendbar, so kann im Konkurs des Lizenzgebers auch § 21 II—IV nicht zur Anwendung kommen (so im Ergebnis auch *Lüdecke/Fischer* Lizenzverträge S. 615 f Rdn. 415). Die **Gegenansicht** (*Stumpf* Der Know-How-Vertrag[3] S. 173 f Rdn. 215 a; *Mentzel/Kuhn/Uhlenbruck* KO[9] § 21 Anm. 4 a) beruft sich darauf, daß § 21 II und IV konkursbedingte Modifikationen der §§ 571 ff BGB enthielte und der Anwendungsbereich dieser Absätze deshalb mit dem der §§ 571 ff BGB identisch sein müsse. Das ist sicher richtig, führt aber zur Unanwendbarkeit des § 21 II—IV KO, weil die §§ 571 ff BGB den Lizenzvertrag nicht erfassen. Für die Patent- und Know-How-Lizenzverträge gilt also nichts anderes als für die Rechtspacht und die Miete beweglicher Sachen [Anm. 30—39]. Bei der Veräußerung eines Know-How-Rechts durch den Konkursverwalter ist zu beachten, daß das Know-How einen eigenständigen, übertragbaren Vermögenswert nur dann hat, wenn es Gegenstand eines Lizenzvertrages geworden ist (*Stumpf* Der Know-How-Vertrag[3] S. 173 Rdn. 215 a).

VIII. Leasing

1. Leasingverträge ohne Option 41

Leasingverträge ohne Option sind Mietverträge, auf die § 21 anwendbar ist (*Baumgarte* Leasing-Verträge über bewegliche Sachen im Konkurs, 1980, S. 89; *Flume* Leasing S. 10; *Mentzel/Kuhn/Uhlenbruck* KO[9] § 21 Anm. 18; *Reich* in: *Gitter* Vertragsschuldverhältnisse S. 72; *Seeger* KTS **1974** 6, 13; s. auch oben § 19 Anm. 12 ff; **a. A.** *Ebenroth* JuS **1978** 594; *Lwowski* Erwerbersatz durch Nutzungsverträge, Diss. Hamburg 1967, S. 124; *Stoppok* in: *Hagenmüller* Leasing-Handbuch[3] S. 298). Für Grundstücksleasingverträge gelten deshalb die Absätze 1—4 des § 21, für Leasingverträge über bewegliche Sachen § 21 I und das in Anm. 30—38 Gesagte (zum Konkurs des Lieferanten s. *Graf von Westphalen* WM **1980** 942 ff).

2. Leasingverträge mit Verlängerungsoption 42

Leasingverträge mit Verlängerungsoption [s. o. § 19 Anm. 15, 20] werden regelmäßig in der Weise abgeschlossen, daß der Leasinggeber sich verpflichtet, auf Verlangen des Leasingnehmers einen Verlängerungsvertrag abzuschließen, aufgrund dessen der Leasingnehmer das Leasinggut nach Ablauf der Grundlaufzeit des Leasingvertrages weiter benutzen darf. Da ein Kaufmann eine Bindung, wie sie mit der Einräumung der Option vereinbart wird, nicht unentgeltlich eingeht, erbringt der Leasingnehmer während der Grundlaufzeit mit seinen Leasingraten auch eine Gegenleistung für die Option (*Baumgarte* aaO — Anm. 41 — S. 36 ff). Dieser — konkret nicht errechenbare — Anteil der Leasinggebühr, der für die Option entrichtet wird, stellt sich als Vorauszahlung auf einen Wert dar, der erst mit der Ausübung des Optionsrechts verwirklicht wird. Da aber Vorauszahlungen des Mieters an den Gemeinschuldner, die sich auf die Zeit nach Konkurseröffnung beziehen, infolge der Konkurseröffnung bei der Grundstücksmiete nach Maßgabe des § 21 II und bei der Miete beweglicher Sachen schlechthin unwirksam sind [s. o. Anm. 36], kann das Optionsrecht des Leasingnehmers nicht konkursfest sein. Die abweichende Ansicht (*Baumgarte* aaO — Anm. 41 — S. 89 ff) gründet sich auf die oben Anm. 36 widerlegte Auffassung, daß Vorauszahlungen des Mieters beweglicher Sachen gegenüber der Konkursmasse unbeschränkt wirksam seien. Der Leasingnehmer hat mit der Option einen schuldrechtlichen Anspruch auf Abschluß eines Verlängerungsvertrages. Dieser Anspruch ist Konkursforderung und deshalb nach § 69 in Geld umzurechnen und zur Tabelle anzumelden. Der Konkursverwalter ist nicht verpflichtet, den Verlängerungsvertrag abzuschließen, vielmehr kann er mit Ablauf der Grundlaufzeit das Leasinggut von dem Leasingnehmer herausverlangen und für die Masse nutzen. Nur wenn er in der Vertragsverlängerung eine günstige Verwertungschance sieht, wird er mit dem Leasingnehmer den Verlängerungsvertrag abschließen. Ist aber der Verlängerungsvertrag vom Gemeinschuldner bereits vor Konkurseröffnung — anfechtungsfrei — abgeschlossen, so ist der Konkursverwalter daran gebunden. Daß der Leasingnehmer in der Verlängerungszeit nur geringfügige Leasingraten zu zahlen hat, beruht nicht darauf, daß er während der Grundlaufzeit vorausgezahlt hat, sondern darauf, daß der Wert des Leasinggutes während der Grundlaufzeit voll amortisiert worden ist. Der Leasingnehmer, dem eine Option eingeräumt wird, zahlt also für die Option voraus, nicht aber für die Leasingraten in der Verlängerungszeit.

43 **3. Leasingverträge mit Kaufoption** 43

Leasingverträge mit Kaufoption werden regelmäßig so ausgestaltet, daß der Leasingnehmer einen Anspruch auf Abschluß eines Kaufvertrages hat. Auch dieser Anspruch ist Konkursforderung und deshalb nach § 69 in Geld umzurechnen und zur Tabelle anzumelden. Der Konkursverwalter braucht ihn nicht zu erfüllen, kann freilich, wenn er anderweit keine bessere Verwertungsmöglichkeit hat, mit dem Leasingnehmer den Kaufvertrag abschließen. Gegen die Trennung des Leasingvertrages von der Kaufoption bestehen keine Bedenken. Der Leasingvertrag besteht gemäß § 21 fort. Daraus kann nicht abgeleitet werden, daß auch die Option vom Konkurs nicht beeinflußt würde. Umgekehrt darf aber aus der Qualifikation der Option als Konkursforderung keine Einschränkung des § 21 I abgeleitet werden. Die Annahme, daß der gesamte Leasingvertrag wegen der Kaufoption unter § 17 zu subsumieren sei (so *Baumgarte* aaO — Anm. 41 — S. 89 ff) ist nicht zwingend. Der Leasingnehmer ist gegen vorzeitige Auflösung des Leasingvertrages während der Grundlaufzeit durch § 21 I geschützt. § 17 ist nur anwendbar, wenn die Ausübung der Option zum Abschluß des Kaufvertrages geführt hat und dieser Vertrag im Zeitpunkt der Konkurseröffnung beiderseits noch nicht voll erfüllt ist.

44 **IX. Abdingbarkeit des § 21** 44

Zwingendes Recht setzt § 21 wie § 19 nur insoweit, als er das gemeinsame Interesse der Konkursgläubiger schützt. Die zugunsten des Mieters oder Pächters vorgesehene Gebundenheit der Masse nach Absatz 1 kann daher durch den Miet- oder Pachtvertrag ausgeschlossen sein [§ 19 Anm. 48, 63, 64]. Dagegen kann die Unwirksamkeit nach Absatz 2 und 3 nur mit Willen des Konkursverwalters, das in Absatz 4 anerkannte vorzeitige Kündigungsrecht des Erwerbers nur mit dessen Willen beseitigt werden.

§ 22

(1) Ein in dem Haushalte, Wirtschaftsbetriebe oder Erwerbsgeschäfte des Gemeinschuldners angetretenes Dienstverhältnis kann von jedem Teile gekündigt werden. Die Kündigungsfrist ist, falls nicht eine kürzere Frist bedungen war, die gesetzliche.

(2) Kündigt der Verwalter, so ist der andere Teil berechtigt, Ersatz des ihm durch die Aufhebung des Dienstverhältnisses entstehenden Schadens zu verlangen.

Materialien: Motive I Bd. 1 S. 109 ff, Motive II S. 82 ff; Protokolle S. 15, 17, 18, 149; P. II S. 308 f, VI S. 760; Begründung S. 31.

Übersicht

I. Einleitung 1

§ 22 enthält eine Regelung für Dienst- und Arbeitsverträge, bei denen der Gemeinschuldner Dienstberechtigter bzw. Arbeitgeber ist. Er bezieht sich allein auf die Kündigung. Unausgesprochen setzt er voraus, daß Dienst- und Arbeitsverhältnisse nicht schon durch die Konkurseröffnung erlöschen, und er schließt die Anwendung des § 17 aus, sofern das Dienst- oder Arbeitsverhältnis bei Konkurseröffnung bereits angetreten ist. Er gibt beiden Vertragspartnern ein Kündigungsrecht unter Wahrung der gesetzlichen oder einer kürzeren vertraglichen Kündigungsfrist. Kündigt der Verwalter mit der gesetzlichen Kündigungsfrist, so steht dem anderen Teil ein Anspruch auf

Ersatz des Schadens zu, der ihm dadurch entsteht, daß der Vertrag zu einem früheren Zeitpunkt beendet wird, als dies nach der vertraglichen Kündigungsregelung möglich gewesen wäre. Dieser Schadensersatzanspruch ist nach § 26 S. 2 einfache Konkursforderung.

II. Voraussetzungen des § 22

2 **1. Das Dienstverhältnis**

Das Gesetz versteht unter dem Dienstverhältnis den Dienstvertrag i. S. der §§ 611 ff BGB. Ausgenommen sind aber Dienstverträge, die eine Geschäftsbesorgung zum Gegenstand haben (§ 675 BGB). Für sie gelten die Sonderregeln der §§ 23 II, 27. Der Dienstvertrag ist ein gegenseitiger Vertrag, mit dem Dienstleistungen irgendwelcher Art gegen eine Vergütung versprochen werden (§ 611 BGB). Die Dienste können in körperlicher oder geistiger Arbeit bestehen (*Larenz* SchuldR II[12] § 52 I). § 22 findet sowohl auf den Dienstvertrag eines selbständig Tätigen als auch auf das Arbeitsverhältnis desjenigen Anwendung, der seine Dienste in sozial abhängiger Stellung leistet und dem Weisungs- oder Direktionsrecht des Arbeitgebers untersteht. Daß das Dienstverhältnis die Erwerbstätigkeit des Dienstverpflichteten vollständig oder hauptsächlich in Anspruch nimmt, verlangt das Gesetz nicht.

2. Abgrenzungen

3 **a) Werkvertrag**

Vom Werkvertrag unterscheidet sich das Dienstverhältnis dadurch, daß die Arbeits- oder Dienstleistung als solche geschuldet ist, während der Werkunternehmer den im Vertrage festgelegten Erfolg verspricht. Zur Abgrenzung im einzelnen wird auf die Kommentare und Lehrbücher zum BGB verwiesen. Auf den Werkvertrag findet nicht § 22, sondern § 17, und soweit er eine Geschäftsbesorgung zum Gegenstand hat, § 23 II Anwendung [§ 17 Anm. 12, § 23 Anm. 9].

4 **b) Geschäftsbesorgungsvertrag**

Der Dienstvertrag mit Geschäftsbesorgungscharakter, auf den § 23 II und nicht § 22 Anwendung findet, unterscheidet sich von dem Dienstverhältnis des § 22 durch die Selbständigkeit des Geschäftsbesorgers [s. näher § 23 Anm. 9; zur Abgrenzung der Anwendungsbereiche der §§ 22 und 23 auf Gesellschaftsorgane s. § 23 Anm. 10—14].

5 **c) Unentgeltliche Dienstleistungen**

§ 22 ist seinem Inhalt nach (vorzeitige Lösungsbefugnis und Schadensersatzpflicht) auf das entgeltliche Dienstverhältnis angelegt. Verträge über unentgeltliche Dienstleistungen werden von § 23 I erfaßt, sofern der Gemeinschuldner Auftraggeber ist [§ 23 Anm. 1].

3. Dienstverhältnis im Haushalt, Wirtschaftsbetrieb oder Erwerbsgeschäft

a) Art der Dienstleistung

6 **aa) Haushalt**

Der Begriff „Haushalt“ umfaßt das gesamte private Hauswesen. Unter den im Haushalt zu leistenden Diensten sind die der Hausangestellten, Haushälter, Hausgehilfen und Hauslehrer zu verstehen. Nicht vorausgesetzt ist, daß die im Haushalt arbeitenden Personen in die häusliche Gemeinschaft aufgenommen sind (*Mentzel/Kuhn/*

Uhlenbruck KO[9] § 22 Anm. 3). Vielmehr genügt es, daß eine Verpflichtung zu fortgesetzten Diensten im Haushalt besteht, mögen diese auch nur stundenweise zu verrichten sein.

bb) Wirtschaftsbetrieb 7

Wirtschaftsbetrieb ist vor allem der land- oder forstwirtschaftliche Betrieb. Als Dienstverpflichtete bzw. Arbeitnehmer sind hier Betriebsleiter, Inspektoren, Förster sowie land- und forstwirtschaftliche Arbeiter zu nennen.

cc) Erwerbsgeschäft 8

Dienstleistungen im Erwerbsgeschäft des Gemeinschuldners verrichtet das kaufmännische, technische und sonstige gewerbliche Personal. Das Erwerbsgeschäft i. S. des § 22 braucht nicht ein Handelsgewerbe zu sein und nicht einmal der Gewerbeordnung zu unterliegen. Dienste in Erwerbsgeschäften verrichten auch die Angestellten von Rechtsanwälten, Notaren und Ärzten. Ein Dienst- bzw. Arbeitsverhältnis im Erwerbsgeschäft liegt auch vor zwischen einem Theaterunternehmen oder einem Filmproduzenten und einem Schauspieler, mag dieser auch nur für ein kurzfristiges Gastspiel verpflichtet sein und daneben noch in einem festen Engagement bei einem anderen Theater oder Produzenten stehen (LAG Saarbrücken AP Nr. 10 zu § 611 BGB Film = AuR **1966** 156; LAG Berlin EntschKalender **1960** 815; s. auch BFHE **104** 169 = DB **1972** 514; zur Arbeitnehmereigenschaft von Künstlern: *Engels* BlStSozArbR **1977** 33 ff). Auch die in Gaststätten engagierten Musiker stehen in einem von § 22 erfaßten Dienstverhältnis (LAG Berlin PraktArbR **1959** Nr. 93 zu § 613 BGB; BAGE **16** 215 ff; ArbG München BB **1971** 1235; s. auch BFH BB **1968** 1470 = DStR **1968** 680; BFHE **94** 222; BFH DB **1971** 1845). Zum Vertrag des Filmregisseurs mit dem Produzenten s. LAG Berlin AuR **1961** 93 (nicht rechtskräftig) und LAG Saarland AuR **1969** 58; zum Artistenvertrag: LAG Hamburg ARST **17** 205 Nr. 599. Wird ein ganzes Ensemble eingestellt durch Vertrag mit dessen Leiter, so stehen die einzelnen Mitglieder des Ensembles nicht in einer Vertragsbeziehung zum Veranstalter (vgl. BSG Urteil v. 7. 8. 1974 — 1 RAr 6/72 — zitiert bei *Engels* BlStSozArbR **1977** 36). Der Vertrag mit dem Leiter des Ensembles ist Werkvertrag ohne Geschäftsbesorgungscharakter, so daß § 17 Anwendung findet.

b) Vermögensbezogenheit 9

Die für die konkursrechtliche Relevanz der Dienst- und Arbeitsverhältnisse notwendige Vermögensbezogenheit ergibt sich bereits daraus, daß die Vergütung für die zu leistenden Dienste aus der Masse zu zahlen ist. Deshalb fällt ein im Haushalt, Wirtschaftsbetrieb oder Erwerbsgeschäft des Gemeinschuldners angetretenes Dienstverhältnis auch dann unter § 22, wenn der Anspruch auf die Leistung der Dienste an die Person des Gemeinschuldners geknüpft ist (*Mentzel/Kuhn/Uhlenbruck* KO[9] § 22 Anm. 3; *Wolff* KO[2] § 22 Anm. 1; *Oetker* ZZP **14** 23; RGZ **134** 96, 97). Denn wenn auch diese Dienste ihrer Art nach nur dem Gemeinschuldner oder dessen Angehörigen, nicht den Konkursgläubigern zugute kommen können, so muß doch der vor Konkurseröffnung begründete Anspruch auf die Vergütung aus der Konkursmasse nach § 59 I Nr. 2 als Masseschuld befriedigt werden, bis das Dienst- oder Arbeitsverhältnis beendet ist. Deshalb muß dem Konkursverwalter das Kündigungsrecht des § 22 zustehen. Daß der Verwalter die Dienste abnehmen will und kann, setzt weder § 22 noch § 59 I Nr. 2 voraus (vgl. RGZ **55** 265, 267; OLG Karlsruhe OLGRspr. **11** 370). § 17 ist unanwendbar.

§ 22 findet auch Anwendung, wenn der Gemeinschuldner eigene Arbeitnehmer vor Konkurseröffnung einem anderen selbständigen Unternehmen überlassen hatte, ohne das von ihm begründete Arbeitsverhältnis zu lösen.

10 Nach § 613 S. 2 BGB ist der Anspruch aus dem Dienstvertrag auf die Dienste im Zweifel unübertragbar und deshalb im Zweifel auch nicht Bestandteil der Konkursmasse (§ 851 ZPO, § 1 KO). Dieser Satz ist jedoch bloße Auslegungsregel. Er gilt nicht für Dienste, die sich ohne „Veränderung ihres Inhalts" auch für die Konkursmasse verwerten lassen (arg. § 399 BGB). Andernfalls könnte der Konkursverwalter nicht einmal die Dienste der Arbeitnehmer und Angestellten in der Zeit der Fortdauer des Dienstverhältnisses für das von ihm weiterbetriebene Unternehmen in Anspruch nehmen. Im übrigen gilt § 613 S. 2 BGB lediglich für den Anspruch auf die Dienst- und Arbeitsleistung. Er hat deshalb nicht zur Folge, daß Dienstverhältnisse, die zu Leistungen verpflichten, die nur dem Gemeinschuldner persönlich erbracht werden können, aus dem Anwendungsbereich des § 22 ausscheiden.

11 **4. Dienstberechtigter**

Dienstberechtigt muß der Gemeinschuldner sein. Für den Konkurs des Dienstverpflichteten gilt § 22 nicht. Auch § 17 ist nicht anwendbar [§ 17 Anm. 14]. Ebensowenig besteht eine allgemeine Regel des Inhalts, daß der Konkurs des Dienstverpflichteten das Vertragsverhältnis abbricht, wenn es auch im Einzelfall zu vorzeitiger Vertragsaufhebung kommen kann. Das Bühnenengagement eines Schauspielers oder Opernsängers dauert beispielsweise regelmäßig fort, auch wenn der Künstler in Konkurs fällt. Ebenso läßt der Konkurs eines kaufmännischen Angestellten grundsätzlich den Anstellungsvertrag unbeeinflußt. Nimmt der Angestellte eine besondere Vertrauensstellung ein, so kann freilich sein Konkurs einen Grund zur sofortigen Kündigung bilden, wenn das Vertrauensverhältnis zum Arbeitgeber durch besondere Umstände derart erschüttert ist, daß auch aus dem Gesichtspunkt der Fürsorgepflicht eine weitere Nachsicht nicht vertreten werden kann und dem Arbeitgeber mit Rücksicht auf das Ansehen des Unternehmens oder seiner Mitarbeiter eine Weiterbeschäftigung nicht zugemutet werden kann (LAG Frankfurt/Main BB **1972** 880; *Schaub* ArbRHdb.[4] § 125 VII 24).

12 **5. Antritt des Dienstverhältnisses**

Das Dienstverhältnis muß zur Zeit der Konkurseröffnung begründet und angetreten sein. Dienstverträge, die der Konkursverwalter neu abschließt, sind nicht nach § 22 mit § 59 I Nr. 2, sondern nach § 59 I Nr. 1 zu beurteilen. Vom Neuabschluß ist aber die stillschweigende Fortsetzung alter Dienstverhältnisse, auch die des § 625 BGB, zu unterscheiden. Angetreten ist das Dienstverhältnis erst mit dem tatsächlichen Beginn der Dienstleistung, nicht schon mit dem Fälligwerden des Anspruchs oder dem Eintritt des Schuldnerverzugs. Sind die Dienste nach besonderer Weisung des Dienstherrn zu verrichten, so beginnt der Verpflichtete mit der Erfüllung, sobald er sich dazu bereitstellt. Vor Antritt des Dienstverhältnisses besteht weder eine dem § 20 entsprechende Rücktrittsbefugnis noch ein Kündigungsrecht des Konkursverwalters nach § 22. Wohl aber muß dem Arbeitnehmer ein Kündigungsrecht gewährt werden; denn wenn er ein angetretenes Dienstverhältnis nach § 22 kündigen kann, muß ihm die Kündigungsbefugnis auch für das noch nicht angetretene Dienstverhältnis zustehen (*Hueck/Nipperdey* ArbR Bd. I § 61 I; *Staudinger/Neumann* BGB[12] § 626 Anm. 101; *Mentzel/Kuhn/Uhlenbruck* KO[9] § 22 Anm. 6). Dieses Kündigungsrecht des Arbeitnehmers gewinnt vor allem Bedeutung, wenn der Konkursverwalter nach § 17, der auf nicht angetretene Dienstverhältnisse Anwendung findet, die nicht unter § 23 II fallen, die Erfüllung des

Vertrages wählt. § 17 ist auf nicht angetretene Dienstverhältnisse allerdings nur anwendbar, wenn die Dienstleistung zur Masse zu erbringen ist. Betrifft sie den persönlichen Lebensbereich des Gemeinschuldners, so ist das Dienstverhältnis konkursfrei. Tritt der Dienstverpflichtete seine Dienste nach Konkurseröffnung bei dem Gemeinschuldner an, so entsteht daraus kein Masseschuldanspruch nach § 59 I Nr. 2. Denn die Einbeziehung von Dienstverhältnissen, die sich auf den Haushalt des Gemeinschuldners beziehen, ist im § 22 auf die bei Konkurseröffnung bereits angetretenen Dienstverhältnisse beschränkt.

III. Verhältnis zu § 17 13

Auf die in § 22 genannten, bereits angetretenen Dienstverhältnisse ist § 17 nicht anwendbar [§ 17 Anm. 10, 14]. Demgegenüber vertritt *Grunsky* (Das Arbeitsverhältnis im Konkurs- und Vergleichsverfahren, RWS-Skript Nr. 86, 1981, S. 21 ff) die Ansicht, daß der Konkursverwalter zwar die Erfüllung eines von § 22 erfaßten Dienstverhältnisses nicht ablehnen, wohl aber die Erfüllung wählen dürfe. Dies habe zur Folge, daß die Ansprüche des Arbeitnehmers auf bei Konkurseröffnung rückständigen Lohn Masseschulden i. S. des § 59 I Nr. 2 würden und damit Vorrang erhielten (§ 60) gegenüber den rückständigen Lohnforderungen aus Arbeitsverhältnissen, deren Erfüllung der Konkursverwalter nicht gewählt hat und die deshalb unter § 59 I Nr. 3 fallen. Dieser Auffassung kann nicht gefolgt werden. § 22 setzt voraus, daß das Arbeitsverhältnis über die Konkurseröffnung hinaus fortdauert und deshalb kraft Gesetzes vom Konkursverwalter zu erfüllen ist, soweit die Ansprüche des Dienstverpflichteten sich auf die Zeit nach Konkurseröffnung beziehen. Für ein Wahlrecht des Konkursverwalters nach § 17, ob er diese Ansprüche als Masseschulden erfüllen will, ist kein Raum. Daß § 22 nichts darüber sage, ob der Konkursverwalter die Erfüllung des Arbeitsvertrages verlangen kann, ist nicht richtig. Wenn der Arbeitsvertrag die Konkurseröffnung überdauert, so hat der Konkursverwalter auch den Anspruch auf dessen Erfüllung, ohne daß er nach § 17 die Erfüllung wählen müßte.

IV. Konkurs- und Arbeitsrecht 14

Die Rechtsfragen, die dem Schutz der Arbeitnehmer im Konkurs des Arbeitgebers gelten, haben in letzter Zeit zunehmendes Gewicht erhalten und sind zum Teil noch heftig umstritten. Die Schwierigkeiten rühren daher, daß einerseits die im Jahre 1879 in Kraft getretene Konkursordnung die sozialen Probleme der Gegenwart nur unvollkommen lösen kann und der Gesetzgeber bisher nur durch Teilregelungen eingegriffen hat (Konkursausfallgeld, Pensionssicherung), andererseits aber die Entwicklung des Arbeitsrechts die besondere Situation des Konkurses nur selten berücksichtigt hat.

Die Eröffnung des Konkursverfahrens führt gegenüber der arbeitsrechtlichen 15
Situation in einem lebenden Unternehmen zu einer Veränderung der Interessenlage. Sie wird verdeckt, wenn man sich mit der Aussage begnügt, daß der Konkursverwalter an Stelle des Gemeinschuldners in die Rolle des Arbeitgebers einrückt. Abgesehen davon, daß die Arbeitgebereigenschaft nur teilweise dem Konkursverwalter zugesprochen werden kann [§ 6 Anm. 53], bliebe unberücksichtigt, daß der Konkursverwalter — anders als der Gemeinschuldner vor Konkurseröffnung — das Vermögen nicht im eigenen Interesse verwaltet, sondern im Interesse der Konkursgläubiger. Während im liquiden Unternehmen die finanziellen Folgen des Sozialschutzes der Arbeitnehmer den Arbeitgeber treffen, führen im Konkurs bevorrechtigte Ansprüche der Arbeitnehmer zu einer Kürzung der Quote der übrigen Konkursgläubiger. Daß sie anstelle des Gemeinschuldners die sozialen Lasten eines Unternehmens tragen, das nicht ihr eige-

nes ist und an dessen Erfolgen sie nicht partizipiert haben, ist nicht ohne weiteres einsichtig. Daß sie selbst — und mit ihnen ihre Arbeitnehmer — durch die Zurücksetzung ihrer Forderungen wirtschaftlich gefährdet und in den Konkurs getrieben werden können, zeigt, daß Sozialschutz im Konkurs nur gewährt werden kann unter Abwägung der Interessen der Arbeitnehmer gegen die der anderen Konkursgläubiger und der bei ihnen in abhängiger Arbeit Beschäftigten.

16 Die arbeitsrechtlichen Rechtsfragen im Konkurs betreffen den Fortbestand des Arbeitsverhältnisses (Kündigungsproblem) einschließlich der Sicherung des Arbeitslohns für das fortbestehende Arbeitsverhältnis, die Sicherung des bei Konkurseröffnung rückständigen Arbeitslohnes, die Sicherung der betrieblichen Altersversorgung und den Ausgleich oder die Milderung der wirtschaftlichen Nachteile, die den Arbeitnehmern entstehen (Sozialplan).

17 Im Rahmen der Kommentierung des § 22 wird nur das Kündigungsproblem behandelt. Für die übrigen Fragen wird auf die Erläuterungen zu den §§ 59 und 61 verwiesen. Das Kündigungsproblem scheint durch § 22 zeitlos eine angemessene Regelung gefunden zu haben. § 22 I führt lediglich zu einer Verkürzung der Kündigungsfrist, falls vertraglich eine längere als die gesetzliche Frist vereinbart worden ist. Dies ist gerechtfertigt, weil die gesetzlichen Fristen das Schutzbedürfnis des Arbeitnehmers hinreichend berücksichtigen. Den Schutz, den längere vertragliche Kündigungsfristen dem Arbeitnehmer gewähren, muß dieser preisgeben. Das muß ihm nicht nur deshalb zugemutet werden, weil sonst andere Konkursgläubiger leer ausgehen könnten, sondern vor allem, weil sonst der Arbeitgeber durch entsprechende Vertragsgestaltung die Arbeitnehmer auf Kosten seiner übrigen Gläubiger langfristig absichern könnte. Daß der Konkursverwalter die gesetzliche Kündigungsfrist einhalten muß, schien dem Gesetzgeber auch mit Rücksicht auf die anderen Konkursgläubiger erträglich, weil die Fristen damals so kurz bemessen waren, daß der Konkursverwalter die Arbeitnehmer regelmäßig noch bis zum Fristablauf beschäftigen konnte und deshalb für den fortzuzahlenden Lohn (§ 59 I Nr. 2) eine Gegenleistung in die Masse bekam. Inzwischen sind die Kündigungsfristen erheblich verlängert worden. Deshalb muß der Konkursverwalter häufig Arbeitslohn als Masseschuld zahlen, ohne die Arbeitnehmer beschäftigen zu können. Dadurch wird die Masse verkürzt. Der Gesetzgeber sollte deshalb mehr als bisher bei der Verlängerung gesetzlicher Kündigungsfristen und dem Ausbau des Kündigungsschutzes erwägen, ob eine im lebenden Unternehmen durchaus angemessene Ausweitung des Sozialschutzes auch gegenüber den nicht bevorrechtigten Gläubigern eines zusammengebrochenen Unternehmens gerechtfertigt ist.

18 Da § 22 I nur die Kündigungsfrist betrifft, bleiben alle übrigen Rechtsnormen, welche die Kündigung des Arbeitnehmers betreffen, durch den Konkurs unberührt. Das gilt sowohl für das Kündigungsschutzgesetz als auch für den besonderen Kündigungsschutz einzelner Gruppen von Arbeitnehmern (z. B. Mutterschutz, Schwerbehinderte). Auch die Mitwirkungsrechte des Betriebsrates bei der Kündigung werden durch den Konkurs nicht beeinträchtigt. Dies hat bei der gebotenen strengen Auslegung des § 22 zur Folge, daß die Masse mit Lohnkosten erheblichen Umfangs belastet werden kann, ohne daß die geschützten Arbeitnehmer wertentsprechende Gegenleistungen in die Masse bringen. Jedenfalls hinsichtlich des besonderen Kündigungsschutzes, der über das Kündigungsschutzgesetz hinausgeht, sollte deshalb de lege ferenda erwogen werden, ob die daraus entstehenden Lasten nicht besser auf die Allgemeinheit umgelegt werden, als sie denjenigen aufzuerlegen, die als einfache Konkursgläubiger durch den Zusammenbruch ihres Schuldners ohnehin schon hart betroffen sind. De lege lata aber ist an dem Grundsatz festzuhalten, daß alle Kündigungsschutzvorschriften auch im

Konkurs des Arbeitnehmers gelten. Die Gläubiger müssen sich darauf einstellen, daß sie ihren Kredit einem Unternehmen gewähren, das durch die Arbeit der in ihm Beschäftigten am Leben erhalten wird und das deshalb mit dem durch das Arbeitsrecht gebotenen Sozialschutz belastet ist. Daß die damit verbundene Erhöhung des Kreditrisikos zu einem verstärkten Sicherungsbedürfnis der Kreditgeber geführt hat und deshalb das Problem der Kreditsicherheiten [s. hierzu § 4 Anm. 1] nicht unabhängig von dem des Sozialschutzes der Arbeitnehmer gelöst werden kann, dürfte heute weithin anerkannt sein.

V. Rechtsfolgen des § 22 Abs. 1

1. Fortbestehen des Vertrages und Kündigungsrecht 19

Sind die Voraussetzungen des § 22 erfüllt, so besteht das Dienstverhältnis über die Konkurseröffnung hinaus fort. Nach Absatz 1 S. 1 kann es von jedem Teil gekündigt werden. Der Sinn dieses Satzes besteht nicht darin, dem Konkursverwalter oder dem Dienstverpflichteten ein besonderes Kündigungsrecht zu geben, das von den Kündigungsrechten außerhalb des Konkurses abweicht. Vielmehr ergibt sich aus diesem Satz nur, daß das Dienstverhältnis ohne Kündigung über die Konkurseröffnung hinaus fortbesteht. Diese Sondervorschrift rechtfertigt sich nicht allein aus der Erwägung, daß Dienstverträge fortlaufende Schuldverhältnisse sind. Denn solche Schuldverhältnisse können, wie z. B. die Sukzessivlieferungsverträge [§ 17 Anm. 68—86] auch unter § 17 fallen. Soweit es sich um Arbeitsverhältnisse handelt, bietet § 22 dem Arbeitnehmer einen — wenn auch geringen — sozialen Schutz, weil sein Arbeitsverhältnis nicht mit der Konkurseröffnung von einem Tag auf den anderen beendet wird, sondern nur unter Einhaltung der gesetzlichen Fristen gekündigt werden kann. Soweit § 22 Dienstverträge erfaßt, die nicht Arbeitsverträge sind, schützt er das Interesse des Dienstverpflichteten an einer zeitlich geordneten Disposition über seine Arbeitskraft. Neben der Aussage, daß das bei Konkurseröffnung bereits angetretene Dienstverhältnis den Konkurs überdauert, ergibt sich aus Absatz 1 S. 2 lediglich, daß beide Teile unter Einhaltung der gesetzlichen Frist kündigen können. Vertraglich vereinbarte längere Fristen sind unbeachtlich. Dagegen bleiben vertraglich vereinbarte kürzere Kündigungsfristen für beide Teile unberührt. Das Recht zur Kündigung mit der Frist des Absatz 1 S. 2 steht beiden Teilen während des ganzen Konkursverfahrens zu, also auch dann, wenn zunächst von einer Kündigung abgesehen worden ist. Die Fortsetzung des Dienstverhältnisses über die erste Kündigungsmöglichkeit hinaus kann deshalb nicht als Verzicht auf eine Kündigung mit der Frist des Absatz 1 S. 2 angesehen werden (RGZ **55** 265, 267). Kündigung ist der eindeutige Ausdruck des Willens, das Schuldverhältnis zu beenden. Sie ist eine empfangsbedürftige Willenserklärung, die vom Konkursverwalter ausgeht oder ihm zugehen muß. Sie kann, sofern vertraglich nichts anderes vorgesehen ist, auch mündlich erklärt werden, etwa vom Konkursverwalter im Zusammenhang mit dem Bestreiten einer vom Dienstverpflichteten angemeldeten Gehalts- oder Lohnforderung im Prüfungstermin. Das Bestreiten einer solchen Forderung allein stellt aber noch keine Kündigung dar, auch wenn sie mit dem Nichtbestehen der Forderung begründet wird (vgl. RG JR **1927** Nr. 962).

Andere Rechtsfolgen als die Fortsetzung des Dienstverhältnisses und die Verkür- 20
zung einer längeren vertraglichen Kündigungsfrist auf die gesetzliche Frist enthält § 22 nicht. Deshalb bleiben alle übrigen Regeln über die Kündigung unberührt. So muß der Konkursverwalter auch eine für die Kündigung vertraglich vereinbarte Schriftform einhalten (BAG KTS **1978** 174 ff = EzA 59 zu § 22 KO = DB **1978** 638; LAG Düsseldorf BB **1976** 1076). Das fortbestehende Dienst- oder Arbeitsverhältnis wird durch

den Konkurs in seinem Inhalt nicht verändert, die Ansprüche auf Lohn und sonstige Leistungen des Arbeitgebers bestehen — vorbehaltlich des § 60 — uneingeschränkt fort. Anwartschaften, etwa auf eine Betriebsrente, können auch noch während des Konkurses erworben werden. Das Direktionsrecht des Arbeitgebers wird durch das Konkursverfahren nicht erweitert. Der Konkursverwalter ist an Tarifverträge und Betriebsvereinbarungen in gleicher Weise gebunden wie der Gemeinschuldner vor Konkurseröffnung (*Grunsky* aaO — Anm. 13 — S. 3 bis 8).

21 **2. Zwingendes Recht**

Die dem Konkursverwalter in Absatz 1 S. 2 eingeräumte Befugnis, mit gesetzlicher oder einer kürzeren vertraglichen Frist zu kündigen, dient dem Schutz der Masse und der Konkursgläubiger und steht deshalb nicht zur Disposition des späteren Gemeinschuldners. Eine vor Konkurseröffnung getroffene Vereinbarung, die dieses Recht des Konkursverwalters ausschließt oder beschränkt, ist deshalb unwirksam. Dagegen besteht kein konkursrechtlicher Hinderungsgrund für eine Vereinbarung, welche die Kündigungsmöglichkeit des Konkursverwalters über § 22 I hinaus erweitert oder eine Auflösung des Vertrages mit der Konkurseröffnung vorsieht. Für solche Vereinbarungen sind lediglich die arbeitsrechtlichen Beschränkungen der Vertragsfreiheit zu beachten. Dasselbe gilt für Vereinbarungen über das Kündigungsrecht des Dienstverpflichteten.

3. Die Kündigungsfrist

22 **a) Gesetzliche Kündigungsfristen**

Die Kündigungsfrist, die der Konkursverwalter einzuhalten hat, ist die gesetzliche, es sei denn, daß im Vertrag eine kürzere Frist vereinbart ist (Absatz 1 S. 2). Gesetzliche Kündigungsfristen sind bestimmt in § 621 BGB für die Dienstverhältnisse, die keine Arbeitsverhältnisse i. S. des § 622 BGB sind; in § 622 I BGB und § 2 des Gesetzes über die Fristen für die Kündigung von Angestellten vom 9. 7. 1926 (RGBl. I 399, berichtigt 412, BGBl. III 800—1), das nach Art. 6 IV des Ersten Arbeitsbereinigungsgesetzes vom 14. 8. 1969 fortgilt, für Angestellte; in § 622 II BGB für Arbeiter. Kürzere als die in § 622 I und II BGB genannten Fristen können durch Tarifvertrag vereinbart werden, in Individualverträgen nur im Geltungsbereich eines solchen Tarifvertrages oder bei vorübergehender Aushilfe (nicht bei Arbeitsverhältnissen zwischen Verleihern und Leiharbeitnehmern, § 11 IV Arbeitnehmerüberlassungsgesetz vom 7. 8. 1972, BGBl. I 1393), wenn das Arbeitsverhältnis nicht über drei Monate hinaus fortgesetzt wird (§ 622 III, IV BGB). Gesetzliche Kündigungsfristen enthalten ferner § 63 des Seemannsgesetzes vom 26. 7. 1957 (BGBl. I 713, zuletzt geändert durch Ges. vom 10. 5. 1978, BGBl. I 613, BGBl. III 9513—1) und § 29 des Heimarbeitsgesetzes vom 14. 3. 1951 (BGBl. I 191 i. d. F. des Ges. vom 26. 11. 1964, BGBl. I 921, und des Heimarbeitsänderungsgesetzes vom 29. 10. 1974, BGBl. I 2879).

23 **b) Kündigungsfristen für Dienstverträge mit Gesellschaftsorganen**

§ 22 ist anwendbar auf die Kündigung des Dienstvertrages mit einem Vorstandsmitglied einer Aktiengesellschaft [§ 23 Anm. 11], eines Geschäftsführers einer GmbH [§ 23 Anm. 11, 12] und nach der — aus den zu § 23 Anm. 13 genannten Gründen hier nicht geteilten — Ansicht des BGH (BGHZ **75** 209 ff) auf die Kündigung des Dienstvertrages des Alleingesellschafter-Geschäftsführers einer Ein-Mann-GmbH. Die Kündigungsfrist bestimmt sich in entsprechender Anwendung nach § 622 I BGB (BGH ZIP **1981** 367 f). Ob dies auch zu gelten hat, wenn der Geschäftsführer einer GmbH an dieser zugleich als Gesellschafter maßgeblich beteiligt ist (so *Hachenburg/Mertens* GmbHG[7] § 38 Anm. 15; *Scholz/Schneider* GmbHG[6] § 35 Anm. 183) oder Alleingesellschafter der GmbH ist, hat der BGH offengelassen.

c) Tarifvertragliche Frist 24

Zu den gesetzlichen Fristen i. S. des § 22 I S. 2 gehören nicht die durch Tarifvertrag bestimmten Kündigungsfristen (ArbG Wuppertal DB **1976** 732 = BB **1976** 646; *Hueck/Nipperdey* ArbR Bd. I S. 614; *Jaeger* KO[6/7] § 22 Anm. 17; *Schuldt* AuR **1953** 267; *Staudinger/Neumann* BGB[12] § 626 Anm. 99; *Wichmann* Der Arbeitnehmer, Lehrling und Pensionär im Konkurs- und Vergleichsverfahren des Arbeitgebers, 1965, S. 38; *Germann* Grenzen und Möglichkeiten des Sozialschutzes der Arbeitnehmer im Konkurs, Diss. Göttingen 1976, S. 21 ff; *Granzow* Die Behandlung von Dienst- und Arbeitsverträgen im Konkurs des Dienstberechtigten bzw. Arbeitgebers, Diss. Göttingen 1979, S. 135 f; **a. A.** Voraufl. § 22 Anm. 17; *Bley/Mohrbutter* VglO[4] § 51 Anm. 41; *Grunsky* aaO — Anm. 13 — S. 16 ff; GK KR-*Weigand* § 22 KO Anm. 18; Gleichstellung mit den gesetzlichen Fristen nur für allgemeinverbindlich erklärte Tarifverträge: *Böhle-Stamschräder/Kilger* KO[13] § 22 Anm. 7; *Böhle-Stamschräder* VglO[9] § 51 Anm. 5; gegen diese Differenzierung: ArbG Wuppertal aaO; *Germann* aaO S. 22 f; *Granzow* aaO S. 134 f; *Schuldt* aaO; *Wichmann* aaO; die Entscheidung RAGE **25** 259 = ARS **43** 167 ist durch die Änderung der Rechtsgrundlagen des Tarifrechts überholt). Zwar ist einzuräumen, daß die Beantwortung dieser Frage nicht von der Rechtsnatur des Tarifvertrags abhängen kann, weil der Gesetzgeber bei der Fassung des § 22 I S. 2 nicht daran denken konnte, ob Tarifverträge Rechtsnormen oder vertragliche Vereinbarungen sind. Maßgebend ist vielmehr die Interessenlage (insoweit zutreffend *Grunsky* aaO — Anm. 13 — S. 17). Dabei ist zu berücksichtigen, daß, wenn schon der Gesetzgeber bei der aus sozialen Gründen gerechtfertigten Verlängerung gesetzlicher Kündigungsfristen die besondere Situation des Konkurses nicht hinreichend berücksichtigt hat [s. Anm. 17], man nicht erwarten kann, daß die Tarifvertragspartner auf schutzwürdige Interessen der Konkursgläubiger Rücksicht nehmen. Tarifvertragliche Kündigungsfristen werden nicht für den Konkursfall vereinbart. Deshalb kann man diese Fristen den gesetzlichen nicht mit der Begründung gleichstellen, daß sie in gleicher Weise zu ausgewogenen Rechtsfolgen für den Konkurs führten.

d) Befristete Arbeitsverhältnisse 25

Ein befristetes Arbeitsverhältnis ist, soweit die Befristung zulässig ist, für beide Teile der ordentlichen Kündigung entzogen. Bei unzulässiger Befristung besteht das Arbeitsverhältnis als unbefristetes fort, kann jedoch vom Arbeitgeber nicht auf einen Zeitpunkt ordentlich gekündigt werden, der vor dem Ablauf der Frist liegt. Soweit danach eine ordentliche Kündigung ausgeschlossen ist, beruht dies aber auf der vertraglichen Vereinbarung der Befristung. Deshalb ist die Befristung als vertragliche Kündigungsbeschränkung nach § 22 I S. 2 unbeachtlich. Das Arbeitsverhältnis kann vom Konkursverwalter unter Wahrung der gesetzlichen Frist ordentlich gekündigt werden (*Grunsky* aaO — Anm. 13 — S. 42 f; *Mentzel/Kuhn/Uhlenbruck* KO[9] § 22 Anm. 10).

VI. Arbeitsrechtlicher Kündigungsschutz 26

Da § 22 lediglich eine Sonderregelung für die Kündigungsfrist enthält, bleiben alle übrigen Rechtsnormen, welche die Kündigung betreffen, unberührt. Das gilt auch für die Vorschriften über den Kündigungsschutz (*Grunsky* aaO — Anm. 13 — S. 12; *Heil-*

mann Die Rechtslage des Arbeitnehmers bei Insolvenz seines Arbeitgebers, 1977, S. 91; *Hueck* KSchG[10] § 1 Anm. 62 mit weiteren Nachw.; *Mentzel/Kuhn/Uhlenbruck* KO[9] § 22 Anm. 12; *Wichmann* aaO — Anm. 24 — S. 75 ff; *Germann* aaO — Anm. 24 — S. 27 ff; *Granzow* aaO — Anm. 24 — S. 40 ff).

27 **1. Kündigungsschutzgesetz (KSchG)**

Nach § 1 I des Kündigungsschutzgesetzes — KSchG — vom 25. 8. 1969 (BGBl. I 1317), zuletzt geändert durch Ges. vom 27. 4. 1978 (BGBl. I 550), ist die Kündigung des Arbeitsverhältnisses gegenüber einem Arbeitnehmer, dessen Arbeitsverhältnis in demselben Betrieb oder Unternehmen ohne Unterbrechung (dazu BAG SAE **1977** 238 m. Anm. *Sieg* = AR-Blattei, D Kündigungsschutz, Entsch. 172 m. Anm. *Herschel;* BAG AP Nr. 3 zu § 1 KSchG 1969 Wartezeit) länger als sechs Monate bestanden hat, rechtsunwirksam, wenn sie sozial ungerechtfertigt ist. Sozial ungerechtfertigt ist die Kündigung nach § 1 II S. 1 KSchG, wenn sie nicht durch Gründe, die in der Person oder in dem Verhalten des Arbeitnehmers liegen, oder durch dringende betriebliche Erfordernisse, die einer Weiterbeschäftigung des Arbeitnehmers in diesem Betrieb entgegenstehen, bedingt ist. Der Konkurs als solcher rechtfertigt nicht zwangsläufig eine betriebsbedingte Kündigung (*Grunsky* aaO — Anm. 13 — S. 12; *Heilmann* aaO — Anm. 26 — S. 91; *Hueck* KSchG[10] § 1 Anm. 62; *Mentzel/Kuhn/Uhlenbruck* KO[9] § 22 Anm. 16; *Wichmann* aaO — Anm. 24 — S. 82 f; *Granzow* aaO — Anm. 24 — S. 66 f; ArbG Wilhelmshaven ARST **79** 111). Legt aber der Konkursverwalter den Betrieb still, so liegen dringende betriebliche Erfordernisse vor (*Grunsky* aaO — Anm. 13 — S. 14; *Heilmann* aaO — Anm. 26 — S. 91; *Hueck* KSchG[10] § 1 Anm. 62; *Mentzel/Kuhn/Uhlenbruck* KO[9] § 22 Anm. 16; *Wichmann* aaO — Anm. 24 — S. 82 f; *Granzow* aaO — Anm. 24 — S. 66), soweit nicht der Konkursverwalter über die Kündigungsfristen hinaus Arbeitnehmer zur Abwicklung benötigt. Daß die Bestimmungen des KSchG bei völliger Stillegung des Betriebs durch den Konkursverwalter nicht zur Anwendung kommen sollten (so *Böhle-Stamschräder/Kilger* KO[13] § 22 Anm. 7; *Mentzel/Kuhn/Uhlenbruck* KO[9] § 22 Anm. 19; GK KR-*Weigand* § 22 KO Anm. 23), hat mit Recht Widerspruch gefunden (*Grunsky* aaO — Anm. 13 — S. 14; *Hueck* KSchG[10] § 1 Anm. 62). Denn die Anwendung des KSchG kann nicht dadurch ausgeschlossen werden, daß die Kündigung sozial gerechtfertigt ist. Führt der Konkursverwalter den Betrieb ganz oder teilweise fort, so kann die dennoch aus betrieblichen Gründen gebotene Kündigung einzelner Arbeitnehmer sozial ungerechtfertigt sein, wenn bei der Auswahl der Gekündigten soziale Gesichtspunkte nicht hinreichend berücksichtigt worden sind (§ 1 III KSchG; *Grunsky* aaO — Anm. 13 — S. 13; *Hueck* KSchG[10] § 1 Anm. 62; *Mentzel/Kuhn/Uhlenbruck* KO[9] § 22 Anm. 16; *Wichmann* aaO — Anm. 24 — S. 83; GK KR-*Weigand* § 22 KO Anm. 23). Das gilt auch bei sukzessiver Stillegung des Betriebs (*Grunsky* aaO — Anm. 13 — S. 13 f; **a. A.** LAG Hamm ZIP **1980** 470 — nicht rechtskräftig). Will der Konkursverwalter den Betrieb veräußern (s. dazu § 1 Anm. 16 und BAG ZIP **1980** 117 = NJW **1980** 1124), so kann er ebensowenig wie der Erwerber die Arbeitsverhältnisse allein wegen der Betriebsveräußerung wirksam kündigen (§ 613 a IV S. 1 BGB). Jedoch bleibt das Recht zur Kündigung aus anderen Gründen unberührt (§ 613 a IV S. 2 BGB). Deshalb darf der Konkursverwalter unter Beachtung sozialer Auswahlkriterien Arbeitsverhältnisse aus betriebsbedingten Gründen kündigen, wenn der Betrieb überbesetzt ist und deshalb nicht wirtschaftlich arbeiten kann (*Hutzler* BB **1981** 1470 f; *Palandt/Putzo* BGB[40] § 613 a Anm. 5). Will der Konkursverwalter bei Fortführung des Betriebes oder zum Zwecke der Abwicklung Arbeitnehmer für andere

Aufgaben einsetzen als bisher oder übertarifliche Löhne nicht fortzahlen, so bedarf es einer Änderungskündigung (§ 2 KSchG), die ebenfalls sozial gerechtfertigt sein muß. Das ist der Fall, wenn der Konkurszweck ohne die Änderungskündigung gefährdet wird. Die soziale Rechtfertigung setzt nicht voraus, daß auch eine Beendigungskündigung sozial gerechtfertigt wäre (h. M.: *Grunsky* aaO — Anm. 13 — S. 24 ff; *Hueck* KSchG[10] § 2 Anm. 18 ff mit Nachw.; **a. A.** MünchKomm.-*Schwerdtner* vor § 620 Anm. 363 ff mit weiteren Nachw.).

Ist die Kündigung sozial ungerechtfertigt, so hat das Gericht unter den Voraussetzungen des § 9 KSchG das Arbeitsverhältnis aufzulösen und den Arbeitgeber zur Zahlung einer angemessenen Abfindung zu verurteilen, deren Höhe sich nach § 10 KSchG bemißt. Über die konkursrechtliche Einordnung des Abfindungsanspruchs besteht Streit. Hat der Gemeinschuldner die Kündigung noch vor der Konkurseröffnung ausgesprochen, ist der Anspruch nach h. M. einfache Konkursforderung i. S. des § 61 I Nr. 6 (*Böhle-Stamschräder/Kilger* KO[13] § 22 Anm. 7; *Hueck* KSchG[10] § 10 Anm. 17 mit weiteren Nachw.; *Mentzel/Kuhn/Uhlenbruck* KO[9] § 22 Anm. 16, § 61 Anm. 38; *Heilmann* aaO — Anm. 26 — S. 91 f; *Oehmann* AR-Blattei, Konkurs I F I 1; GK KR-*Weigand* § 22 KO Anm. 38; *Wichmann* aaO — Anm. 24 — S. 191 f mit Nachw. in Note 21; LAG Hamm DB **1960** 1218, **1974** 50, 51; KTS **1975** 47, 52; BAG DB **1974** 2207, 2210; **a. A.** *Grunsky* aaO — Anm. 13 — S. 63; MünchKomm.-*Schwerdtner* vor § 620 Anm. 334; ArbG Oldenburg DB **1981** 751 — nicht rechtskräftig —; ArbG Mönchengladbach AuR **1981** 92 — nicht rechtskräftig —, die den Abfindungsanspruch dem Sozialplananspruch — s. dazu die Kommentierung des § 61 — gleichstellen wollen; *Heilmann* aaO — Anm. 26 — S. 62, der ein Vorrecht annimmt, soweit die Abfindung Lohnausgleichscharakter hat; so auch *Schlüter* DB **1978** 299 ff; uneingeschränkt für Anwendung der §§ 59 I Nr. 3, 61 I Nr. 1: *Güntner* BB **1961** 1053 f; *Körnig* DB **1975** 1411, 1415). Der h. M. ist zuzustimmen. Der Anspruch entsteht mit der sozial ungerechtfertigten Kündigung und ist deshalb Konkursforderung (§ 3). §§ 59 I Nr. 3, 61 I Nr. 1 sind nicht anwendbar, weil der Anspruch keinen Lohnausgleichscharakter hat; vielmehr wird dem Arbeitnehmer ein Ausgleich für den Verlust des Arbeitsplatzes gewährt. Eine Gleichstellung mit den Sozialplanansprüchen ist nicht gerechtfertigt. Diese knüpfen an eine rechtmäßige und sozial gerechtfertigte Betriebsstillegung an, während die sozial ungerechtfertigte Kündigung gerade nicht durch eine Betriebsstillegung veranlaßt ist, sondern durch eine sozialwidrige Auswahl einzelner gekündigter Arbeitnehmer bei teilweiser oder vollständiger Fortführung des Betriebes. Der Ausgleichsanspruch des § 9 KSchG ist die Folge eines sozialwidrigen und damit rechtswidrigen Verhaltens, der Sozialplanausgleich dagegen beruht auf einem rechtmäßigen Verhalten des Arbeitgebers. 28

Ist die sozial ungerechtfertigte Kündigung vom Konkursverwalter ausgesprochen worden, so ist die Abfindung des § 9 KSchG Masseschuld nach § 59 I Nr. 1 (*Hueck* KSchG[10] § 10 Anm. 17; *Mentzel/Kuhn/Uhlenbruck* KO[9] § 61 Anm. 38; *Heilmann* aaO — Anm. 26 — S. 91 f; *Oehmann* AR Blattei, Konkurs I F I 1; GK KR-*Weigand* § 22 KO Anm. 38; *Wichmann* aaO — Anm. 24 — S. 143; *Granzow* aaO — Anm. 24 — S. 68; LAG Hamm DB **1974** 50, 51; KTS **1975** 47, 52; **a. A.** *Mentzel/Kuhn/Uhlenbruck* KO[9] § 22 Anm. 16: einfache Konkursforderung; *Böhle-Stamschräder/Kilger* KO[13] § 22 Anm. 7: Konkursforderung nach § 61 I Nr. 1; *Grunsky* aaO — Anm. 13 — S. 67: Konkursforderung mit dem Range vor § 61 I Nr. 1 entsprechend den Sozialplanansprüchen; ebenso MünchKomm.-*Schwerdtner* vor § 620 Anm. 334). Eine Gleichstellung des Abfindungsanspruchs mit dem Schadensersatzanspruch des § 22 II, der nach § 26 Konkursforderung i. S. des § 61 I Nr. 6 ist, scheitert daran, daß dieser den Schaden erfaßt, 29 der dem Arbeitnehmer durch eine wirksame vorzeitige Kündigung des Konkursverwalters nach § 22 I entstanden ist [s. Anm. 39], während § 9 KSchG einen Ausgleich für den Verlust des Arbeitsplatzes infolge einer unwirksamen Kündigung gibt. Daß der Anspruch auf Abfindung seinen Grund in dem vor Konkurseröffnung eingegangenen Arbeitsverhältnis hat, rechtfertigt ebenfalls nicht die Annahme einer Konkursforderung; denn die Verletzung von vor Konkurs begründeten Vertragsverhältnissen durch den Konkursverwalter bewirkt nicht, daß die daraus erwachsenden Ansprüche Konkursforderungen sind. Vielmehr ist die sozialwidrige Kündigung eine Handlung des Konkursverwalters, die nach § 59 I Nr. 1 eine Masseschuld begründet. Bei der Bemessung des Abfindungsanspruchs ist neben den sonst im Rahmen des § 10 KSchG zu berücksichtigenden Umständen (*Hueck* KSchG[10] § 10 Anm. 7 ff) auch darauf abzuheben, wann das Arbeitsverhältnis wegen vollständiger Betriebsstillegung durch den Konkursverwalter sozial gerechtfertigt hätte beendet werden können.

30 **2. Mitwirkung des Betriebsrats bei der Kündigung**

Nach § 102 I S. 1 BetrVG hat der Konkursverwalter vor jeder Kündigung den Betriebsrat zu hören und ihm die Gründe für die Kündigung mitzuteilen (§ 102 I S. 2 BetrVG). Eine ohne Anhörung des Betriebsrats ausgesprochene Kündigung ist unwirksam (§ 102 I S. 3 BetrVG). Hat der Betriebsrat einer ordentlichen Kündigung frist- und ordnungsgemäß widersprochen (§ 102 II, III BetrVG), und hat der Arbeitnehmer nach dem KSchG Klage auf Feststellung erhoben, daß das Arbeitsverhältnis durch die Kündigung nicht aufgelöst ist, so muß der Konkursverwalter auf Verlangen des Arbeitnehmers diesen nach Ablauf der Kündigungsfrist bis zum rechtskräftigen Abschluß des Rechtsstreits bei unveränderten Arbeitsbedingungen weiterbeschäftigen. Auf Antrag des Konkursverwalters kann das Gericht ihn durch einstweilige Verfügung von dieser Verpflichtung entbinden, insbesondere, wenn die Weiterbeschäftigung des Arbeitnehmers zu einer unzumutbaren wirtschaftlichen Belastung der Konkursmasse führen würde (§ 102 V BetrVG). Zur Erweiterung des Kündigungsschutzes des Arbeitnehmers bei fristgemäßem Widerspruch des Betriebsrats s. § 1 II S. 2, 3 KSchG. Hat der Arbeitgeber mit dem Betriebsrat vereinbart, daß Kündigungen der Zustimmung des Betriebsrats bedürfen, so ist eine ohne diese Zustimmung vom Konkursverwalter ausgesprochene Kündigung unwirksam. Die Mitwirkungsrechte des Betriebsrats bestehen auch fort, wenn der Betrieb stillgelegt ist. Der Betriebsrat ist solange noch als im Amt befindlich anzusehen, wie dies seine Beteiligungsrechte gebieten (BAG BB **1979** 522; LAG Hamm DB **1979** 1804; *Grunsky* aaO — Anm. 13 — S. 28; **a. A.** LAG Düsseldorf DB **1975** 1227; GK KR-*Weigand* § 22 KO Anm. 24). Ob die Arbeitsverhältnisse der Betriebsratsmitglieder noch fortbestehen, ist belanglos. Auch enden die Befugnisse des Betriebsrats nicht dadurch, daß im Rahmen der Liquidation die Zahl der Arbeitnehmer unter fünf sinkt (*Mentzel/Kuhn/Uhlenbruck* KO[9] § 22 Anm. 17; **a. A.** *Grunsky* aaO — Anm. 13 — S. 28 unter Berufung auf *Kammann/Hess/Schlochauer* BetrVG § 21 Anm. 21). Es ist nicht einzusehen, warum den letzten vier Arbeitnehmern der Schutz des § 102 BetrVG versagt werden sollte, der allen übrigen zukommt. Nur wenn der Betrieb mit weniger als fünf Arbeitnehmern fortgeführt werden soll, erlischt das Amt des Betriebsrates. Die Anhörung ist nur entbehrlich, wenn überhaupt kein Betriebsrat besteht, sei es im Kleinbetrieb mit in der Regel weniger als fünf wahlberechtigten Arbeitnehmern, sei es in einem an sich betriebsratspflichtigen Betrieb, für den kein Betriebsrat gewählt worden ist. Vor der Kündigung eines leitenden Angestellten braucht der Betriebsrat nicht gehört zu werden. Ihm ist lediglich die beabsichtigte Kündigung mitzuteilen (§ 105 BetrVG). Die Unterlassung dieser Mitteilung hat auf die Wirksamkeit der Kündigung keinen Einfluß (*Hueck* KSchG[10] Einl. Anm. 101).

3. Kündigungsschutz im Rahmen der Betriebsverfassung 31

Nach § 15 KSchG, der auch im Konkurs gilt (*Böhle-Stamschräder/Kilger* KO[13] § 22 Anm. 7; *Heilmann* aaO — Anm. 26 — S. 92; *Hueck* KSchG[10] § 15 Anm. 68 a; *Mentzel/Kuhn/Uhlenbruck* KO[9] § 22 Anm. 17; GK KR-*Weigand* § 22 KO Anm. 25; *Wichmann* aaO — Anm. 24 — S. 86; *Granzow* aaO — Anm. 24 — S. 69 ff) ist die Kündigung eines Mitglieds des Betriebsrats, der Jugendvertretung, einer Bordvertretung oder eines Seebetriebsrats unzulässig, es sei denn, daß Tatsachen vorliegen, die den Arbeitgeber zur Kündigung aus wichtigem Grund ohne Einhaltung einer Kündigungsfrist berechtigen, und daß die nach § 103 BetrVG erforderliche Zustimmung vorliegt oder durch gerichtliche Entscheidung ersetzt ist. Da weder die Konkurseröffnung noch die Betriebsstillegung einen wichtigen Grund zur Kündigung darstellen, sind die genannten Mitglieder grundsätzlich vor jeder Kündigung geschützt. Jedoch ist nach § 15 IV KSchG für den Fall der Stillegung des Betriebs die ordentliche Kündigung eines Betriebsratsmitglieds unter Einhaltung der gesetzlichen Kündigungsfrist (BAG AP Nr. 11 zu § 102 BetrVG 1972) und nach Anhörung des Betriebsrats nach § 102 BetrVG (BAG AP Nr. 11 zu § 102 BetrVG 1972; BAG ZIP **1980** 669, 670; *Hueck* KSchG[10] § 15 Anm. 72; GK KR-*Weigand* § 22 KO Anm. 25) zulässig, und zwar frühestens zum Zeitpunkt der Stillegung, es sei denn, daß die Kündigung zu einem früheren Zeitpunkt durch zwingende betriebliche Erfordernisse bedingt ist (**abw.** *Böhle-Stamschräder/Kilger* KO[13] § 22 Anm. 7: § 15 KSchG sei mit Betriebsstillegung unanwendbar). Kündigt der Konkursverwalter das Arbeitsverhältnis zum voraussichtlichen Termin der Betriebsstillegung, so endet es, falls sich die Betriebsstillegung verzögert, mit dem nächstzulässigen Termin nach der Betriebsstillegung (BAG ZIP **1980** 669 ff = SAE **1981** 52 mit Anm. *Heckelmann* ebenda S. 55 = DB **1980** 1601 = NJW **1980** 2543). Ob dies auch gilt, wenn im Zeitpunkt der Kündigung eine Stillegung des Betriebs überhaupt oder zu einem bestimmten Termin noch völlig ungewiß ist, der Konkursverwalter also „auf Vorrat" kündigt, hat das BAG (aaO) offengelassen. Eine Betriebsstillegung ist anzunehmen, wenn die „Produktionsgemeinschaft" aufgelöst worden und damit die Grundlage für das Amt des Betriebsrats weggefallen ist (BAGE **8** 207, 212 f = AP Nr. 15 zu § 13 KSchG 1951; BAG ZIP **1980** 669, 671; s. auch *Hueck* KSchG[10] § 15 Anm. 67 ff). Falls der Betriebsrat nach diesem Zeitpunkt noch Amtspflichten zu erfüllen hat, ist er dazu aufgrund seines Restmandates befugt, das von der durch ordentliche Kündigung bewirkten Beendigung des Arbeitsverhältnisses der Betriebsratsmitglieder unabhängig ist (BAG ZIP **1980** 202 ff; **1980** 669, 671; *Schaub* ArbRHdb.[4] § 244 II 1). Legt der Konkursverwalter eine Betriebsabteilung still, so ist ein dort beschäftigtes Betriebsratsmitglied in eine andere, fortbestehende Betriebsabteilung zu übernehmen. Ist dies aus betrieblichen Gründen nicht möglich, so ist die Kündigung wie bei einer Betriebsstillegung (§ 15 IV KSchG) zulässig (§ 15 V KSchG). Der Kündigungsschutz des § 15 KSchG erstreckt sich auch auf frühere Mitglieder des Betriebsrats, der Jugendvertretung oder des Seebetriebsrats, deren Amtszeit vor nicht mehr als einem Jahr abgelaufen ist und auf frühere Mitglieder einer Bordvertretung für die Dauer von sechs Monaten von der Beendigung der Amtszeit an (§ 15 I S. 2 KSchG). Ferner ist die Kündigung der Mitglieder eines Wahlvorstandes vom Zeitpunkt seiner Bestellung an und die Kündigung eines Wahlbewerbers vom Zeitpunkt der Aufstellung des Wahlvorschlages an, jeweils bis zur Bekanntgabe des Wahlergebnisses, in gleicher Weise unzulässig wie die Kündigung der Betriebsratsmitglieder (§ 15 III KSchG).

32 **4. Mutterschutz**

Das Kündigungsverbot des § 9 I des Mutterschutzgesetzes — MuSchG — i. d. F. v. 18. 4. 1968 (BGBl. I 315), zuletzt geändert durch Ges. vom 27. 6. 1979 (BGBl. I 823), gilt auch im Konkurs des Arbeitgebers. Der Konkurs als solcher rechtfertigt noch nicht die Beendigung des Arbeitsverhältnisses (*Bulla/Buchner* MuSchG[4] § 4 Anm. 33). Jedoch kann die für den Arbeitsschutz zuständige oberste Landesbehörde oder die von ihr bestimmte Stelle nach § 9 III S. 1 MuSchG in besonderen Fällen ausnahmsweise die Kündigung für zulässig erklären. Die in § 9 III S. 2 MuSchG vorgesehenen Verwaltungsvorschriften hat der Bundesminister für Arbeit bisher nicht erlassen. Jedoch gibt es Verwaltungsvorschriften einzelner Länder (Baden-Württemberg RdA **1953** 324; NRW MBl. **1955** 1727). Als ein besonderer Fall ist die völlige konkursbedingte Betriebsstillegung anzusehen (BVerwGE **54** 276, 281 ff = AP Nr. 5 zu § 9 MuSchG; OVG Münster KTS **1978** 51; *Bulla/Buchner* MuSchG[4] § 9 Anm. 154, 156; *Mentzel/Kuhn/Uhlenbruck* KO[9] § 22 Anm. 15; GK KR-*Becker* § 9 MuSchG Anm. 122; *Grunsky* aaO — Anm. 13 — S. 36 f; *Heilmann* aaO — Anm. 26 — S. 92; *Schaub* ArbRHdb.[4] § 170 IV 4; *Germann* aaO — Anm. 24 — S. 28 f; *Granzow* aaO — Anm. 24 — S. 79 ff). Zweck des Mutterschutzes ist die Erhaltung des Arbeitsplatzes, nicht aber die soziale Sicherung der nicht arbeitenden Mutter über die Grenzen der §§ 11, 14 MuSchG hinaus. Deshalb muß die zuständige Behörde die Kündigung für zulässig erklären, wenn der Betrieb vollständig stillgelegt wird und die Umsetzung der geschützten Mutter in einen anderen, fortbestehenden Betrieb des gemeinschuldnerischen Unternehmens dem Konkursverwalter unter Berücksichtigung des besonderen Schutzbedürfnisses der Mutter nicht zumutbar ist.

33 **5. Schwerbehinderte**

Auch der Kündigungsschutz, den Schwerbehinderte nach § 12 ff des Schwerbehindertengesetzes — SchwbG — i. d. F. v. 8. 10. 1979 (BGBl. I 1649), zuletzt geändert durch Ges. v. 18. 8. 1980 (BGBl. I 1469) genießen, wird durch den Konkurs des Arbeitgebers nicht beeinträchtigt (*Böhle-Stamschräder/Kilger* KO[13] § 22 Anm. 7; *Mentzel/Kuhn/Uhlenbruck* KO[9] § 22 Anm. 14; *Grunsky* aaO — Anm. 13 — S. 37 f; *Heilmann* aaO — Anm. 26 — S. 92; *Wichmann* aaO — Anm. 24 — S. 92 ff; *Wilrodt/Neumann* SchwbG[5] § 12 Anm. 71; *Germann* aaO — Anm. 24 — S. 29 f; *Granzow* aaO — Anm. 24 — S. 86 ff). Die Kündigung durch den Konkursverwalter bedarf nach § 12 SchwbG der vorherigen Zustimmung der Hauptfürsorgestelle. Die Kündigungsfrist beträgt mindestens vier Wochen (§ 13 SchwbG). Erteilt die Hauptfürsorgestelle die Zustimmung, kann der Konkursverwalter die Kündigung nur innerhalb eines Monats nach Zustellung erklären (§ 15 III SchwbG). Zuvor hat er den Betriebsrat (§ 102 BetrVG) und den Vertrauensmann der Schwerbehinderten (§ 22 II SchwbG) zu hören. Unterläßt der Konkursverwalter die Anhörung des Vertrauensmannes, so begeht er eine Ordnungswidrigkeit i. S. des § 65 Nr. 8 SchwbG. Jedoch ist die Kündigung nicht unwirksam (*Weber* SchwbG § 22 Anm. 2; *Wilrodt/Neumann* SchwbG[5] § 22 Anm. 9; GK KR-*Etzel* vor §§ 12—19 SchwbG Anm. 32; **a. A.** *Herschel* SAE **1976** 162, 163; *Schaub* ArbRHdb.[4] § 178 VI 2). Dies ergibt sich daraus, daß in § 22 SchwbG eine dem § 102 I S. 2 BetrVG entsprechende Bestimmung fehlt. Die Hauptfürsorgestelle entscheidet grundsätzlich nach pflichtgemäßem Ermessen, wobei die besondere Lage des Konkurses zu berücksichtigen und zu prüfen ist, ob dem Konkursverwalter im Blick auf den Konkurszweck die Weiterbeschäftigung des Schwerbehinderten zugemutet werden kann. Bei einer Betriebsstillegung aber muß die Hauptfürsorgestelle die Zustimmung erteilen, wenn zwischen dem Tage der Kündigung und dem Tage, bis zu dem Gehalt oder Lohn gezahlt wird, mindestens drei Monate liegen (§ 16 I S. 1 SchwbG). Unter der gleichen Voraussetzung soll sie die Zustimmung erteilen, wenn der Betrieb wesentlich eingeschränkt wird, sofern die Gesamtzahl der verbleibenden Schwerbehinderten zur Erfüllung der Verpflichtung des § 4 SchwbG ausreicht (§ 16 I S. 2 SchwbG). Die Hauptfürsorgestelle soll die Zustimmung ferner erteilen, wenn dem Schwerbehinderten ein anderer angemessener und zumutbarer Arbeitsplatz gesichert ist (§ 16 II SchwbG). § 16 SchwbG findet nach h. M. (s. die in dieser Anmerkung eingangs zitierte Literatur) auch bei Betriebsstillegungen und -einschränkungen durch den Konkursverwalter Anwendung. Der **abweichenden Ansicht** von *Granzow* (aaO — Anm. 24 — S. 93 ff) und *Siegler* (DB **1966** 1315, 1316), die bei der Betriebsstillegung durch den Konkursverwalter die Zustimmung der Hauptfürsorgestelle für entbehrlich halten, weil die Lohnfortzahlung über drei Monate mit dem Konkurszweck nicht vereinbar sei, kann nicht zugestimmt werden. Die Schonung der übrigen Konkursgläubiger vor Belastungen der Konkursmasse mit Lohnzahlungen, für die keine Arbeitsleistung erbracht wird, tritt gegenüber eindeutigen Sozialschutzregeln des Gesetzes zurück. Es gibt keinen anerkannten Rechtsgrundsatz, daß im Interesse der übrigen Konkursgläubiger aus der Masse nur Lohn für geleistete Arbeit gezahlt werden darf. Daß § 16 SchwbG nur gelten soll, wenn der Arbeitgeber aus freien Stücken den Betrieb stillegt, läßt sich nicht feststellen. — Der Kündigungsschutz des SchwbG gilt nach § 18 SchwbG auch bei einer außerordentlichen Kündigung. Jedoch ist auch hier die Konkurseröffnung kein wichtiger Grund zur außerordentlichen Kündigung (*Wilrodt/Neumann* SchwbG[5] § 18 Anm. 14).

6. Sonstige besondere Kündigungsschutzvorschriften 34

Einige der sonstigen besonderen Kündigungsschutzvorschriften behalten eine betriebsbedingte Kündigung ausdrücklich vor und schützen bei einer solchen Kündigung den Arbeitnehmer lediglich davor, daß bei einer gebotenen Auswahl des zu Kündigenden der Schutzgrund zu dessen Nachteil ausschlägt; so § 2 II S. 2 des Gesetzes über den Schutz des Arbeitsplatzes bei Einberufung zum Wehrdienst (Arbeitsplatzschutzgesetz) v. 30. 3. 1957 (BGBl. I 293) i. d. F. v. 14. 4. 1980 (BGBl. I 425, BGBl. III 53-2), der für anerkannte Kriegsdienstverweigerer entsprechend gilt (§ 78 I Nr. 1 des Gesetzes über den Zivildienst der Kriegsdienstverweigerer — Zivildienstgesetz — i. d. F. der Bekanntmachung v. 9. 8. 1973, BGBl. I 1015, BGBl. III 55-2); § 2 II S. 2 des Gesetzes über den Einfluß von Eignungsübungen der Streitkräfte auf Vertragsverhältnisse der Arbeitnehmer und Handelsvertreter sowie auf Beamtenverhältnisse — Eignungsübungsgesetz — vom 20. 1. 1956 (BGBl. I 13), zuletzt geändert durch Gesetz vom 23. 12. 1977 (BGBl. I 3110, BGBl. III 53-5). Andere gewähren einen dem SchwbG [s. Anm. 33] entsprechenden oder angenäherten Schutz: § 1 des Gesetzes über einen Bergmannsversorgungsschein im Lande Niedersachsen (Nds. GVBl. Sb. I S. 741); §§ 11, 12, 12 a des nordrhein-westfälischen Gesetzes über einen Bergmannsversorgungsschein i. d. F. v. 14. 4. 1971 (NRW GVBl. S. 125); §§ 11, 12 des saarl. Gesetzes Nr. 768 über einen Bergmannsversorgungsschein im Saarland v. 11. 7. 1962 i. d. F. d. Ges. v. 11. 3. 1970 (ABl. S. 267, ber. S. 584); § 34 des im ehemaligen Land Baden geltenden Landesgesetzes über die Entschädigung der Opfer des Nationalsozialismus (Bad. GVBl. S. 168, zuletzt geändert durch Ges. v. 26. 11. 1974, BW GesBl. S. 508); § 16 der im ehemaligen Land Baden geltenden VO über die vorzugsweise Beschäftigung und Selbständigmachung der Opfer des Nationalsozialismus v. 28. 2. 1946 (Amtsbl. d. franz. MilReg. f. Baden Nr. 18 v. 22. 3. 1946); §§ 1 ff der LandesVO Rheinland-Pfalz über den Kündigungsschutz der Opfer des Nationalsozialismus v. 17. 12.

1952 (GVBl. S. 177); §§ 1 ff des Gesetzes des Landes Württemberg-Baden Nr. 707 über den Kündigungsschutz der politisch Verfolgten v. 8. 10. 1947 (RegBl. S. 101). Andere Gesetze begnügen sich mit der Forderung, daß den Geschützten aus ihrem Dienst keine Nachteile im Arbeitsverhältnis erwachsen dürfen (§ 9 II des Gesetzes über den Zivilschutz i. d. F. der Bekanntmachung vom 9. 8. 1976, BGBl. I 2109, BGBl. III 215-1); sie dürfen also nicht schlechter behandelt werden als andere vom Konkurs betroffene Arbeitnehmer; so auch § 2 II des Gesetzes über die Neuregelung der Rechtsverhältnisse der Mitglieder des Deutschen Bundestages vom 18. 2. 1977 (BGBl. I 297, BGBl. III 1101-8). Zwar sagt § 2 III S. 2 dieses Gesetzes, daß im übrigen eine Kündigung nur aus wichtigem Grunde zulässig sei, ohne daß dies durch Art. 48 II S. 2 GG geboten gewesen wäre. Während alle übrigen genannten Vorschriften mit dem Konkurszweck vereinbar und deshalb auch im Konkurs anzuwenden sind, bedarf die letztgenannte einer restriktiven Interpretation; denn es ist nicht anzunehmen, daß der Gesetzgeber bis zum Ablauf eines Jahres nach Beendigung des Mandates (§ 2 III S. 4 des Gesetzes v. 18. 2. 1977) dem Abgeordneten auf Kosten der Konkursgläubiger den Arbeitsohn sichern wollte, auch wenn der Betrieb inzwischen längst stillgelegt worden ist. Als „wichtiger Grund" muß deshalb hier auch die Betriebsstillegung durch den Konkursverwalter angesehen werden. Jedoch darf dem Abgeordneten dann nicht fristlos gekündigt werden. Vielmehr genießt er denselben Schutz wie die anderen Arbeitnehmer bei betriebsbedingter Kündigung. Zum Kündigungsschutz der Abgeordneten in den Landesparlamenten s. GK KR-*Weigand* ParlSchG Anm. 52—73.

35 **7. Massenentlassungen**

Nach § 17 I KSchG ist der Arbeitgeber (Konkursverwalter) verpflichtet, dem Arbeitsamt Anzeige zu erstatten, bevor er in Betrieben mit in der Regel mehr als zwanzig und weniger als sechzig Arbeitnehmern mehr als fünf Arbeitnehmer, in Betrieben mit in der Regel mindestens sechzig und weniger als fünfhundert Arbeitnehmern zehn von Hundert der im Betrieb regelmäßig beschäftigten oder aber mehr als fünfundzwanzig Arbeitnehmer, in Betrieben mit in der Regel mindestens fünfhundert Arbeitnehmern mindestens dreißig Arbeitnehmer innerhalb von dreißig Kalendertagen entläßt. Zuvor hat er den Betriebsrat nach § 17 II KSchG zu unterrichten. Entlassungen, die nach § 17 KSchG anzuzeigen sind, werden vor Ablauf eines Monats nach Eingang beim Arbeitsamt nur mit Zustimmung des Landesarbeitsamts wirksam; die Zustimmung kann auch rückwirkend bis zum Tage der Antragstellung erteilt werden (§ 18 I KSchG). Im Einzelfall kann das Landesarbeitsamt bestimmen, daß die Entlassungen nicht vor Ablauf von längstens zwei Monaten nach Eingang der Anzeige beim Arbeitsamt wirksam werden (§ 18 II KSchG). Das Landesarbeitsamt hat vor seinen Entscheidungen zu prüfen, ob der Arbeitgeber die Entlassungen rechtzeitig nach § 8 AFG angezeigt und aus welchen Gründen er die Anzeige unterlassen hatte. Das Landesarbeitsamt soll das Ergebnis dieser Prüfung bei seinen Entscheidungen berücksichtigen (§ 18 III KSchG). Soweit die Entlassungen nicht innerhalb eines Monats nach dem Zeitpunkt, zu dem sie nach § 18 I und II KSchG zulässig sind, durchgeführt werden, bedarf es einer neuen Anzeige (§ 18 IV KSchG). Diese Vorschriften gelten auch im Konkurs des Arbeitgebers (BSGE **46** 99 ff; BSG DB **1979** 1283 f = BB **1979** 1666; *Böhle-Stamschräder/Kilger* KO[13] § 6 Anm. 15 c, § 22 Anm. 7; *Grunsky* aaO — Anm. 13 — S. 26; *Heilmann* aaO — Anm. 26 — S. 92; NJW **1975** 1758, 1760; *Hueck* KSchG[10] § 17 Anm. 19; *Mentzel/Kuhn/Uhlenbruck* KO[9] § 22 Anm. 18; **a. A.,** jedenfalls für § 18 KSchG: *Granzow* aaO — Anm. 24 — S. 75 ff). Unter Berücksichtigung des Zweckes der §§ 17, 18 KSchG bedürfen diese Vorschriften jedoch einer der Konkurssituation angemessenen

Interpretation. Zweck dieser Vorschriften ist die „weitestmögliche Verhütung von Arbeitslosigkeit im Allgemeininteresse“, während das Interesse des einzelnen Arbeitnehmers an der Erhaltung seines Arbeitsplatzes in den §§ 1 ff KSchG Berücksichtigung findet (*Hueck* KSchG[10] Vorb. 4 zu § 17 ff, s. auch Vorb. 5 zu §§ 17 ff sowie die amtliche Begründung RdA **1951** 65 und BAG AP Nr. 1 zu § 17 KSchG 1969 mit Anm. *G. Hueck;* LSG München NJW **1977** 1255). Zwar hat das Zweite ÄndG zum KSchG v. 27. 4. 1978 (BGBl. I 550) mit der in § 17 II KSchG vorgeschriebenen Mitwirkung des Betriebsrats auch die Interessen der Belegschaft einbezogen. Jedoch dient diese Regelung einem anderen Zweck als die Kündigungssperrfrist des § 18 KSchG. Nach § 17 II S. 2 KSchG sollen Arbeitgeber und Betriebsrat insbesondere die Möglichkeiten beraten, Entlassungen zu vermeiden oder einzuschränken und ihre Folgen für die Gesamtheit der betroffenen Arbeitnehmer (*Hueck* KSchG[10] § 17 Anm. 37) zu mildern. Das Landesarbeitsamt kann dagegen nach § 18 KSchG weder Entlassungen vermeiden oder einschränken noch die Folgen der Entlassung in der Weise mildern, wie dies durch eine Verständigung des Arbeitgebers mit dem Betriebsrat geschehen könnte. Es kann lediglich über die Dauer der Sperrfrist entscheiden (§ 18 I, II KSchG). Daß der nach § 20 I KSchG zuständige Ausschuß dabei auch das Interesse der zu entlassenden Arbeitnehmer zu berücksichtigen hat (§ 20 III KSchG) bedeutet nicht, daß dieses Interesse das der Gläubiger verdrängt, die Masse von Masseschulden nach § 59 I Nr. 2 freizuhalten, für die keine Gegenleistung in die Masse fließt. Die im Gesetz nicht vorgesehene, von der h. M. aber zugelassene Zustimmung zur Massenentlassung unter Auflagen, insbesondere der Zahlung einer Abfindung (*Hueck* KSchG[10] § 18 Anm. 20; *Auffarth/Müller* KSchG § 16 Anm. 3; *Herschel/Steinmann* KSchG[5] § 16 Anm. 4; *Schaub* ArbRHdb.[4] § 142 VI 4; **a. A.** *Rohlfing/Rewolle* KSchG § 18 Anm. 8) kann im Konkurs nicht in Betracht kommen. Denn die Arbeitsverwaltung kann nicht in Wahrnehmung ihrer Aufgaben der Arbeitsmarktpolitik die Konkursmasse mit Verbindlichkeiten belasten, für die eine gesetzliche Grundlage fehlt. Hat somit die Arbeitsverwaltung nicht die Interessen der einzelnen betroffenen Arbeitnehmer oder der Belegschaft an der Erhaltung der Arbeitsplätze im ganzen zu schützen, sondern ihre Entscheidung lediglich daran zu orientieren, wie sich eine die Voraussetzungen des § 17 KSchG wahrende Massenentlassung auf den Arbeitsmarkt auswirkt, so ist damit ihr Entscheidungsermessen für den Fall des Konkurses eingeschränkt. Die Arbeitsverwaltung darf insbesondere nicht darüber befinden, ob eine von den nach der KO zuständigen Organen (§ 129 II) beschlossene Betriebsstillegung gerechtfertigt oder auf den richtigen Zeitpunkt angesetzt ist. Die Entscheidungszuständigkeiten der Konkursordnung werden durch § 18 KSchG nicht berührt. Das Landesarbeitsamt hat lediglich zu entscheiden, wann die im Rahmen der Konkursabwicklung gebotene Massenentlassung unter Gesichtspunkten des Arbeitsmarktes wirksam werden soll. Dabei ist zu berücksichtigen, daß die Einhaltung der Sperrfrist des § 18 I KSchG oder gar ihre Verlängerung nach § 18 II KSchG die Konkursmasse mit Masseschulden (§ 59 I Nr. 2) belastet, soweit die Sperrfrist über die nach § 22 KO einzuhaltenden gesetzlichen Kündigungsfristen hinausgreift. Aus Gründen der Regelung des Arbeitsmarktes darf aber grundsätzlich nicht den Konkursgläubigern ein Sonderopfer auferlegt werden. Die Ordnung des Arbeitsmarkts liegt im Allgemeininteresse. Soweit ein Arbeitgeber zahlungsfähig ist, kann ihm zwar zugemutet werden, mit der Massenentlassung im Allgemeininteresse zuzuwarten. Von den Konkursgläubigern aber, die ohnehin schon hart betroffen werden, kann nicht verlangt werden, daß gerade sie auch noch Opfer im Allgemeininteresse bringen. Die Arbeitsverwaltung übt ihr Ermessen deshalb grundsätzlich nur dann richtig aus, wenn sie beachtet, daß die Sperrfrist nicht länger läuft als die nach § 22 KO einzuhaltenden gesetzlichen Kündigungsfristen. Sie kann nur dann anders entscheiden, wenn der Konkursverwalter aus vermeidbaren Gründen die Anzeige nach § 17 KSchG oder die nach § 8 AFG zu spät erstattet hat. Dagegen wäre es ein bei der gerichtlichen Überprüfung zu beachtender Ermessensfehler, wenn die Zustimmung zur Massenentlassung vor Ablauf der Sperrfrist (§ 18 I KSchG) deshalb verweigert würde, weil der Gemeinschuldner die schon vor Konkurseröffnung gebotene Anzeige nach § 8 AFG schuldhaft unterlassen hat (a. A. BSGE **46** 99, 101 ff = NJW **1980** 2430; BSG DB **1979** 1283). Zwar hat der Arbeitgeber nach § 8 AFG dem Präsidenten des Landesarbeitsamtes unverzüglich schriftlich anzuzeigen, daß erkennbare Veränderungen des Betriebs innerhalb der nächsten zwölf Monate voraussichtlich dazu führen, daß Arbeitnehmer in der in § 17 I KSchG bezeichneten Zahl entlassen oder auf eine andere Tätigkeit umgesetzt werden, und nach § 18 III KSchG hat das Landesarbeitsamt zu prüfen, ob der Arbeitgeber dieser Pflicht nachgekommen ist. Jedoch kann die Verletzung dieser Pflicht nicht dazu führen, daß die Konkursgläubiger mit Sanktionen belastet werden, die über die in § 8 III AFG genannten Ansprüche, die Konkursforderungen nach § 61 I Nr. 6 sind, hinausgehen. Daß aus der Konkursmasse Lohnforderungen als Masseschulden (§ 59 I Nr. 2) getilgt werden sollen, kann nach konkursrechtlichen Prinzipien nicht mit Pflichtverletzungen begründet werden, die der Gemeinschuldner vor Konkurseröffnung begangen hat. § 18 III KSchG, der die besondere Situation des Konkurses nicht berücksichtigt, kann nicht entnommen werden, daß der Gesetzgeber diese Prinzipien durchbrechen wollte. Es gibt auch keinen zureichenden Grund, im Konkurs eine Pflichtverletzung gegenüber der Arbeitsverwaltung mit günstigeren Sanktionen zu versehen als andere Pflichtwidrigkeiten, die der Gemeinschuldner vor Konkurseröffnung begangen hat.

36 **8. Kündigungsschutz für Auszubildende**

Der Konkursverwalter kann das Berufsausbildungsverhältnis nur während der Probezeit jederzeit ohne Einhaltung einer Kündigungsfrist kündigen (§ 15 I des Berufsbildungsgesetzes — BBiG — v. 14. 8. 1969 (BGBl. I 1112), zuletzt geändert durch Ges. v. 14. 12. 1976 (BGBl. I 3341, BGBl. III 800—21)). Die Probezeit beträgt mindestens einen und höchstens drei Monate (§ 13 S. 2 BBiG). Nach Ablauf der Probezeit kann der Konkursverwalter das Berufsausbildungsverhältnis nach § 15 II Nr. 1 BBiG „nur aus einem wichtigen Grund ohne Einhaltung einer Kündigungsfrist" kündigen. Die Bedeutung dieser Vorschrift für den Konkurs ist umstritten. Die h. M. entnimmt dem Ausschluß einer ordentlichen Kündigung, daß es keine gesetzliche Kündigungsfrist i. S. des § 22 KO gebe und deshalb das Ausbildungsverhältnis vom Konkursverwalter fristlos gekündigt werden könne (RAGE **9** 32; RAG KuT **1931** 75; RAG ARS **26** 146 = JW **1936** 1254; LAG Darmstadt ARS **14** 3; ArbG Heidelberg ARST **18** Nr. 72; ArbG Bonn ARS **27** 91; *Böhle-Stamschräder/Kilger* KO[13] § 22 Anm. 7; *Mentzel/Kuhn/Uhlenbruck* KO[9] § 22 Anm. 8; *Heilmann* aaO — Anm. 26 — S. 85). *Hegmanns* (BB **1978** 1365 ff) will § 622 BGB entsprechend anwenden, *Germann* (aaO — Anm. 24 — S. 65 f) fordert in entsprechender Anwendung des § 15 II Nr. 2 BBiG eine Kündigungsfrist von vier Wochen. *Grunsky* (aaO — Anm. 13 — S. 39 f) will die Unkündbarkeit des Ausbildungsverhältnisses ebenso behandeln wie eine gesetzliche lange Kündigungsfrist, an die der Konkursverwalter gebunden ist (*Grunsky* aaO — Anm. 13 — S. 18). Deshalb habe der Konkursverwalter das Ausbildungsverhältnis weiterzuführen, solange noch Ausbildungsmöglichkeiten bestehen. Legt der Konkursverwalter den Betrieb still, soll § 15 IV, V KSchG entsprechend angewendet werden (*Grunsky* aaO — Anm. 13 — S. 41). Der h. M. ist entgegenzuhalten, daß der besondere Schutz, den der Auszubildende dadurch genießen soll, daß sein Ausbildungsverhältnis nur aus wichtigem Grund gekündigt werden kann, nicht dazu führen kann, daß er im Falle des Konkurses schlechter steht als ein ordentlich kündbarer Arbeitnehmer. Deshalb ist die Kündigung des Konkursverwalters in entsprechender Anwendung des § 1 KSchG unwirksam, wenn sie nicht durch betriebliche Erfordernisse gerechtfertigt ist (ähnlich *Granzow* aaO — Anm. 24 — S. 121 ff). Betriebliche Erfordernisse liegen nur vor, wenn infolge der Betriebsstillegung oder Betriebseinschränkung eine Ausbildungsmöglichkeit nicht mehr besteht. Der Konkursverwalter darf also auf den Zeitpunkt kündigen, in dem die Ausbildungsmöglichkeit entfällt. Da dieser Zeitpunkt vorhersehbar ist, kann dem Konkursverwalter auch die Einhaltung der Kündigungsfristen des § 622 BGB zugemutet werden (GK KR-*Weigand* § 22 KO Anm. 11, §§ 14, 15 BBiG Anm. 69; *Granzow* aaO — Anm. 24 — S. 126). Einer entsprechenden Anwendung des § 15 IV, V KSchG, der auf eine andere Interessenlage bezogen ist, bedarf es zur Begründung dieses Ergebnisses nicht.

9. Änderungskündigung 37

Will der Konkursverwalter Arbeitnehmer weiterbeschäftigen, sie aber mit anderen als den vertraglich vorgesehenen Aufgaben betrauen, so bedarf es einer Änderungskündigung (§ 2 KSchG). Durch das Direktionsrecht des Arbeitgebers ist die Umsetzung nicht gerechtfertigt. Das Direktionsrecht wird auch nicht durch den Konkurs erweitert (*Grunsky* aaO — Anm. 13 — S. 24). Eine Änderungskündigung kommt auch in Betracht, wenn der Konkursverwalter andere Arbeitsbedingungen ändern, z. B. von übertariflichen Löhnen auf die Tariflöhne zurückgehen will. Die Vorschriften des KSchG sind auf die Änderungskündigung uneingeschränkt anwendbar. Für die Konkursabwicklung ist es wichtig, welche Anforderungen an die soziale Rechtfertigung der Änderungskündigung gestellt werden. Die h. M. geht davon aus, daß die Änderung von Arbeitsbedingungen den Arbeitnehmern eher zumutbar ist als die Beendigung des Arbeitsverhältnisses. Sie stellt deshalb an die soziale Rechtfertigung der Änderungskündigung geringere Anforderungen als an die der das Arbeitsverhältnis beendenden Kündigung (BAG AP Nr. 1 zu § 626 BGB Änderungskündigung; *Schaub* ArbRHdb.[4] § 137 III 3, *Hueck* KSchG[10] § 2 Anm. 17 ff; *Grunsky* aaO — Anm. 13 — S. 25; **a. A.** *Schwerdtner* in: Fünfundzwanzig Jahre BAG, 1979, S. 555 ff und MünchKomm.-*Schwerdtner* vor § 620 Anm. 363 ff).

VII. Kündigung aus wichtigem Grund 38

Aus § 22 I S. 2 ergibt sich, daß die Konkurseröffnung dem Konkursverwalter nur Anlaß zu einer fristgemäßen Kündigung geben soll unter Wahrung der dort bestimmten Frist. Daraus folgt, daß die Konkurseröffnung nicht als wichtiger Grund zur fristlosen Kündigung nach § 626 BGB angesehen werden kann (BAG NJW **1969** 525; *Grunsky* aaO — Anm. 13 — S. 29; *Heilmann* aaO — Anm. 26 — S. 85; Münch-Komm.-*Schwerdtner* § 626 Anm. 98; *Schaub* ArbRHdb.[4] § 125 VII 19; *Staudinger/Neumann* BGB[12] § 626 Anm. 105; GK KR-*Weigand* § 22 KO Anm. 26; *Wichmann* aaO — Anm. 24 — S. 41; *Mentzel/Kuhn/Uhlenbruck* KO[9] § 22 Anm. 20). Die Gründe für eine Kündigung aus wichtigem Grund sind also im Konkurs keine anderen als außerhalb desselben. Kündigt der Konkursverwalter aus wichtigem Grunde fristlos, so muß er dieselben Formen einhalten wie jeder andere Arbeitgeber. Kündigt der Konkursverwalter wegen eines Vorfalls, der sich vor der Konkurseröffnung ereignet hat, muß er sich auf die Frist des § 626 II BGB den zur Zeit der Konkurseröffnung bereits abgelaufenen Zeitraum anrechnen lassen. Hat der Gemeinschuldner auf sein Kündigungsrecht vor der Konkurseröffnung verzichtet, so bindet der Verzicht auch den Konkursverwalter (*Grunsky* aaO — Anm. 13 — S. 32; *Wichmann* aaO — Anm. 24 — S. 41; **a. A.** *Heilmann* aaO — Anm. 26 — S. 86).

39 **VIII. Schadensersatz (§ 22 Abs. 2)**

Kündigt der Konkursverwalter nach § 22, so hat der Dienstverpflichtete als einfacher Konkursgläubiger (§§ 12, 26 S. 2, 61 I Nr. 6) Anspruch auf Ersatz des Schadens, den ihm der vorzeitige Vertragsabbruch verursacht, der also dadurch entsteht, daß die Kündigung nach § 22 I früher wirksam wird als zu dem Zeitpunkt, zu dem sie nach der vertraglichen — auch tarifvertraglichen — [Anm. 24] Kündigungsregelung hätte wirksam werden können (§ 22 II). Der Anspruch geht — anders als im Falle des § 615 BGB — nicht auf die vereinbarte Vergütung als solche, sondern auf „den durch die Aufhebung des Dienstverhältnisses entstehenden Schaden" (§§ 249 ff BGB). Der Schaden besteht vor allem in dem Ausfall, den der Dienstverpflichtete an Gehalt und Lohn, Provisionen (LAG Bremen BB **1953** 472) und Naturalbezügen erleidet. Ein Schaden kann auch dadurch entstehen, daß der Arbeitnehmer infolge der vorzeitigen Kündigung des Konkursverwalters nicht mehr eine unverfallbare Versorgungsanwartschaft (§ 1 des Gesetzes zur Verbesserung der betrieblichen Altersversorgung vom 19. 12. 1974 (BGBl. I 3610)) erlangt, die er bei Einhaltung der vertraglichen Kündigungsfrist noch erworben hätte (vgl. LAG Düsseldorf ARST **1979** 134; *Kuhn* WM **1958** 834; *Weber* zu BAG AP Nr. 1 zu § 59 KO; *Mentzel/Kuhn/Uhlenbruck* KO[9] § 22 Anm. 22; GK KR-*Weigand* § 22 KO Anm. 32). Bei Vorstandsmitgliedern einer Aktiengesellschaft ist nur der Schaden für zwei Jahre nach Ablauf ihres Dienstverhältnisses zu ersetzen, um eine zu hohe Belastung der Masse zu verhindern (§ 87 III AktG). Der Schadensersatzanspruch jedes Dienstverpflichteten ist ausgeschlossen, wenn ein wichtiger Grund zur sofortigen Entlassung vorlag, auch wenn er vor Konkurseröffnung gegeben war.

40 Ob und inwieweit ein Ausfall eintreten wird, ist zunächst noch unsicher. Findet der Dienstverpflichtete sofort eine andere, gleich gut oder besser bezahlte Stelle, um seine freigewordene Arbeitskraft zu verwerten, so kann ein Schaden ganz entfallen. Unterläßt er es schuldhaft, sich um einen anderen Arbeitsplatz zu bemühen, verkürzt sich sein Ersatzanspruch (§ 254 BGB; vgl. hierzu die parallele Rechtsfolge des § 615 S. 2 BGB, dazu MünchKomm.-*Schaub* § 615 Anm. 60 ff). Daß der Dienstverpflichtete schlechthin genötigt wäre, jede andere Stelle anzunehmen, läßt sich freilich aus § 254 BGB nicht ableiten (vgl. MünchKomm.-*Schaub* § 615 Anm. 62). Das mitwirkende Verschulden steht zur Beweislast dessen, der die angemeldete Ersatzforderung bestreitet. Andererseits kann § 254 BGB gegenüber dem Ersatzanspruch eines Geschäftsleiters, auf dessen Verschulden der Konkursgrund zurückzuführen ist, mit dem Erfolg geltend gemacht werden, daß der Anspruch ganz oder teilweise aberkannt werden muß. Das wird von Bedeutung vor allem gegenüber Vorstandsmitgliedern oder Geschäftsführern einer im Konkurs stehenden Handelsgesellschaft. Ob und wieweit ein Schaden entsteht und dementsprechend eine Konkursforderung auf Schadensersatz geltend gemacht werden kann, hängt meist von zukünftigen, ungewissen Ereignissen ab, insbesondere davon, ob und wann und zu welchen Bedingungen der Entlassene wieder einen Arbeitsplatz findet. Das Zustandekommen des Ersatzanspruchs ist also einstweilen aufschiebend bedingt i. S. des § 67, der sich nicht nur auf rechtsgeschäftlich, sondern auch auf gesetzlich bedingte Ansprüche bezieht (*Böhle-Stamschräder/Kilger* KO[13] § 22 Anm. 8; *Mentzel/Kuhn/Uhlenbruck* KO[9] § 22 Anm. 23; **a. A.** KG OLGRspr. **10** 195, das § 69 anwendet).

IX. Sonstige Ansprüche

1. Wettbewerbsverbote 41

Zu den Wettbewerbsverboten, denen ein Dienstverpflichteter unterliegt, s. § 17 Anm. 215—232.

2. Kündigung des Dienstverpflichteten (§ 628 BGB) 42

Kündigt der Dienstverpflichtete nach § 22, so hat nach konkursrechtlichen Regeln keiner der Vertragspartner, weder der Kündigende noch die Konkursmasse noch der Gemeinschuldner persönlich einen Anspruch auf Schadensersatz wegen vorzeitigen Abbruchs des Dienstverhältnisses. Jedoch bleibt § 628 II BGB durch die konkursrechtliche Regelung des § 22 unberührt (*Mentzel/Kuhn/Uhlenbruck* KO[9] § 22 Anm. 22). Hat also der Dienstberechtigte den Konkurs verschuldet, so ist er nach § 628 II BGB schadensersatzpflichtig. Der Schadensersatzanspruch ist für die Zeit vor und nach Konkurseröffnung eine einfache Konkursforderung i. S. des § 61 I Nr. 6 (BAG ZIP **1980** 1067 ff = SAE **1981** 58 ff mit Anm. *Beitzke* = KTS **1981** 245 ff; **kritisch** dazu *Gagel* ZIP **1981** 122 ff; GK KR-*Weigand* § 22 KO Anm. 37, § 628 BGB Anm. 35).

3. Zeugnis 43

Der Anspruch des Dienstverpflichteten auf ein Zeugnis (§ 630 BGB) richtet sich grundsätzlich gegen den Gemeinschuldner persönlich, weil nur dieser sich über die vor Konkurseröffnung erbrachten Leistungen äußern kann. Da der Anspruch keine Konkursforderung ist, kann er auch während des Konkursverfahrens gegen den Gemeinschuldner eingeklagt werden (BAG AP Nr. 2 zu § 275 ZPO: keine Unterbrechung des vor Konkurseröffnung mit dem Gemeinschuldner begonnenen Prozesses). Hat der Dienstverpflichtete nach Konkurseröffnung noch längere Zeit im Betrieb des Gemeinschuldners gearbeitet, so muß auch der Konkursverwalter ein Zeugnis ausstellen (LAG Baden-Württemberg KTS **1979** 3, 7; *Heilmann* aaO — Anm. 26 — S. 100; *Mentzel/Kuhn/Uhlenbruck* KO[9] § 22 Anm. 27; *Schaub* ArbRHdb.[4] § 93 II 1; *Staudinger/Neumann* BGB[12] § 630 Anm. 5; *Würdinger* in Großkomm. HGB[3] § 73 Anm. 2).

4. Betriebliche Altersversorgung 44

Zu den Folgen des Konkurses für eine betriebliche Altersversorgung s. die Erläuterungen zu §§ 59 und 61.

§ 23

(1) Ein von dem Gemeinschuldner erteilter Auftrag erlischt durch die Eröffnung des Verfahrens, es sei denn, daß der Auftrag sich nicht auf das zur Konkursmasse gehörige Vermögen bezieht. Erlischt der Auftrag, so finden die Vorschriften des § 672 Satz 2 und des § 674 des Bürgerlichen Gesetzbuchs entsprechende Anwendung.

(2) Das gleiche gilt, wenn sich jemand durch einen Dienstvertrag oder einen Werkvertrag verpflichtet hat, ein ihm von dem Gemeinschuldner übertragenes Geschäft für diesen zu besorgen.

Materialien: M. II S. 550 ff, 553 f; P. I S. 149, II S. 374 ff, S. 517, VI S. 760 f; Begründung S. 31 f.

Übersicht

I. Einleitung

1. Auftrag 1

Der Begriff des Auftrags in § 23 I entspricht dem des § 662 BGB. Die h. L. versteht darunter jede fremdnützige Tätigkeit oder Tätigkeit im Interesse eines anderen, gleich welcher Art (*Palandt/Thomas* BGB[40] vor § 662 Anm. 1 a, § 662 Anm. 3). Neuere Tendenzen zur Ausgrenzung einfacher unentgeltlicher Dienst- und Werkleistungen oder bloßer Handreichungen (*Esser/Weyers* SchuldR II 1[5] § 35 I; *Larenz* SchuldR II[12] § 56 I; *Soergel/Mühl* BGB[11] Anm. 1 vor § 662) sind für die in § 23 geregelte Beendigung des Vertragsverhältnisses ohne Bedeutung. Im übrigen wird der Anwendungsbereich des § 23 schon durch die vorausgesetzte Vermögensbezogenheit eingeschränkt.

2. Geschäftsbesorgungsvertrag 2

Der entgeltliche Geschäftsbesorgungsvertrag (Abs. 2) entspricht dem Vertragstyp des § 675 BGB. Der Begriff der Geschäftsbesorgung ist hier enger zu fassen, als ihn die h. M. im Rahmen des § 662 BGB und des § 23 I versteht. Nicht jeder Dienst- oder Werkvertrag, der eine Tätigkeit im Interesse eines anderen zum Gegenstand hat, ist Geschäftsbesorgungsvertrag. Zur Abgrenzung im einzelnen s. Anm. 9 ff.

3. Zweck des § 23 3

§ 23 verfolgt den Zweck, die Verwaltung der Konkursmasse allein dem Konkursverwalter zu überlassen und die Konkursmasse gegen Verwaltungshandlungen Dritter abzuschirmen (RGZ **81** 332, 336). Deshalb hat jeder, der vom späteren Gemeinschuldner mit Rechtsgeschäften, Prozessen oder sonstigen Geschäftsbesorgungen betraut ist, die sich auf die Konkursmasse beziehen, vom Zeitpunkt der Konkurseröffnung an grundsätzlich seine Tätigkeit einzustellen. Er darf den Maßnahmen des Konkursverwalters ebensowenig vorgreifen wie der Gemeinschuldner selbst und muß ihm anvertraute Gegenstände oder Vorschüsse an den Konkursverwalter herausgeben.

4. Zwingendes Recht 4

Seinem Zweck entsprechend enthält § 23 zwingendes Recht. Ebenso wie der Gemeinschuldner durch § 6 I von der Verwaltung der Masse ausgeschlossen wird, muß auch der von ihm Beauftragte und der kraft entgeltlichen Vertrages zur Geschäftsbesorgung Verpflichtete unabdingbar sich der Einflußnahme auf die Masseverwaltung enthalten. Eine Vereinbarung des späteren Gemeinschuldners mit dem Geschäftsbesorger, daß der Vertrag über die Konkurseröffnung hinaus fortbestehen solle, ist deshalb unwirksam (RGZ **145** 253, 256; RG HRR **1937** 334; OLG Dresden KuT **1935** 94).

5 **5. Verhältnis zu § 17**

§ 23 I betrifft einen unentgeltlichen, unvollkommen zweiseitigen Vertrag, auf den § 17 mangels Gegenseitigkeit nicht anwendbar ist [§ 17 Anm. 11]. Der entgeltliche Geschäftsbesorgungsvertrag des § 23 II ist zwar ein gegenseitiger Vertrag i. S. des § 17. Jedoch wird dieser durch § 23 verdrängt [§ 17 Anm. 15].

6 **6. Auftrag und Vollmacht**

§ 23 läßt unmittelbar nur den Auftrag und den Geschäftsbesorgungsvertrag erlöschen. Über den Einfluß des Konkurses auf eine vom Gemeinschuldner erteilte Vollmacht sagt er nichts [s. dazu Anm. 48 ff].

7 **7. Geltungsbereich des § 23**

§ 23 regelt nur die Folgen des Konkurses des Auftraggebers und Geschäftsherrn. Zum Konkurs des Beauftragten und Geschäftsbesorgers s. Anm. 61 ff.

II. Von § 23 erfaßte Verträge, Abgrenzungen

8 **1. Auftrag**

§ 23 I ist anwendbar auf die unentgeltliche Geschäftsbesorgung i. S. des § 662 BGB [s. Anm. 1].

2. Geschäftsbesorgungsvertrag, Abgrenzung zu § 22

9 **a) Allgemeines**

Geschäftsbesorgungsverträge i. S. des § 23 II sind Dienst- oder Werkverträge, die eine Geschäftsbesorgung zum Gegenstand haben. Für diese ist § 23 II lex specialis. Auf den Werkvertrag mit Geschäftsbesorgungscharakter ist § 17 nicht anzuwenden. Für die Dienstverträge, die Geschäftsbesorgungsverträge sind, schließt § 23 II den § 22 schlechthin aus. Die Verträge sind einheitlich dem § 22 oder § 23 II zuzuordnen. Deshalb kann der Vertrag des späteren Gemeinschuldners mit einem Handlungsgehilfen, der diesen zur Geschäftsbesorgung verpflichtet, nicht als Dienstvertrag bis zur Kündigung nach § 22 fortbestehen, als Geschäftsbesorgungsvertrag aber erlöschen (*Würdinger* in Großkomm. HGB³ § 73 Anm. 11). Der Handlungsgehilfenvertrag endet nach § 22 durch die Kündigung. § 23 II ist auf ihn nicht anwendbar. Geschäftsbesorgung i. S. der §§ 675 BGB, 23 II KO ist nur die selbständige Wahrnehmung fremder Vermögensinteressen (*Soergel/Mühl* BGB¹¹ § 675 Anm. 1). Arbeitnehmer, die in einem Arbeitsverhältnis zum Gemeinschuldner stehen, scheiden niemals nach § 23 II mit der Konkurseröffnung aus dem Arbeitsverhältnis aus. Dieses kann nur durch Kündigung beendet werden, auch wenn der Gemeinschuldner dem Arbeitnehmer in der Besorgung seiner Geschäfte großen Spielraum eingeräumt hat (zum Begriff des Arbeitnehmers s. *Söllner* ArbR⁵ § 3; BAGE **12** 303 = AP Nr. 1 zu § 611 BGB — Abhängigkeit —; BAGE **14** 17 = AP Nr. 3 zu § 611 BGB — Abhängigkeit —). Das Kriterium der Selbständigkeit, das sich auch für die Anwendung des § 675 BGB durchgesetzt hat, steht im Einklang mit dem Zweck der §§ 22, 23 KO. Nur das Konkursrisiko des Arbeitsnehmers wird durch § 22 in der Weise gemindert, daß sein Vertrag mit dem Gemeinschuldner nur durch Kündigung unter Einhaltung der gesetzlichen Kündigungsfrist und der Kündigungsschutzbestimmungen beendet werden kann, der Selbständige genießt diesen Schutz nicht (vgl. auch § 627 BGB). Der Schutz der Masse, den § 23 bezweckt, kann im Arbeitsverhältnis durch Weisungen des Konkursverwalters als Arbeitgebers [§ 6 Anm. 53] erreicht werden. Die Einflußnahme des selbständigen Geschäftsbesorgers auf die Masse kann dagegen der Konkursverwalter nicht in gleicher Weise durch Weisungen verhindern. Deshalb muß hier die Masse durch § 23 geschützt werden. Typische Geschäftsbesorgungsverträge sind Vermögensverwaltungs-, Treuhand-, Bank- und Kommissionsverträge und der Vertrag des Mandanten mit seinem Rechtsanwalt. Geschäftsbesorgungsvertrag ist auch der Handelsvertretervertrag (*Brüggemann* in Großkomm. HGB[3] § 84 Anm. 18). Der Handelsvertreter unterscheidet sich vom angestellten Geschäftsmittler (§ 84 II HGB) durch seine Selbständigkeit, welche die Anwendung des § 23 rechtfertigt (*Brüggemann* in Großkomm. HGB[3] § 89 Anm. 20 ff). Auch der Vertrag mit dem in § 92 a HGB genannten Handelsverteter endet nach § 23 mit der Konkurseröffnung. Zwar genießen diese Handelsvertreter einen arbeitnehmerähnlichen Sozialschutz (Art. 3 des Handelsvertretergesetzes: Zuständigkeit des Arbeitsgerichts; §§ 59 I Nr. 3 c, 61 I Nr. 1 c KO). Jedoch ändert dies nichts an ihrer Eigenschaft als Handelsvertreter und ihrer daraus resultierenden selbständigen Stellung, die sie vom angestellten Geschäftsmittler unterscheidet. Ihre Selbständigkeit gebietet nach dem Zweck des § 23 [Anm. 3] dessen Anwendung. Der Sozialschutz des in § 92a HGB genannten selbständigen Handelsvertreters reicht nur soweit, wie er ausdrücklich gesetzlich angeordnet ist. Deshalb finden die §§ 22 KO, 89 HGB im Konkurs des Unternehmers keine Anwendung. Zur näheren Umschreibung und Abgrenzung des Geschäftsbesorgungsvertrages wird auf die Kommentare zu § 675 BGB verwiesen. [Krediteröffnungsvertrag: § 17 Anm. 16; Factoring: § 17 Anm. 17; Akkreditiv: § 17 Anm. 18 ff; Depotgeschäft: § 17 Anm. 22; Baubetreuungsverträge: § 17 Anm. 23; Kommissionsgeschäft: § 17 Anm. 24]. Zum Kommissionsbuchhandel s. *Bappert* JZ **1952** 217 ff.

b) Gesellschaftsorgane

aa) Vorstand der AG 10

Aus dem Zweck des § 23, Einwirkungen auf die Konkursmasse durch fremde Geschäftsbesorgung auszuschließen, ergibt sich auch, daß § 23 II auf die Organe juristischer Personen nicht anwendbar ist (vgl. RGZ **81** 332, 336). Denn die Organe handeln für die Gemeinschuldnerin. Ihre Rechtshandlungen sind deshalb, soweit sie sich auf die Konkursmasse beziehen, schon nach § 6 unwirksam. Der Anwendung des § 23 II bedarf es deshalb nicht. Für die Vorstandsmitglieder der Aktiengesellschaft ist dies in § 87 III AktG ausdrücklich festgelegt, der die Anwendung des § 22 auf den Anstellungsvertrag voraussetzt [§§ 207, 208 Anm. 32 m. Nachw.].

bb) Geschäftsführer der GmbH 11

Für die Geschäftsführer der GmbH fehlt zwar eine dem § 87 III AktG entsprechende Regelung, jedoch ist auch auf sie § 23 II seinem Zweck nach nicht anwendbar (BGHZ **75** 209 ff; BGH ZIP **1981** 367; *Scholz/Karsten Schmidt* GmbHG[6] § 63 Anm. 35; *Mentzel/Kuhn/Uhlenbruck* KO[9] § 22 Anm. 5; *Uhlenbruck* Die GmbH & Co KG in Krise, Konkurs und Vergleich, 1977, S. 184 f; *Böhle-Stamschräder/Kilger* KO[13] § 22 Anm. 3 c; *Tillmann* GmbH-Rundschau **1965** 14). Vielmehr gilt auch hier § 22 (**kri-**

tisch *Weber* KTS **1970** 73, 81 ff u. *Jaeger/Weber* KO[8] §§ 207, 208 Anm. 32, im Ergebnis aber zustimmend). Zur Kündigungsfrist s. § 22 Anm. 23.

12 **cc) GmbH & Co KG**

Ist das Konkursverfahren nur über das Vermögen der KG eröffnet, kann der Konkursverwalter den Anstellungsvertrag des Geschäftsführers der GmbH nicht kündigen. Dagegen ist § 22 anwendbar, wenn der Anstellungsvertrag des GmbH-Geschäftsführers mit der KG geschlossen worden ist (BGHZ **75** 209 ff = ZIP **1980** 46; *Mentzel/Kuhn/Uhlenbruck* KO[9] § 22 Anm. 5) oder wenn die Komplementär-GmbH selbst in Konkurs ist.

13 **dd) Ein-Mann-GmbH**

Ob § 22 auch auf das Dienstverhältnis des Alleingesellschafter-Geschäftsführers einer Ein-Mann-GmbH anwendbar ist, ist streitig (bejahend: BGHZ **75** 209 ff = ZIP **1980** 46 für den Alleingesellschafter einer Komplementär-GmbH, deren Geschäftsführer im Anstellungsvertrag mit der GmbH & Co KG stand; *Böhle-Stamschräder/Kilger* KO[13] § 22 Anm. 3 c; grundsätzlich auch *Jaeger/Weber* KO[8] §§ 207, 208 Anm. 32; **verneinend:** *Mentzel/Kuhn/Uhlenbruck* KO[9] § 22 Anm. 5; *Uhlenbruck* Die GmbH & Co KG in Krise, Konkurs und Vergleich, S. 185; Voraufl. § 22 Anm. 13). Die ablehnende Auffassung läßt sich nicht mehr damit begründen, daß die Ein-Mann-GmbH ein Mißbrauch einer Körperschaftsform sei (so Voraufl. § 22 Anm. 13), nachdem die Ein-Mann-GmbH in § 1 GmbHG i. d. F. d. Ges. v. 4. 7. 1980 (BGBl. I 836) ausdrücklich anerkannt ist. Andererseits läßt sich aus der Unanwendbarkeit des § 23 II nicht ohne weiteres schließen, daß § 22 anwendbar sei. § 22 enthält eine Ausnahme von § 17, die nicht darauf beruht, daß der Dienstvertrag ein Dauerschuldverhältnis ist. Denn § 17 ist auch auf Dauerschuldverhältnisse anwendbar, soweit die §§ 19 ff keine Ausnahmen vorsehen [§ 17 Anm. 68, auch Anm. 13—15]. § 22 bezweckt gegenüber § 17 einen — wenn auch begrenzten — sozialen Schutz, indem er den Dienstvertrag bis zum Wirksamwerden der mit gesetzlicher Frist ausgesprochenen Kündigung fortbestehen läßt mit der Folge, daß die Vergütung des Dienstverpflichteten für die Zeit nach Konkurseröffnung Masseschuld ist (§ 59 I Nr. 2). Diesen sozialen Schutz verdient der Ein-Mann-Gesellschafter nicht. Denn er ist der Unternehmer, der nach dem Grundgedanken des § 129 für die Aufgaben, die er als Gemeinschuldner zu erfüllen hat, keine Vergütung erhält, sondern dem allenfalls der notdürftige Unterhalt aus der Konkursmasse zu gewähren ist. Ist demnach § 22 nicht anwendbar, so fällt der Anstellungsvertrag des Ein-Mann-Gesellschafters unter § 17. Dies übersieht der BGH (BGHZ **75** 209, 211 = ZIP **1980** 46), wenn er bei Unanwendbarkeit des § 22 einen „Beendigungsgrund" für das Vertragsverhältnis vermißt. Nach § 17 verwandelt sich der Anspruch aus dem Anstellungsvertrag der Masse gegenüber mit der Konkurseröffnung in einen einseitigen Schadensersatzanspruch [§ 17 Anm. 115]. Dieser berechnet sich nach dem Mehrwert, den die Vergütung des Geschäftsführers gegenüber seiner vertragsmäßigen Geschäftsführerleistung hätte, und zwar begrenzt auf die Dauer der vertraglichen Kündigungsfrist. Die Vereinbarung einer Vergütung, welche den Wert der Geschäftsführerleistung übersteigt, dürfte aber, sofern ein solcher Mehrwert überhaupt feststellbar ist, im Konkurs der GmbH unbeachtlich sein. Die Berufung des Gesellschafter-Geschäftsführers auf eine solche Vereinbarung stellt sich als Rechtsmißbrauch (§ 242 BGB) dar, dürfte aber, sofern ein solcher Mehrwert überhaupt feststellbar ist, anfechtbar sein [s. im übrigen auch §§ 207, 208 Anm. 32 Abs. 2 a. E.]. Folglich steht dem Geschäftsführer regelmäßig auch kein Schadensersatzanspruch zu, der nach § 26 einfache Konkursforderung wäre. Eine Erfüllungswahl des Konkursverwalters nach § 17 kommt nicht in Betracht, da der Geschäftsführer hinsichtlich der Masseverwaltung keine Funktion hat. Der BGH (BGHZ **75** 209 ff = ZIP **1980** 46), der § 22 anwenden will, erkennt selbst an, daß die im Schrifttum geäußerten Bedenken, die Gehaltsansprüche des Geschäftsführers könnten leicht zur Aushöhlung der Masse führen, berechtigt sind. Er will im Einzelfall mit einer Kündigung des Konkursverwalters aus wichtigem Grund helfen (so auch LG Köln KTS **1958** 95), was freilich dem Konkursverwalter nichts hilft, der im Vertrauen auf die h. L. eine solche Kündigung nicht ausgesprochen hat. Auch die vom BGH unterstellte Möglichkeit, daß der Konkursverwalter und der Ein-Mann-Gesellschafter den Anstellungsvertrag durch schlüssiges Verhalten einverständlich aufgehoben haben könnten, hilft wenig. Diese Annahme könnte leicht dazu führen, daß die Tatsacheninstanz ein solches schlüssiges Verhalten bejaht, wenn sie die Fortzahlung des Geschäftsführergehalts für unbillig hält. Deshalb ist es dem BGH nicht gelungen, die Bedenken gegen die Anwendung des § 22 auszuräumen. Mit Rücksicht auf die Rechtsprechung ist aber den Konkursverwaltern zu empfehlen, den Anstellungsvertrag vorsorglich sofort nach Konkurseröffnung fristlos zu kündigen (§ 626 BGB).

ee) Aufsichtsrat 14

Aus dem Zweck des § 23 [Anm. 3, 10] folgt ferner, daß die Vorschrift auch auf das Dienstverhältnis der Aufsichtsratsmitglieder nicht anwendbar ist (**a. A.** *Weber* KTS **1970** 73, 84 und unten §§ 207, 208 Anm. 32; *Mentzel/Kuhn/Uhlenbruck* KO[9] § 22 Anm. 5; *Böhle-Stamschräder/Kilger* KO[13] § 22 Anm. 3 c). Der Gegenansicht ist zuzugeben, daß § 22 nicht zur Anwendung kommt, weil der soziale Schutzgedanke, der diese Vorschrift trägt [vgl. Anm. 13], für die Aufsichtsratsmitglieder nicht paßt und weil für den Aufsichtsrat eine dem § 87 III AktG entsprechende Vorschrift fehlt. Aber der Ausschluß des § 22 führt nicht zur Anwendung des § 23, sondern zu der des § 17 mit der Folge, daß sich das Dienstverhältnis mit der Konkurseröffnung in einen einseitigen Differenzanspruch des Aufsichtsratsmitglieds verwandelt, der einfache Konkursforderung ist. Ein solcher Anspruch entfällt aber regelmäßig, weil der Vergütungsanspruch keinen Mehrwert gegenüber der Dienstleistung hat. Sollte das doch der Fall sein, hilft die Anfechtung. Eine Erfüllungswahl des Konkursverwalters kommt nicht in Betracht, weil der Aufsichtsrat hinsichtlich der Masseverwaltung keine Funktionen hat.

3. Treuhandverträge

a) Allgemeines 15

Der uneigennützige oder Verwaltungstreuhandvertrag hat eine Geschäftsbesorgung zum Inhalt. Ist er unentgeltlich, so ist er Auftrag (§ 23 I), ist er entgeltlich, so ist er Geschäftsbesorgungsvertrag (§ 23 II). Der Vertrag erlischt also mit der Konkurseröffnung.

b) Inkassozession und Einziehungsermächtigung 16

Hat der Gemeinschuldner vor Konkurseröffnung eine ihm zustehende Forderung zum Inkasso abgetreten, so erlischt nach § 23 der zugrundeliegende Geschäftsbesorgungsvertrag. Haftungsrechtlich gehört die Forderung noch zum Vermögen des Gemeinschuldners und damit zur Masse. Deshalb kann der Konkursverwalter nach § 771 ZPO intervenieren, wenn die Forderung von einem Gläubiger des Inkassozessionars gepfändet wird, und in dessen Konkurs kann er die Forderung aussondern [§ 1

Anm. 54]. Jedoch steht infolge der abstrakten Abtretung die Forderung dem Zessionar noch zur Einziehung und Verfügung zu. Die Forderung fällt mit der Unwirksamkeit des Geschäftsbesorgungsvertrages nicht automatisch in die Masse zurück. Der Zessionar ist verpflichtet, die Forderung an die Konkursmasse zurückzuübertragen und, wenn er den Forderungsbetrag bereits eingezogen hat oder nach Konkursbeginn einzieht, die erhobene Summe zur Masse abzuführen (§§ 667, 675, 681 BGB; RG Recht **1928** Nr. 1831). Hatte der Gemeinschuldner nur eine Einziehungsermächtigung erteilt, so steht ihm die Forderung noch zu. Der Konkursverwalter kann sie also ohne weiteres einziehen. Der Ermächtigte muß sich infolge des § 23 der Einziehung enthalten oder den eingezogenen Betrag in die Masse abführen. Zahlungen, die der Schuldner nach Konkurseröffnung an den Ermächtigten leistet, sind der Masse gegenüber nur im Rahmen des § 8 wirksam [§ 8 Anm. 5].

c) Verwaltungstreuhand

17 **aa) Dinglich beschränkte Treuhand**

Von dinglich beschränkter Treuhand (*Staudinger/Dilcher* BGB[12] Einl. zu §§ 104—185 Anm. 61) spricht man, wenn das Treugut nicht auf den Treuhänder übertragen wird, sondern der Treuhänder lediglich berechtigt ist, über das Treugut im eigenen Namen zu verfügen. Das Treugut gehört zur Konkursmasse des Treugebers. Der Treuhandvertrag ist ein Geschäftsbesorgungsvertrag, der sich auf die Masse bezieht. Er erlischt nach § 23 I, II mit der Eröffnung des Konkursverfahrens über das Vermögen des Treugebers, und mit ihm erlischt auch die Verfügungsermächtigung des Treuhänders.

18 **bb) Echte Treuhand**

Bei der echten Treuhand wird das Treugut auf den Treuhänder übertragen. Dieser ist Eigentümer der zum Treugut gehörenden Sachen und Gläubiger der treuhänderisch übertragenen Forderungen. Dennoch gehört das Treugut zur Konkursmasse des Treugebers [§ 1 Anm. 54]. Denn durch Rechtsgeschäft mit dem Treuhänder kann der Schuldner kein haftungsrechtlich relevantes Sondervermögen bilden. Der Treuhandvertrag bezieht sich deshalb auf die Konkursmasse. Er ist folglich nach § 23 mit der Konkurseröffnung unwirksam. Der Treuhänder muß das Treugut in die Konkursmasse überführen (s. näher: *Henckel* FS für Coing, 1982).

d) Treuhandliquidationsvergleich

19 **aa) Dinglich beschränkte Treuhand**

Ist dem Treuhänder das zu liquidierende Vermögen nicht übertragen, sondern ist er nur zur Verfügung ermächtigt, so liegt eine dinglich beschränkte Treuhand vor (*Bley/Mohrbutter* VglO[4] § 92 Anm. 44 sprechen von „unechter oder uneigentlicher“ Treuhand). Hier gilt das in Anm. 17 Gesagte.

20 **bb) Echte Treuhand**

Beim echten gerichtlichen Treuhandliquidationsvergleich soll nach h. M. § 23 nicht eingreifen, wenn der Konkurs seinen Grund nur in Forderungen hat, die nach der Vergleichsbestätigung entstanden sind (*Jaeger* KuT **1927** 161 f; *Bley* KuT **1934** 173 f; *Bley/Mohrbutter* VglO[4] § 92 Anm. 44 ff; *Böhle-Stamschräder* VglO[9] § 9 Anm. 4; *Palandt/Bassenge* BGB[40] Einf. vor § 929 Anm. 7 B d ff). Begründet wird dies damit, daß das Treugut nur dann in die Konkursmasse des bisherigen Vergleichs- und jetzigen Gemeinschuldners falle, wenn der Konkurs seinen Grund wenigstens auch in Forderungen hat, die aus dem Treugut zu decken sind. Dazu gehören neben den Vergleichsforderungen die nicht beteiligten und deshalb voll zu deckenden Forderungen (§ 26 VglO) und die Forderungen der Neugläubiger, die durch die Liquidation und in deren Rahmen begründet worden sind (*Bley/Mohrbutter* VglO[4] § 92 Anm. 45 b). Soweit danach das Treugut nicht in die Konkursmasse fällt, bezieht sich der Treuhandvertrag nicht auf die Masse, so daß § 23 nicht angewendet werden kann.

Ob diese Auffassung zutrifft und auf den gerichtlichen Treuhandvergleich **21**
beschränkt werden kann (so die h. M.), hängt davon ab, ob es gerechtfertigt ist, in den genannten Fällen das Treugut nicht zur Konkursmasse zu ziehen und ob es vergleichsrechtliche Kriterien gibt, die eine Beschränkung dieser Rechtsfolge auf das gerichtliche Vergleichsverfahren stützen. Man spricht beim Treuhandliquidationsvergleich von doppelseitiger Treuhand (BGH KTS **1979** 81, 82 = BGHZ **71** 309, insoweit hier nicht abgedruckt; *Palandt/Bassenge* aaO; *Soergel/Schultze-v. Lasaulx* BGB[11] vor § 164 Anm. 83; *Coing* Die Treuhand kraft privaten Rechtsgeschäfts, 1973, S. 89 m. Nachw. in Note 19). Darin kommt zum Ausdruck, daß der Vergleichstreuhänder nicht nur im Interesse des Schuldners, sondern auch in dem der Gläubiger das Treugut hält und verwertet. Haftungsrechtlich knüpft sich daran die Frage, ob durch die treuhänderische Übertragung des Schuldnervermögens ein haftungsrechtlich relevantes Sondervermögen geschaffen werden kann. Grundsätzlich ist das gegen den Willen der zur Zeit der Übertragung vorhandenen Gläubiger nicht möglich. Beim gerichtlich bestätigten Treuhandliquidationsvergleich aber sind nicht nur die zustimmenden, sondern alle Vergleichsgläubiger an den Vergleich gebunden, der zum Inhalt hat, daß die Vergleichsgläubiger nur aus dem Treuhandvermögen befriedigt werden sollen. Das dem Schuldner verbleibende Vermögen und das, was er neu erwirbt, haftet ihnen nicht. Die bevorrechtigten Gläubiger, die am Vergleichsverfahren nicht teilnehmen (§ 26 VglO) und vom Vergleich nicht betroffen werden, dürfen durch den Treuhandvergleich keinen Nachteil erleiden. Ihnen haftet deshalb sowohl das Treugut als auch das dem Schuldner verbleibende Vermögen. Stellt also ein bevorrechtigter Gläubiger den Konkursantrag oder beruht der Konkursgrund bei einem von einem anderen Gläubiger gestellten Konkursantrag auch auf der Zahlungsunfähigkeit gegenüber einem bevorrechtigten Gläubiger, so gehört das Treugut zur Masse. Denn weil die bevorrechtigten Gläubiger am Vergleich nicht beteiligt sind, kann die haftungsrechtliche Sonderung des Treuhandvermögens ihnen gegenüber nicht wirken. Den Neugläubigern dagegen, die erst nach Vergleichsbestätigung eine Forderung gegen den Schuldner erworben haben, haftet das Treugut nicht. Denn nach allgemeinen Haftungsprinzipien hat ein Gläubiger kein Zugriffsrecht auf Gegenstände, die sein Schuldner vor Begründung der Forderung weggegeben hat (vgl. §§ 419, 1437 ff, 1459 ff BGB). Eine haftungsrechtliche Besonderheit besteht lediglich bei der Anfechtung, die auch dann durchgreift, wenn der anfechtbare Erwerb vor der Begründung der Forderung der geschützten Gläubiger erfolgt ist (dazu *Gerhardt* Die systematische Einordnung der Gläubigeranfechtung, 1969, S. 187 ff).

Der h. M. ist also darin zuzustimmen, daß die Massezugehörigkeit des Treuguts **22**
davon abhängig ist, ob der Konkurs durch eine Forderung ausgelöst wird, für welche das Treugut neben dem eigenen Vermögen des Schuldners haftet. Da das Treugut haftungsrechtlich noch nicht den Vergleichsgläubigern dinglich zugewiesen ist, weil der Vertrag zwischen dem Schuldner und dem Treuhänder keine dingliche Wirkung

zugunsten Dritter entfalten kann, die Vergleichsgläubiger also weder Eigentümer des Treuguts geworden sind noch ein Absonderungsrecht am Treugut erworben haben (RGZ **145** 253 ff; *Bley/Mohrbutter* VglO[4] § 92 Anm. 46), werden sie vor der haftungsrechtlichen Zuordnung des Treuguts zur Konkursmasse des Treugebers nicht geschützt, wenn der Konkurs auf bevorrechtigten Forderungen, auf Forderungen von Vergleichsgläubigern oder von Neugläubigern beruht, deren Ansprüche durch die Liquidation oder in deren Rahmen begründet werden, wenn deren Befriedigung unterbleibt (*Bley/Mohrbutter* VglO[4] § 92 Anm. 45 c).

23 Der außergerichtliche Treuhandliquidationsvergleich unterscheidet sich vom gerichtlichen in einer für unsere Fragestellung relevanten Weise nur dadurch, daß die Bindung sich auf die Gläubiger beschränkt, die dem Vergleich zugestimmt haben. Daß der gerichtliche Vergleich darüber hinaus in weiterem Umfang als der außergerichtliche eine haftungsrechtlich relevante Vermögenssonderung zuließe, läßt sich nicht begründen. Das Vergleichsverfahren kennt keine haftungsrechtlich gesonderte Masse. Daraus folgt, daß die haftungsrechtlich relevante Vermögenssonderung beim außergerichtlichen Vergleich nur hinsichtlich der zustimmenden Gläubiger eintritt. Nur sie sind gehindert, auf das sonstige Vermögen des Treugebers zuzugreifen, solange der Vergleich ordnungsgemäß erfüllt wird. Den Gläubigern, die nicht zugestimmt haben, haftet das Treugut neben dem Eigenvermögen des Schuldners. Wird über dessen Vermögen das Konkursverfahren eröffnet, weil der Schuldner gegenüber einem nicht am Vergleich beteiligten Gläubiger zahlungsunfähig ist oder seine Überschuldung auch auf der Forderung eines solchen Gläubigers beruht, so gehört das Treugut zur Konkursmasse. Dagegen bleibt es außerhalb der Konkurmasse, wenn das Konkursverfahren nur durch Neuschulden des Gemeinschuldners veranlaßt ist (*Henckel* FS für Coing, 1982).

24 Gehört das Treugut zur Masse und erlischt deshalb der Treuhandvertrag nach § 23 (s. auch RGZ **145** 253, 256; RG KuT **1941** 55 = DR **1941** 720 Nr. 24; BGH KTS **1962** 166 f; BGH WM **1975** 79), so soll nach h. M. bei einem gerichtlichen Treuhandvergleich das Treugut automatisch in die Masse fallen. Dies wird damit begründet, daß die treuhänderische Übertragung unter der auflösenden Bedingung der Konkurseröffnung erfolge. Eine solche Bedingung sei als stillschweigend vereinbart anzunehmen (RGZ **145** 253, 257; OLG Hamburg KuT **1927** 162; *Bley* KuT **1928** 1, **1934** 173; *Jaeger* KuT **1927** 162; Voraufl. § 23 Anm. 8; *Mentzel/Kuhn/Uhlenbruck* KO[9] § 43 Anm. 11, § 48 Anm. 14). Zum Verständnis dieser Auffassung ist zu berücksichtigen, daß das Treugut zwar haftungsrechtlich zur Masse gehört, jedoch dem Treuhänder übereignet worden ist, so daß dieser die Eigentümerbefugnisse unter Beachtung der treuhänderischen Bindung ausüben kann, bis das Eigentum wieder in die Masse gelangt. Die h. M. geht offenbar davon aus, daß die Masse durch die Annahme der auflösenden Bedingung am besten geschützt sei. Eines solchen Schutzes bedarf sie jedoch nicht. Dem Haftungszugriff der persönlichen Gläubiger des Treuhänders unterliegt das Treugut nicht. Fiele er in Konkurs, könnte der Konkursverwalter des Treugebers aussondern. Auch ein Schutz vor Verfügungen des Treuhänders ist nicht notwendig. Der Treuhänder wird sich schon mit Rücksicht auf seine persönliche Haftung jeder Verfügung über das Treugut enthalten, sobald der Konkurs über das Vermögen des Treugebers eröffnet ist. Verfügungen zugunsten gutgläubiger Erwerber blieben nach § 161 III BGB ohnehin wirksam. Im übrigen geht die Annahme einer Bedingung zu weit. Denn sie hätte zur Folge, daß nach § 161 II BGB alle Verfügungen, die der Treuhänder vor Konkurseröffnung vorgenommen hat, unwirksam würden. Dies stünde im Widerspruch zu der unbestrittenen Annahme, daß der vor Konkurseröffnung abgeschlossene Vergleichsvollzug weder unwirksam noch aufgehoben wird (RGZ **145** 253 ff; Voraufl. § 23 Anm. 8). Selbst wenn der Vergleich nur teilweise vom Treuhänder vollzogen ist, sind seine Vollzugsverfügungen nicht unwirksam. Lediglich bei ungleicher Behandlung der Vergleichsgläubiger will der BGH (BGHZ **41** 98 ff = KTS **1964** 230) der Masse einen Bereicherungsanspruch gegen die bevorzugten Vergleichsgläubiger geben, setzt dabei aber die Wirksamkeit der Verfügung des Treuhänders gerade voraus. Die h. M. versagt dem Konkursverwalter sogar den Bereicherungsanspruch, wenn der Treuhänder nicht einzelne Gläubiger vergleichswidrig bevorzugt hat (*Baur* Festschrift für F. Weber, 1975, S. 41, 53; *Berges* KTS **1964** 133; *Habscheid* NJW **1971** 1689; *Künne* MDR **1972** 182; *Bley/Mohrbutter* VglO[4] § 92 Anm. 46 d).

Ebenso wie beim außergerichtlichen Vergleich (BGH KTS **1962** 166 ff = NJW **1962** 1200 = LM Nr. 2 zu § 23 KO; BGH WM **1975** 79; *Mentzel/Kuhn/Uhlenbruck* KO[9] § 43 Anm. 12; **a. A.** OLG Frankfurt/Main MDR **1954** 110, **kritisch** dazu *Pohle* MDR **1954** 111) ist deshalb auch beim gerichtlichen Vergleich nicht davon auszugehen, daß er als durch die Konkurseröffnung auflösend bedingt gewollt sei. Ob dies der Fall ist, muß durch Auslegung ermittelt werden. Die Rechtsfolge des § 161 II BGB spricht regelmäßig gegen eine solche Auslegung. Vielmehr hat der Treuhänder infolge der Beendigung des Geschäftsbesorgungsvertrages (§ 23 II) das Treugut nach §§ 675, 667 BGB zurückzuübereignen. **25**

e) Konsortialkredit und Sicherheitentreuhand

aa) Konsortialkredit **26**

Ein Konsortialkredit kann in der Weise gewährt werden, daß ein Kreditkonsortium, zu dem sich etwa mehrere Versicherungsunternehmen zusammengeschlossen haben, einer Bank zu treuen Händen Mittel zur Verfügung stellt, die Bank dann mit diesen Mitteln die Darlehen im eigenen Namen gewährt und sich vom Darlehensschuldner Sicherheiten bestellen läßt (*Serick* Eigentumsvorbehalt und Sicherungsübereignung, Bd. II, § 18 I 3 S. 49 ff).

Ein Konsortialkredit kann aber auch in der Weise gewährt werden, daß die Konsorten dem Kreditnehmer unmittelbar Darlehen gewähren und der Darlehensnehmer die Sicherheit, etwa eine Grundschuld, nur dem Konsortialführer bestellt. Die Sicherheit soll die Forderungen aller Konsortialmitglieder decken. Der Konsortialführer hält dann die Grundschuld nicht nur im eigenen Interesse, sondern zugleich auch als Treuhänder für die anderen Konsorten (*Serick* aaO § 18 I 3 S. 50; *Huber* Die Sicherungsgrundschuld, 1965, S. 68 ff). **27**

bb) Sicherheitentreuhand **28**

Schließlich begegnet in der Kreditpraxis der reine Sicherheitentreuhänder. So verwalten z. B. Treuhandgesellschaften auf ihren Namen eingetragene Grundschulden für mehrere Kreditgeber von Industrieunternehmen, ohne selbst Kredit zu gewähren. Sie sind Sicherheitentreuhänder der Kreditgeber und zugleich Treuhänder des Kreditnehmers.

cc) Konkurs des Treuhänders und des Kreditgebers **29**

In den in Anm. 27 und 28 genannten Fällen stellt sich zunächst die Frage, ob ein echtes Treuhandverhältnis zwischen dem Konsortialführer und den anderen Konsorten bzw. zwischen dem Sicherheitentreuhänder und den Kreditgebern zustande gekommen ist. Nach der Rechtsprechung, die allerdings zunehmender Kritik ausgesetzt ist (*Assfalg* Die Behandlung von Treugut im Konkurse des Treuhänders, 1960, S. 150, 167 ff; *ders.* NJW **1963** 1582, 1586; *Kötz* Trust und Treuhand, 1963, S. 132; *Thomas* NJW **1968** 1705 ff; *Coing* Die Treuhand kraft privaten Rechtsgeschäfts, 1973, S. 177 ff; *Walter* Das Unmittelbarkeitsprinzip bei der fiduziarischen Treuhand, 1974, S. 10; *Liebs* AcP **175** 1, 40; *Beuthien* AcP **175** 456, 460; *Reinhardt/Erlinghausen* JuS **1962** 41, 48 f; *Canaris* in Großkomm. HGB[3] Anh. nach § 357 Anm. 136; *Enneccerus/Nipperdey* Allg. Teil[15] § 148 II S. 920; *Palandt/Bassenge* BGB[40] Einf. vor § 929 Anm. 7 D; *Soergel/Schultze-v. Lasaulx* BGB[11] vor § 164 Anm. 70), liegt ein echtes Treuhandverhältnis nur vor, wenn der Treuhänder das Treugut unmittelbar vom Treugeber erhalten hat (RGZ **84** 214, 217; **91** 12, 16; **94** 305 ff; **160** 52, 59; BGH NJW **1959** 1223; BGH WM **1965** 173 f; **1969** 475; **1972** 383 f). Jedoch ist die Voraussetzung der Unmittelbarkeit erfüllt, wenn der Treuhänder das Treugut auf Weisung des Treugebers von einem Dritten erhalten hat (BGH NJW **1959** 1223; *Huber* Die Sicherungsgrundschuld, S. 70). Allein durch einen Vertrag zwischen dem Dritten (dem Kreditnehmer) und dem Treuhänder (Konsortialführer) kann dagegen nach der Rechtsprechung eine echte Treuhand für die Kreditgeber nicht begründet werden. Denn der echte Treuhandvertrag zeichnet sich dadurch aus, daß der Treugeber im Konkurs des Treuhänders aussondern kann; er gewährt also dem Treugeber haftungsrechtlich eine dingliche Rechtsposition. Eine solche kann dem Treugeber nicht durch einen Vertrag zugunsten Dritter gewährt werden. Das Aussonderungsrecht des Kreditgebers im Konkurs des Treuhänders setzt deshalb einen Treuhandvertrag zwischen dem Kreditgeber und dem Treuhänder voraus und eine Weisung des Kreditgebers an den Kreditnehmer, das Treugut auf den Treuhänder zu übertragen bzw. diesem die Sicherungsgrundschuld zu bestellen. — Im Konkurs des Treugebers greift § 23 ein. Der Treuhänder hat die anteilige Sicherheit in die Konkursmasse des Treugebers zu überführen.

Dies rechtfertigt sich aus dem Zweck des § 23, der darauf zielt, daß Massebestandteile ausschließlich vom Konkursverwalter zu verwalten sind [Anm. 3]. Die Auseinandersetzung des Gemeinschaftsverhältnisses mehrerer Kreditgeber erfolgt nach § 16.

30 **dd) Konkurs des Kreditnehmers**

Für den Konkurs des Kreditnehmers ist zu berücksichtigen, daß der Konsortialführer [Anm. 27] bzw. der Sicherheitentreuhänder [Anm. 28] in einem Doppeltreuhandverhältnis (*Coing* aaO S. 89; *Serick* aaO — Anm. 27 — § 19 I 1 S. 73, § 19 III 3 S. 93) steht. Der Treuhänder ist Verwaltungstreuhänder des Kreditgebers, für den er die Sicherheit hält. Zugleich ist er Sicherungstreuhänder des Kreditnehmers, aber auch dessen Verwaltungstreuhänder, weil er auch die Vermögensinteressen des Kreditnehmers wahrzunehmen hat. Auf eine reine Sicherungstreuhand wäre § 23 nicht anzuwenden. Der Sicherungstreuhänder kann im Konkurs des Sicherungsgebers abgesonderte Befriedigung verlangen. Dem Konsortialführer [Anm. 27] steht dieses Recht als eigennütziges aber nur insoweit zu, als seine eigene Forderung gesichert ist. Wegen der Forderungen anderer Konsorten kann er abgesonderte Befriedigung nur verlangen, wenn und soweit ein Treuhandverhältnis zwischen ihm und anderen Konsorten vor Konkurseröffnung wirksam begründet ist. Der Sicherheitentreuhänder [Anm. 28] hat niemals ein eigennütziges Absonderungsrecht. Abgesonderte Befriedigung als Sicherungstreuhänder kann er deshalb nur im Interesse derjenigen Kreditgeber verlangen, zu denen er in einem vor Konkurseröffnung wirksam begründeten Verwaltungstreuhandverhältnis steht. Dieses wird nach der in Anm. 29 zitierten Rechtsprechung dadurch begründet, daß der Kreditnehmer auf Weisung des Kreditgebers die Grundschuld auf den Treuhänder überträgt und der Kreditgeber mit dem Treuhänder einen Treuhandvertrag schließt. Ist die Grundschuld zur Zeit des Abschlusses dieses Vertrages schon dem Treuhänder bestellt, so wird die Weisung zur Bestellung der Grundschuld ersetzt durch die Weisung des Kreditnehmers an den Treuhänder, die Grundschuld auch für den neuen Kreditgeber zu halten. Der Treuhandvertrag zwischen dem Kreditnehmer und dem Sicherheitentreuhänder allein begründet also noch kein Absonderungsrecht des Treuhänders. Da ein solches Recht nach Konkurseröffnung nicht mehr wirksam begründet werden kann, ist die Einbeziehung neuer Kreditgeber in das Treuhandverhältnis nach Konkurseröffnung unwirksam (§ 15 KO). Sie würden die Haftungslage der Masse verschlechtern [§ 15 Anm. 33]. § 23 ist also anwendbar, soweit vor Konkurseröffnung keine wirksame Verwaltungstreuhand des Treuhänders für Kreditgeber begründet worden ist. Insoweit hält der Treuhänder die Grundschuld nur im Interesse des Gemeinschuldners. Da das Treuhandverhältnis nach § 23 erlischt, muß der Treuhänder die Grundschuld in die Konkursmasse zurückübertragen, soweit sie nicht der Sicherung von Kreditgebern dient, für die der Treuhänder abgesonderte Befriedigung verlangen kann. Soweit ein treuhänderisches Absonderungsrecht besteht, folgt aus § 23 nur, daß der Treuhänder nicht weitere Geschäfte besorgen darf, wie etwa die Vermittlung neuen Kredits.

f) Sicherungstreuhandvergleich **31**

Der Vergleichsschuldner kann die Vergleichserfüllung sichern, indem er einem Treuhänder eine Grundschuld oder andere Sicherheiten einräumt (*Bley/Mohrbutter* VglO[4] § 3 Anm. 16 ff, § 92 Anm. 44 b). Der Treuhandvertrag, den der Vergleichsschuldner mit dem Treuhänder abschließt, ist ein Vertrag zugunsten Dritter (BGH KTS **1966** 98; BGHZ **62** 1 ff = KTS **1974** 106), aus welchem den Vergleichsgläubigern kein dingliches Recht an der Sicherheit erwachsen kann. Im Unterschied zur Sicherheitentreuhand [Anm. 28 ff] kann man hier auch nicht annehmen, daß die Vergleichsgläubiger einen Treuhandvertrag mit dem Vergleichsverwalter schließen und den Vergleichsschuldner anweisen, die Sicherheit für sie dem Treuhänder zu bestellen. Die h. M. geht davon aus, daß die Vergleichsgläubiger, selbst wenn der Treuhandvertrag in den Vergleich aufgenommen worden ist, weder Vertragsparteien des Treuhandvertrages werden, noch eine haftungsrechtliche Zuordnung der Sicherheit zu ihrem Vermögen bewirken können (*Bley/Mohrbutter* VglO[4] § 92 Anm. 44 b m. Nachw.; *Mentzel/Kuhn/Uhlenbruck* KO[9] § 48 Anm. 14). Dem ist zuzustimmen, weil eine haftungsrechtliche Zuordnung der Sicherheit an die Vergleichsgläubiger diesen im nachfolgenden Konkurs ein Absonderungsrecht gewähren würde, das mit insolvenzrechtlichen Prinzipien unvereinbar wäre. Würde nämlich der Vergleichschuldner die im Konkurs bevorrechtigten und deshalb nach § 26 VglO nicht beteiligten Gläubiger nicht befriedigen und würden diese das Konkursverfahren beantragen, müßten sie hinnehmen, daß sich die Vergleichsgläubiger aus der Grundschuld abgesondert befriedigen und deshalb die bevorrechtigten Forderungen möglicherweise nicht mehr gedeckt sind. Wie beim Treuhandliquidationsvergleich [Anm. 20 ff] muß sichergestellt sein, daß in einem Konkurs, der auf der Zahlungsunfähigkeit gegenüber bevorrechtigten Gläubigern beruht, das Treugut in die Masse fällt. Das wäre nicht möglich, wenn die für den Treuhänder bestellte Sicherheit ein Absonderungsrecht der Vergleichsgläubiger begründen würde. Die Sicherheit gehört also haftungsrechtlich noch zur Konkursmasse des Schuldners. Deshalb ist § 23 anzuwenden. Der Treuhänder muß das Treugut in die Masse überführen. Die für den Treuhandliquidationsvergleich anerkannte Einschränkung, daß das Treugut nicht in die Masse fällt, wenn die Konkurseröffnung nur auf Neuschulden beruht, hätte hier keinen Sinn. Denn weil bei der Vergleichssicherung durch Bestellung von Sicherheiten an einen Treuhänder das Treugut im Vermögen des Schuldners verbleibt, haftet es den Vergleichsgläubigern und den Neugläubigern in gleicher Weise. Ist es zur Befriedigung der Neugläubiger unzureichend, so werden stets auch die Vergleichsgläubiger betroffen, weil ein Haftungszugriff eines Neugläubigers die Vergleichsquote schmälern und deshalb den Schuldner auch den Vergleichsgläubigern gegenüber zahlungsunfähig machen, mindestens aber ihn in Verzug bringen würde (§ 9 I VglO).

32 **g) Kapitalanlagegesellschaften**

Zum Treuhandvermögen im Konkurs einer Kapitalanlagegesellschaft s. § 1 Anm. 54. § 23 findet hier keine Anwendung, weil das Treuhandvermögen nicht zur Konkursmasse der Kapitalanlagegesellschaft gehört.

33 **h) Treuhand für Bergarbeiterwohnungsbau**

Eine besondere Ausgestaltung hat die Treuhand im Gesetz zur Förderung des Bergarbeiterwohnungsbaus im Kohlenbergbau vom 23. 10. 1951 (BGBl. I 865 f, neu bekanntgemacht BGBl. **1957** 418) erhalten. Für das Aufkommen aus der Abgabe zur Förderung dieses Wohnungsbaus sind Treuhandstellen nach § 12 des Gesetzes bestimmt. Wenn eine solche Stelle in Konkurs fällt, dann erlischt damit das Treuhandverhältnis; das Treuhandvermögen gehört aber nicht zur Konkursmasse, sondern der Verwalter hat es nach § 18 III des Gesetzes auf den Bund zu übertragen.

III. Die Rechtsfolge des § 23 Abs. 1 S. 1

34 **1. Die Regel**

Schuldverträge, die von § 23 erfaßt werden, erlöschen schlechthin, also nicht etwa nur gegenüber der Konkursmasse, sondern auch im Verhältnis zum Gemeinschuldner persönlich und auch für die Zeit nach dem Konkurs. Das gilt aber nur, soweit die Wirkung des § 23 greift, also für eine Geschäftsbesorgung, die sich ausschließlich auf die Konkursmasse bezieht. Aufträge und Geschäftsbesorgungsverträge, die sich auf das konkursfreie Vermögen beziehen, bleiben bestehen [Anm. 35 ff]. Bezieht sich das Rechtsverhältnis zwischen dem Gemeinschuldner sowohl auf die Masse als auf die konkursfreie Sphäre des Gemeinschuldners, wird es hinsichtlich der letzteren nicht unwirksam. Das Erlöschen tritt auch dann ein, wenn der Geschäftsbesorger das unteilbare Geschäft bereits begonnen hatte. Ist das Geschäft schon vor dem Konkurs des Geschäftsherrn — auch durch Selbsteintritt eines Kommissionärs — ausgeführt, so bleibt für § 23 kein Raum. Auf das durch den Selbsteintritt entstandene kaufrechtliche Verhältnis ist § 17 anzuwenden, wenn es im Zeitpunkt der Konkurseröffnung beiderseits noch nicht erfüllt ist. Verlangt der Konkursverwalter Erfüllung, so wird nicht nur die Forderung auf Zahlung des Kaufpreises zur Masseschuld (§ 59 I Nr. 2), sondern auch die Ansprüche auf Provision und Aufwendungsersatz (*Koller* in Großkomm. HGB[3] § 383 Anm. 92; *Schlegelberger/Hefermehl* HGB[5] § 383 Anm. 74; **a. A.** *Canaris* in Großkomm. HGB[3] Anh. nach § 357 Anm. 922; *Schmidt-Rimpler* Ehrenbergs Handbuch V 1 S. 1065). Denn Provision und Aufwendungsersatz (§ 403 HGB) sind beim Selbsteintritt Bestandteile der Gegenleistung. Der Geschäftsbesorger hat, auch wenn der Auftrag bei Konkurseröffnung noch nicht vollständig ausgeführt ist, aufgrund der §§ 666, 675 BGB Rechnung zu legen (RGZ **56** 116, 118) und alles aus der Geschäftsbesorgung Erlangte herauszugeben. Der Masse vorteilhafte Geschäftsbesorgungen kann der Verwalter nur durch neuen Vertragsschluß aufnehmen (§ 59 I Nr. 1). Da § 23 die Allgemeinheit der Konkursgläubiger schützen soll [Anm. 3], setzt er sich bei Verträgen, die der jetzige Gemeinschuldner gemeinsam mit einem anderen Geschäftsherrn auf Besorgung eines unteilbaren Geschäfts abgeschlossen hat, auch dem anderen gegenüber durch. Haben z. B. die Teilhaber einer Gemeinschaft nach Bruchteilen einen Dritten mit der Veräußerung des gemeinschaftlichen Gegenstandes betraut, so erlischt der Geschäftsbesorgungsvertrag, wenn auch nur einer der Teilhaber in Konkurs gerät (vgl. § 747 S. 2 BGB).

2. Die Ausnahme des § 23 Abs. 1 S. 1

a) Inhalt der Ausnahme 35

Die Rechtsfolge des Erlöschens knüpft das Gesetz an den Konkurs des Geschäftsherrn nur mit der Einschränkung: „es sei denn, daß der Auftrag sich nicht auf das zur Konkursmasse gehörige Vermögen bezieht".

aa) Gegenstandsbezogene Geschäftsbesorgung 36

Bezieht sich der Auftrag oder Geschäftsbesorgungsvertrag auf einen Gegenstand, der nicht zur Konkursmasse gehört, so besteht das Vertragsverhältnis fort. Die Erlöschenswirkung des § 23 tritt also ein, wenn der Geschäftsbesorger hinsichtlich eines zur Konkursmasse gehörenden Gegenstandes ein Verpflichtungs- oder Verfügungsgeschäft oder eine tatsächliche, aber im Verkehr als Geschäftsbesorgung geltende Verrichtung vorzunehmen oder einen Prozeß zu führen hat; so z. B., wenn die Geschäftsbesorgung den Verkauf, die Übereignung oder Belastung, Bearbeitung, Verarbeitung, Bewachung oder Beförderung von Aktivwerten der Masse zum Gegenstand hat.

bb) Passive Beziehung zur Konkursmasse 37

Eine Beziehung auf das zur Konkursmasse gehörende Vermögen liegt nicht schon deshalb vor, weil aus dem Auftrag oder Geschäftsbesorgungsvertrag ein Anspruch des Geschäftsbesorgers, etwa auf Auslagenersatz, entsteht. Genügte ein solcher Anspruch als Beziehung zur Konkursmasse, so wäre die Ausnahme inhaltlos. Denn dann würde der Konkurs auch Verträge erlöschen lassen, in denen der Gemeinschuldner einen Auftrag erteilt hatte hinsichtlich fremder (z. B. seiner Ehefrau gehörender) oder konkursfreier Gegenstände (z. B. zur Einziehung unpfändbarer Forderungen) oder in rein persönlichen Angelegenheiten (z. B. zur Erkundung von Familienverhältnissen oder zur Führung von Eheprozessen). Auch der Auftrag, ohne Aufopferung von Masse ein Darlehen für den Schuldner aufzunehmen oder eine seiner Verbindlichkeiten zu tilgen, wäre unwirksam. All das ginge weit über den Zweck des Gesetzes hinaus. Auch dem Wortlaut widerspräche eine solche Auslegung, denn von Fällen dieser Art kann man nicht behaupten, daß „sich der Auftrag auf das zur Konkursmasse gehörige Vermögen bezieht". Dementsprechend genügt es nicht, daß dem Geschäftsbesorger Ansprüche auf Auslagenersatz oder Vergütung erwachsen können. Für die Abwicklung derartiger Verträge gilt dasselbe wie für Dienst- oder Werkverträge, die nicht von § 22 erfaßt werden und auch nicht dem § 17 unterliegen, weil es sich um konkursfreie Schuldverhältnisse handelt [§ 17 Anm. 106]: Der Vergütungsanspruch des Geschäftsbesorgers ist nur insoweit Konkursforderung, als die Geschäftsbesorgung vor Konkurseröffnung getätigt wurde, der Anspruch auf Aufwendungsersatz nur insoweit, als die Aufwendungen vor Konkurseröffnung gemacht wurden. Im übrigen können die Ansprüche nur gegen den Gemeinschuldner persönlich geltend gemacht werden.

38 **cc) Auf Anschaffung gerichtete Geschäftsbesorgung**

Daß eine passive Beziehung zur Konkursmasse nicht genügt, bedeutet aber nicht, daß § 23 alle Geschäftsbesorgungsverträge unberührt ließe, die auf Anschaffungen für den in Konkurs gefallenen Geschäftsherrn gerichtet sind. Vielmehr kann eine die Anwendbarkeit des § 23 rechtfertigende Beziehung zum konkursbefangenen Vermögen des Geschäftsherrn bei Anschaffungsaufträgen nicht nur in der zum Zwecke der Anschaffung eingeräumten Ermächtigung, über Mittel der jetzigen Masse (z. B. ausgehändigte Gelder) zu verfügen, enthalten sein. Sie kann auch darin liegen, daß der Anspruch aus dem Vertrag einen zum beschlagsfähigen Vermögen des Geschäftsherrn gehörenden Wert darstellt. Unter diesem Gesichtspunkt ist der herrschenden handelsrechtlichen Lehre (*Koller* in Großkomm. HGB³ § 383 Anm. 91; *Düringer/Hachenburg* HGB³ § 383 Anm. 26) zuzustimmen, daß nicht nur die vom Gemeinschuldner in Ansehung von Gegenständen der jetzigen Konkursmasse erteilte Verkaufskommission (für diese erkennt RGZ **71** 76 ff; **105,** 125, 128 das Erlöschen nach § 23 an), sondern auch die Einkaufskommission durch den Konkurs des Kommittenten aufgehoben wird. Für Effektenaufträge s. eingehend *Weisbecker* GruchBeitr. **65** 513 ff. Die Weisung, Waren oder Wertpapiere einzukaufen, erstrebt eine Umsetzung und Mehrung der greifbaren Güter des Kommittenten. Sein Anspruch auf die Vollziehung des Einkaufs und folglich auch auf Verschaffung der einzukaufenden Gegenstände bildet ein beschlagsfähiges Recht. Auch das vom Kommissionär erst während des Konkurses Angeschaffte würde also an die Konkursmasse des Kommittenten zu leisten sein. Deshalb bezieht sich auch die Weisung einzukaufen auf das nun zur Konkursmasse gehörende Vermögen des Geschäftsherrn. Daß der Konkurs den Geschäftsbesorgungsvertrag erlöschen läßt, hat guten Sinn. Vom gleichen Standpunkt aus werden Verkaufskommissionen selbst dann unter die Regel des § 23 fallen, wenn die zu verkaufenden Gegenstände zur Zeit der Konkurseröffnung dem Kommittenten noch gar nicht gehören. Auch macht es dann bei der Einkaufskommission keinen Unterschied, ob der Kommissionär die Deckung bereits vor dem Konkurs erhalten hat oder nicht (im Ergebnis ebenso *Staub/Gadow* HGB¹⁴ § 383 Anm. 25).

39 **dd) Sonderkonkurse**

In Sonderkonkursen muß, wenn die Erlöschensfolge des § 23 eintreten soll, die Geschäftsbesorgung in Beziehung zum konkursbefangenen Sondervermögen stehen. Es erlischt also z. B. infolge Eröffnung des Nachlaßkonkurses der Vertrag, in dem der Erblasser oder zwischen Erbfall und Konkursbeginn der Erbe, Nachlaßpfleger oder Testamentsvollstrecker den Vertragspartner damit betraut hatte, ein nun zur Nachlaßkonkursmasse gehörendes Grundstück zu verwalten oder darüber zu verfügen.

40 **b) Beweislast**

Wer sich auf die Ausnahme beruft, trägt die Beweislast für ihre tatsächlichen Voraussetzungen (KG JW **1921** 636 Nr. 3; *Böhle-Stamschräder/Kilger* KO¹³ § 23 Anm. 4; *Mentzel/Kuhn/Uhlenbruck* KO⁹ § 23 Anm. 4).

IV. § 23 Abs. 1 S. 2

41 **1. Notgeschäftsführung (§ 672 S. 2 BGB)**

Erlischt der Vertrag infolge des Konkurses, so hat der Geschäftsbesorger, wenn mit dem Aufschub Gefahr verbunden ist, die Besorgung des übertragenen Geschäfts trotz Kenntnis des Konkurses fortzusetzen, bis der Konkursverwalter für die Konkursmasse des Geschäftsherrn anderweit Fürsorge treffen kann. Die Vorschrift bezweckt einen vorläufigen Schutz der Masse. Die Verzugsgefahr kann Maßnahmen der Verwaltung, aber auch solche der Verwertung notwendig machen, z. B. das sofortige Eingehen auf ein besonders vorteilhaftes Kaufangebot. Der Vertrag gilt insoweit für beide Teile und auch für den Dritten, mit dem das unaufschiebbare Geschäft abgeschlossen wird, als fortbestehend (§ 23 I S. 2 KO mit §§ 672 S. 2, 675 BGB). Es geht also nicht etwa das Schuldverhältnis in eine Geschäftsbesorgung ohne Auftrag über. Ob der andere Teil seine Tätigkeit im Augenblick der Konkurseröffnung bereits begonnen hatte oder nicht, ist gleichgültig. Seine Forderung auf Ersatz nach Konkursbeginn gemachter Aufwendungen (§§ 670, 675 BGB) bildet einen Masseschuldanspruch nach § 27 [Provision: § 27 Anm. 4], die Forderung des Geschäftsherrn auf Herausgabe des aus der Geschäftsbesorgung Erlangten (§§ 667, 675 BGB) — z. B. auf die von dem Einziehungsermächtigten beigetriebene Summe (RGZ **53** 327, 330) oder auf den vom Verkaufskommissionär erzielten Preis (§ 384 II HGB) — ein Masseaktivum.

2. Konkursunkenntnis (§ 674 BGB) 42

Erlischt der Vertrag infolge der Konkurseröffnung, so gilt er zugunsten des Geschäftsbesorgers dennoch als fortbestehend, bis dieser von dem Erlöschen, d. h. von der zum Erlöschen führenden Tatsache der Konkurseröffnung, Kenntnis erlangt hat oder erlangt haben muß (§ 23 I S. 2 KO mit §§ 674, 675 BGB). Die Schutzwirkung der §§ 23 I S. 2 KO, 674 BGB entfällt nicht dadurch, daß die Gemeinschuldnerin (KG) durch die Konkurseröffnung aufgelöst wird (BGHZ **63** 87, 91). Der Anspruch des konkursunkundigen Geschäftsbesorgers auf Ersatz nach Konkursbeginn gemachter Auslagen (§§ 670, 675 BGB) begründet hier — unbeschadet des § 59 I Nr. 4 [§ 27 Anm. 5] — eine einfache Konkursforderung (§ 27). Bestreitet der Konkursverwalter die Ersatzpflicht unter Hinweis auf das Erlöschen des Vertrages, so hat er nach § 674 BGB dem Gegner die Kenntnis oder die Fahrlässigkeit der Nichtkenntnis des Konkurses nachzuweisen (MünchKomm.-*Seiler* § 674 Anm. 4; *Staudinger/Wittmann* BGB[12] § 674 Anm. 10). Aus der unterstellten Fortdauer des Geschäftsbesorgungsvertrags folgt nicht, daß der Beauftragte mit Wirkung gegenüber der Konkursmasse handeln könnte. Das ist von Bedeutung für die Frage, ob die Vollmacht fortbesteht [Anm. 57; Schutz des Dritten: Anm. 58].

V. Ansprüche und Gegenansprüche beim Erlöschen des Vertrages

1. Ansprüche des Geschäftsherrn 43

Erlischt der Vertrag infolge des Konkurses, so hat der Konkursverwalter die dem Geschäftsherrn zustehenden dinglichen und schuldrechtlichen Ansprüche auszuüben (§ 6). Vor allem muß ihm der Geschäftsbesorger zur Masse gehörende Sachen des Gemeinschuldners herausgeben, wie etwa Waren oder Wertpapiere, die der Geschäftsbesorger zum Zweck einer Verkaufskommission empfangen und noch in Händen hat. Der Rechtsanwalt hat dem Konkursverwalter nach Maßgabe des § 50 III BRAO die Handakten herauszugeben, soweit sich das Mandat auf die jetzige Konkursmasse bezieht (AG München KTS **1969** 190). Ein Zurückbehaltungsrecht nach § 50 I BRAO hat der Rechtsanwalt wegen seiner Gebührenforderungen nicht [s. näher § 49 Anm. 42]. Der Geschäftsbesorger ist nach Maßgabe der §§ 118, 119 anzeigepflichtig und im Falle schuldhafter Versäumung der Anzeige der Masse haftbar. Weiterhin hat er die ihm bei jeder Beendigung des Geschäftsbesorgungsvertrags obliegende Pflicht zur Auskunft und Rechenschaft unter Vorlage von Belegen zu erfüllen (§§ 666, 675 BGB, 384, 406 HGB; MünchKomm.-*Seiler* § 666 Anm. 5 ff; *Staudinger/Wittmann*

BGB[12] § 666 Anm. 1 ff; zur Auskunftspflicht des Rechtsanwalts s. auch OLG Neustadt MDR **1965** 239). Ferner muß er zur Konkursmasse etwaige Auslagenvorschüsse (§§ 669, 675 BGB) und eine ihm vorausgezahlte Vergütung unter dem Gesichtspunkt des § 812 I S. 2 BGB zur Konkursmasse zurückgewähren.

44 **2. Ansprüche des Geschäftsbesorgers**

Andererseits steht dem Geschäftsbesorger, jedenfalls soweit er bereits vor dem Konkurs einen Teil des teilbaren Geschäfts oder einzelne von mehreren selbständigen Geschäften besorgt oder erstattungsfähigen Aufwand gemacht hat, eine Konkursforderung auf Vergütung oder Auslagenersatz zu (§ 3). An dem Bestehen dieser Ansprüche ändert der vorzeitige Vertragsabbruch nichts (vgl. RG LZ **1912** Sp. 328 f für den Ersatzanspruch aus § 670 BGB).

45 **3. Insbesondere: Schadensersatzanspruch**

Ob der Geschäftsbesorger auch Schadensersatz wegen vorzeitiger Vertragsaufhebung als Konkursgläubiger (§ 26 S. 2) zu beanspruchen hat, ist streitig. Es lassen sich drei Auffassungen unterscheiden: Die Rechtsprechung versagt dem Geschäftsbesorger den Schadensersatzanspruch (RGZ **63** 69, 74; **82** 400, 407; KG OLGRspr. **32** 366 Note 1). Die zweite Auffassung gewährt den Anspruch in entsprechender Anwendung des § 22 II (*Jaeger* KO[6/7] § 23 Anm. 6; *v. Wilmowski/Kurlbaum* KO[6] § 27 Anm. 4). Nach der dritten Ansicht besteht ein Anspruch nur nach allgemeinen Grundsätzen, z. B. nach § 628 II BGB (*Schmidt-Rimpler* Ehrenbergs Handbuch V 1 § 88; *Brüggemann* in Großkomm. HGB[3] § 89 Anm. 24; *Mentzel/Kuhn/Uhlenbruck* KO[9] § 23 Anm. 17). Die erste Auffassung stützt sich darauf, daß der Konkurs als solcher und nicht ein vom Gemeinschuldner zu vertretender Umstand den Vertrag aufhebt und § 23 im Gegensatz zu § 22 II keinen Ersatzanspruch erwähnt. Die zweite führt — was an sich zutrifft — an, daß die Aufhebung des Vertrages den Vertragsgegner härter trifft als die Kündigung und darum der Anspruch auch hier gerechtfertigt sei. Jedoch kommt man kaum darüber hinweg, daß § 23 den Ersatzanspruch nicht erwähnt und deshalb eine besondere konkursrechtliche Schadensersatzsanktion ausgeschlossen ist. So läßt sich nur die dritte Auffassung begründen; denn wenn konkursrechtliche Vorschriften keinen Anspruch zubilligen, so sind damit die allgemeinen Vorschriften des bürgerlichen Rechts nicht ausgeschlossen. Der Konkurs kann auf einem Verschulden und einem vertragswidrigen Verhalten des Gemeinschuldners i. S. des § 628 II BGB beruhen. Unter dieser Voraussetzung ist ein Ersatzanspruch gegeben.

46 **4. Abgesonderte Befriedigung**

Abgesonderte Befriedigung kann der Geschäftsbesorger beanspruchen, soweit ihm ein im Konkurs durchdringendes Pfand- oder Zurückbehaltungsrecht zusteht (§ 26 S. 2 mit § 49 I Nr. 2, 4), insbesondere kraft eines gesetzlichen Pfandrechts (§§ 397—399 HGB) oder kraft des kaufmännischen Zurückbehaltungsrechtes (§ 369 HGB). Wegen des Zurückhaltungsrechtes nach § 273 BGB s. jedoch unten § 49 Anm. 41 ff. Der Schadensersatzanspruch des Geschäftsbesorgers wegen Aufhebung des Vertrages und die Forderung der Masse auf Herausgabe des Erlangten (§§ 675, 667 BGB, 384 II HGB) stehen nicht in dem die Einrede des § 320 BGB begründenden Verhältnis von Ansprüchen auf Leistung und Gegenleistung (vgl. § 17 Anm. 6; RGZ **105** 125, 128).

47 **5. Geschäftsbesorgung nach Erlöschen des Vertrages**

Wird der Geschäftsbesorger noch nach dem Erlöschen des Vertrages für Rechnung der Konkursmasse tätig, obwohl er vom Konkurs weiß und die Besorgung ohne

Gefahr aufschieben könnte, handelt er als Geschäftsführer ohne Auftrag (§§ 677 ff BGB). Wenn also z. B. der bisherige Verkaufskommissionär das ihm anvertraute Gut im Interesse der Konkursmasse und entsprechend dem mutmaßlichen Willen des Verwalters unter Ausnutzung einer günstigen Gelegenheit verkauft, hat er, wie wenn er vom Verwalter beauftragt gewesen wäre, als Massegläubiger einen Ersatzanspruch nach § 683 S. 1 BGB. Dasselbe gilt, wenn der Verwalter die Geschäftsführung genehmigt (§ 684 S. 2 BGB). Andernfalls kommt in den Grenzen des § 684 S. 1 BGB ein Bereicherungsanspruch gegen die Masse als Masseschuldanspruch nach § 59 I Nr. 4 KO in Betracht. Zum Anspruch eines Geschäftsführers ohne Auftrag auf Vergütung s. *Enneccerus/Lehmann* SchuldR^{15} § 167 I; *Staudinger/Wittmann* BGB^{12} § 683 Anm. 3.

VI. Vollmacht und Prokura

1. Erlöschen der Vollmacht und Prokura 48

Das Erlöschen der Vollmacht durch die Eröffnung des Konkursverfahrens über das Vermögen des Vollmachtgebers wird von der h. L. aus § 168 S. 1 BGB in Verbindung mit § 23 KO abgeleitet (Voraufl. § 23 Anm. 9; MünchKomm.-*Thiele* § 168 Anm. 16; *Staudinger/Dilcher* BGB^{12} § 168 Anm. 25; **kritisch** *Müller-Freienfels* Die Vertretung beim Rechtsgeschäft, S. 326). Wäre aber die Beendigung des zugrundeliegenden Rechtsverhältnisses der maßgebende Erlöschensgrund, so würde eine isolierte Vollmacht (*Staudinger/Dilcher* BGB^{12} § 167 Anm. 2; *Würdinger* in Großkomm. HGB^{3} Vorbem. 93 vor § 48; *Flume* Allg. Teil II^{3} § 50 I), die vor allem dadurch entsteht, daß das zugrundeliegende Rechtsverhältnis nicht wirksam zustandegekommen ist (*Flume* aaO), nicht mit der Konkurseröffnung erlöschen. Sie müßte vom Konkursverwalter widerrufen werden. Das könnte zu erheblichen Beeinträchtigungen der Konkursabwicklung führen, wenn der Konkursverwalter die Unwirksamkeit des Grundverhältnisses nicht erkennt und deshalb die Vollmacht nicht oder nicht rechtzeitig widerruft. Auch müßte der Konkursverwalter die Vertretungsmacht aller in einem abhängigen Dienst- oder Arbeitsverhältnis stehenden Personen durch Widerruf aufheben. Des Widerrufs bedarf es jedoch nicht. Die Erteilung der Vollmacht und der Prokura gewährt dem Vertreter nicht mehr Rechte, als der Vollmachtgeber hat. Fällt dieser in Konkurs, sind seine massebezogenen Rechtshandlungen nach § 7 unwirksam. Dementsprechend sind auch die Vertreterhandlungen in bezug auf die Masse ohne Wirkung. Eine Vertretungsmacht, die — wie insbesondere die des Prokuristen oder Handlungsbevollmächtigten — auf das Unternehmen beschränkt ist, kann deshalb, weil das Unternehmen stets in die Konkursmasse fällt, keine Wirkungen mehr entfalten. Sie erlischt mit der Konkurseröffnung, auch wenn das zugrundeliegende Rechtsverhältnis zunächst fortbesteht und erst durch Kündigung (§ 22) beendet werden kann (RG LZ **1916** Sp. 22 f; BGH WM **1958** 431; *Flume* Allg. Teil II^{3} § 51, 7; *Larenz* Allg. Teil^{5} § 31 III a S. 569; *Mentzel/Kuhn/Uhlenbruck* KO^{9} § 23 Anm. 7; *Würdinger* in Großkomm. HGB^{3} § 53 Anm. 6; *Jaeger* LZ **1916** Sp. 25 ff; **a. A.** *Schlegelberger/Schröder* HGB^{5} § 52 Anm. 20). Das gilt auch dann, wenn der Widerruf der Vollmacht vertraglich beschränkt ist (RG LZ **1910** Sp. 216 f Nr. 23; *Flume* Allg. Teil II^{3} § 53, 6; *Mentzel/Kuhn/Uhlenbruck* KO^{9} § 23 Anm. 7; **a. A.** für die unwiderrufliche Vollmacht *Müller-Freienfels* Die Vertretung beim Rechtsgeschäft, S. 328). Eine Vollmacht, die für den geschäftlichen und privaten Bereich des Gemeinschuldners erteilt ist, verliert ihre Wirkung, soweit Rechtsgeschäfte vorgenommen werden, die sich auf die Masse beziehen. Für den massefreien Bereich bleibt sie bestehen, bis das zugrundeliegende Rechtsverhältnis endet oder bis sie vom Gemeinschuldner widerrufen wird (§ 168 BGB).

49 **2. Erteilung von Prokura und Handlungsvollmacht durch den Konkursverwalter** 49

Zur Unzulässigkeit einer Prokuraerteilung durch den Konkursverwalter s. § 6 Anm. 52 a. E. Streitig ist, ob der Konkursverwalter Handlungsvollmacht erteilen kann (verneinend *Jaeger* LZ **1916** Sp. 25 ff zu RG ebenda; Voraufl. Anm. 9 a: „jedenfalls dann, wenn sie Ermächtigung zum Betrieb eines ganzen Handelsgewerbes oder zu einer ganzen Art von Rechtsgeschäften ist"; **a. A.** *Obermüller* BB **1957** 412; *Mentzel/Kuhn/Uhlenbruck* KO[9] § 23 Anm. 7: zur Fortsetzung des Handelsgeschäfts). Da die Handlungsvollmacht sich auf den Betrieb eines Handelsgewerbes beschränkt (§ 54 HGB), kommt ihre Erteilung durch den Konkursverwalter nur in Betracht, wenn er das Unternehmen des Gemeinschuldners fortführt. Zwar können für eine nicht konkursmäßige Vermögensliquidation noch Handlungsbevollmächtigte bestellt werden (*Schilling* in Großkomm. HGB[3] § 149 Anm. 39). Jedoch unterscheidet sich die konkursmäßige Liquidation davon wesentlich. Der Konkursverwalter hat kraft seines Amtes die berechtigten Interessen aller Beteiligten wahrzunehmen und ist ihnen verantwortlich (§ 82). Er übt sein Amt unter der Aufsicht des Gerichts (§ 83) und des Gläubigerausschusses (§ 88) aus. Er handelt nicht, wie der Liquidator der Gesellschaft, im Interesse des Unternehmens und seiner Gesellschafter. Deshalb darf sich der Konkursverwalter in der Wahrnehmung seines Amtes, soweit es um die typisch konkursmäßigen Aufgaben geht, nicht vertreten lassen. So darf das Wahlrecht des Verwalters nach § 17 nicht von einem Handlungsbevollmächtigten ausgeübt werden (*Jaeger* LZ **1916** Sp. 25 ff), dieser darf nicht Arbeitsverträge nach § 22 kündigen, Rechtshandlungen anfechten (§§ 29 ff) oder den Verwalter im Prüfungstermin vertreten [§ 78 Anm. 10 a]. Er darf auch nicht Anlage- oder Umlaufvermögen veräußern, wenn dies in anderer Weise geschieht als in einem fortgeführten Unternehmen. Für die Befugnisse eines Handlungsbevollmächtigten bleibt deshalb nach der Stillegung des Unternehmens kein Raum. Führt jedoch der Konkursverwalter das Unternehmen zunächst fort oder verkauft er die Warenbestände in der Art eines laufenden Unternehmens, etwa in einem weiterhin geöffneten Ladengeschäft, so wird er ohne Handlungsbevollmächtigte nicht auskommen. Er wäre oft gar nicht in der Lage, die Verkaufsabteilung eines Unternehmens selbst zu leiten. Auch ist es nicht seine Aufgabe, im weiterhin geöffneten Laden des Gemeinschuldners zu stehen, Waren zu verkaufen und dabei die Kunden sachkundig zu beraten. Im fortgeführten Unternehmen muß der Konkursverwalter deshalb Handlungsbevollmächtigte bestellen können. Deren Befugnisse sind konkurstypisch beschränkt. Die spezifischen Amtsaufgaben des Konkursverwalters (z. B. §§ 17, 22, 29 ff) dürfen sie nicht ausüben. Diese konkurstypischen Beschränkungen wirken entgegen § 54 III HGB Dritten gegenüber auch dann, wenn diese gutgläubig sind. Denn gegenüber den Wirkungen der Konkurseröffnung gibt es über § 7 I hinaus keinen Vertrauensschutz. Die Wahrnehmung seiner Amtspflichten kann und muß der Konkursverwalter durch entsprechende Weisungen an die Handlungsbevollmächtigten sichern.

50 **3. Erlöschen der Prozeßvollmacht**

Eine vom Gemeinschuldner erteilte Prozeßvollmacht erlischt mit der Konkurseröffnung, soweit sie sich auf Prozesse bezieht, die nach § 240 ZPO unterbrochen werden [§ 10 Anm. 1 ff] oder unterbrochen würden, falls sie bei der Konkurseröffnung schon rechtshängig wären (§ 6 Anm. 114, § 10 Anm. 64, 128; RG LZ **1907** Sp. 835; RGZ **118** 158 ff; RG JW **1930** 1058; BGH LM Nr. 1 zu § 250 ZPO = MDR **1964** 50 = NJW **1964** 47 = WM **1963** 1232; BPatG BlPMZ **1974** 320 für das Patentanmeldeverfahren; *Böhle-Stamschräder/Kilger* KO[13] § 23 Anm. 8; *Mentzel/Kuhn/Uhlenbruck* KO[9] § 23 Anm. 7; *Jauernig* Zwangsvollstreckungs- und KonkursR[15] § 48 V A 2; *ders.*

ZivilprozeßR[19] § 80 II 4; *Mohrbutter* Handbuch[2] § 73 V 1; *Stein/Jonas/Leipold* ZPO[20] § 86 Anm. 8; **a. A.** OLG München OLGRspr. **27** 260; KG JW **1922** 1335; *Rosenberg/Schwab* ZPR[13] § 54 II 7 aα; *Baumbach/Lauterbach/Hartmann* ZPO[38] § 86 Anm. 2 B e). Die Begründung für das Erlöschen der Prozeßvollmacht kann nicht aus §§ 23 KO, 168 BGB hergeleitet werden, weil nach begonnenem Prozeß § 168 BGB durch § 87 ZPO verdrängt wird. Jedoch ergibt sich das Erlöschen der Prozeßvollmacht aus dem Sinnzusammenhang der §§ 86, 240, 246 ZPO. Denn in den Fällen, in denen die Vollmacht nach § 86 ZPO nicht erlischt, wird der Prozeß nicht nach §§ 239, 241, 242 ZPO unterbrochen, sondern nur auf Antrag ausgesetzt. Da aber nach § 240 ZPO, auf den § 246 ZPO nicht Bezug nimmt, die Konkurseröffnung den Prozeß unterbricht, wird hier ein Erlöschen der Prozeßvollmacht vorausgesetzt. § 86 ZPO kann deshalb auf die Konkurseröffnung nicht analog angewendet werden.

4. Folgen des Erlöschens der Vollmacht

a) Endgültige Wirkung 51

Das Erlöschen der Vollmacht ist eine zwar nicht zurückwirkende, aber unmittelbare und endgültige Rechtsfolge der Konkurseröffnung (vgl. § 108). Die Vollmacht lebt ebenso wie das nach § 23 erlöschende Innenverhältnis auch dann nicht wieder auf, wenn der Konkurs infolge Zwangsvergleichs oder im Wege der Einstellung endet [§ 192 Anm. 4, §§ 205 f Anm. 6]. Wird jedoch der Eröffnungsbeschluß selbst auf Beschwerde rechtskräftig aufgehoben, so gilt das Erlöschen der Vollmacht ebenso wie das Erlöschen des Innenverhältnisses nach § 23 als nicht eingetreten (§ 109 Anm. 4; s. auch *Baur* Festschrift für Weber, 1975, S. 41, 49 f).

b) Massebezogenheit 52

Wie das Innenverhältnis endet die Vertretungsmacht überhaupt, auch im Verhältnis zum Schuldner persönlich, und nicht etwa nur im Verhältnis zur Masse, wenn sich die Vollmacht nur auf die jetzige Masse bezieht [Anm. 35 ff, 48].

c) Anwendbarkeit der §§ 177 ff BGB

aa) Genehmigung durch Konkursverwalter 53

Handelt der Bevollmächtigte nach Erlöschen der Vollmacht, also z. B. ein Prokurist oder Handelsvertreter nachdem der Unternehmer in Konkurs gefallen ist, so wird er als Vertreter ohne Vertretungsmacht tätig. Es greifen daher die §§ 177, 178, 180 BGB ein. Die Rechtshandlung ist nicht nur der Konkursmasse gegenüber unwirksam. Sie bindet auch den Gemeinschuldner persönlich nicht, wenn sie sich auf die Konkursmasse bezieht. Die Genehmigung des vom vollmachtlosen Vertreter geschlossenen Vertrages (§§ 177, 184 BGB) kann nur der Konkursverwalter wirksam erteilen, wenn der Vertrag sich auf die Masse bezieht (§ 6). Die Genehmigung einer von dem Vertreter abgegebenen Auflassungserklärung durch den Konkursverwalter bedarf der Form des § 29 GBO (LG Düsseldorf Rpfl. **1977** 171).

bb) Unanwendbarkeit des § 179 BGB 54

Genehmigt der Verwalter das von dem Vertreter, dessen Vollmacht erloschen ist, abgeschlossene Rechtsgeschäft nicht, so haftet der Vertreter nicht nach § 179 I BGB. Denn diese Vorschrift setzt voraus, daß der als Vertretener Benannte, falls die Vollmacht wirksam wäre, den Vertrag erfüllen müßte. Wie sich insbesondere aus § 179 III BGB ergibt, schützt § 179 I BGB das Vertrauen des Vertragspartners darauf, durch den mit dem Vertreter abgeschlossenen Vertrag einen Erfüllungsanspruch erworben zu haben. Hätte aber der Gemeinschuldner, den der Vertreter als den Vertretenen benennt, den Vertrag abgeschlossen, so würde die Masse nicht haften (§§ 6, 7). Das Vertrauen des Gegners auf eine Haftung der Masse wird nicht geschützt. Aus seinem konkursfreien Vermögen aber würde der Gemeinschuldner den Vertrag regelmäßig nicht erfüllen können. Würde aber der Gläubiger gegen den Gemeinschuldner keinen realisierbaren Erfüllungsanspruch erwerben, falls der Vertreter für ihn Vertretungsmacht hätte, weil der Gemeinschuldner die Haftung nicht begründen kann und im übrigen vermögenslos ist, so genießt der Vertragspartner auch nicht den Vertrauensschutz des § 179 I BGB (*Flume* Allg. Teil II[3] § 47, 3 b; *Soergel/Leptien* BGB[11] § 179 Anm. 16). Deshalb ist § 179 I BGB nicht anwendbar, wenn der Vertreter nach Erlöschen der Vollmacht im Namen des Gemeinschuldners handelt und dieser den Vertrag nicht erfüllen könnte (*Flume* Allg. Teil II[3] § 51, 7; MünchKomm.-*Thiele* § 168 Anm. 17; **a. A.** Voraufl. § 23 Anm. 11). Auch die abgeschwächte Haftung des § 179 II BGB kommt nicht in Betracht. Wohl aber kann eine Haftung des Vertreters aus culpa in contrahendo auf den Vertrauensschaden eingreifen, wenn der Vertreter die Konkureröffnung schuldhaft verschweigt (*Flume* Allg. Teil II[3] § 51, 7). Hat dagegen der Vertreter, dessen Vertretungsmacht durch die Konkurseröffnung erloschen ist, im Namen des Konkursverwalters gehandelt, so haftet er nach § 179 I BGB, sofern eine Vertretung des Konkursverwalters bei dem fraglichen Geschäft überhaupt statthaft ist [Anm. 49], in dem Umfang, in dem der Konkursverwalter die Verbindlichkeit als Masseschuld zu erfüllen hätte (vgl. § 60).

55 **d) Unanwendbarkeit der §§ 170—173 BGB**

Die h. M., die das Erlöschen der Vollmacht infolge der Konkurseröffnung über das Vermögen des Vollmachtgebers mit §§ 168 BGB, 23 KO begründet [Anm. 48], will konsequenterweise in den Fällen einer Vollmachtskundgabe die §§ 170—173 BGB anwenden, weil diese Vorschriften Ausnahmen von § 168 BGB enthalten. Der Vertreter handele in diesen Fällen als Vertreter mit Vertretungsmacht für den Gemeinschuldner. Seine Handlungen sollen aber nicht stärker wirken als die des Gemeinschuldners, also nach §§ 6, 7 in bezug auf die Masse unwirksam sein (Voraufl. § 23 Anm. 11 f; *Mentzel/Kuhn/Uhlenbruck* KO[9] § 23 Anm. 8, 11; *Böhle-Stamschräder/Kilger* KO[13] § 23 Anm. 9). Diese Auffassung führt jedoch zu konkursrechtlich unangemessenen Folgen. Ein Verpflichtungsgeschäft, das der Bevollmächtigte hinsichtlich eines massezugehörigen Gegenstandes abschließt, wäre nach § 7 nicht unwirksam, sondern würde lediglich nicht die Haftung der Masse begründen [§ 7 Anm. 16]. Der Gemeinschuldner würde persönlich dem Gewährleistungsanspruch (§§ 434, 440 BGB) ausgesetzt, weil er die Verpflichtung infolge der Konkurseröffnung nicht erfüllen kann. Er selbst müßte dem Dritten das Erlöschen der Vollmacht anzeigen (§ 170 BGB), die Vollmacht widerrufen (§ 171 II BGB) oder die Vollmachturkunde zurückfordern (§ 172 II BGB). Von dem hier vertretenen Standpunkt aus, daß die Vollmacht mit der Konkurseröffnung unabhängig von § 168 BGB erlischt [Anm. 48], sind die §§ 170—173 BGB unanwendbar (so auch *Canaris* in: Einhundert Jahre Konkursordnung, 1977, S. 96). Denn wenn § 168 BGB nicht zur Anwendung kommt, bleibt auch für die §§ 170—173 BGB als Ausnahmevorschriften von § 168 BGB kein Raum. Hinsichtlich der Folgen der Konkurseröffnung gibt es für Dritte über die Ausnahmen in §§ 7, 8 hinaus keinen Vertrauensschutz [Anm. 58]. Die Vertretungsmacht des Bevollmächtigten erlischt deshalb mit der Konkurseröffnung grundsätzlich unabhängig davon, ob der Dritte von der Konkurseröffnung Kenntnis hat. Soweit der Dritte wegen seiner Unkenntnis der Konkurseröffnung nach §§ 7 I Hs. 2, 8 II, III geschützt wird, wirkt auch die Handlung eines vom Gemeinschuldner Bevollmächtigten gegen die Masse [§ 7 Anm. 10, 53 ff].

5. Vollmacht bei Notgeschäftsführung 56

Wie sich das Fortbestehen eines Auftrags oder Geschäftsbesorgungsvertrages nach §§ 23 I S. 2, II KO, 672 S. 2 BGB auf die Vollmacht auswirkt, ist streitig. Einigkeit besteht nur darüber, daß die Vollmacht fortbesteht. Nach der früher h. M. (Voraufl. § 23 Anm. 12; *Staudinger/Dilcher* BGB[12] § 168 Anm. 25) soll jedoch die Vertreterhandlung nach § 7 unwirksam sein, wenn der Konkursverwalter sie nicht genehmigt. Nach einer neueren, von *Flume* (Allg. Teil II[3] § 51, 7; zustimmend MünchKomm.-*Thiele* § 168 Anm. 16; *Soergel/Schultze-v. Lasaulx* BGB[11] § 168 Anm. 8) begründeten Ansicht bindet die im Rahmen der Notgeschäftsführung vorgenommene Vertreterhandlung auch hinsichtlich der Masse. Dieser Auffassung ist zuzustimmen. § 672 S. 2 BGB in Verbindung mit § 23 I S. 2 KO dient nicht dem Schutz des Vertreters oder des Geschäftspartners, sondern dem Schutz der Masse. Deshalb ist der Geschäftsführer mit seinen Aufwendungsersatzansprüchen Massegläubiger (§ 27). Sollen aber durch das Fortbestehen des Auftrags und der Vertretungsmacht Gefahren von der Masse abgewendet werden, so muß die Gefahrenabwendung auch der Masse gegenüber wirken.

6. Vollmacht bei Unkenntnis der Konkurseröffnung

a) Unkenntnis des Bevollmächtigten 57

Anders ist es aber im Fall des § 674 BGB in Verbindung mit § 23 I S. 2 KO. Die h. M. nimmt hier an, daß die Vertretungsmacht fortbestehe, der Vertreter aber nicht mit Wirkung für und gegen die Masse handele (Voraufl. § 23 Anm. 12; *Böhle-Stamschräder/Kilger* KO[13] § 23 Anm. 9; *Mentzel/Kuhn/Uhlenbruck* KO[9] § 23 Anm. 11; MünchKomm.-*Thiele* § 168 Anm. 16; *Soergel/Schultze-v. Lasaulx* BGB[11] § 168 Anm. 8; *Staudinger/Dilcher* BGB[12] § 168 Anm. 25). Das bedeutet, daß mangels einer Genehmigung des Konkursverwalters der Gemeinschuldner dem Vertragspartner persönlich haftet, wenn der Vertreter ein Verpflichtungsgeschäft abgeschlossen hat, und daß Verfügungsgeschäfte des Vertreters über Massegegenstände unwirksam sind. Die persönliche Haftung des Gemeinschuldners für Rechtsgeschäfte, die der Vertreter in der Annahme geschlossen hat, der Gemeinschuldner sei noch nicht im Konkurs und das Vertretungsgeschäft würde auch die Haftung der jetzigen Konkursmasse auslösen, ist aber nicht gerechtfertigt. Der Schutz, den der Geschäftsbesorger durch §§ 23 I S. 2 KO, 674 BGB erfährt, soll darin bestehen, daß er hinsichtlich seiner Ansprüche aus der Geschäftsbesorgung so behandelt wird, als hätte er das Geschäft vor der Konkurseröffnung geführt (Begründung S. 45). Dann würde der Gemeinschuldner mit seinem konkursfreien Vermögen nicht haften. Hinsichtlich der Vertretungsbefugnis schützt § 168 BGB in Verbindung mit § 674 BGB den Vertreter dagegen, daß er als Vertreter ohne Vertretungsmacht persönlich nach § 179 BGB in Anspruch genommen wird. Dieses Schutzes bedarf der Vertreter im Falle des Konkurses nicht, wenn er für den Gemeinschuldner handelt. Denn dann entfällt ohnehin eine Haftung aus § 179 BGB [Anm. 54]. Wie sich aus § 169 BGB ergibt, schützt § 674 BGB in Verbindung mit § 168 BGB auch den Dritten. Dessen Schutzwürdigkeit entfällt aber gegenüber den Konkursfolgen, weil hier ein Vertrauensschutz über §§ 7 I Hs. 2, 8 II, III KO hinaus nicht gewährt wird [Anm. 58]. Daraus folgt, daß kein anerkanntes Schutzbedürfnis besteht, welches im Falle des § 674 BGB das Fortbestehen der Vertretungsmacht über die Konkurseröffnung hinaus rechtfertigt. Sie erlischt, obwohl der Auftrag oder Geschäftsbesorgungsvertrag nach §§ 674, 675 BGB fortbesteht. Im Ergebnis weicht diese Auffassung von der h. M. nicht ab. Das Geschäft des Vertreters bedarf zur Wirksamkeit gegenüber der Konkursmasse der Genehmigung des Konkursverwalters (§ 177 BGB, s. auch § 91 a HGB).

58 **b) Unkenntnis des Geschäftspartners**

Ausnahmen zugunsten eines konkursunkundigen Geschäftspartners, der Rechtsgeschäfte mit einem Bevollmächtigten des Gemeinschuldners abschließt, gelten nur insoweit, als sie für den Geschäftsabschluß mit dem Gemeinschuldner persönlich anerkannt sind. Der durch den Bevollmächtigten vermittelte Erwerb eines Massegegenstandes dringt daher im Grundstücksverkehr nach Maßgabe der durch § 7 Hs. 2 vorbehaltenen Schutzvorschriften durch, während im Fahrnisverkehr nicht schon der erste, sondern nur ein späterer Erwerb in gutem Glauben geschützt wird [§ 7 Anm. 65, 69 f]. Für die Entgegennahme einer Leistung durch den Bevollmächtigten des Gemeinschuldners gilt die Schutzvorschrift des § 8, so z. B. bei der Einziehung von Außenständen durch einen Handelsvertreter (vgl. § 55 III HGB). Eine Vollmacht zur Abgabe der im § 9 dem Gemeinschuldner vorbehaltenen erb- und familienrechtlichen Erklärungen (z. B. einer Erbschaftsausschlagung, § 1945 II BGB) erlischt nicht durch den Konkurs des Vollmachtgebers. Sie kann auch noch nach Konkursbeginn erteilt werden. Die Erklärung des Vertreters ist ebenso wirksam wie die persönliche Erklärung des Gemeinschuldners nach § 9. Insoweit handelt es sich nicht um den Schutz einer Unkenntnis des Konkurses.

59 **VII. Handeln des Geschäftsbesorgers im eigenen Namen**

Schließt der Geschäftsbesorger während des Konkurses im eigenen Namen Rechtsgeschäfte für Rechnung des Gemeinschuldners ab, indem er etwa als bisheriger Kommissionär oder Treuhänder in Unkenntnis des Konkurses zur jetzigen Konkursmasse gehörende Waren veräußert oder Forderungen einzieht, so liegen Handlungen eines Nichtberechtigten vor, die als rechtsgeschäftliche Verfügungen unmittelbar nach allgemeinen Regeln (nicht nur nach Maßgabe der §§ 7, 8 KO) geschützt sind. Auch im Fahrnisverkehr genießt also bereits der erste Erwerb Verkehrsschutz aufgrund der §§ 932 ff BGB (*Mentzel/Kuhn/Uhlenbruck* KO[9] § 23 Anm. 12; *Jaeger* KuT **1927** 162 zu III).

60 **VIII. Geschäftsbesorger als Bote**

Handelt der Geschäftsbesorger als Bote, so sind seine Handlungen wie die des Gemeinschuldners selbst nach §§ 7, 8 zu beurteilen und genießen dementsprechend nur einen beschränkten Verkehrsschutz.

61 **IX. Konkurs des Geschäftsbesorgers**

Der Konkurs des Geschäftsbesorgers — des Beauftragten, Dienstverpflichteten, Werkunternehmers — führt nicht von Rechts wegen zur Auflösung des Vertrages (*Soergel/Schultze-v. Lasaulx* BGB[11] § 168 Anm. 9; *Staudinger/Dilcher* BGB[12] § 168 Anm. 22). Über die Pflicht des Gemeinschuldners bzw. Konkursverwalters zur Rechnungslegung s. § 3 Anm. 25.

62 **1. Auftrag**

Fällt der Beauftragte in Konkurs, so bleibt das Auftragsverhältnis an sich unberührt. Wie vor Konkursbeginn kann der Auftraggeber jederzeit den Auftrag widerrufen, der Beauftragte — und zwar dieser persönlich, nicht sein Konkursverwalter — jederzeit kündigen (§ 671 BGB). Die freie beiderseitige Lösbarkeit trägt dem Umstand Rechnung, daß der Auftrag ein Vertrauensverhältnis begründet. Eine Vorschrift des Inhalts, daß der Konkurs des Beauftragten den Auftrag von Rechts wegen erlöschen lasse, würde mitunter selbst für Aufträge in Vermögensangelegenheiten unangemessen sein, da der Beauftragte als Gemeinschuldner nicht notwendig die Befähigung zum Vollzug solcher Aufträge einbüßt. Ein Eintritt des Konkursverwalters in das Auftragsverhältnis nach § 17 ist auch dann ausgeschlossen, wenn das aufgetragene Geschäft in einer ersetzbaren Handlung besteht. Denn der Auftrag des geltenden Rechts ist niemals gegenseitiger Vertrag [§ 17 Anm. 32]. Der Anspruch auf Ersatz von Aufwendungen (§ 670 BGB), die der Gemeinschuldner schon vor dem Konkurs gemacht hatte, gehört nach § 1 zu seiner Konkursmasse. Ebenso ein Anspruch auf Befreiung von Verbindlichkeiten, die der Beauftragte persönlich zum Zweck der Geschäftsbesorgung vor dem Konkurs eingegangen ist (§ 257 BGB). Der Befreiungsanspruch wandelt sich nach h. L. und Rechtsprechung in einen Geldzahlungsanspruch um (s. § 1 Anm. 88 u. BGHZ **57** 78, 81, 83; BGH KTS **1981** 240; **a. A.** *Gursky* KTS **1973** 27 ff mit ausführlichen Nachweisen zur h. L. auf S. 29 Note 11; *H. J. Kretschmer* Der Schuldbefreiungsanspruch im Konkurs des Befreiungsgläubigers, Diss. Freiburg 1977).

2. Dienstvertrag mit Geschäftsbesorgungscharakter 63

Ebenso bildet der Konkurs des Dienstverpflichteten auch bei Dienstverträgen mit Geschäftsbesorgungscharakter keinen gesetzlichen Erlöschensgrund [s. § 22 Anm. 19]. Wohl aber kann der Konkurs den Dienstherrn zu vorzeitiger Lösung des Vertragsverhältnisses berechtigen. So gibt der Konkurs eines Handelsvertreters dem Geschäftsherrn einen ausreichenden Grund zu fristloser Kündigung nach § 89 a HGB (*Brüggemann* in Großkomm. HGB³ § 89 a Anm. 6). Kündigt der Geschäftsherr nicht, so bleibt das Vertragsverhältnis in Kraft, ohne daß aber der Konkursverwalter nach § 17 zwischen Erfüllung und Nichterfüllung wählen oder dem Handelsvertreter die Fortsetzung seiner Tätigkeit für eigene Rechnung gestatten könnte. Denn der Konkursverwalter verfügt nicht über die Arbeitskraft des Gemeinschuldners und ist jedenfalls regelmäßig außerstande, an Stelle des Gemeinschuldners dessen persönliche Leistung zu bewirken (§ 1 Anm. 14, § 17 Anm. 15; *Brüggemann* in Großkomm. HGB³ § 89 Anm. 18). Ähnlich liegen die Dinge im Konkurs des Maklers (*Brüggemann* in Großkomm. HGB³ Vorbem. 25 vor § 93; *Heymann* Ehrenbergs Handbuch V 1 S. 468 f). Der Konkurs des Kommissionärs hebt das Kommissionsverhältnis nicht von Rechts wegen auf (h. M.: RGZ **78** 91, 93 f; *Schlegelberger/Hefermehl* HGB⁵ § 383 Anm. 75; *Mentzel/Kuhn/Uhlenbruck* KO⁹ § 23 Anm. 3; *Canaris* in Großkomm. HGB³ Anh. nach § 357 Anm. 924; **a. A.** *Schmidt-Rimpler* Ehrenbergs Handbuch V 1 S. 1061 f: Erlöschen des Vertrages aufgrund durch ergänzende Vertragsauslegung ermittelten Parteiwillens; ebenso *Koller* in Großkomm. HGB³ § 383 Anm. 93, wenn das Vertrauen des Kommittenten eng mit der Person des Kommissionärs verbunden war). Der h. M. ist zuzustimmen, weil dem Gesichtspunkt des persönlichen Vertrauens schon in den hier anwendbaren §§ 627, 649 BGB Rechnung getragen ist. Daß mit einer Kündigung aufgrund dieser Vorschriften der Kommittent keinen ausreichenden Schutz fände, weil er erst kündigen könne, wenn er von der Konkurseröffnung erfahre (so *Koller* aaO), trifft nicht zu. Der Kommittent kann schon kündigen, wenn sich die Krise des Kommissionärs abzeichnet. Das Risiko, eine Insolvenz zu erkennen, nimmt die Rechtsordnung auch sonst einem Vertragspartner des Gemeinschuldners nicht ab. Kündigt der Kommittent nicht, so hat bei beiderseitig nicht vollständig erfülltem Vertrag der Konkursverwalter die Wahl, ob er nach § 17 Erfüllung verlangt oder die Erfüllung ablehnt [§ 17 Anm. 24]. Auch die Prozeßvollmacht erlischt, wenn der Prozeßbevollmächtigte in Konkurs fällt, nicht von Rechts wegen. Auch die Kündigung des Mandatsvertrages (§ 627 BGB) bringt die Prozeßvollmacht nicht zum Erlöschen (§ 87 ZPO). § 168 BGB ist nicht anwendbar. Wird die Zulassung des Rechtsanwaltes nach §§ 15 Nr. 1, 16 BRAO zurückgenommen, so wird das Verfahren nach § 244 ZPO unterbrochen (*Stein/Jonas/Pohle* ZPO[19] § 244 Anm. II 1 b).

64 **3. Werkvertrag mit Geschäftsbesorgungscharakter**

Der Konkurs des Unternehmers hebt den Werkvertrag nicht von Rechts wegen auf. § 17 wird auch hier nur anwendbar, wenn die Herstellung des versprochenen Werkes eine ersetzbare Leistung bildet, die der Konkursverwalter für Rechnung der Masse selbst oder durch einen anderen erfüllen lassen kann [§ 17 Anm. 108]. Weder der Konkurs des Unternehmers noch die Entscheidung seines Konkursverwalters für Erfüllung (§ 17) beseitigt die unbeschadet der Vergütungspflicht bestehende Kündigungsbefugnis des Bestellers nach § 649 BGB (vgl. OLG Hamburg LZ **1911** Sp. 81 Nr. 5, RG JW **1911** 770 Nr. 36). Eine zur Bearbeitung oder Verarbeitung übergebene Sache sondert der Besteller — wie die bereits für seine Rechnung hergestellte neue Sache [§ 43 Anm. 21] — im Konkurs des Unternehmers aus (§ 43). Werke der bildenden Kunst, Fotografien, Muster und Modelle, die im Rahmen eines Werkvertrages übergeben waren, können ebenfalls ausgesondert werden. Urheberrechtsverletzungen durch den Verwalter, namentlich im Wege der Verbreitung, würden Ansprüche nach Maßgabe der §§ 59 I Nr. 1, 82 begründen. Diese Gefahr kann z. B. den Verwalter im Konkurs einer Bildgießerei, wenn er zur Erfüllung von Werkverträgen außerstande ist, nötigen, unfertige Werke einzugießen und den Rohstoff nach § 117 zu verwerten.

X. Anweisung und anweisungsähnliche Geschäfte auf Kredit

1. Konkurs des Anweisenden

65 **a) § 23 auf die Anweisung nicht anwendbar**

Während der Angewiesene bei der Anweisung auf Schuld [§ 8 Anm 6 ff] mit der Zahlung an den Anweisungsempfänger im Deckungsverhältnis eine Schuld gegenüber dem Anweisenden tilgen will und deshalb die Folgen eines Konkurses des Anweisenden aus § 8 abzuleiten sind, entsteht durch die Leistung des auf Kredit Angewiesenen an den Anweisungsempfänger ein Anspruch des Angewiesenen gegen den Anweisenden. Der Angewiesene ist Gläubiger des Anweisenden. Deshalb lautet die Frage hier, worauf sich sein Anspruch gründet und ob und wie er ihn im Konkurs des Anweisenden geltend machen kann. Die Anweisung als solche stellt weder eine Vollmacht zum Handeln im Namen des Anweisenden noch einen Auftrag dar. Sie bildet eine Doppelermächtigung eigener Art. Daraus folgt, daß § 23 auf die Anweisung selbst keine Anwendung findet. Die Erlöschenstheorie [§ 8 Anm. 8] könnte also allenfalls damit begründet werden, daß die Anweisung mit dem ihr zugrundeliegenden Kausalverhältnis erlösche. Jedoch ist die Anweisung in dem Sinne abstrakt, daß sie vom Bestand des Deckungsverhältnisses unabhängig ist. Deshalb folgt die h. L. mit Recht der Bestandstheorie [§ 8 Anm. 9]. Die Anweisung erlischt also nicht mit der Eröffnung des Konkursverfahrens über das Vermögen des Anweisenden.

b) Folgen des Konkurses für das Deckungsverhältnis

aa) Nicht angenommene Anweisung

66 **(1) Geschäftsbesorgung im Deckungsverhältnis**

Liegt der Anweisung auf Kredit im Deckungsverhältnis ein Auftrag oder Geschäftsbesorgungsvertrag zugrunde, was regelmäßig der Fall sein wird, so erlischt diese Kausalbeziehung grundsätzlich mit der Konkurseröffnung (§ 23). Deshalb entsteht für den Angewiesenen kein Aufwendungsersatzanspruch nach § 670 BGB, wenn er aufgrund der Anweisung an den Anweisungsempfänger nach Konkurseröffnung zahlt (*Heile* Die Anweisung im Konkurs des Anweisenden, 1976, S. 97 ff, 100). Der Angewiesene handelt als Geschäftsführer ohne Auftrag. Seine Geschäftsführung entspricht nicht dem Interesse der Masse, wenn der Anweisungsempfänger Konkursgläubiger ist. Denn dieser hätte dann aus der Masse nur die Konkursquote zu beanspruchen. Deshalb bestimmt sich der Anspruch des Angewiesenen gegen die Masse nach § 684 S. 1 mit § 812 BGB. Der Angewiesene hätte einen Massebereicherungsanspruch (§ 59 I Nr. 4) in Höhe der Quote, die der Anweisungsempfänger zu beanspruchen hätte. Jedoch würde bei Anwendung des § 59 I Nr. 4 die Forderung des Anweisungsempfängers und die Forderung des Angewiesenen, die nur in Höhe der auf den Anweisungsempfänger entfallenden Quote bestehen kann, dem Feststellungsverfahren (§§ 138 ff) entzogen. Aus den zu § 3 Anm. 55 angeführten Gründen sollte deshalb das allgemeine Regreßprinzip Anwendung finden, daß derjenige, der einen Konkursgläubiger nach Konkurseröffnung ohne Auftrag des Konkursverwalters befriedigt, in die haftungsrechtliche Position des befriedigten Gläubigers einrückt. Der Angewiesene hat deshalb eine Konkursforderung mit dem Rang, den der befriedigte Gläubiger gehabt hätte und in der Höhe, in der er dessen Forderung getilgt hat. Ist der Anweisungsempfänger Massegläubiger, z. B. nach § 59 I Nr. 3, so hat der Angewiesene einen Anspruch aus §§ 684 S. 1, 812 BGB in der Höhe und mit dem Rang (§ 60), wie sie der getilgten Forderung des Anweisungsempfängers zugekommen wären. War aber der Angewiesene im Zeitpunkt der Zahlung an den Anweisungsempfänger gutgläubig i. S. des § 674 BGB, so gilt der Auftrag oder Geschäftsbesorgungsvertrag als fortbestehend (§ 23 I S. 2, II). Der Aufwendungsersatzanspruch ist Konkursforderung (§ 27). Der Angewiesene wird so behandelt, als hätte er vor Konkurseröffnung an den Anweisungsempfänger geleistet und damit dem Gemeinschuldner Kredit gewährt (*Heile* aaO S. 99 f).

(2) Darlehen im Deckungsverhältnis

(2.1) Ohne Darlehensversprechen 67

Als Deckungsverhältnis kommt bei der Anweisung auf Kredit auch ein Darlehensvertrag in Betracht (*Heile* aaO — Anm. 66 — S. 100 ff); denn ein Darlehen kann auch in der Weise gewährt werden, daß der Darlehensgeber die Valuta auf Weisung des Darlehensnehmers an einen Dritten auszahlt. Sollte, was selten vorkommen wird, der Zahlung des Darlehensgebers an den Dritten kein Darlehensversprechen oder Auftrag zugrundeliegen, so entsteht eine Forderung des Darlehensgebers gegen den anweisenden Gemeinschuldner erst mit der Zahlung (§ 607 BGB). Dieser Anspruch ist, weil nach Konkurseröffnung entstanden, keine Konkursforderung (§ 3). Für ihn haftet der Gemeinschuldner allein mit seinem freien Vermögen. Hat aber der Darlehensgeber mit seiner Zahlung nach Konkurseröffnung eine Konkursforderung des Anweisungsempfängers getilgt, so ist die Masse um die Quote ungerechtfertigt bereichert, die der Anweisungsempfänger hätte beanspruchen können. Der Darlehensnehmer ist dann Konkursgläubiger in Höhe und mit dem Range der getilgten Forderung [Anm. 66: Regreßprinzip].

(2.2) Mit Darlehensversprechen 68

Lag der Darlehenshingabe ein Darlehensversprechen zugrunde, so ist § 17 anwendbar (§ 17 Anm. 12; *Heile* aaO — Anm. 66 — S. 102). Lehnt der Konkursverwalter die Erfüllung dieses Vertrages ab, was er regelmäßig tun wird, so hat der Angewiesene die Anweisungsleistung, die er in Erfüllung seines Versprechens erbringen wollte, ohne Rechtsgrund erbracht. Denn infolge der Ablehnung des Konkursverwalters bleibt es bei der normalen konkursrechtlichen Folge, daß der Vertragspartner als Konkursgläubiger einen einseitigen Differenzanspruch (§ 26) hat und der Konkursverwalter einen Anspruch der Masse auf Auszahlung des Darlehens nicht geltend machen kann (§ 320 BGB). Die Einrede des nichterfüllten Vertrages des Vertragspartners ist bei endgültiger Erfüllungsablehnung des Verwalters im Verhältnis zur Masse eine dauernde Einrede, so daß der Bereicherungsanspruch aus § 813 BGB begründet ist (**a. A.** *Heile* aaO — Anm. 66 — S. 102, der jeden Anspruch gegen die Masse ablehnt). Die Masse ist insoweit bereichert, als sie die Auszahlung der Quote an den Anweisungsempfänger erspart hat. Auch hier sollte jedoch der Anspruch des Angewiesenen nicht als Massebereicherungsanspruch kontruiert, sondern in Anwendung des allgemeinen Regreßprinzips [Anm. 66] dem Angewiesenen eine Konkursforderung zugesprochen werden mit dem Rang und der Höhe der Forderung des Anweisungsempfängers.

bb) Angenommene Anweisung

69 **(1) Annahme vor Konkurseröffnung**

Ist die vom Gemeinschuldner erteilte Anweisung vor Konkurseröffnung von dem Angewiesenen angenommen worden, so kann der Anweisende sie nicht mehr widerrufen (§ 790 S. 1 BGB) und der Anweisungsempfänger hat einen abstrakten Anspruch auf Zahlung gegen den Angewiesenen. Wegen der damit begründeten Schuld hat der Angewiesene einen Befreiungsanspruch (§§ 670, 257 BGB), der Konkursforderung ist [dazu § 3 Anm. 23, 54 ff]. Zahlt der Angewiesene nach Konkurseröffnung an den Anweisungsempfänger, so tritt er nach dem allgemeinen Regreßprinzip [§ 3 Anm. 54 ff, insbesondere auch Anm. 58, § 23 Anm. 66] in die haftungsrechtliche Stellung des Anweisungsempfängers ein. Das bedeutet, daß er Konkursgläubiger wird mit dem Range des Anweisungsempfängers (im Ergebnis ebenso *Heile* aaO — Anm. 66 — S. 103 f, freilich mit der in § 3 Anm. 54 ff abgelehnten Konstruktion der Bedingung).

70 **(2) Annahme nach Konkurseröffnung**

Anders als bei der Anweisung auf Schuld [§ 8 Anm. 11, 17] wird der Angewiesene bei der Anweisung auf Kredit nicht durch § 8 II, III geschützt, wenn er die Anweisung erst nach Konkurseröffnung annimmt. Wohl aber finden zugunsten des gutgläubigen Angewiesenen die §§ 674 BGB, 23 I S. 2, II KO Anwendung. Der Angewiesene wird danach so behandelt, als hätte er die Anweisung vor Konkurseröffnung angenommen [Anm. 69]. Hatte der Angewiesene die Anweisung darlehenshalber angenommen, so besteht das Darlehen zunächst in der vom Angewiesenen eingegangenen abstrakten Verpflichtung, den Darlehensbetrag an den Anweisungsempfänger zu zahlen. Der Anspruch auf Rückzahlung des Darlehens ist hier zunächst nur ein Anspruch auf Befreiung von dieser abstrakten Verpflichtung [dazu § 3 Anm. 23]. Erst mit der Auszahlung des Darlehens an den Anweisungsempfänger entsteht der Geldanspruch aus § 607 BGB gegen den Darlehnsnehmer. Dieser ist Konkursforderung, weil das Darlehen in Höhe der getilgten Konkursforderung des Anweisungsempfängers der Masse zugute kommt (im Ergebnis ebenso *Heile* aaO — Anm. 66 — S. 103 f).

c) Folgen des Konkurses für das Valutaverhältnis

71 **aa) Vor Konkurseröffnung angenommene Anweisung**

Hat der Angewiesene die Anweisung vor der Eröffnung des Konkursverfahrens über das Vermögen des Anweisenden angenommen, so erlangt der Anweisungsempfänger durch die Zahlung des Angewiesenen nach Konkurseröffnung eine Leistung, auf die er einen abstrakten Anspruch gegen den Angewiesenen hatte. Obwohl er für seine Forderung gegen den Gemeinschuldner, die ohne die Leistung des Angewiesenen Konkursforderung wäre, volle Deckung erlangt, besteht dennoch kein Bereicherungsanspruch der Masse gegen ihn. Denn die Masse wird durch die Zahlung des Angewiesenen nicht verkürzt, weil dieser nur eine Konkursforderung in Höhe und mit dem Rang der getilgten Forderung des Anweisungsempfängers hat (*Heile* aaO — Anm. 66 — S. 108).

bb) Vor Konkurseröffnung nicht angenommene Anweisung 72

War die Anweisung bei Konkurseröffnung noch nicht angenommen so erwirbt der Anweisungsempfänger ebenfalls nichts zum Nachteil der Masse. Der Angewiesene hat, gleichgültig ob er gutgläubig (§§ 23 I S. 2, II KO, 674 BGB) oder bösgläubig ist, nur eine Konkursforderung, die nicht höher ist als die des Anweisungsempfängers, wenn dessen Forderung noch bestünde (*Heile* aaO — Anm. 66 — S. 106 f). Etwas anderes gilt nur, wenn die Forderung im Valutaverhältnis von der Konkursteilnahme ausgeschlossen ist, etwa als Forderung aus einem Schenkungsversprechen (§ 63 Nr. 4). Dann hat der Angewiesene allerdings eine Konkursforderung nur, wenn er gutgläubig ist (§§ 23 I S. 2, II KO, 674 BGB). Die Masse wird bei Zahlung durch den gutgläubigen Angewiesenen mit dessen Konkursforderung (§ 670 BGB) belastet, ohne daß eine Entlastung von einer Konkursforderung eintritt. Der Anweisungsempfänger hat, weil die Anweisungszahlung als Simultanleistung auch als Leistung aus der Masse gilt, aus dieser etwas erhalten, was ihm nach § 63 nicht zukam. Dieser Erwerb geht auf Kosten der Masse, soweit diese dafür dem Angewiesenen Aufwendungsersatz schuldet (*Heile* aaO — Anm. 66 — S. 107 Note 44). Ist der Angewiesene bösgläubig, so hat er keinen Anspruch gegen die Masse, wenn im Valutaverhältnis ein Anspruch besteht, der von der Konkursteilnahme ausgeschlossen ist (§ 63). Die Masse hat durch die Zahlung des Angewiesenen keine Schuldbefreiung erlangt. Ein Bereicherungsanspruch kann dem Angewiesenen nur gegen den Gemeinschuldner persönlich zustehen.

d) Banküberweisung auf Kredit

aa) Allgemeines 73

Für die Banküberweisung auf Kredit gilt grundsätzlich das in Anm. 65 ff Gesagte entsprechend. Dabei ist aber zu beachten, daß der Krediteröffnungsvertrag beim Kontokorrentkredit als solcher kein Darlehensvertrag ist (*Canaris* in Großkomm. HGB[3] Anh. nach § 357 Anm. 617 f). Auf ihn ist vielmehr § 23 II unmittelbar oder analog anzuwenden (*Canaris* aaO Anm. 657; *Heile* aaO S. 130 ff). Dies gilt auch bei der sog. Zwei-Konten-Methode, bei der dem Kunden der Kredit durch eine Gutschrift auf dem laufenden Konto erteilt wird. Denn ihr steht eine Belastung auf dem Darlehenssonderkonto gegenüber (*Canaris* aaO Anm. 677). Das Guthaben auf dem laufenden Konto stellt deshalb keinen dem Haftungszugriff unterliegenden Aktivposten des Kunden dar. Die Zwei-Konten-Methode ist nur eine buchtechnisch abweichende Art gegenüber dem Kontokorrentkredit, bei dem der Kreditnehmer keine Gutschrift auf dem laufenden Konto erhält, sondern lediglich befugt ist, über sein laufendes Konto bis zu der vereinbarten Kreditgrenze zu verfügen (*Canaris* aaO Anm. 678; *Heile* aaO — Anm. 66 — S. 132). Da also beim Kontokorrentkredit das Kausalverhältnis grundsätzlich nach § 23 erlischt, hat die Bank, wenn sie in Kenntnis oder in fahrlässiger Unkenntnis der Konkurseröffnung einen vom Gemeinschuldner vor Konkurseröffnung erteilten Überweisungsauftrag nach Konkurseröffnung ausführt, nur einen Bereicherungsanspruch nach §§ 684 S. 1, 812 BGB in der Höhe, in welcher die Masse durch die Tilgung der

Forderung des Anweisungsempfängers entlastet ist. Nach dem allgemeinen Regreßprinzip [§ 3 Anm. 54 ff, 58, § 23 Anm. 66] ist die Bank Konkursgläubiger in Höhe und mit dem Rang der getilgten Forderung. Ist die Bank bei Ausführung des Überweisungsauftrages gutgläubig i. S. des § 674 BGB, so hat sie einen Aufwendungsersatzanspruch nach § 670 BGB, der einfache Konkursforderung ist (§ 27).

74 **bb) Bereicherungsanspruch der Bank gegen den Empfänger**

Umstritten ist die Frage, ob die Bank ihre Zahlung von dem Empfänger zurückverlangen kann. *Canaris* (Einhundert Jahre Konkursordnung S. 97 ff) und *Hefermehl* (*Schlegelberger/Hefermehl* HGB[5] Anh. § 365 Anm. 119; zustimmend *Kübler* BB **1976** 801, 805; allgemein zur unwirksamen Anweisung: *Larenz* SchuldR II[12] § 68 III d m. w. Nachw. in Note 1) bejahen sie sowohl für die Anweisung auf Schuld wie für die Anweisung auf Kredit, und zwar unabhängig davon, ob der Empfänger die Konkurseröffnung kennt. *Canaris* beruft sich auf BGHZ **67** 75 ff (= WM **1976** 900 = KTS **1977** 91 = JR **1977** 199 mit Anm. *Schubert*). Obwohl aber der BGH mit *Canaris* (Großkomm. HGB[3] Anh. nach § 357 Anm. 223, 253) annimmt, daß die Anweisung mit der Konkurseröffnung unwirksam werde (Erlöschenstheorie, s. o. § 8 Anm. 10, 27; ferner *Kübler* BB **1976** 801, 804), hat er den Bereicherungsanspruch nur deshalb zugesprochen, weil der Empfänger die Konkurseröffnung über das Vermögen des Anweisenden kannte. Die Entscheidung stützt also jedenfalls nicht die Ansicht, daß auch der gutgläubige Empfänger dem Direktanspruch des Angewiesenen ausgesetzt sei. *Canaris* will den gutgläubigen Empfänger nur nach § 818 III BGB schützen, also etwa dann, wenn er Sicherheiten freigegeben hat (Einhundert Jahre Konkursordnung S. 100).

75 Der Kern der Erlöschenstheorie liegt darin, daß sie die Abstraktheit der Anweisung leugnet, indem sie die Anweisung bzw. den Überweisungsauftrag mit dem kausalen Geschäftsbesorgungsvertrag als unwirksam ansieht und damit den Weg zum Durchgriff eröffnet, den die h. M. bei fehlender Anweisung zuläßt. Wenn aber jeder Mangel des Geschäftsbesorgungsvertrages die Unwirksamkeit der Anweisung oder des Banküberweisungsauftrages nach sich zöge, wäre der Durchgriff der Bank gegen den Empfänger stets zuzulassen, wenn das Deckungsverhältnis fehlerhaft ist. Das wäre jedenfalls dem gutgläubigen Empfänger gegenüber unangemessen. Denn er braucht sich um den Bestand des Deckungsverhältnisses grundsätzlich nicht zu kümmern. Die Erlöschenstheorie schießt also über das Ziel hinaus.

76 Wenn demgegenüber die Bestandstheorie [§ 8 Anm. 9, 27] das Abstraktionsprinzip auch im Konkurs des Anweisenden durchzuhalten sucht, gerät sie in den Verdacht, aus diesem Prinzip Lösungen zu deduzieren, die für den Konkurs des Anweisenden nicht passen könnten. Das Abstraktionsprinzip ist kein Wert an sich, sondern Ausdruck bestimmter Wertungen, die auf ihre Angemessenheit in der jeweiligen Situation zu überprüfen sind. Deshalb muß gefragt werden, ob der Konkurs des Anweisenden eine Durchbrechung des Abstraktionsprinzips rechtfertigt.

77 Der Streit sollte also nicht unter den Stichworten „Erlöschenstheorie" — „Bestandstheorie" geführt werden, vielmehr geht es um die Frage, ob eine Einschränkung oder Durchbrechung des Abstraktionsprinzips, die allein den Direktanspruch rechtfertigen kann (vgl. *Canaris* Festschrift für Larenz, 1973, S. 799, 806, 817), in der besonderen Situation des Konkurses des Anweisenden geboten ist.

78 Ein für die Wahrung des Abstraktionsprinzips maßgebender Gesichtspunkt ist die richtige Verteilung des Insolvenzrisikos. So soll der Angewiesene beim Konkurs des Anweisungsempfängers vor einem Ausfall geschützt werden, indem sein Bereiche-

rungsanspruch bei einem Mangel des Deckungsverhältnisses sich gegen den Anweisenden richtet und nicht gegen den Anweisungsempfänger. Denn dessen Vermögenslage geht den Angewiesenen nichts an. Die Folgen des Konkurses des Anweisenden dagegen sind sowohl für den Angewiesenen als auch für den Anweisungsempfänger relevant, weil beide zum Gemeinschuldner in Kausalbeziehungen stehen. Der Angewiesene, der nach Konkurseröffnung die Anweisung ausführt, bekommt aus der Masse nur die Konkursquote, gleichgültig, ob er gut- oder bösgläubig ist. Der Anweisungsempfänger hat im Zeitpunkt der Konkurseröffnung nur eine Konkursforderung gegen den Anweisenden. Würde er die Leistung nach Konkurseröffnung vom Gemeinschuldner aus Massemitteln erhalten, müßte er sie zurückgeben (§ 7). Er würde also das Konkursrisiko tragen. Die Frage ist, ob er besser stehen soll, weil er die Leistung durch Vermittlung der Bank erhalten hat. Dafür könnte sprechen, daß die Masse keinen Nachteil erleidet, weil die Bank aus der Masse nur die Quote erhält, die der Anweisungsempfänger ohne die Anweisungsleistung bekommen hätte (§§ 674 BGB, 23 I S. 2, II, 27 KO; 684 S. 1, 812 BGB). Jedoch würde dies nur rechtfertigen, daß der Empfänger nichts an die Masse herauszugeben braucht, nicht aber, daß auch der Angewiesene keinen Bereicherungsanspruch gegen den Empfänger hat. Da die Masse nicht betroffen wird, muß die Frage, ob die angewiesene Bank oder der Empfänger das Konkursrisiko tragen soll, allein mit einer Abwägung der Interessen dieser Beteiligten beantwortet werden. Für diese Abwägung ist unbeachtlich, daß der Empfänger, wenn er eine Leistung aus der Masse erhielte, nach § 7 vor der Unkenntnis des Konkurses des Anweisenden nicht geschützt würde. Denn die Versagung dieses Schutzes dient der Erhaltung der Masse. Diese aber erleidet keinen Nachteil, wenn die Gutschrift beim Empfänger verbleibt.

Die entscheidene Frage lautet deshalb, ob das Abstraktionsprinzip den Empfänger davor schützt, daß die Bank, deren Revalierungsanspruch zur Konkursforderung geworden ist, das Konkursrisiko auf ihn abwälzt. Grundsätzlich bewirkt die Abstraktheit der Anweisung, daß der Empfänger sich um Mängel im Deckungsverhältnis nicht zu kümmern braucht. Dieser Grundsatz wird durchbrochen, wenn der Empfänger die Leistung im Verhältnis zum Anweisenden unentgeltlich erlangt hat (§ 822 BGB). Eine unentgeltliche Leistung im Valutaverhältnis liegt jedoch nicht vor, wenn der Gemeinschuldner den Anweisungsbetrag dem Empfänger schuldete. Zwar hatte dessen Konkursforderung nur einen geringen Wert. Eine unentgeltliche Leistung liegt aber nicht schon dann vor, wenn ein Schuldner eine durch seinen Vermögensverfall entwertete Schuld bezahlt. Das Abstraktionsprinzip wird aber auch dann durch einen bereicherungsrechtlichen Ausgleich abgemildert, wenn der Empfänger bösgläubig ist (§§ 819, 818 IV BGB). Das gilt zwar unmittelbar nur, wenn der Leistende von dem Empfänger kondiziert, weil zwischen ihnen der Rechtsgrund fehlt. Jedoch kann der Grundgedanke dieser Regelung auch auf unseren Fall übertragen werden. Der gutgläubige Empfänger kann die Leistung behalten, bis er die Gegenleistung zurückbekommt, die er für die Leistung erbracht hat. Sind die beiderseitigen Rückforderungsansprüche auf Geld gerichtet, kann der Gutgläubige saldieren. Die Besonderheit beim Konkurs des Anweisenden besteht nun darin, daß der Empfänger durch die Überweisung der Bank eine Leistung auf eine bestehende Forderung gegen den Gemeinschuldner erhalten hat, welche die Masse nicht beeinträchtigt und die deshalb nicht an die Masse herauszugeben ist. Der Empfänger hat also infolge der der Masse gegenüber wirksamen mittelbaren Leistung des Gemeinschuldners seine Forderung gegen diesen verloren. Diesen Verlust kann er gegen einen etwaigen Bereicherungsanspruch der angewiesenen Bank nach den Grundsätzen der Saldotheorie verrechnen (zur Nähe der Problematik der 79

„Dreiecksverhältnisse" zur Saldotheorie s. auch *Canaris* Festschrift für Larenz, 1973, S. 816). Die Saldierung aber bewirkt, daß Mängel der Durchsetzbarkeit der Forderung — ähnlich wie bei der Aufrechnung — unberücksichtigt bleiben. Wer saldieren kann, trägt nicht das Risiko, daß seine Gegenleistung durch Vermögensverfall des Empfängers entwertet wird. Daraus ergibt sich, daß der Überweisungsempfänger, der von der Konkurseröffnung nichts weiß, der Bank nicht nach § 812 BGB haftet. Gegenüber dem Gutgläubigen wird auch hier das Abstraktionsprinzip nicht durchbrochen. Der Bösgläubige dagegen genießt diesen Schutz nicht. Im Ergebnis ist deshalb dem BGH zuzustimmen, daß die Bank einen Bereicherungsanspruch gegen den Empfänger hat, der im Zeitpunkt der Gutschrift die Eröffnung des Konkursverfahrens über das Vermögen des Anweisenden kannte.

80 Der Bereicherungsanspruch der Bank gegen den Empfänger, der von der Konkurseröffnung weiß, besteht auch dann, wenn die Bank hinsichtlich der Konkurseröffnung gutgläubig ist (vgl. *Benstz* BB **1949** 500 f). Zwar läßt § 23 I S. 2 KO mit § 674 BGB in diesem Fall den Geschäftsbesorgungsvertrag unberührt, und folglich bleibt auch die Anweisung wirksam. Die Bank soll nach Ansicht des BGH das Girokonto noch mit dem Überweisungsbetrag belasten dürfen (BGH KTS **1975** 111, 114 = NJW **1974** 2285 f; s. aber auch BGHZ **74** 253, 255 und unten Anm. 83). Daraus kann jedoch nicht der nach BGHZ **67** 75 ff naheliegende Schluß gezogen werden, daß die Voraussetzungen für einen Bereicherungsanspruch der Bank gegen den Empfänger fehlten. Denn § 674 BGB schützt nur den Geschäftsbesorger, nicht aber den Dritten (*Heile* aaO — Anm. 66 — S. 107). Dieser kann sich also, wenn er die Konkurseröffnung kennt, nicht darauf berufen, daß der Geschäftsbesorgungsvertrag des Gemeinschuldners mit der Bank noch wirksam sei. Dies zeigt auch ein Vergleich mit § 169 BGB, der den Schutz des Dritten ausschließt, wenn er bösgläubig ist.

81 Die von *Canaris* (Einhundert Jahre Konkursordnung S. 97 ff) aufgestellte These, daß die Bank, die nach Konkurseröffnung einen Überweisungsauftrag des Gemeinschuldners ausgeführt hat, einen Bereicherungsanspruch gegen den Empfänger habe und der Empfänger allenfalls geschützt sei, wenn seine Bereicherung weggefallen ist, gibt Anlaß zu der Frage, ob die hier [Anm. 79] zur Anweisung auf Kredit entwickelte Lösung auch für die oben [§ 8 Anm. 33] behandelte Anweisung auf Schuld gilt. Die von *Canaris* zur Stützung seiner These angeführte Entscheidung des BGH (BGHZ **67** 75 ff) bezieht sich nur auf eine Anweisung auf Kredit. Auch der Hinweis auf die Interessenlage, den *Canaris* (aaO S. 99 f) gibt, betrifft nur die Anweisung auf Kredit. Ein Unterschied zwischen der Anweisung auf Schuld und der Anweisung auf Kredit besteht insofern, als die gutgläubige Bank bei ersterer durch § 8 II, III geschützt wird. Soweit dieser Schutz reicht, besteht kein Bereicherungsanspruch gegen den Empfänger. War die Bank bösgläubig, so hat sie ihren Leistungszweck verfehlt, eine Schuld gegenüber dem Anweisenden zu tilgen. Das rechtfertigt allein nicht den Durchgriff gegen den Empfänger. Geht man davon aus, daß die Anweisung abstrakt ist und deshalb nicht nach § 23 II mit dem Geschäftsbesorgungsvertrag (Girovertrag) erlischt, so stellt sich hier die Frage, ob das Abstraktionsprinzip durchbrochen werden kann, wenn die Bank den in der Kausalbeziehung zum Anweisenden verfolgten Zweck, die ihm gegenüber bestehende Schuld zu tilgen, verfehlt hat. Diese Frage ist aus den in Anm. 74—80 angeführten Gründen zu bejahen, wenn der Empfänger die Konkurseröffnung kennt; dieser Fall ist zu § 8 Anm. 33 nicht berücksichtigt. Sie ist zu verneinen, wenn der Empfänger gutgläubig ist.

2. Konkurs des Anweisungsempfängers

a) Anweisung 82

War die Anweisung noch nicht angenommen, so besteht kein Forderungsrecht des Empfängers aus der Anweisung. Wenn im Valutaverhältnis eine Schuld des Anweisenden gegenüber dem Gemeinschuldner besteht, die zur Konkursmasse zu erfüllen ist, wird der Anweisende, der die Anweisung vor Konkurseröffnung erteilt hat, nur befreit, wenn die Anweisungsleistung in die Masse kommt (§ 8 I) oder der Anweisende durch § 8 II, III geschützt ist. Denn die mit der Anweisung erteilte Ermächtigung an den Empfänger, die Leistung von dem Angewiesenen mit schuldtilgender Kraft im Valutaverhältnis in Empfang zu nehmen, bezieht sich auf die Masse. Die damit dem späteren Gemeinschuldner erteilte Befugnis gehört zur Masse, weil die Zahlung auf die Anweisung die massezugehörige Kausalforderung tilgen soll, diese aber nur getilgt werden kann, wenn die Anweisungsleistung der Masse zufließt oder § 8 II, III eingreift (*Ohm* WM **1960** 310 für den Scheck). Daraus ergibt sich zunächst, daß der Konkursverwalter befugt ist, die Zahlung des Angewiesenen in Empfang zu nehmen. Der Gemeinschuldner dagegen ist zur Entgegennahme der Leistung nicht mehr ermächtigt. Ob der Angewiesene durch die Zahlung an den Gemeinschuldner bei der Anweisung auf Schuld im Deckungsverhältnis von seiner Schuld gegenüber dem Anweisenden befreit wird oder ob er bei der Anweisung auf Kredit vom Anweisenden Aufwendungsersatz verlangen kann, bestimmt sich nach dem Innenverhältnis. Soweit hier ein Auftrag oder Geschäftsbesorgungsvertrag vorliegt, hat der Geschäftsbesorger die Interessen des Geschäftsherrn mit der im Verkehr erforderlichen Sorgfalt wahrzunehmen. Er hat deshalb darauf zu achten, daß der vom Anweisenden verfolgte Zweck erreicht wird. Verletzt der Angewiesene seine Sorgfaltspflicht, so ist er dem Anweisenden ersatzpflichtig für den Schaden, den dieser dadurch erleidet, daß er durch die Zahlung an den Gemeinschuldner der Masse gegenüber nicht befreit ist und sein Bereicherungsanspruch gegen den Gemeinschuldner, den er wegen Zweckverfehlung hat, infolge dessen Vermögenslosigkeit nicht durchsetzen kann. Dem Anweisenden ist es aber als mitwirkendes Verschulden anzurechnen, wenn er in Kenntnis oder fahrlässiger Unkenntnis des Konkurses die Anweisung nicht widerruft oder dem Angewiesenen nicht mitteilt, daß er an den Konkursverwalter zu zahlen habe.

b) Banküberweisung 83

Bei der Banküberweisung stellt sich das Problem einer Zahlung an den Gemeinschuldner nicht, weil das Konto, auf das die Überweisung erfolgt, zur Masse gehört. Die Gutschrift fällt also stets in die Masse. Hier erhebt sich aber die Frage, ob die Empfängerbank bei einem Debetsaldo die Gutschrift verrechnen kann (hierzu auch *Kübler* BB **1976** 801, 802 f). Das ist jedenfalls dann der Fall, wenn die Überweisung im Zeitpunkt der Konkurseröffnung schon bei der Empfängerbank eingegangen war und deshalb der Gemeinschuldner bei Konkurseröffnung schon einen Anspruch auf die Gutschrift hatte (BGH WM **1978** 58 = NJW **1978** 699). Das OLG Düsseldorf hat die Frage aber auch für den Fall bejaht, daß der Anspruch auf die Gutschrift erst nach Konkurseröffnung entstanden ist und die Bank im Zeitpunkt der Gutschrift noch gutgläubig war (DB **1977** 1548). Der BGH (BGHZ **74** 253, 255), der die Entscheidung des OLG Düsseldorf aufgehoben hat, hält dem entgegen, daß auch bei Fortbestehen des Girovertrages der Kontokorrentvertrag mit der Konkurseröffnung erlösche, weil auf diesen § 23 II keine Anwendung finde (so auch LG München II für eine Gutschrift nach einem Widerruf des Konkursverwalters im Lastschriftverfahren, KTS **1980** 165; *Benstz* BB **1949** 500 f). Das steht freilich in Widerspruch zum Urteil des BGH vom

28. 11. 1977 (NJW **1978** 699), in dem die Einstellung eines Anspruchs der Bank aus einer nach Konkurseröffnung vorgenommenen, aber durch §§ 23 I S. 2, II KO, 674 BGB geschützten Geschäftsbesorgung in das Kontokorrent zugelassen wurde. Jedoch handelt es sich in dieser Entscheidung um einen Sonderfall, der nicht verallgemeinerungsfähig ist. Denn es ging um die Buchung einer Lastschrift durch die Bank. Der Masse gegenüber wäre der Bank kein Nachteil entstanden, wenn die Forderung nicht in das Kontokorrent eingestellt worden wäre, weil die Bank jedenfalls eine Konkursforderung nach §§ 23 I S. 2, II KO, 674 BGB, 27 KO hatte und ein Debetsaldo bestand. Die Annahme des BGH, daß die Bank ihre Forderung in das Kontokorrent einstellen durfte, hatte ihren Grund darin, daß sich der Beklagte für die Kontokorrentschuld des Gemeinschuldners verbürgt hatte und deshalb nach Ansicht des BGH nur haftete, wenn die Bank ihre Forderung in das Kontokorrent einstellen durfte. Das richtige Ergebnis dieser Entscheidung hätte sich aber auch durch eine zweckorientierte Auslegung der Bürgschaft erreichen lassen. Der Bürge wollte für alle Verbindlichkeiten des Gemeinschuldners haften, die sich aus dessen Girovertragsbeziehung mit der Bank ergaben, jedenfalls soweit die Forderungen der Bank noch als Konkursforderungen geltend gemacht werden konnten.

84 Daß die Ermächtigung der Bank, ihre Verbindlichkeiten durch Einstellung in das Kontokorrent mit ihren Forderungen zu verrechnen, mit der Konkurseröffnung grundsätzlich erlischt, ist ebenso unstreitig wie das Erlöschen des obligatorischen Kontokorrentgeschäftsvertrages, falls im Zeitpunkt der Konkurseröffnung ein positiver Saldo zugunsten des Geschäftspartners des Gemeinschuldners besteht. Denn in diesem Falle darf der Konkursverwalter auch dann nicht die Erfüllung des Kontokorrentgeschäftsvertrages verlangen, wenn man auf diesen § 17 anwenden will [§ 17 Anm. 25]. Ob von diesem Grundsatz eine Ausnahme zugelassen werden muß, wenn der Girovertrag nach §§ 23 I S. 2, II KO, 674 BGB fortbesteht, hängt von dem Schutzzweck dieser Vorschriften ab. Sie sollen sicherstellen, daß der Geschäftsbesorger seine Ansprüche noch als Konkursforderungen geltend machen kann, wie wenn das Geschäft vor Konkurseröffnung geführt worden wäre. Hinsichtlich seiner Verpflichtung zur Herausgabe des Erlangten dagegen, bedarf der Geschäftsführer keines Schutzes. Er steht insoweit nicht schlechter, wenn der Auftrag als nicht fortbestehend angesehen wird. Schützt das Gesetz insoweit den Geschäftsbesorger nicht, so besteht auch kein Grund zu der Annahme, daß die Verpflichtung zur Herausgabe des Erlangten vor Konkurseröffnung entstanden sei und deshalb mit einer Konkursforderung des Geschäftsführers verrechnet werden dürfte. Wie deshalb § 55 Nr. 1 die Aufrechnung ausschließt, so muß auch die Verrechnung im Wege der Einstellung in das Kontokorrent ausgeschlossen sein. Das Fortbestehen des Girovertrages nach §§ 23 I S. 2, II KO, 674 BGB rechtfertigt also nicht das Fortbestehen des Kontokorrentvertrages (BGHZ **74** 253, 255).

85 Bei einem kreditorischen Konto des Gemeinschuldners im Zeitpunkt der Konkurseröffnung besteht eine Verpflichtung der Empfängerbank zur Gutschrift unter den Voraussetzungen der §§ 23 I S. 2, II KO, 672 S. 2 BGB, wenn mit dem Aufschub der Gutschrift Gefahr verbunden ist. Ob diese Voraussetzung vorliegt, muß im Einzelfall geprüft werden. Der Konkurs des Empfängers allein begründet sie nicht (*Canaris* in Großkomm. HGB^3 Anh. nach § 357 Anm. 252; *Kübler* BB **1976** 801). Die Gefahr ist beispielsweise gegeben, wenn auch der Überweisende kurz vor dem Konkurs steht (*Kübler* aaO S. 801 f; *Obermüller* Die Bank im Konkurs ihres Kunden, 1972, S. 68). Aber auch wenn mit dem Aufschub keine Gefahr verbunden ist, ist die Bank infolge einer „nachwirkenden Vertragspflicht" nach § 242 BGB verpflichtet, das Geld auf dem Konto „pro Diverse" zur Verfügung zu stellen (*Canaris* aaO Anm. 252; *Kübler* aaO

S. 802). Bevor die Bank die Gutschrift erteilt, muß sie aber ihrer Warnpflicht gegenüber dem Überweisenden nachkommen. Eine solche Warnpflicht besteht auf vertraglicher Grundlage, wenn die Bank Kenntnis von der Zahlungseinstellung des Überweisungsbegünstigten oder dem unmittelbaren Bevorstehen seines wirtschaftlichen Zusammenbruchs hat (*Canaris* aaO Anm. 56, 252; *Kübler* aaO S. 802; **a. A.** *Benstz* BB **1949** 500 f). Weil diese Pflicht nur aus dem Bankvertrag abgeleitet werden kann, besteht sie nur zwischen der angewiesenen Bank und dem Überweisenden (*Kübler* aaO S. 802).

3. Konkurs des Angewiesenen **86**

Hatte der in Konkurs gefallene Angewiesene die Anweisung vor der Konkurseröffnung angenommen, so ist der Anweisungsempfänger — vorbehaltlich der Gläubigeranfechtung — Konkursgläubiger (§ 784, vgl. § 787 II BGB). Die Annahme des Gemeinschuldners nach Konkursbeginn kann eine im Konkurs verfolgbare Verbindlichkeit nicht mehr begründen [§ 7 Anm. 3, 16]. Eine Annahme durch den Verwalter würde, sofern sie überhaupt in seinem Machtbereich liegt, die Masse nach § 59 I Nr. 1 zur Vollzahlung verpflichten. Im Falle der Anweisung auf Schuld kann, wenn der Angewiesene vor dem Konkurs angenommen, aber noch nicht geleistet hatte, außer dem Anweisungsempfänger auch der Anweisende Konkursgläubiger sein. Denn erst die Leistung, nicht schon die Annahme der Anweisung, befreit den Angewiesenen gegenüber dem Anweisenden (§ 787 I BGB). Für das Verhältnis der beiden Gläubiger kommt in Betracht, daß einmalige Vollzahlung beide Schuldverhältnisse erledigt. Die Masse hat also jedenfalls die Anteile auf den vollen Schuldbetrag nur einmal auszuwerfen. Nach dem Zweck der Anweisung darf der Anweisende dem Anweisungsempfänger keine Konkurrenz machen. Er darf sich nicht neben dem Anweisungsempfänger für denselben Haftungsbetrag am Konkurs beteiligen; denn der Konkursverwalter hat gegen die Kausalforderung eine Einrede, solange die abstrakte Annahmeschuld besteht [§ 3 Anm. 29]. Ein Widerruf der Anweisung ist nach § 790 BGB nicht mehr zulässig. Doppelter Anmeldung kann der Verwalter und auch jeder Konkursgläubiger widersprechen (§ 144 I). Die Entrichtung der vollen Dividende an den Anweisungsempfänger bedeutet zugleich eine volle Berücksichtigung des Anweisenden. Befreit wird aber der Angewiesene beiden Gläubigern gegenüber nur in Höhe des wirklich ausgezahlten Betrages (§§ 164 I, 206 II KO, 787 I BGB; vgl. für entsprechende Fälle RG JW **1900** 184 f; **1903** 245). Ein Zwangsvergleich trifft nach § 193 beide Konkursgläubiger ohne Rücksicht auf die Tatsache der Konkursbeteiligung. Der Konkurs der angewiesenen Bank führt nicht zum Erlöschen des Girovertrages (*Canaris* aaO — Anm. 85 — Anm. 257; *Schlegelberger/Hefermehl* HGB[5] Anh. nach § 365 Anm. 120; **a. A.** *Benstz* BB **1949** 500 f; *Meyer-Cording* Das Recht der Banküberweisung, 1951, S. 120; *Mez* ArchBürgR 30 106). Beide Vertragspartner haben ein Kündigungsrecht (*Canaris* aaO). Führt die in Konkurs gefallene Bank den Überweisungsauftrag im Wege der Kettenüberweisung aus, so gilt im Verhältnis zur nachfolgenden Bank § 23. Die Situation ist dieselbe wie die im Konkurs des Anweisenden.

§ 24

Ist zur Sicherung eines Anspruchs auf Einräumung oder Aufhebung eines Rechts an einem Grundstück oder eingetragenen Schiff oder Schiffsbauwerk des Gemeinschuldners oder an einem für den Gemeinschuldner eingetragenen Recht oder zur Sicherung eines Anspruchs auf Änderung des Inhalts oder des Ranges eines solchen

Rechts eine Vormerkung im Grundbuch, Schiffsregister oder Schiffsbauregister eingetragen, so kann der Gläubiger von dem Konkursverwalter die Befriedigung seines Anspruchs verlangen. Dies gilt auch, wenn der Gemeinschuldner dem Gläubiger gegenüber weitere Verpflichtungen übernommen hat und diese nicht oder nicht vollständig erfüllt sind.

§ 24 neu gefaßt durch VO v. 21. 12. 1940 (RGBl. I 1609). § 24 S. 2 angefügt durch Gesetz v. 22. 6. 1977 (BGBl. I 998).

Materialien: P. III S. 107 ff, 112 f, VI S. 760 f, Begründung S. 32, Stenogr. Berichte 1995 f; zu § 24 S. 2: BTagDs. VIII/359 S. 9, 14; Protokolle des Rechtsausschusses des BTages Nr. 5/1977 S. 15 ff, Nr. 7/1977 S. 38 ff.

Übersicht

I. Einleitung

1. Die Vormerkung 1

Vormerkungen können zur Sicherung schuldrechtlicher Ansprüche auf Einräumung oder Aufhebung eines Rechts an einem Grundstück oder Schiff oder an einem das Grundstück belastenden Recht oder an einer Schiffshypothek in das Grundbuch oder Schiffsregister eingetragen werden oder zur Sicherung eines schuldrechtlichen Anspruchs auf Änderung des Inhalts oder des Ranges eines solchen Rechts (§ 883 I BGB, §§ 16 I, 77, 81 a SchiffsRG). In das Register für Pfandrechte an Luftfahrzeugen kann nach § 10 LuftfzRG eine Vormerkung eingetragen werden zur Sicherung des Anspruchs auf Einräumung oder Aufhebung eines Registerpfandrechts an einem Luftfahrzeug oder eines Rechts an einem Registerpfandrecht oder auf Änderung des Inhalts oder des Ranges eines dieser Rechte. Nach § 98 III dieses Gesetzes ist § 24 KO auch auf diese Vormerkung anwendbar.

2. Die Vormerkung im Konkurs 2

Der Gläubiger des vorgemerkten Anspruchs ist geschützt gegen haftungsrechtliche Zuweisungen, die nach Eintragung der Vormerkung begründet werden und den gesicherten Anspruch vereiteln oder beeinträchtigen würden. So wird die dem Recht des betreibenden Gläubigers im Range vorgehende Auflassungsvormerkung in das geringste Gebot aufgenommen (§§ 44, 48 ZVG; *J. Blomeyer* DNotZ 1979 515 ff) und bleibt deshalb beim Zuschlag in der Zwangsversteigerung bestehen (§§ 91 I, 52 ZVG). Der Eigentumserwerb des Erstehers durch Zuschlag (§ 90 ZVG) ist nach § 883 II S. 2 BGB dem Gläubiger des vorgemerkten Auflassungsanspruchs gegenüber unwirksam. Dementsprechend hält die Vormerkung auch der mit der Konkurseröffnung bewirkten haftungsrechtlichen Zuweisung der Konkursmasse an die Gläubiger [§ 1 Anm. 3, § 3 Anm. 3] stand. Nach § 24 S. 1 kann der Gläubiger den vorgemerkten Anspruch trotz des Konkurses durchsetzen und damit der Masse das Recht, auf das der vorgemerkte Anspruch gerichtet ist, als Haftungsobjekt entziehen. Weil die Vormerkung die haftungsrechtliche Zuweisung eines Massebestandteils durchbricht und deshalb eine Verfügung des Konkursverwalters über diesen Massebestandteil dem Vormerkungsberechtigten gegenüber unwirksam ist, soweit sie den vorgemerkten Anspruch vereitelt oder beeinträchtigt (§ 883 II S. 2 BGB), gehört dieser Massebestandteil nicht zu dem Vermögen, das der freien Disposition des Konkursverwalters unterliegt. Daraus folgt, daß § 17 nicht anwendbar ist, denn diese Vorschrift setzt voraus, daß der Konkursverwalter über die vom Gemeinschuldner geschuldete Leistung noch wirksam verfügen kann [§ 17 Anm. 9, 52, 64]. Die Wirkung des § 24 erschöpft sich aber nicht darin, daß er das Wahlrecht des Konkursverwalters, das § 17 gewährt, ausschließt. Vielmehr kann der Vormerkungsberechtigte auch dann Erfüllung des vorgemerkten Anspruchs verlangen, wenn er seinerseits vor Konkurseröffnung schon voll erfüllt hatte oder wenn der vorgemerkte Anspruch von vornherein ein einseitiger war (s. auch Anm. 18 und *C. Paulus* Richterliches Verfügungsverbot und Vormerkung im Konkurs, 1981, S. 64).

3 **3. Veräußerungsverbot**

Die negative Wirkung der Vormerkung (§ 883 II BGB) ähnelt der eines Veräußerungsverbotes im Sinne der §§ 135, 136 BGB, trägt jedoch weiter. Widerstreitende Verfügungen des Konkursverwalters dringen zwar gegenüber einem solchen Verbot, nicht aber gegenüber einer Vormerkung durch (§ 883 II S. 2 gegen § 135 I S. 2 BGB, § 13 KO). Wenn beispielsweise ein Vermächtnisnehmer auf Übereignung des ihm vermachten Grundstücks klagt und eine einstweilige Verfügung erwirkt hatte, die dem beschwerten Erben die Veräußerung des Grundstücks verbietet (§§ 935, 938 ZPO), hierauf aber der Erbe in Konkurs fällt, hat der Vermächtnisnehmer nur eine Konkursforderung (§§ 12, 14, 69, 193). Auch erwächst ihm aus der Veräußerung des Grundstücks durch den Verwalter nicht etwa ein Masseschuldanspruch nach § 59 I Nr. 1 [s. § 13 Anm. 4, 10, 22 ff]. Eine vor dem Konkurs erwirkte Vormerkung dagegen (vgl. § 885 I S. 2 BGB, § 895 ZPO) sichert dem Gläubiger die Erfüllung der geschuldeten Leistung selbst (§ 24) [s. § 14 Anm. 51 ff]. Die konkursfeste Ausgestaltung der Vormerkung rechtfertigt sich aus besonderen Bedürfnissen des Grundstückverkehrs. Weil die Auflassung bedingungsfeindlich ist (§ 925 II BGB), kann der Grundstückskäufer — anders als der Käufer einer beweglichen Sache —, der eine Anzahlung geleistet hat, eine haftungsrechtlich sichere Position nicht in Gestalt eines Anwartschaftsrechts erwerben. An die Stelle der bedingten Übereignung beweglicher Sachen tritt beim Grundstückserwerb der durch Vormerkung gesicherte Anspruch des Käufers auf Übereignung nach Zahlung des Kaufpreises. Zum andern schützt die Vormerkung den Käufer in der für den Grundstücksverkehr typischen Situation, daß die Auflassung sich verzögert, weil sie einer behördlichen Genehmigung bedarf oder weil bei Veräußerung einer Teilfläche die Vermessung und die Anlegung eines eigenen Grundbuchblattes noch ausstehen (*Rimmelspacher* Kreditsicherungsrecht, 1980, S. 125 Rdn. 643). Daraus, nicht dagegen aus der Publizität der Vormerkung (so aber *C. Paulus* Richterliches Verfügungsverbot und Vormerkung im Konkurs, 1981, S. 95 ff), rechtfertigt sich die konkursrechtliche Privilegierung der Vormerkung (§ 24) gegenüber der Konkursschwäche des Veräußerungsverbots (§ 13). § 24 bewirkt, daß der Gegenstand, auf den sich der vorgemerkte Anspruch bezieht, haftungsrechtlich der Masse entzogen werden kann. Der Vormerkungsbegünstigte steht einem Aussonderungsberechtigten nahe. Aussonderungsrechte sind aber nicht durch ihre Publizität bedingt. Denn aussonderungsberechtigt ist auch der Vermieter einer beweglichen Sache, obwohl er nur mittelbarer Besitzer ist, der Bestohlene, der überhaupt keinen publizitätsbegründenden Besitz an der Sache hat, oder der Grundstückseigentümer, der die Berichtigung des durch Eintragung des Gemeinschuldners unrichtigen Grundbuchs verlangt. Die Publizität war nach den Vorstellungen des Gesetzgebers der KO (Motive II S. 196, 198 ff, s.

näher § 4 Anm. 1) Voraussetzung für die Anerkennung von Absonderungsrechten, also von speziellen Haftungsvorzugsrechten. Die Vormerkung aber ist kein Haftungsvorzugsrecht, sie wirkt unabhängig davon, ob der Begünstigte Kredit gewährt hat in Gestalt einer Anzahlung. Weil deshalb die Publizität der Vormerkung nicht der Grund ihrer Konkursfestigkeit sein kann, ist es auch nicht gerechtfertigt, § 24 auf publizierte Veräußerungsverbote entsprechend anzuwenden (so aber *C. Paulus* aaO S. 110 ff).

4. Widerspruch 4

Vom Widerspruch (§§ 899, 1263 II BGB) unterscheidet sich die Vormerkung dadurch, daß jener zur Erhaltung bereits oder noch bestehender, aber noch nicht, nicht mehr oder nicht richtig verbuchter dinglicher Rechte dient und deshalb noch im Konkurs eingetragen werden kann [s. auch § 14 Anm. 53], während die Vormerkung auf eine noch nicht vorhandene dingliche Rechtslage abzielt, deren Erwirkung im Konkurs den §§ 14, 15 zufolge regelmäßig ausgeschlossen ist. Der Konkursverwalter hat deshalb beim Widerspruch bestehende Rechte — auf Aussonderung oder Absonderung — anzuerkennen, bei der Vormerkung dagegen durch seine Tätigkeit den Vollerwerb von Rechten an Gegenständen der Masse zu bewirken. Die „Bewilligung" einer Widerspruchseintragung kann im Konkurs nur der Verwalter erteilen (§ 6).

II. Das Vorkaufsrecht

1. Das dingliche Vorkaufsrecht

a) Verkauf und Versteigerung des Grundstücks durch den Konkursverwalter 5

Verkauft der Konkursverwalter das Grundstück, so ist auf das dingliche Vorkaufsrecht § 24 nicht anwendbar, obwohl § 1098 II BGB sagt, daß dieses Recht die Wirkung einer Vormerkung habe. Die Unanwendbarkeit des § 24 beruht darauf, daß der Vorkaufsberechtigte — anders als der Vormerkungsgläubiger — im Zeitpunkt der Konkurseröffnung noch gar keinen Anspruch gegen den Gemeinschuldner auf Eigentumsübertragung hat. Die von § 24 beantwortete Frage, ob ein solcher Anspruch trotz des Konkurses durchgesetzt werden kann, stellt sich deshalb für den Vorkaufsberechtigten nicht. Es muß lediglich entschieden werden, ob der Vorkaufsberechtigte das Vorkaufsrecht trotz des Konkurses des „Verpflichteten" noch ausüben und damit bewirken kann, daß nach §§ 1098 I S. 1, 505 II BGB ein Kaufvertrag zustande kommt, der vom Konkursverwalter als Masseschuld zu erfüllen ist. Diese Frage wird durch § 1098 I S. 2 BGB dahin beantwortet, daß das Vorkaufsrecht nur ausgeübt werden kann, wenn der Konkursverwalter das Grundstück aus freier Hand verkauft [§ 1 Anm. 90], also nicht bei einer Veräußerung im Wege der Zwangsversteigerung (§ 126 KO, §§ 172 ff ZVG). Betreibt der Konkursverwalter die Zwangsversteigerung und hindert er damit die Ausübung des Vorkaufsrechts, so wird er deshalb nicht dem Vorkaufsberechtigten ersatzpflichtig. Maßgebend für den Ausschluß des Vorkaufsrechts in diesem Falle war die Furcht vor „Komplikationen", die bei Erstreckung des Vorkaufs auf die Zwangsversteigerung eintreten könnten (s. auch BGH NJW **1977** 37 = JR **1977** 282 mit Anm. *Schubert* = KTS **1977** 94). Der Vorkaufsberechtigte mag sich dadurch helfen, daß er das Höchstgebot überbietet.

b) Verkauf des Grundstücks durch den Gemeinschuldner

aa) Das Vorkaufsrecht ist vor Konkurseröffnung ausgeübt 6

Hatte der Vorkaufsberechtigte das Vorkaufsrecht bereits vor Konkurseröffnung ausgeübt, so ist streitig, ob der Konkursverwalter noch die Erfüllung des Vertrages mit dem Vorkaufsberechtigten ablehnen kann (bejahend: Voraufl. § 21 Anm. 4, *Planck/ Strecker* BGB[5] § 1097 Anm. 1 a; *Rothe* RGRK BGB[12] § 1097 Anm. 8; **a. A.** *Immerwahr* JherJb. 40 335; *Wolff* KO[2] § 24 Anm. 2; *Denecke* RGRK BGB[11] § 1098 Anm. 4; *Staudinger/Dittmann* BGB[11] § 1097 Anm. 5; *Staudinger/Mayer-Maly* BGB[12] § 1097 Anm. 8). Ausgeschlossen ist die Erfüllungsablehnung jedenfalls dann, wenn sie dem Dritten gegenüber nicht mehr möglich war, weil die Voraussetzungen des § 878 BGB bereits eingetreten waren [§ 17 Anm. 64] oder für den Dritten eine Vormerkung eingetragen worden ist (§ 24). Denn dann kann der Konkursverwalter über das Grundstück nicht mehr zugunsten der Masse anderweitig verfügen. Für den Fall, daß der Konkursverwalter dem Dritten gegenüber die Erfüllung noch ablehnen könnte, wird für die Anwendung des § 17 im Verhältnis zum Vorkaufsberechtigten geltend gemacht, daß die Vormerkungswirkung nach § 1098 II BGB nur Dritten gegenüber eintrete, nicht dagegen im Verhältnis zum Verkäufer und seinem Konkursverwalter (so Voraufl. § 24 Anm. 4). Dieses Argument würde entfallen, wenn man der Organtheorie [§ 6 Anm. 9, 13] folgt, weil die Konkursmasse dann als „Dritter" anzusehen wäre, die Vormerkung ihr gegenüber also nach Maßgabe des § 24 wirksam wäre. Aber auch die Amtstheorie führt zu keinem anderen Ergebnis. Entscheidend ist nämlich, wie sich die Ausübung des Vorkaufsrechts haftungsrechtlich auswirkt. Wird das Grundstück — außerhalb des Konkurses — zugunsten eines persönlichen Gläubigers des Verkäufers beschlagnahmt, so ist dieser Dritter i. S. des § 1098 II BGB. Die Vormerkungswirkung des Vorkaufsrechts tritt also auch ihm gegenüber ein. Das bedeutet, daß die „Vormerkung" in das geringste Gebot aufzunehmen ist und infolge des Zuschlags nicht erlischt. Der Vorkaufsberechtigte kann also von dem Verkäufer die Übereignung des Grundstücks und von dem Ersteher die Zustimmung zur Eintragung verlangen (§§ 883 II, 888 BGB). Dementsprechend mindert sich der Erlös des betreibenden Gläubigers. Die Vormerkungswirkung des ausgeübten Vorkaufsrechts steht also einer haftungsrechtlichen Zuweisung des Grundstücks an Dritte entgegen. Dementsprechend muß die Vormerkungswirkung des § 1098 II BGB auch der haftungsrechtlichen Zuweisung des Grundstücks an die Konkursgläubiger gegenüber durchgreifen. Der Konkursverwalter muß also gemäß § 24 den Kaufvertrag mit dem Vorkaufsberechtigten erfüllen. Er hat kein Wahlrecht nach § 17. Er kann das Grundstück nicht anderweitig für die Masse verwerten, und er darf den Vorkaufsberechtigten nicht auf eine Konkursforderung (§§ 17, 26 S. 2) verweisen.

7 **bb) Das Vorkaufsrecht ist bei Konkurseröffnung noch nicht ausgeübt**

Die in Anm. 6 gegebene Begründung scheint zu dem Schluß zu führen, daß der Konkursverwalter nach § 24 die Erfüllung des Vertrages mit dem Vorkaufsberechtigten auch dann nicht mehr ablehnen könnte, wenn der Vorkaufsfall vor Konkurseröffnung eingetreten, das Vorkaufsrecht aber erst nach Konkurseröffnung ausgeübt worden ist. Denn die h. M. nimmt an, daß Belastungen des Grundstücks, die nach Eintritt des Vorkaufsfalls begründet werden, dem Vorkaufsberechtigten gegenüber auch dann nach §§ 1098 II, 883 II BGB unwirksam sind, wenn das Vorkaufsrecht erst nach der Entstehung des belastenden Rechts ausgeübt wurde (BGHZ 60 275, 293 ff; *Planck/ Strecker* BGB[5] § 1098 Anm. 3; *Palandt/Bassenge* BGB[40] § 1098 Anm. 4; *Westermann* SachenR[5] § 125 II 5 b; *Staudinger/Dittmann* BGB[11] § 1098 Anm. 21; *Staudinger/Mayer-Maly* BGB[12] § 1098 Anm. 16; **a. A.** *Immerwahr* JherJb. 40 327 ff). Folglich müßte auch die mit der Konkurseröffnung bewirkte haftungsrechtliche Zuweisung hinter der Vormerkungswirkung des § 1098 II BGB zurücktreten, wenn der Vorkaufsfall vor Konkurseröffnung eingetreten ist. Das kann jedoch nicht richtig sein, weil der Dritte, mit dem der Gemeinschuldner den Kaufvertrag vor Konkurseröffnung abgeschlossen hat, noch der Erfüllungsablehnung des Konkursverwalters ausgesetzt ist, solange nicht für ihn eine Vormerkung eingetragen oder hinsichtlich der Vormerkung oder der Auflassung die Voraussetzungen des § 878 BGB eingetreten sind [s. § 15 Anm. 108, § 14 Anm. 55 f]. Der Vorkaufsberechtigte, der sein Vorkaufsrecht noch nicht ausgeübt hat, soll aber nicht besser stehen als der Dritte, dem der Gemeinschuldner das Grundstück verkauft hat.

(1) Der Kaufvertrag ist vor Konkurseröffnung vom Gemeinschuldner erfüllt oder wird vom Konkursverwalter erfüllt 8

Hatte der Gemeinschuldner schon vor Konkurseröffnung das mit dem Vorkaufsrecht belastete Grundstück an einen Dritten verkauft, so kann der Vorkaufsberechtigte sein Vorkaufsrecht noch nach Konkurseröffnung ausüben, wenn der Konkursverwalter die Erfüllung des Vertrages mit dem Dritten wählt (§ 17) oder der Vertrag mit dem Dritten vom Gemeinschuldner schon erfüllt, das Grundstück an den Dritten also schon übereignet war oder der Dritte durch eine Vormerkung (§ 24) oder durch den Eintritt der Voraussetzungen des § 878 BGB [s. § 17 Anm. 64] eine Rechtsposition erworben hat, welche die Erfüllungsablehnung des Konkursverwalters ausschließt. Denn in diesen Fällen gehört das Grundstück entweder nicht mehr zur Masse oder es steht jedenfalls nicht mehr zur Disposition des Konkursverwalters. Auf die Unwirksamkeit nach §§ 1098 II, 883 II BGB kann der Verwalter sich nicht berufen. Durch Ausübung des Vorkaufsrechts kommt der Kaufvertrag zustande, den der Konkursverwalter als Masseschuld erfüllen muß und dessen Erfüllung durch den Vorkaufsberechtigten der Konkursverwalter zur Masse verlangen kann. Jedoch kann der Vorkaufsberechtigte die Zahlung des Kaufpreises an den Konkursverwalter verweigern, wenn der Dritte schon das Eigentum erlangt hat und wegen des von ihm an den Gemeinschuldner oder den Konkursverwalter gezahlten Kaufpreises die Zustimmung zur Eintragung des Vorkaufsberechtigten oder die Herausgabe des Grundstücks verweigert (§ 1100 BGB). Der Dritte, dem der Gemeinschuldner vor Konkurseröffnung das Grundstück bereits aufgelassen hat, ist also nicht darauf angewiesen, bei Ausübung des Vorkaufsrechts wegen des von ihm an den Gemeinschuldner gezahlten Kaufpreises einen Bereicherungsanspruch als Konkursforderung geltend zu machen. Vielmehr kann er nach § 1100 BGB erreichen, daß ihm der Kaufpreis von dem Vorkaufsberechtigten erstattet wird. Daß die Masse dann den Kaufpreis nicht erhält, obwohl der durch Ausübung des Vorkaufsrechts begründete Kaufvertrag nach Konkurseröffnung entsteht, ist richtig, weil das Grundstück im Zeitpunkt der Konkurseröffnung nicht mehr dem Gemeinschuldner gehörte bzw. nicht Bestandteil seiner der Disposition des Konkursverwalters unterliegenden Konkursmasse ist.

(2) Der Kaufvertrag ist bei Konkurseröffnung beiderseits noch nicht erfüllt 9

Ist dagegen auf den Kaufvertrag mit dem Dritten § 17 noch anwendbar, weil dieser weder schon Eigentümer ist, noch eine konkursfeste Rechtsposition im Sinne der §§ 878 oder 883 II BGB erworben hat, und lehnt der Konkursverwalter die Erfüllung dieses Vertrages ab, so entfällt auch das Vorkaufsrecht, weil dieses voraussetzt, daß der Dritte — abgesehen von dem Vorkaufsrecht — die Erfüllung des Kaufvertrages aus der Masse verlangen kann. Das kann er aber nur, wenn der Konkursverwalter die Erfüllung wählt [§ 17 Anm. 162]. Andernfalls hat der Dritte in unmittelbarerer Folge der Konkurseröffnung nur einen Schadensersatzanspruch als Konkursforderung (§§ 17, 26 S. 2). Das gilt auch dann, wenn der Vorkaufsberechtigte dem Konkursverwalter zuvorgekommen ist und ihm gegenüber das Vorkaufsrecht vor dessen Erfüllungsablehnung ausgeübt hat. Denn die Erfüllungsablehnung hat keine gestaltende Wirkung [§ 17 Anm. 115, 149 ff]. Wählt der Verwalter nicht die Erfüllung, so hat der Dritte schon von der Konkurseröffnung ab nur einen Schadensersatzanspruch. Er kann die Erfüllung nicht verlangen und deshalb besteht von der Konkurseröffnung an der Vorkaufsfall nicht mehr. Der Vorkaufsberechtigte kann sein Recht erst ausüben, wenn der Konkursverwalter das Grundstück aus freier Hand verkauft (§ 1098 I S. 2 BGB). Ist das Vorkaufsrecht der Regel des § 1097 BGB entsprechend nur für einen Verkauf bestellt, so ist es mit dem Verkauf des Gemeinschuldners nicht erschöpft, wenn der Konkursverwalter die Erfüllung des Vertrages mit dem Dritten ablehnt (*Rothe* RGRK BGB[12] § 1097 Anm. 8; *Staudinger/Dittmann* BGB[11] § 1097 Anm. 4; **a. A.** ohne Begründung: *Staudinger/Mayer-Maly* BGB[12] § 1097 Anm. 8).

10 **2. Durch Vormerkung gesichertes obligatorisches Vorkaufsrecht**

Ein obligatorisches Vorkaufsrecht, das durch eine Vormerkung gesichert ist, unterscheidet sich von dem dinglichen Vorkaufsrecht dadurch, daß § 512 BGB uneingeschränkt anwendbar ist, das Vorkaufsrecht also auch bei freihändiger Veräußerung durch den Konkursverwalter ausgeschlossen wird. Das muß auch gelten, wenn der Kaufvertrag vom Gemeinschuldner vor Konkurseröffnung abgeschlossen worden ist, das Grundstück aber noch zur Disposition des Konkursverwalters steht und deshalb § 17 noch angewendet werden kann [s. Anm. 9, § 17 Anm. 64]. Wählt in diesem Fall der Verwalter die Erfüllung des Vertrages, ist das Vorkaufsrecht ausgeschlossen, weil die Erfüllungswahl eine Verwertungshandlung des Konkursverwalters ist [§ 17 Anm. 8, 9], die ebenso wie die freihändige Veräußerung durch einen vom Konkursverwalter selbst geschlossenen Vertrag unter § 512 BGB fällt. Wollte man im Falle der Erfüllungswahl des Konkursverwalters § 512 BGB für unanwendbar halten, würde das dem Vorkaufsberechtigten nichts nützen. Denn der Konkursverwalter würde dann die Erfüllung des Vertrages mit dem Dritten ablehnen und mit diesem einen neuen Kaufvertrag abschließen, der nach § 512 BGB das Vorkaufsrecht ausschließt. Die Vormerkung zugunsten des Vorkaufsberechtigten ändert an dieser Rechtslage nichts, weil sie einen durch Ausübung des Vorkaufsrechts entstehenden Anspruch voraussetzt, der aber nach § 512 BGB nicht entstehen kann. Der obligatorisch Vorkaufsberechtigte, zu dessen Gunsten eine Vormerkung eingetragen ist, wird also vor den Folgen des Konkurses nur dann geschützt, wenn der Gemeinschuldner das Grundstück vor Konkurseröffnung an den Dritten verkauft und dieser im Zeitpunkt der Konkurseröffnung bereits eine Rechtsposition erworben hat, welche das Wahlrecht des Konkursverwalters ausschließt, sei es durch Vormerkung, sei es nach § 878 BGB.

3. Gesetzliche Vorkaufsrechte

11 **a) Reichssiedlungsgesetz und Landbeschaffungsgesetz**

Die gesetzlichen Vorkaufsrechte sind unterschiedlich ausgestaltet. Das Vorkaufsrecht des Siedlungsunternehmens nach §§ 4 ff des Reichssiedlungsgesetzes vom 11. 8. 1919 (RGBl. 1429, BGBl. III 2331—1) hat, wie die Verweisung des § 8 I dieses Gesetzes auf §§ 506—509 BGB ergibt, schuldrechtlichen Charakter (*Ehrenforth* Reichssiedlungsgesetz und Grundstücksverkehrsgesetz, 1965, § 8 ReichssiedlungsG Anm. 1). Die früher im § 8 des Gesetzes enthaltene Verweisung auf § 1098 II BGB ist durch das Grundstücksverkehrsgesetz vom 28. 7. 1961 (BGBl. I 1091) aufgehoben worden, weil die Genehmigungsbedürftigkeit der Veräußerung wie eine Verfügungsbeschränkung wirkt (*Ehrenforth* aaO § 8 ReichssiedlungsG Anm. 2 e). Da § 512 BGB nach § 8 I

ReichssiedlungsG nicht anwendbar ist, kann das Vorkaufsrecht auch bei freihändiger Veräußerung durch den Konkursverwalter ausgeübt werden (*Ehrenforth* aaO § 8 ReichssiedlungsG Anm. 4 a gg), nicht dagegen bei einer Zwangsversteigerung. Das ergibt sich daraus, daß § 11 ReichssiedlungsG, der die Zwangsversteigerung der rechtsgeschäftlichen Veräußerung gleichstellte, durch das Grundstücksverkehrsgesetz aufgehoben worden ist (*Ehrenforth* aaO § 8 ReichssiedlungsG Anm. 4 a ff). Entsprechendes gilt für das Vorkaufsrecht des § 69 des Landbeschaffungsgesetzes vom 23. 2. 1957 (BGBl. I 134, BGBl. III 54—3).

b) Bundesbaugesetz 12

Auch die Vorkaufsrechte der §§ 24 ff BBauG i. d. F. der Bekanntmachung vom 18. 8. 1976 (BGBl. I 2257, berichtigt BGBl. I 3617, BGBl. III 213—1) sind seit der Novelle vom 18. 8. 1976 (BGBl. I 2221) als schuldrechtliche ausgestaltet. § 24 IV S. 2 BBauG, der auch für die besonderen Vorkaufsrechte der §§ 24 a, 25 u. 25 a BBauG gilt, verweist auf §§ 504, 505 II, 506—509 und 512 BGB. Danach ist die Ausübung des Vorkaufsrechts ausgeschlossen, wenn der Konkursverwalter das Grundstück freihändig oder im Wege der Zwangsversteigerung veräußert. Daß nach Mitteilung des Kaufvertrages (§ 24 V BBauG) auf Ersuchen der Gemeinde zur Sicherung des Anspruchs auf Übereignung des Grundstücks an die Gemeinde eine Vormerkung in das Grundbuch einzutragen ist (§ 24 IV S. 3 BBauG), ändert nichts. Denn weil nach § 512 BGB das Vorkaufsrecht nicht ausgeübt werden kann, wenn der Konkursverwalter das Grundstück freihändig oder durch Zwangsversteigerung veräußert, entsteht der Übereignungsanspruch der Gemeinde nicht und folglich auch keine wirksame Vormerkung. Ist sie eingetragen, so hat der Erwerber gegen die Gemeinde einen Grundbuchberichtigungsanspruch. Das muß auch gelten, wenn der Kaufvertrag vom Gemeinschuldner vor Konkurseröffnung abgeschlossen worden ist, das Grundstück aber noch zur Disposition des Konkursverwalters steht und dieser die Erfüllung des Vertrages mit dem Käufer nach § 17 wählt [s. Anm. 10]. Weil folglich nach Konkurseröffnung kein Übereignungsanspruch der Gemeinde entstehen kann, der durch die Vormerkung gesichert werden könnte, darf das Grundbuchamt die nach Konkurseröffnung beantragte Vormerkung nicht eintragen. Zwar prüft das Grundbuchamt bei der Eintragung von Vormerkungen grundsätzlich nicht, ob der gesicherte Anspruch besteht. Aber andererseits hat es die Pflicht, unrichtige Eintragungen zu vermeiden. Sind Tatsachen bekannt, aus denen sich ergibt, daß das Grundbuch durch eine beantragte Eintragung unrichtig würde, wie hier die Tatsache der Konkurseröffnung, so hat es den Eintragungsantrag zurückzuweisen (*Horber* GBO[15] Grundz. 7 B vor § 13). Ist das Grundstück vom Gemeinschuldner vor Konkurseröffnung verkauft und die Vormerkung vor Konkurseröffnung eingetragen worden, so wird die Eintragung mit der Konkurseröffnung unrichtig, sofern der Konkursverwalter noch die Erfüllung des Vertrages verweigern kann, sei es, daß der Käufer seinerseits den Vertrag schon voll erfüllt hatte, sei es, daß der Konkursverwalter die Erfüllung noch nach § 17 ablehnen kann [s. § 17 Anm. 64]. Sind dagegen zugunsten des Käufers schon die Wirkungen des § 878 BGB eingetreten, so ist das Grundstück der Masse entzogen und § 17 ist unanwendbar. Die Gemeinde kann dann infolge der Vormerkung nach § 24 vom Konkursverwalter Erfüllung des Vertrages verlangen und von dem Käufer die Zustimmung nach § 888 BGB. Jedoch kann der Konkursverwalter unter den Voraussetzungen des § 28 III BBauG vom Vertrage zurücktreten. Kann er das Grundstück anderweitig zu einem den Verkehrswert übersteigenden Betrag verkaufen, wird er von dem Rücktrittsrecht Gebrauch machen und das Grundstück dann unter Ausschluß des Vorkaufsrechts der Gemeinde (§ 512 BGB) veräußern. Nach § 24 V BBauG darf das Grundbuchamt bei Veräußerungen den

Erwerber als Eigentümer in das Grundbuch nur eintragen, wenn ihm die Nichtausübung oder das Nichtbestehen des Vorkaufsrechts der Gemeinde nachgewiesen ist. Ein von der Gemeinde ausgestelltes Negativattest gilt als Verzicht auf die Ausübung des Vorkaufsrechts. Ob die Eintragung stets ein solches Negativattest voraussetzt, ist streitig (bejahend OLG Oldenburg DNotZ **1978** 91; *Schrödter* BBauG[4] § 24 Anm. 10; **a. A.** OLG Düsseldorf DNotZ **1978** 601; LG Krefeld Rpfl. **1977** 172; LG Koblenz Mitt RhNotK **1977** 55). Bei Veräußerungen durch den Konkursverwalter bedarf es des Negativattestes nicht, weil die Mitteilung der Konkurseröffnung an das Grundbuchamt (§ 113) in Verbindung mit § 512 BGB den Nachweis erbringt, daß ein Vorkaufsrecht der Gemeinde dem Eigentumserwerb nicht entgegensteht. Für das Vorkaufsrecht des § 17 Städtebauförderungsgesetz i. d. F. d. Bekanntmachung vom 10. 8. 1976 (BGBl. I 2318, BGBl. III 213—13) sind die §§ 24 IV und V, 27, 28 BBauG entsprechend anzuwenden.

13 **c) Reichsheimstättengesetz, Vorkaufsrecht des Miterben, ErbbaurechtsVO und Wohnungsbindungsgesetz**

Zum Vorkaufsrecht des § 11 RHeimstG s. § 1 Anm. 90. Auf das Vorkaufsrecht des Miterben ist trotz gewisser dinglicher Wirkungen (§§ 2034—2037 BGB) § 512 BGB anwendbar (BGH NJW **1977** 37 = JR **1977** 282 mit Anm. *Schubert* = KTS **1977** 94; *Lange/Kuchinke* ErbR[2] § 44 III 2 b). Das Vorrecht des Erbbauberechtigten auf Erneuerung des Erbbaurechts (§ 31 ErbbauVO) ist dem dinglichen Vorkaufsrecht nachgebildet und unterliegt nicht der Schranke des § 512 BGB. Das Vorkaufsrecht des Mieters im sozialen Wohnungsbau, das der durch das Wohnungsbauänderungsgesetz 1980 v. 20. 2. 1980 (BGBl. I 159) eingefügte § 2 b des Wohnungsbindungsgesetzes gewährt, ist ein schuldrechtliches, auf das § 512 BGB anzuwenden ist.

III. Die Voraussetzungen des § 24

1. Die geschützten Vormerkungen

14 **a) Vormerkung zur Sicherung eines Anspruchs auf Einräumung oder Aufhebung eines Rechts an einem Grundstück oder Schiff**

Die Vormerkung muß der Sicherung eines Anspruchs auf Einräumung oder Aufhebung eines Rechts an einem Grundstück, einem eingetragenen Schiff oder Schiffsbauwerk des Gemeinschuldners dienen. In Betracht kommen z. B. die Auflassungsvormerkung, die Vormerkung zur Sicherung eines Anspruchs auf Bestellung eines Grundpfandrechts oder eine Löschungsvormerkung (§ 1179 BGB, dazu Art. 8 § 1 des Gesetzes zur Änderung sachenrechtlicher, grundbuchrechtlicher und anderer Vorschriften vom 22. 6. 1977, BGBl. I 998), auf die § 24 ebenfalls anwendbar ist (*Weimar* KTS **1955** 168, 170; **a. A.** *Voß* LZ **1912** Sp. 278 ff). Das Grundstück, Schiff oder Schiffsbauwerk muß dem Gemeinschuldner im Zeitpunkt der Konkurseröffnung gehören. Im Nachlaßkonkurs sind „Grundstücke des Gemeinschuldners" im Sinne des § 24 die zum Nachlaß gehörenden Grundstücke.

15 **b) Vormerkung zur Sicherung eines Anspruchs auf Einräumung oder Aufhebung eines Rechts an einem Recht**

Die Vormerkung muß einen Anspruch sichern auf Einräumung oder Aufhebung eines Rechtes an einem für den Gemeinschuldner eingetragenen Recht an einem Grundstück, Schiff oder Schiffsbauwerk. Gemeint sind Rechte an beschränkten dinglichen Rechten, z. B. ein Pfandrecht an einer Grundschuld. Das beschränkte dingliche

Grundstücks- oder Schiffsrecht muß für den Gemeinschuldner im Zeitpunkt der Konkurseröffnung eingetragen sein. Erfaßt werden aber auch Fälle, in denen die Eintragung des Rechts für den Gemeinschuldner erst noch im Wege einer Grundbuchberichtigung herbeigeführt werden muß, sofern die auf das Recht bezogene Vormerkung dem Gemeinschuldner gegenüber wirksam ist. Im Nachlaßkonkurs sind „für den Gemeinschuldner eingetragene Rechte" im Sinne des § 24 die zum Nachlaß gehörenden Rechte, mag die Eintragung auf den Erblasser oder den Erben lauten, mag das belastete Recht vor oder nach dem Erbfall (z. B. von einem Nachlaßpfleger, § 1960 II BGB) erworben worden sein. Jedoch muß nach der ausdrücklichen Vorschrift des § 221 II eine durch einstweilige Verfügung erlangte Vormerkung, um im Nachlaßkonkurs durchzudringen, bereits vor dem Eintritt des Erbfalls — nicht nur vor Konkurseröffnung (§ 14 II) — erwirkt sein. Die gleiche Einschränkung gilt nach § 236 für den Konkurs über das Gesamtgut der fortgesetzten Gütergemeinschaft.

c) Vormerkung zur Sicherung eines Anspruchs auf Änderung des Inhalts oder des Ranges eines beschränkten dinglichen Rechts 16

Diese Vormerkung sichert einen Anspruch auf Inhalts- oder Rangänderung eines beschränkten dinglichen Rechts an einem Grundstück, eingetragenen Schiff oder Schiffsbauwerk, also z. B. eine Vormerkung zur Sicherung eines Anspruchs auf Änderung des Ranges eines Grundpfandrechts. Das beschränkte dingliche Recht muß im Zeitpunkt der Konkurseröffnung für den Gläubiger eingetragen sein. Jedoch genügt auch hier, daß die Eintragung des Rechts für den Gläubiger erst noch durch eine Grundbuchberichtigung herbeigeführt werden muß, sofern die Vormerkung dem Gemeinschuldner gegenüber wirksam ist.

d) Vormerkung nach dem Gesetz über Rechte an Luftfahrzeugen 17

Nach § 10 des LuftfzRG vom 26. 2. 1959 (BGBl. I 57) kann eine Vormerkung in das Register für Pfandrechte an Luftfahrzeugen eingetragen werden zur Sicherung des Anspruchs auf Einräumung oder Aufhebung eines Registerpfandrechts an einem Luftfahrzeug oder eines Rechtes an einem Registerpfandrecht oder auf Änderung des Inhalts oder des Ranges eines dieser Rechte. § 24 ist auf diese Vormerkung entsprechend anwendbar (§ 98 II LuftfzRG).

2. Der gesicherte Anspruch 18

Die Vormerkung setzt einen gesicherten Anspruch voraus, der auch ein künftiger oder bedingter sein kann (§ 883 I BGB); BGHZ **12** 115, 117; BayObLG NJW **1977** 1781 = JuS **1977** 829 mit Anm. *K. Schmidt*; *Lichtenberger* NJW **1977** 1755; *Soergel/Baur* BGB[11] § 883 Anm. 6, 17 ff). Von diesem Anspruch ist die Entstehung und der Fortbestand der Vormerkung abhängig (*Westermann* SachenR[5] § 84 I 2 c, II). Unerheblich ist, ob der durch Vormerkung gesicherte Anspruch auf einem Rechtsgeschäft unter Lebenden oder einer Verfügung von Todes wegen (Beispiel: Vermächtnisanspruch im Konkurs des Beschwerten), auf einer unerlaubten Handlung des Gemeinschuldners oder sonst auf gesetzlicher Verpflichtung beruht. Darum gehören hierher auch Vormerkungen aufgrund gesetzlicher Ansprüche auf Bestellung einer Hypothek, z. B. nach § 648 BGB (Sicherungshypothek der Bauhandwerker, *Weimar* KTS **1955** 168 f) sowie Vormerkungen zur Sicherung von Bereicherungsansprüchen, z. B. auf Rückübereignung eines Grundstücks (§§ 812 ff BGB). Ob die anspruchssichernde Vormerkung kraft Bewilligung (§ 885 BGB, §§ 19, 29 GBO, § 895 ZPO) oder kraft einstweiliger Verfügung (§ 885 BGB, §§ 941, 942 II ZPO, § 38 GBO) eingetragen ist, begründet keinen Unterschied. Die Vormerkung zur Sicherung künftiger oder bedingter Ansprüche kann die Rechtsfolge des § 24 nur herbeiführen, wenn der Anspruch trotz des Konkurses noch entstehen oder die Bedingung noch eintreten kann (s. § 15 Anm. 60, § 3 Anm. 37; *Pfeiffer* LZ **1911** Sp. 606, 709 f; *Jaeger* LZ **1911** Sp. 606 f, 770; *Staudinger/Seufert* BGB[11] § 883 Anm. 62; *Schumacher* Die Sicherung der Konkursmasse gegen Rechtsverluste . . ., Göttinger Diss. 1975, S. 57 ff).

19 **3. Zeitpunkt der Eintragung**

Um die Wirkung des § 24 herbeizuführen, ist grundsätzlich die Eintragung der Vormerkung vor dem Zeitpunkt der Konkurseröffnung erforderlich und genügend. Jedoch ist eine vor Konkurseröffnung erwirkte Vormerkung vorbehaltlich des § 136 BGB mit § 135 II BGB [§ 106 Anm. 8] unwirksam, wenn ein allgemeines Veräußerungsverbot nach § 106 erlassen worden ist (s. auch § 113). Zur Wirkung dieses Veräußerungsverbots bei einer Sequestration s. einerseits *Gerhardt* in: Einhundert Jahre Konkursordnung, 1977, S. 111, 122, andererseits *Mentzel/Kuhn/Uhlenbruck* KO[9] § 106 Anm. 4. Eine nach Konkurseröffnung eingetragene Vormerkung löst die Wirkungen des § 24 aus, wenn der Antrag auf Eintragung einer bewilligten Vormerkung vor Konkurseröffnung beim Grundbuchamt bzw. Registergericht eingegangen ist. §§ 878 BGB, 3 III SchiffsRG, 5 III LuftfzRG sind auf die Vormerkung entsprechend anwendbar [§ 15 Anm. 108, § 14 Anm. 55 f], ebenso § 893 BGB (BGHZ **57** 341 ff) mit §§ 7 I Hs. 2, 15 S. 2 KO. Die Vorschrift des § 24 steht einer konkursmäßigen Anfechtung der Vormerkung oder des durch sie gesicherten Anspruchs nicht entgegen (§§ 29 ff, 35, 42).

20 **4. Vormerkungswirkung kraft Gesetzes**

Nach § 1179 a I S. 3 BGB ist der gesetzliche Anspruch des Hypothekengläubigers gegen den Eigentümer auf Löschung vorrangiger oder gleichrangiger Hypotheken, die mit dem Eigentum in einer Person vereinigt sind, in gleicher Weise gesichert, wie wenn zu seiner Sicherung gleichzeitig mit der begünstigten Hypothek eine Vormerkung in das Grundbuch eingetragen worden wäre. Das bedeutet u. a., daß der schuldrechtliche Löschungsanspruch nach § 24 auch im Konkurs des Eigentümers durchgesetzt werden kann.

21 **5. Amtsvormerkung**

Die Amtsvormerkung (§§ 18 II, 76 I GBO, 28 II, 81 I SchiffsRO, § 86 LuftfzRG) dient nicht, wie § 24 voraussetzt, der Sicherung eines Anspruchs, sondern der Rangwahrung. Deshalb ist § 24 nicht anwendbar (KG KGJ **39** 167 ff; **53** 111; RGZ **62** 375; **110** 207; *Mentzel/Kuhn/Uhlenbruck* KO[9] § 24 Anm. 3; *Weimar* KTS **1955** 168, 169; *Westermann* SachenR[5] § 84 V 1), auch dann nicht, wenn der Antragsteller einen materiellen Anspruch auf die Rechtsänderung hat (insoweit **a. A.** Voraufl. § 24 Anm. 7). Der durch die beantragte Eintragung Begünstigte findet hinreichenden Schutz nach § 878 BGB. Fehlt es an der bindenden Erklärung des Gemeinschuldners und scheitert daran der Schutz des § 878 BGB, so kann § 24 daran nichts ändern. Denn die fehlende Erklärung des Gemeinschuldners kann von ihm während des Konkursverfahrens nicht wirksam abgegeben, der Eintragungsmangel also nicht behoben werden, so daß der Eintragungsantrag zurückzuweisen ist und damit die Amtsvormerkung entfällt.

IV. Die Rechtsfolge des § 24 Satz 1

22 **1. Anspruch auf Erfüllung des durch die Vormerkung gesicherten Anspruchs**

Der zur Zeit der Konkurseröffnung begründete Anspruch auf Änderung der Lage des Buchrechts, wie ihn § 24 voraussetzt, würde ohne den Vormerkungsschutz und unbeschadet des § 17 eine bloße Konkursforderung sein (§ 3). So sind Ansprüche auf Übereignung oder Rückübereignung eines Grundstücks — etwa aus ungerechtfertigter Bereicherung oder aus Vermächtnissen — als gewöhnliche Konkursforderungen in Geld anzumelden (§ 69), auf die Konkursdividende beschränkt (§§ 3, 12), dem Verbot der Sondervollstreckung (§ 14) und den Rechtswirkungen eines Zwangsvergleichs (§ 193) unterworfen. Der Konkursverwalter könnte das Grundstück ungeachtet der Verbindlichkeit des Dritten veräußern. Bei Ansprüchen aus beiderseits unerfüllten gegenseitigen Schuldverhältnissen, z. B. Kauf- oder Tauschverträgen würde § 17 eingreifen [Anm. 32]. Der Konkursverwalter wäre also in der Lage, die Erfüllung des Vertrages abzulehnen und den Vertragspartner auf seinen Schadensersatzanspruch als Konkursforderung (§ 26 S. 2) zu verweisen. Der Wert der Vormerkung liegt demgegenüber darin, daß der Vormerkungsbegünstigte auch vom Konkursverwalter des Verpflichteten verlangen kann, daß sein Anspruch so befriedigt werde, wie dies außerhalb des Konkurses zu geschehen hat. Der Konkursverwalter hat folglich für Rechnung der Konkursmasse die zur Bewirkung der geschuldeten Leistung erforderlichen Handlungen vorzunehmen, also bei einer Eigentumsvormerkung die Auflassung zu erklären. Den schon beim Abschluß eines Kaufvertrages unter Wiederkaufsvorbehalt bedingt entstehenden Anspruch auf Rückübereignung hat der Konkursverwalter des Verpflichteten im Falle der Vormerkung ebenfalls durch Abgabe der Willenserklärungen zu erfüllen, die für die Rückauflassung und Rückbuchung notwendig sind (RG HRR **1927** Nr. 574). Ob die Vormerkung im Konkurs einem Absonderungsrecht oder Aussonderungsrecht ähnlich ist, war früher kontrovers (s. *Jaeger* KO$^{6/7}$ § 24 Anm. 14). Dieser Streit hat heute keine Bedeutung mehr.

2. Der gesicherte Anspruch ist keine Konkursforderung **23**

Die Beschränkungen, die einem Konkursgläubiger durch die §§ 12, 14, 61 ff, 138 ff, 193 auferlegt werden, gelten für den durch die Vormerkung gesicherten Anspruch nicht (*Mentzel/Kuhn/Uhlenbruck* KO^{9} § 24 Anm. 7). Ist eine Vormerkung zur Sicherung eines Anspruchs auf Bestellung eines Grundpfandrechts, einer Schiffshypothek oder eines Registerpfandrechts an einem Luftfahrzeug eingetragen, so kann zwar der Vormerkungsgläubiger mit der Forderung, die durch die Hypothek gesichert werden soll, Konkursgläubiger sein (§ 64). Der durch die Vormerkung gesicherte Anspruch auf Bestellung des Pfandrechts selbst ist aber nach § 24 keine Konkursforderung. Vorgemerkte Ansprüche können während des Konkurses gegen den Konkursverwalter im Prozeßweg erhoben und vollstreckt werden (§§ 894 ff ZPO). War ein solcher Anspruch schon vor dem Konkurs gegen den späteren Gemeinschuldner anhängig geworden, so muß mit Rücksicht auf die Wirkung der Vormerkung im Konkurs für die Aufnahme des unterbrochenen Rechtsstreits (§ 240 ZPO) der Grundsatz des § 11 maßgebend sein. Ist der vorgemerkte Anspruch auf die dingliche Rechtsänderung betagt, so wird er als solcher nicht mit Konkurseröffnung fällig [§ 65 Anm. 3, 4]. Aber der Konkursverwalter kann über das Recht nur unbeschadet der Vormerkung verfügen. Auf einen aufschiebend bedingten Anspruch, der durch Vormerkung gesichert ist, finden die §§ 67, 154, 168 keine Anwendung. Eine Prüfung und Feststellung des gesicherten Anspruchs nach Maßgabe der §§ 141 ff findet nicht statt. Beruht der vorgemerkte Anspruch auf einem gegenseitigen, bei Konkurseröffnung beiderseits unerfüllten Schuldverhältnis, so entfällt die Wahlbefugnis des § 17; der Konkursverwalter muß den vorgemerkten Anspruch erfüllen [Anm. 32]. Durch einen Zwangsvergleich werden die Rechte des Gläubigers aus einer Vormerkung nicht berührt (§ 193 S. 2; s. § 193 Anm. 13, 15). Die §§ 60, 172, 191, 205 II sind auf den vorgemerkten Anspruch nicht anzuwenden. Sie werden durch die Sondervorschrift des § 24 verdrängt. Entfällt der

Schutz der Vormerkung (z. B. infolge Verzichts), so gelten die Regeln über die Konkursforderungen bzw. Masseschulden. Auch eine Freigabe [§ 6 Anm. 17 ff] des Gegenstands der Vormerkung schließt die Anwendung des § 24 aus. Der Vorgemerkte hat den Vollzug der dinglichen Rechtsänderung nach der Freigabe vom Gemeinschuldner persönlich zu verlangen. Hinsichtlich des Gerichtstands für Klagen aus der Vormerkung ist zu unterscheiden: Der durch die Vormerkung gesicherte Anspruch gegen den Verpflichteten ist ein persönlicher Anspruch, für den § 26 ZPO in Betracht kommt. Auf die Ansprüche gegen Dritte aufgrund der §§ 883 II, 888 BGB dagegen ist § 24 ZPO anzuwenden (*Rosenberg/Schwab* ZPR[13] § 36 III 2 a; *Stein/Jonas/Schumann* ZPO[20] § 24 Anm. IV 2 d Rdn. 16, § 26 Anm. II Rdn. 4; *Baumbach/Lauterbach/Hartmann* ZPO[39] § 24 Anm. 2 B; OLGRspr. **20** 289).

3. Unwirksamkeit vormerkungswidriger Verfügungen des Konkursverwalters

24 **a) Veräußerung des Grundstücks**

Verfügt der Konkursverwalter ungeachtet der Vormerkung über das Grundstück der Masse, so ist seine Verfügung insoweit unwirksam, als sie den vorgemerkten Anspruch vereiteln oder beeinträchtigen würde (§ 883 II BGB). Dies gilt — anders als im Fall des § 1098 BGB [Anm. 5] — auch von einer Veräußerung im Wege der Zwangsversteigerung (§ 126). Die Auflassungsvormerkung ist in das geringste Gebot aufzunehmen (§§ 44, 48 ZVG). Stellt aber ein Gläubiger, dessen Recht der Vormerkung im Range vorgeht, den Antrag nach § 174 ZVG, so erlischt die Vormerkung, wenn das Grundstück mit dieser Abweichung ausgeboten und zugeschlagen wird (vgl. *J. Blomeyer* DNotZ **1979** 515, 526 ff). Wenn die Vormerkung in das geringste Gebot aufgenommen ist oder das Grundstück vom Konkursverwalter freihändig veräußert wird und deshalb die Vormerkung bestehen bleibt, so kann der vorgemerkte Anspruch auf Übereignung nach wie vor gegen den Verpflichteten geltend gemacht werden, weil die Veräußerung dem Vormerkungsberechtigten gegenüber unwirksam ist (§ 883 II BGB). Der Anspruch ist gegen den Konkursverwalter zu richten (§ 6). Seine Durchsetzbarkeit im Konkurs ergibt sich aus § 24. Von dem Erwerber kann der Vormerkungsbegünstigte die Zustimmung zu seiner Eintragung als Eigentümer verlangen, die zur Verwirklichung des vorgemerkten Anspruchs erforderlich ist (§ 888 I BGB). Weil der Erwerb des Dritten dem Vormerkungsbegünstigten gegenüber unwirksam ist, dringt der Anspruch des § 888 I BGB auch im Konkurs des Erwerbers durch (*Planck/Strecker* BGB[5] § 888 Anm. 2 c B).

25 **b) Belastung des Grundstücks**

Hat der Konkursverwalter ungeachtet einer Auflassungsvormerkung eine Hypothek oder Grundschuld am Grundstück bestellt, so kann der Vorgemerkte, wenn der gesicherte Anspruch besteht, vom Konkursverwalter verlangen, daß er das Grundstück frei von der Belastung übereigne, und von dem eingetragenen Grundpfandgläubiger, daß er zur Löschung des Grundpfandrechtes seine Zustimmung erkläre. Dieser Anspruch stellt nicht etwa nur eine schuldrechtliche Verschaffungsforderung dar. Er hat vielmehr wie der allgemeine Grundbuchberichtigungsanspruch aus § 894 BGB Aussonderungskraft im Konkurs des eingetragenen Grundpfandgläubigers (*Güthe/Triebel* GBO[6] § 25 Anm. 36).

26 4. Durch Vormerkung gesicherter Anspruch auf Abtretung einer Hypothek

Ist infolge Versteigerung des Grundstücks der durch Vormerkung gesicherte Anspruch auf Abtretung einer Hypothek nicht mehr durchsetzbar, so tritt an seine

Stelle der Anspruch des durch die Vormerkung Geschützten auf den Erlös, soweit die vorgemerkte Hypothek, wäre sie eingetragen gewesen, in der Zwangsversteigerung zum Zuge gekommen wäre (RGZ **145** 343 ff; *Böhle-Stamschräder/Kilger* KO[13] § 24 Anm. 6; *Mentzel/Kuhn/Uhlenbruck* KO[9] § 24 Anm. 10).

5. Vormerkungswidrige Verfügungen des Gemeinschuldners vor Konkurseröffnung 27

War eine nach § 883 II BGB unwirksame Auflassung schon vor Konkurseröffnung vom späteren Gemeinschuldner vorgenommen worden, so gehört das Grundstück haftungsrechtlich nicht mehr zur Masse. Denn der Konkursverwalter kann die Unwirksamkeit der Verfügung (§ 883 II BGB) gegen den Erwerber nicht geltend machen. § 883 II BGB bewirkt, daß dem Veräußerer nach der vormerkungswidrigen Verfügung die Rechtszuständigkeit nur insoweit verbleibt, als er dem Vormerkungsgeschützten in Erfüllung des vorgemerkten Anspruchs das Eigentum noch verschaffen kann [s. auch § 13 Anm. 23], obwohl es aus dem Vermögen des Gemeinschuldners schon ausgeschieden ist. Die zugunsten des Vormerkungsberechtigten fortdauernde Rechtszuständigkeit des Gemeinschuldners ist also lediglich ein rechtstechnisches Mittel, um dem Vormerkungsberechtigten zu seinem Recht zu verhelfen (*Flume* Allg. Teil Bd. II[3] § 17, 6 d S. 359). Sie bedeutet keine haftungsrechtliche Zuordnung des Gegenstandes zum Vermögen des Gemeinschuldners. Daraus folgt, daß der Konkursmasse nichts entgeht, wenn das Grundstück auf den Vormerkungsberechtigten übertragen wird. Es bedarf also nicht der Anwendung des § 24, um zu begründen, daß der Konkursverwalter das vom Gemeinschuldner vormerkungswidrig veräußerte Grundstück dem Vormerkungsbegünstigten übereignen muß (**a. A.** Voraufl. § 24 Anm. 17). Daß der Auflassungsanspruch gegen den Konkursverwalter geltend zu machen ist, obwohl das Grundstück haftungsrechtlich nicht zur Konkursmasse gehört und der Verwertung durch den Konkursverwalter entzogen ist, ergibt sich aus einer Analogie zum Aussonderungsrecht. Der Vormerkungsbegünstigte nimmt ein Recht in Anspruch, das haftungsrechtlich nicht der Masse zugeordnet ist, aber infolge der durch § 883 II BGB bewirkten formalen Zuordnung zur Ist-Masse gehört [s. auch § 13 Anm. 23]. Außerdem ist zu berücksichtigen, daß der Verkäufer das Grundstück nur Zug um Zug gegen Zahlung des Kaufpreises zu übereignen braucht (§§ 320, 322 BGB). Der Kaufpreis aber gebührt der Masse. Folglich ist allein der Konkursverwalter, und nicht der Gemeinschuldner, berufen zu entscheiden, ob und unter welchen Voraussetzungen der Anspruch des Vormerkungsgeschützten erfüllt werden soll.

6. Einwendungen und Einreden des Konkursverwalters gegen den vorgemerkten Anspruch 28

Der Konkursverwalter des Verpflichteten muß an dessen Stelle den vorgemerkten Anspruch so, aber auch nur so erfüllen, wie ihn außerhalb des Konkurses der Verpflichtete selbst zu erfüllen hätte. Deshalb hat der Konkursverwalter auch die Einwendungen geltend zu machen, die dem vorgemerkten Anspruch entgegenstehen (s. *Fuchs* LZ **1914** Sp. 143). Erlischt der Anspruch, so kann die von ihm erzielte Rechtsänderung sich nicht mehr vollenden. Damit wird auch die Vormerkung hinfällig. Deshalb steht dem Gemeinschuldner ein zur Konkursmasse gehörender und vom Konkursverwalter auszuübender Grundbuchberichtigungsanspruch des Inhalts zu, daß der Vorgemerkte die Löschung der Vormerkung bewillige (§ 894 BGB, §§ 22, 29 GBO). Der Berichtigungsanspruch dringt im Konkurs des Vorgemerkten als Aussonderungsanspruch durch (§ 43). Der Konkursverwalter kann aber dem gesicherten Anspruch nicht entgegenhalten, daß dieser nur eine Konkursforderung sei oder daß er die Erfüllung des Vertrages nach § 17 ablehne und der Vormerkungsbegünstigte deshalb die Übereignung nicht verlangen könne. Denn nach § 24 kann der Vormerkungsbegünstigte — anders als andere Konkursgläubiger oder Vertragspartner bei Erfüllungsablehnung des Konkursverwalters — die Befriedigung seines Anspruchs verlangen. § 886 BGB sieht einen Rechtsschutz des von der Vormerkung Betroffenen für den Fall vor, daß der vorgemerkte Anspruch zwar nicht erloschen, aber mit einer dauernden Einrede (z. B. aufgrund der §§ 222, 821, 853 BGB oder kraft einer Anfechtbarkeit im Sinne der §§ 29 ff KO) behaftet ist. Der Vorgemerkte hat die Vormerkung zu „beseitigen", also ihre Löschung nicht nur zu bewilligen, sondern auch zu beantragen (*Soergel/Baur* BGB[11] § 886 Anm. 11; *Augustin* RGRK BGB[12] § 886 Anm. 5). Dieser Löschungsanspruch geht also noch über den Berichtigungsanspruch hinaus. Im gleichen Sinn wie dieser hat auch der Anspruch des § 886 BGB Aussonderungkraft im Konkurs des Vorgemerkten, da die Vormerkung hinfällig geworden ist. Das entspricht dem Wesen der Vormerkung, die nur ein unselbständiges und vorläufiges Mittel zur Sicherstellung der — hier dauernd ausgeschlossenen — Anspruchserzwingung bildet (*Soergel/Baur* BGB[11] § 886 Anm. 8; *Staudinger/Seufert* BGB[11] § 886 Anm. 2; *Augustin* RGRK BGB[12] § 886 Anm. 5).

29 Verliert die Vormerkung ihre Kraft, so erstarken Verfügungen, die der Konkursverwalter im Widerstreit mit dem gesicherten Anspruch getroffen hatte (§ 883 II BGB), zu voller Wirksamkeit. Das Zustandekommen der vorgemerkten Rechtsänderung ist jetzt vereitelt. Darum tritt anstelle einer fortfallenden Hypothekenvormerkung nicht etwa eine zur Masse gehörende vollendete Eigentümergrundschuld (RGZ **65** 260 ff).

30 In Ausübung der Rechte des Verpflichteten kann der Konkursverwalter gegenüber dem Eintragungs- oder Löschungsbegehren des Gläubigers nicht nur dauernde [Anm. 28], sondern auch aufschiebende Einreden geltend machen, die dem Gemeinschuldner gegen den vorgemerkten Anspruch zustehen, so z. B. die Einrede, daß die Auflassung vertragsgemäß erst nach Zahlung des Kaufpreises verlangt werden dürfe. Ebenso steht dem Konkursverwalter die Verteidigung offen, der vorgemerkte Anspruch sei von vornherein oder kraft nachträglicher Stundung betagt oder er sei aufschiebend bedingt.

V. Verhältnis des § 24 zu den §§ 15 und 17

31

1. Verhältnis zu § 15

Da die Vormerkung noch für die Zeit nach Konkursbeginn den Vollzug einer dinglichen Rechtsänderung zu Lasten der Konkursmasse gewährleistet, bedeutet § 24 eine Einschränkung des § 15.

2. Verhältnis zu § 17

32

a) Ausschluß des § 17

Wie die Stellung des § 24 im System des Gesetzes („Zweiter Titel: Erfüllung der Rechtsgeschäfte") beweist, enthält die Vorschrift auch eine Abweichung von der Regel des § 17 (*Weimar* KTS **1955** 168 f). Die Worte des § 24 „so kann der Gläubiger von dem Konkursverwalter die Befriedigung seines Anspruchs verlangen" haben den Sinn einer Ausnahme von der Vorschrift des vorausgehenden § 17, der bei einem beiderseits unerfüllten gegenseitigen Schuldvertrag dem Vertragspartner des Gemeinschuldners das Recht, Erfüllung zu verlangen, versagt.

b) Kein Wahlrecht des Vormerkungsbegünstigten 33

Versagt somit das im Regelfall des § 17 dem Konkursverwalter gewährte Wahlrecht gegenüber vorgemerkten Ansprüchen auf Änderung der dinglichen Rechtslage, so darf andererseits aus den Worten des § 24 „der Gläubiger kann von dem Konkursverwalter die Befriedigung verlangen" nicht gefolgert werden, daß der Vorgemerkte seinerseits die Wahl zwischen Erfüllung und Vertragsaufhebung oder Rücktritt habe. § 24 besagt, daß der Vorgemerkte ein erzwingbares Recht auf die geschuldete Leistung hat und daß er sich nicht mit konkursmäßiger Berücksichtigung abzufinden braucht. Seine etwaige Gegenleistung muß er so, wie er sie schuldet, meist also Zug um Zug, an den Konkursverwalter bewirken. Ist der Vorgemerkte nach dem Vertrag vorleistungspflichtig, greift § 321 BGB nicht ein, weil die Vormerkung ausreichenden Schutz gewährt.

c) Anwendung des § 17 auf Ansprüche, die nicht durch die Vormerkung gesichert sind 34

§ 17 wird durch § 24 nur für den vorgemerkten Anspruch verdrängt, nicht etwa auch für solche Forderungen aus schwebenden gegenseitigen Verträgen, denen das durch die Vormerkung geschützte dingliche Recht (z. B. die zu bestellende Hypothek) eine Sicherheit bieten soll. Hatte z. B. der Unternehmer eines Bauwerks für seine Geldforderungen aus dem noch beiderseits unerfüllten Werkvertrag vor dem Konkurs eine Sicherungshypothek am Baugrundstück des jetzigen Gemeinschuldners vormerken lassen (§ 648 BGB), so schließt die Vormerkung nicht aus, daß der Verwalter nach § 17 die Erfüllung des Werkvertrags ablehnt. Die vorgemerkte Hypothek deckt aber dann den Schadensersatzanspruch, der an die Stelle des Erfüllungsanspruchs des Unternehmers tritt (RG WarnRspr. **1908** Nr. 304; *Soergel/Ballerstedt* BGB[10] § 648 Anm. 6; *Glanzmann* RGRK BGB[12] § 648 Anm. 10). BGH NJW **1974** 1761 steht nicht entgegen. Hier ging es um den Verzugsschaden, der über die Werklohnforderung hinausgreift, nicht dagegen um den Schadensersatzanspruch wegen Nichterfüllung, in dem sich der Werklohnanspruch selbst als Differenzanspruch fortsetzt [s. § 17 Anm. 115, 171]. Da der Schadensersatzanspruch durch die zu bestellende Hypothek gesichert wird, besteht auch der vorgemerkte Anspruch auf Bestellung der Hypothek fort, und § 24 ist anwendbar. Erleidet aber der vorgemerkte Gläubiger infolge der Erfüllungsablehnung des Verwalters keinen Schaden, so kann der Verwalter die Vormerkung löschen lassen.

VI. § 24 Satz 2

1. Anlaß der Gesetzesänderung 35

Die Anfügung des Satzes 2 durch das Gesetz vom 22. 6. 1977 ist veranlaßt worden durch eine Entscheidung des BGH (BB **1976** 1629 mit Anm. *H. Schmidt* BB **1977** 164 = JR **1977** 203 mit Anm. *Bassenge* = JZ **1977** 61 = KTS **1977** 116 = NJW **1977** 146 = DNotZ **1977** 234), die einen Bauträgervertrag betraf. Der Vormerkungsbegünstigte hatte mit dem Bauträger einen Vertrag geschlossen, in dem sich letzterer verpflichtete, auf einem ihm gehörenden Grundstück ein Haus zu bauen und das bebaute Grundstück zu übereignen. Im Grundbuch war eine Auflassungsvormerkung eingetragen. Das Bauwerk konnte nicht errichtet werden, weil die Gemeinde sich weigerte, mit dem Bauträger einen Erschließungsvertrag abzuschließen. Nachdem über das Vermögen des Bauträgers das Konkursverfahren eröffnet worden war, verlangte der Konkursverwalter von dem Vertragspartner des Gemeinschuldners die Einwilligung zur Löschung der Auflassungsvormerkung. Der BGH gab der Klage statt. Zur Begründung führte er aus, daß § 24 die Anwendung des § 17 nur ausschließe, wenn der gegenseitige Vertrag durch Herbeiführung der vorgemerkten Rechtsänderung voll vom Gemeinschuldner erfüllt werde. Da aber der Gemeinschuldner sich in einem einheitlichen Vertrag auch zur Errichtung des Hauses verpflichtet hatte und der darauf gerichtete Anspruch des Beklagten durch die Vormerkung nicht gesichert war, habe der Konkursverwalter nach § 17 wählen können, ob er den Vertrag im Ganzen erfüllen wolle oder die Erfüllung ablehne. Die vom Konkursverwalter gewählte Erfüllungsablehnung habe der Vormerkung „den Rechtsgrund entzogen". Die Entscheidung ist überwiegend auf Ablehnung gestoßen (*Häsemeyer* NJW **1977** 737; *Lichtenberger* NJW **1977** 519; *Rapp* MittBayNot. **1977** 1; *H. Schmidt* BB **1977** 164; *Marotzke* JZ **1977** 552; *Weitnauer* DNotZ **1977** 225; *Ertl* Rpfl. **1977** 81; vgl. auch *Müller* DB **1974** 1561 ff; **a. A.** *Bassenge* JR **1977** 203; *Götte* NJW **1977** 524; *Jacobs* DB **1977** 757; *Fehl* BB **1977** 524; *Dieckmann* Festschrift für v. Caemmerer, 1978, S. 95, 114 ff). Unterschiedlich waren die Ansichten darüber, ob es eines Eingreifens des Gesetzgebers bedurfte und wie ggf. die Gesetzesänderung gestaltet werden sollte.

36 **2. Inkrafttreten und Rückwirkung**

Nach Art. 8 § 4 II des Gesetzes vom 22. 6. 1977 tritt § 24 S. 2 KO am Tage nach der Verkündung in Kraft. Er gilt aber auch für Ansprüche, die durch eine vor diesem Zeitpunkt eingetragene Vormerkung gesichert sind, soweit nicht eine rechtskräftige gerichtliche Entscheidung entgegensteht. Wenn, wie der V. Zivilsenat des BGH (aaO — Anm. 35 —) sagt, die Erfüllungsablehnung des Konkursverwalters nach altem Recht „der Vormerkung den Rechtsgrund entzogen" hat, könnte das so verstanden werden, daß infolge der Ablehnung des Konkursverwalters kein vormerkungsfähiger Anspruch mehr bestünde. Dann wäre § 24 S. 2 nicht anwendbar, wenn der Konkursverwalter vor dem Inkrafttreten des Änderungsgesetzes schon die Erfüllung des Vertrages abgelehnt hatte. Dieser Konsequenz ist der V. Zivilsenat des BGH (BB **1978** 933 = DB **1978** 1638 = DNotZ **1978** 623 = NJW **1978** 1437 = WM **1978** 881) dadurch ausgewichen, daß er die Gesetzesänderung als authentische Interpretation des alten Gesetzestextes ansieht, an die sich der Senat gebunden sieht. Das bedeutet, daß die Altfälle über Art. 8 § 4 II des Gesetzes vom 22. 6. 1977 hinaus ebenso zu entscheiden sind wie nach neuem Recht, soweit nicht rechtskräftige gerichtliche Entscheidungen entgegenstehen.

3. Die Rechtsfolge des § 24 Satz 2

37 **a) Erfüllung des vorgemerkten Anspruchs**

Nach § 24 S. 2 kann der Gläubiger die Befriedigung seines durch die Vormerkung gesicherten Anspruchs auch dann verlangen, wenn der Gemeinschuldner dem Gläubiger gegenüber weitere Verpflichtungen übernommen hat und diese nicht oder nicht vollständig erfüllt sind. Lehnt also der Konkursverwalter die Errichtung des Bauwerks ab (§ 17) oder ist der auf Errichtung des Bauwerks zielende Anspruch des Gläubigers ohnehin nur eine Konkursforderung, weil der Gläubiger seinerseits den Vertrag durch Vorleistung schon voll erfüllt hatte, so soll das den vorgemerkten Anspruch des Gläubigers auf Auflassung des Grundstücks bzw. Verschaffung des Wohnungseigentums nicht beeinträchtigen.

38 **b) Ansatzpunkte der Kritik**

Obwohl § 24 S. 2 eine klare und eindeutige Regelung zu geben scheint, sind die Rechtsfolgen, die sich aus dieser Vorschrift ergeben, umstritten. Die gegensätzlichen Meinungen, die im Rechtsausschuß des Deutschen Bundestages (Protokolle des

Rechtsausschusses Nr. 5/1977 S. 15 ff, Nr. 7/1977 S. 38 ff) vorgebracht worden sind, leben in der Auseinandersetzung um die Auslegung des § 24 S. 2 fort, obwohl die Kritik an dem Entwurf durch den Bundestag und den Bundesrat überstimmt worden ist. Der Meinungsstreit entzündet sich an den Rechtsfolgen, die sich nach Meinung der Kritiker bei strikter Anwendung des § 24 S. 2 ergeben würden. So wird vor allem geltend gemacht, daß die Masse benachteiligt werde, und zwar einerseits dadurch, daß der Konkursverwalter Bauparzellen oder Eigentumswohnungen, die der Gemeinschuldner noch nicht verkauft hatte, nur unter Verlust veräußern könne, wenn die Bauwerber, die vor Konkurseröffnung gekauft haben, die Übereignung der unfertig bebauten Grundstücke oder die Übertragung der nicht vollendeten Eigentumswohnungen oder Miteigentumsanteile verlangen könnten. Wenn der Konkursverwalter die Möglichkeit habe, das gesamte Bauprojekt auf einen anderen Unternehmer zu übertragen, so könne der vormerkungsgeschützte Bauwerber dies vereiteln, wenn er auf der Übertragung des Eigentums bestehe oder für die Löschung der Vormerkung einen unangemessen hohen Preis verlange (*Häsemeyer* NJW **1977** 739; *Dieckmann* aaO — Anm. 35 — S. 120 Note 97; *Jacobs* DB **1977** 757, 758). Nachteile für die Masse sollen sich ferner daraus ergeben, daß die Grunderwerbssteuerbefreiung entfalle, wenn der Konkursverwalter des Bauträgers das Grundstück unbebaut oder mit einem unfertigen Gebäude an den Bauwerber auflasse und deshalb die Masse mit der Steuernachzahlung belastet werde (*Fehl* BB **1977** 524, 525; *H. Schmidt* BB **1977** 164, 165). Schließlich wird geltend gemacht, daß bei einheitlicher Preisbestimmung im Bauträgervertrag nicht festgestellt werden könne, was der Vormerkungsgeschützte für das unbebaute oder teilweise bebaute Grundstück zahlen solle, wenn er den vorgemerkten Anspruch durchsetzt; selbst wenn aber der Grundstückspreis im Vertrag besonders ausgewiesen sei, könne man diesen Preis nicht ohne weiteres zugrunde legen, weil die Bauträger häufig aus steuerlichen oder anderen Gründen im Vertrag mit dem Bauwerber den Grundstückspreis zu niedrig und dafür die Baukosten zu hoch ansetzten (*Fehl* BB **1977** 524, 525 u. **1977** 1228, 1229).

c) Anwendbarkeit des § 17 auf den ganzen Bauträgervertrag?

aa) Die Gegensansicht 39

Dieckmann (aaO — Anm. 35 — S. 95, 120 f) und *Uhlenbruck* (*Mentzel/Kuhn/Uhlenbruck* KO[9] § 24 Anm. 7) wollen dem Konkursverwalter des Bauträgers, der mit dem Bauwerber einen einheitlichen Vertrag über Grundstück und Bauwerk geschlossen hat, das Wahlrecht des § 17 für den ganzen Vertrag geben. Der Konkursverwalter soll also auch die Erfüllung der Auflassungsverpflichtung ablehnen können; er sei lediglich verpflichtet, den Gläubiger so zu stellen, wie wenn dieser schon Inhaber des vorgemerkten Rechts geworden wäre; das soll heißen, daß er die Löschung der Vormerkung nur Zug um Zug gegen Rückgewähr der erhaltenen Anzahlung verlangen könne (vgl. auch *Kuhn* WM **1979** 745, der meint, das Gesetz schließe diese Lösung nicht aus). Diese Auffassung geht auf die Thesen *Häsemeyers* zur Anwendung des § 17 bei Teilleistungen des Gemeinschuldners zurück (*Häsemeyer* NJW **1977** 737 ff; KTS **1973** 2 ff). Danach kann der Konkursverwalter, der die Erfüllung eines vom Gemeinschuldner teilweise erfüllten Vertrages ablehnt, die Teilleistung zurückfordern Zug um Zug gegen Rückgabe der vom Vertragspartner erbrachten Vorleistungen — diese begrenzt durch den Wert der vom Konkursverwalter zurückgeforderten Leistung (so *Dieckmann* aaO — Anm. 35 — S. 103, während *Häsemeyer* NJW **1977** 739 dem Bauwerber gestattet, seinen Schadensersatz wegen Nichterfüllung gegen Löschung der Vormerkung zu fordern). Wäre diese Auffassung richtig, so könnte der Konkursverwalter die Rückauflassung des Grundstücks verlangen, wenn der Gemeinschuldner vor Konkurseröffnung dieses schon auf den Bauwerber übertragen, das Bauwerk aber nicht fertiggestellt und der Bauwerber den Preis noch nicht voll bezahlt hat (*Dieckmann* aaO — Anm. 35 — S. 99 ff; *Häsemeyer* KTS **1973** 2 ff). Hat der Bauwerber nur eine Vormerkung, so dürfte er nicht besser stehen (*Dieckmann* aaO — Anm. 35 — S. 119; *Häsemeyer* NJW **1977** 739 Note 23).

40 **bb) Die Erfüllungsablehnung des Verwalters beeinträchtigt nicht den vorgemerkten Anspruch**

Die in Anm. 39 wiedergegebene Auffassung steht im Widerspruch zum Wortlaut des § 24 S. 2, weil sie dem Konkursverwalter einen Anspruch auf Löschung der Vormerkung zugesteht, der unvereinbar ist mit der Aussage des Gesetzes, daß der Gläubiger aufgrund der Vormerkung die Auflassung verlangen kann. *Häsemeyer* (NJW **1977** 737, 738) sucht diesem Argument dadurch zu entgehen, daß er den Wortlaut des § 24 für nicht präzise genug erklärt. Er will § 24 S. 1 so lesen: „Der Gläubiger kann vom Konkursverwalter verlangen, so gestellt zu werden, wie wenn sein vorgemerkter Anspruch schon erfüllt wäre". Die Begründung des Löschungsanspruchs des Konkursverwalters steht und fällt deshalb mit der These, daß dieser die Rückauflassung verlangen könne, wenn der Gemeinschuldner vor Konkurseröffnung bereits das Eigentum auf den Bauwerber übertragen hat. In diesem Fall ist der Bauträgervertrag teilweise erfüllt durch Übertragung des Eigentums, während der Anspruch auf Errichtung des Baus noch ganz oder teilweise unerfüllt ist. Handelt es sich um einen einheitlichen Bauträgervertrag, so hat der Konkursverwalter das Wahlrecht des § 17. Dieses ist nach der hier vertretenen Auffassung [§ 17 Anm. 71 ff] beschränkt auf den vom Gemeinschuldner nicht erfüllten Teil des Vertrages. Der Konkursverwalter muß also dem Bauwerber das Grundstück belassen und kann von ihm nur die Gegenleistung für das Grundstück verlangen. Das beruht einerseits darauf, daß das Grundstück nicht zur Masse gehört und deshalb nicht der in § 17 vorausgesetzten Disposition des Konkursverwalters unterliegt [§ 17 Anm. 80], andererseits aber darauf, daß die Masse nicht besser steht, wenn sie das Grundstück zurückbekommt [§ 17 Anm. 79], und deshalb grundsätzlich kein schutzwürdiges, durch den Konkurszweck gerechtfertigtes Interesse an der Rückführung der Teilleistung in die Masse besteht. Es kann deshalb nur noch die Frage aufgeworfen werden, ob ein schutzwürdiges Interesse der Masse an der Rückabwicklung damit begründet werden kann, daß der Konkursverwalter die nicht verkauften Parzellen des Baugrundstücks oder die noch nicht verkauften Eigentumswohnungen besser auswerten könnte, wenn er über sämtliche Grundstücks- oder Wohnungseinheiten verfügen könnte. Das ist zu verneinen. Wenn der Gemeinschuldner vor Konkurseröffnung Teile seines Vermögens anfechtungsfrei veräußert hat, kann der Konkursverwalter sie nicht deshalb zur Masse ziehen, weil er den verbliebenen Rest dann günstiger verwerten könnte. Der Konkursverwalter muß vorbehaltlich der Anfechtung (§§ 29 ff) die Masse so übernehmen, wie sie der Gemeinschuldner geschaffen hat. Die Entscheidung, ob das vor Konkurserföffnung anfechtungsfrei aufgelassene Grundstück bei dem Bauwerber verbleibt oder gegen Rückgabe der Anzahlungen zur Masse zurückgewährt wird, liegt deshalb allein bei dem Vertragspartner des Gemeinschuldners (§ 17 Anm. 80; *Jauernig* Zwangsvollstreckungs- und Konkursrecht[15] § 48 VII). § 17 gibt dem Konkursverwalter nicht das Recht, sich von nachteiligen Verträgen des Gemeinschuldners zu lösen, soweit dieser schon vor Konkurseröffnung Leistungen erbracht hat [§ 17 Anm. 76].

41 Kann also der Konkursverwalter das vom Gemeinschuldner übereignete Grundstück nicht zurückverlangen, wenn er die Erfüllung nach § 17 ablehnt (so auch *Jauernig* aaO — Anm. 40 — § 48 VII; *Lichtenberger* DNotZ **1979** 510 f), so entfällt auch das

Argument, daß der Vormerkungsbegünstigte nicht besser gestellt werden dürfe als der Eigentümer. Denn er steht nicht besser als der Eigentümer, wenn er nach dem Wortlaut des § 24 S. 2 die Erfüllung der Auflassungsverpflichtung verlangen kann (s. auch BGH ZIP **1981** 250, 252 = JZ **1981** 353 f). Eher ließe sich aus § 24 S. 2 ableiten, daß der Gesetzgeber den Vormerkungsbegünstigten ähnlich wie den Eigentümer schützen wollte und daß deshalb der Bauwerber, der das Eigentum am Grundstück als Teilleistung erhalten hat, dieses nicht zurückgeben muß. § 24 S. 2 gibt also ein zusätzliches Argument für die hier vertretene Behandlung der Fälle, in denen der Gemeinschuldner vor Konkurseröffnung mit einer Teilleistung Gegenstände aus der Masse ausgeschieden hat.

Die Auffassung, die dem Konkursverwalter einen Anspruch auf Löschung der **42** Vormerkung gegen Rückgewähr der vom Bauwerber geleisteten Anzahlung geben will, denaturiert die Vormerkung zu einem Kreditsicherungsmittel (deutlich *Jacobs* DB **1977** 757, 758) und stellt sie einem Grundpfandrecht gleich. Die Vormerkung ist aber etwas anderes als ein Grundpfandrecht. Sie sichert den Anspruch auf Übereignung und nicht die Rückzahlung eines Kredits. Die hier abgelehnte Auffassung käme zu dem Ergebnis, daß der Bauwerber, der nichts angezahlt hat und der keinen Schaden erlitten hat, weil er an anderem Ort für denselben Preis ein gleichwertiges bebautes Grundstück bekommen hat, die Vormerkung ersatzlos aufgeben müßte. Das widerspricht dem Wesen und dem Zweck der Vormerkung. Es mag sein, daß im Bauträgervertrag die Vormerkung in erster Linie bewilligt wird, um den Bauwerber gegen finanzielle Risiken abzusichern. Bedient man sich aber zu diesem Zweck des Instrumentes der Vormerkung, das seiner rechtlichen Ausgestaltung nach kein Kreditsicherungsmittel ist, so gewährt der Bauträger damit mehr als ein Grundpfandrecht. Der Vormerkungsberechtigte bekommt das Grundstück auch dann, wenn der Verlust der Vormerkung ihm keinen wirtschaftlichen Nachteil bringen würde.

Die Gegenansicht kann auch nicht mit der Rechtsprechung zu § 17 begründet **43** werden, die abweichend von der hier vertretenen Auffassung die Erfüllungsablehnung des Konkursverwalters auch auf die schon erbrachten Teilleistungen bezieht [Nachweise: § 17 Anm. 71] und dem Konkursverwalter einen Bereicherungsanspruch auf Rückgabe der Teilleistungen zuspricht unter Verrechnung mit dem Schadensersatzanspruch des Vertragspartners bzw. Zug um Zug gegen Erfüllung dieses Ersatzanspruchs. Denn dieser Bereicherungsanspruch setzt voraus, daß die Erfüllung abgelehnt werden kann, was § 24 S. 2 für die Teilleistung „Auflassung" gerade ausschließt.

cc) Die Gegenleistung des Bauwerbers **44**

Der Bauwerber kann also, wie es der Wortlaut des § 24 S. 2 ergibt, die Auflassung des Grundstücks verlangen, und er muß dafür den Vertragspreis bezahlen (so auch *Jauernig* Zwangsvollstreckungs- und Konkursrecht[15] § 48 VII; *Lichtenberger* DNotZ **1979** 510 f; *Kissel* NJW **1977** 1760, 1763). Mit der Auflassung wird er auch Eigentümer des teilweise errichteten Bauwerks. Dieses Eigentum erwirbt er nicht ohne rechtlichen Grund (§ 17 Anm. 71; a. A. *Kissel* NJW **1977** 1760, 1763). Denn durch die Ablehnung der Erfüllung des Bauvertrages seitens des Konkursverwalters entfällt nicht der Rechtsgrund für die vom Gemeinschuldner erbrachten Teilleistungen. Vielmehr kann der Bauwerber diese behalten und er muß sie zum Vertragspreis bezahlen [§ 17 Anm. 74 ff]. Das scheint auf Schwierigkeiten zu stoßen, wenn der von dem Bauwerber für die Einzelleistungen zu zahlende Preis im Vertrag nicht ausgewiesen ist. *Fehl* (BB **1977** 1228, 1230) will für diesen Fall § 24 S. 2 überhaupt nicht anwenden (ebenso *Mentzel/Kuhn/Uhlenbruck* KO[9] § 24 Anm. 7) und dem Erwerber den Schutz dieser

Vorschrift sogar dann versagen, wenn zwar ein Grundstückspreis ausgewiesen, dieser aber nicht der „echte Grundstückspreis" ist. Mit dieser Ansicht läßt sich § 24 S. 2 leicht unterlaufen. In allen Fällen, in denen schon mit dem Bau begonnen worden ist, fehlt es im Vertrag an einem ausgewiesenen Kaufpreis für das Grundstück in seinem jetzigen teilweise bebauten Zustand. Deshalb den § 24 S. 2 für unanwendbar zu erklären und dem Konkursverwalter das Recht einzuräumen, die Erfüllung des Auflassungsanspruchs abzulehnen, liefe dem Zweck der Vorschrift zuwider (BGH ZIP **1981** 250, 252 = JZ **1981** 353 f). § 24 S. 2 ist nicht nur eine Vertragsauslegungsregel und begründet nicht nur eine Vermutung einer Teilleistungsvereinbarung, wie *Fehl* (BB **1977** 1230) annimmt, sondern er bewirkt stets die Teilung des Vertrages in einen zu erfüllenden Übereignungsvertrag und einen Vertrag auf Errichtung des Gebäudes, dessen Erfüllung der Konkursverwalter ablehnen kann. Der Preis, den der Vormerkungsbegünstigte für die Auflassung des unbebauten oder teilweise bebauten Grundstücks zu zahlen hat, ist also von Fall zu Fall zu ermitteln (richtig *Kissel* NJW **1977** 1760, 1763; *Locher/Koeble* Baubetreuungs- und Bauträgerrecht², 1980, Rdn. 505). Dabei muß berücksichtigt werden, daß hier ein ursprünglich einheitlich konzipierter Vertrag nachträglich geteilt werden muß. Deshalb können die im Vertrag niedergelegten Ansätze für einzelne Teilleistungen nicht ohne weiteres übernommen werden. Der im einheitlichen Vertrag genannte Grundstückspreis muß nicht der Preis sein, den der Bauträger bei Veräußerung des unbebauten Grundstücks verlangt hätte (*Fehl* BB **1977** 524, 525). Aus mancherlei Gründen mag der Bauträger den Grundstückspreis im Einheitsvertrag niedriger oder höher angesetzt haben. Solange der Vertrag einheitlich abgewickelt wird, kommt im Verhältnis der Vertragspartner zueinander dem vertraglich angesetzten Grundstückspreis keine Bedeutung zu. Die Teilung des Vertrages infolge der durch den Konkurs entstandenen Situation wirft dann die Frage auf, wie die Vertragspartner vernünftigerweise den Grundstückspreis oder den Preis für den bei Konkurseröffnung erreichten Bauzustand festgesetzt hätten, wenn sie an eine solche Vertragsteilung gedacht hätten (BGH ZIP **1981** 250, 252 = JZ **1981** 353 f).

45 **dd) Fertigstellung von Eigentumswohnungen**

Die hier vertretene Auffassung, daß der Vormerkungsgeschützte die Erfüllung des vorgemerkten Anspruchs verlangen kann gegen eine vertragsgerechte Bezahlung der Teilleistung, gilt auch für den künftigen Wohnungseigentümer. Soweit die ihm versprochene Wohnung noch nicht gebaut ist, kann er nur Miteigentum an dem gesamten Grundstück erwerben. Bei der Fertigstellung des Bauwerks durch die Wohnungseigentümer mögen sich Schwierigkeiten ergeben, für die de lege lata Lösungsvorschläge vorliegen (*Röll* NJW **1978** 1507 ff; *Weitnauer* DNotZ **1977** 225, 233) und für die Zukunft eine gesetzliche Regelung geplant ist.

46 **ee) Nachteile für die Konkursgläubiger?**

Hatte der Gemeinschuldner bis zur Konkurseröffnung nur einen Teil der zu bebauenden Parzellen oder der Eigentumswohnungen verkauft, so kann die Verwertung des Restes auf Schwierigkeiten stoßen. Der zu erzielende Erlös mag geringer ausfallen, wenn die geringe Zahl der verbliebenen Restparzellen eine rationelle Serienbebauung erschwert oder wenn ein Wohnungseigentumsprojekt fertiggestellt werden soll, an dem vormerkungsgeschützte Bauwerber beteiligt sind, die sich der Fortführung des Bauwerks oder wirtschaftlich notwendigen Planänderungen widersetzen. Solche Erlöseinbußen treffen aber regelmäßig die Konkursgläubiger nicht unmittelbar. Denn der insolvenzbedrohte Bauträger wird die Grundstücke nur selten unbelastet in die

Masse einbringen. Regelmäßig hat er zur Zwischenfinanzierung „Globalgrundpfandrechte" bestellt. Deshalb stellt sich zunächst die Frage, ob die Inhaber dieser Grundpfandrechte sich vor Verlusten schützen können. Nach § 3 I S. 1 Nr. 3 der Makler- und Bauträgerverordnung i. d. F. vom 11. 6. 1975 (BGBl. I 1351) (dazu *Locher/Koeble* Baubetreuungs- und Bauträgerrecht², 1980, Rdn. 52, 496 f; *Reithmann/Brych/Manhart* Kauf vom Bauträger², 1977, Rdn. 206 ff; *Marcks* DNotZ **1975** 389, 395 ff; *Schöner* DNotZ **1974** 327 ff) darf der Bauträger Vermögenswerte des Auftraggebers erst entgegennehmen, wenn die Freistellung des Vertragsobjektes von allen Grundpfandrechten, die der Vormerkung im Range vorgehen oder gleichstehen und nicht übernommen werden sollen, gesichert ist, und zwar auch für den Fall, daß das Bauvorhaben nicht vollendet wird. Der Grundpfandgläubiger hat also dem Auftraggeber gegenüber entsprechende Freistellungsverpflichtungen übernommen, bevor dieser die ersten Zahlungen leistet. Handelt es sich dabei um einfache Freistellungsverpflichtungen im Sinne des § 3 I S. 2 der Makler- und BauträgerVO, so ist der Grundpfandgläubiger ungeschützt, denn er muß im Range zurücktreten. Betreibt er die Zwangsversteigerung des Grundstücks, wird die Vormerkung in das geringste Gebot aufgenommen und der Erwerb des Erstehers ist dem Vormerkungsgeschützten gegenüber unwirksam (§ 883 II BGB; *J. Blomeyer* DNotZ **1979** 515 ff). Diese Rechtsfolge ist dem Grundpfandgläubiger aber zumutbar, weil er sich anders hätte schützen können. Nach § 3 I S. 3 der Makler- und BauträgerVO kann er sich nämlich für den Fall, daß das Bauvorhaben nicht vollendet wird, vorbehalten, an Stelle der Freistellung alle vom Auftraggeber vertragsgemäß im Rahmen des § 3 II Makler- und BauträgerVO bereits geleisteten Zahlungen bis zum anteiligen Wert des Vertragsobjekts zurückzuzahlen. Enthält die Freistellungsverpflichtung einen solchen Vorbehalt, so läuft zwar der Grundpfandgläubiger Gefahr, für die zurückgezahlten Beträge keine Deckung aus dem Grundstück zu erhalten, aber er braucht andererseits dem Vormerkungsbegünstigten nicht den Vorrang vor seinem Grundpfandrecht einzuräumen. Die Vormerkung bleibt dann nachrangig bestehen. Ein Anspruch auf Löschung hat der Grundpfandgläubiger nicht. Bleibt nach Deckung der Rechte, die der Vormerkung vorgehen, ein Erlösanteil übrig, so gebührt er dem Vormerkungsberechtigten. Eine Löschung der Vormerkung würde bewirken, daß dieser Anteil der Masse oder nachrangigen Grundpfandgläubigern zuflösse, was nicht gerechtfertigt ist. Da die Vormerkung bei dieser qualifizierten Freistellungsverpflichtung nicht in das geringste Gebot aufgenommen wird, erschwert sie die einheitliche Verwertung des Gesamtobjektes nicht.

47 Verwertet der Konkursverwalter (§ 126 KO, §§ 172 ff ZVG), so kann er die einheitliche Verwertung des Gesamtobjekts dadurch erleichtern, daß er einen Grundpfandgläubiger, der eine qualifizierte Freistellungsverpflichtung übernommen hat, auffordert, den Antrag nach § 174 ZVG zu stellen. Damit wird erreicht, daß die Vormerkung nicht ins geringste Gebot fällt. **47**

48 Sofern das Grundstück unbelastet oder zu erwarten ist, daß nach Deckung der Globalpfandrechte ein Erlösüberschuß für die Masse erzielt wird, stellt sich die Frage, ob auch die Konkursgläubiger vor Verlusten geschützt werden können, die dadurch entstehen, daß die dem Gemeinschuldner verbliebenen Restparzellen oder Restwohnungen ungünstiger verkauft oder versteigert werden als das Gesamtobjekt. Einen solchen Schutz gewährt das geltende Recht nicht. Es ist auch nicht gerechtfertigt, den Vormerkungsschutz, den § 24 S. 2 gewähren will, im Interesse der Konkursgläubiger einzuschränken. Der Gesetzgeber hat eine solche Einschränkung ausgeschlossen. Die Konkursgläubiger müssen sich damit abfinden, daß ihnen nur diejenigen Vermögens- **48**

gegenstände des Gemeinschuldners als Haftungsobjekte zur Verfügung stehen, die zur Masse gehören und über die der Konkursverwalter noch disponieren kann. Die Wirkung des § 24 S. 2 generell umzuinterpretieren, wie es die in Anm. 39 wiedergegebene Ansicht versucht, nur weil im Einzelfall ein geschäftstüchtiger vormerkungsgeschützter Bauwerber dem Konkursverwalter einen unangemessen hohen Ablösungspreis für die Löschung der Vormerkung aufzuzwingen sucht, geht nicht an. Wenn im Einzelfall ein solcher Bauwerber versucht, sich unangemessene Vorteile zu Lasten der Konkursgläubiger zu verschaffen, muß auf die Generalklauseln des BGB zurückgegriffen werden. So kann ein Schadensersatzanspruch der Masse nach § 826 BGB entstehen, wenn ein solcher Bauwerber ohne schutzwürdiges Eigeninteresse die Masse dadurch vorsätzlich schädigt, daß er durch extrem überhöhte Forderungen die Verwertung der Restgrundstücke oder Restwohnungen vereitelt.

49 **ff) Grunderwerbsteuer**

Die in den Grunderwerbsteuergesetzen der Länder dem Bauträger, der steuerbegünstigte Gebäude errichten will, gewährte Grundsteuerbefreiung (BadWürttGrEStG § 6 Nr. 1, BayGrESWG Art. 1 Nr. 1 a, BerlinGrEStG § 6 I Nr. 9, BremGrESWG § 1 Nr. 1 a, HambGrEStG § 8 Nr. 1, HessGrEStG § 4 I Nr. 8 a, NdsGrESWG § 1 Nr. 1, NRWGrEStWoBauG § 1 Nr. 1, Rhld-PfGrEStG § 9 I Nr. 1, SaarlGrEWBG § 2 Nr. 1, SchlHolstGrESBWG § 1 Nr. 1) fällt fort, wenn der Bauträger das Gebäude nicht fertigstellt. Wird aufgrund der Vormerkung das unbebaute oder unfertig bebaute Grundstück an den Bauwerber aufgelassen, so ist also die Grunderwerbsteuer nachzuentrichten. Die Steuerforderung ist Konkursforderung, weil sie schon vor Konkurseröffnung im Sinne des § 3 KO begründet ist (*Boruttau/Klein/Egly/Sigloch* GrEStG^{10} Vorbem. § 1 Anm. 38). Die von *Dieckmann* (Festschrift für v. Caemmerer, S. 103 Note 27) angeführte Befreiungsvorschrift des § 6 I Nr. 7 BadWürttGrEStG greift regelmäßig nicht ein, weil sie nur für gemeinnützige Bauträger und freie Wohnungsunternehmen gilt. Bauträger, die Wohngebäude in der Absicht erstellen, diese weiterzuveräußern, sind keine freien Wohnungsunternehmen (*Boruttau/Klein/Egly/Sigloch* GrEStG^{10} Anhang Rdn. 81). Die Verpflichtung zur Nachentrichtung der Steuer würde aber auch dann entstehen, wenn man dem Konkursverwalter gestattete, die Auflassung an den Bauwerber gegen Rückgabe der von diesem geleisteten Anzahlungen zu verweigern. Denn auch in diesem Fall wird der steuerbegünstigte Zweck, nämlich die Bebauung des Grundstücks, nicht erreicht. Veräußert der Konkursverwalter das Grundstück, ohne die Gebäude fertigzustellen, muß die Grunderwerbsteuer nachentrichtet werden. Dieser steuerrechtliche Nachteil läßt sich durch keine der zur Auslegung des § 24 vertretenen Ansichten vermeiden.

§ 25

Soweit rücksichtlich einzelner, durch die §§ 18 bis 24 nicht betroffener Rechtsverhältnisse das bürgerliche Recht besondere Bestimmungen über die Wirkung der Eröffnung des Konkursverfahrens enthält, kommen diese Bestimmungen zur Anwendung.

Materialien: Motive I Bd. 1 S. 111 ff, Motive II S. 84 ff; Protokolle S. 19, 149, 153 ff, 202; MzEG S. 111, P. VI S. 762; Begründung S. 32.

Übersicht

I. Einleitung

1 Für ein Rechtsverhältnis, das unter die §§ 18—24 fällt, kommen ausschließlich diese Bestimmungen in Betracht. Daß ein späteres Reichs- oder Bundesgesetz Abweichungen von den §§ 18—24 verordnen kann, versteht sich von selbst. Fällt das Rechtsverhältnis nicht unter die §§ 18—24, so kommen Sondervorschriften des bürgerlichen Rechts über die Wirkung der Konkurseröffnung auf die Erfüllung und den Bestand des Rechtsverhältnisses zur Anwendung, und zwar bundesrechtliche oder — aber nur auf den der Landesgesetzgebung vorbehaltenen Gebieten — landesrechtliche Normen. Solche Vorschriften können also für spezielle Rechtsverhältnisse Regeln setzen, die von der Grundnorm des § 17 abweichen.

2 Jedoch bleiben nicht nur diejenigen „besonderen Bestimmungen" des bürgerlichen Rechts vorbehalten, die von § 17 abweichen. Vielmehr betrifft § 25 auch Vorschriften, die sich nicht auf gegenseitige Verträge beziehen und nicht vertragliche Rechtsbezie-

hungen regeln (Protokolle S. 202 — Antrag Goldschmidt —). Der Vorbehalt betrifft aber andererseits nur Vorschriften, welche die Frage der Erfüllung eines Vertrages oder der Beendigung eines Rechtsverhältnisses betreffen. Hinsichtlich der Rückforderung bereits erbrachter Leistungen gilt der Vorbehalt nicht. Insoweit sind ausschließlich die §§ 26, 43—46 anwendbar (Protokolle S. 202).

II. Einfluß der Konkurseröffnung auf einzelne Privatrechtsverhältnisse

1. Versicherungsrecht

a) Konkurs des Versicherers

3 **aa) Lebensversicherung**

Nach § 77 III VAG erlöschen die Lebensversicherungsverhältnisse durch die Konkurseröffnung über das Vermögen des Versicherungsunternehmens. Die Versicherten können den Betrag fordern, der als rechnungsmäßige Deckungsrücklage zur Zeit der Konkurseröffnung auf sie entfällt; für diese Ansprüche gibt § 77 IV VAG den Versicherten ein Konkursvorrecht bei der Befriedigung aus den Gegenständen, die in das Verzeichnis der Bestände des Deckungsstocks (§ 66 VI VAG) eingetragen sind [s. § 61 Anm.5 f]. Nach § 77 III Hs. 2 VAG werden weitergehende Ansprüche aus dem Versicherungsverhältnis nicht berührt. Sie sind aber einfache Konkursforderungen i. S. des § 61 I Nr. 6 KO ohne das Vorrecht des § 77 IV VAG. Zu den weitergehenden Ansprüchen zählen: der Anspruch auf die Versicherungssumme, soweit er nicht durch die Quote nach § 77 III, IV VAG gedeckt ist, wenn der Versicherungsfall vor Konkurseröffnung eingetreten ist, Ansprüche auf vor Konkurseröffnung erwachsene Kosten (§ 62 Nr. 1 KO) und vor Konkurseröffnung aufgelaufene Zinsen (§ 62 Nr. 3 KO) sowie ein Anspruch auf Gewinnbeteiligung (Versichertendividende). Auch ein Schadensersatzanspruch wegen vorzeitiger Beendigung des Versicherungsvertrages gehört hierher (*Prölss/Sasse* VAG[8] § 77 Anm. 9; *Goldberg/Müller* VAG § 77 Anm. 13; **a. A.** *Koenige/Petersen* VAG (1901) § 61 Anm. 5; *Fromm/Goldberg* VAG § 77 Anm. 4 III B 2). Der Schadensersatzanspruch ergibt sich aus dem den §§ 17 ff zu entnehmenden Prinzip, daß der Vertragspartner des Gemeinschuldners bei konkursbedingter vorzeitiger Vertragsbeendigung das Vertragsinteresse als Konkursforderung geltend machen kann. Der Schaden umfaßt den Mehraufwand, den der Versicherungsnehmer erbringen muß, um bei einem anderen Versicherungsunternehmen den gleichen Versicherungsschutz zu erhalten. Zu den weitergehenden Ansprüchen gehört schließlich auch die Rückforderung überzahlter Prämien nach § 40 III VVG.

4 **bb) Kranken- und Unfallversicherung**

Das in Anm. 3 Gesagte gilt nach § 79 VAG auch für Kranken- und Unfallversicherungen der in § 12 VAG genannten Art.

5 **cc) Schadensversicherung**

§ 13 VVG stellt vorbehaltlich der besonderen Vorschriften des VAG den allgemeinen, vor allem für die Schadensversicherung maßgebenden Grundsatz auf, daß die Versicherungsverhältnisse mit dem Ablauf eines Monats seit der Eröffnung des Konkurses (§ 108) über das Vermögen des Versicherers beendet werden; bis zu diesem Zeitpunkt bleiben sie der Konkursmasse gegenüber wirksam, es sei denn, daß die Versicherung vertragsgemäß schon früher abläuft. Die Beendigung wirkt aber im Falle der Gebäudeversicherung gegenüber einem Hypothekengläubiger, der seine Hypothek dem Versicherer angemeldet hat, erst mit dem Ablauf von vier Monaten vom Zeitpunkt der Konkurseröffnung an (ein Monat nach § 13 VVG und drei Monate nach § 103 I VVG). Entsprechendes gilt für eine Reallast, Grundschuld oder Rentenschuld (§ 107 b VVG). Die einmonatige bzw. viermonatige Fortdauer des Versicherungsverhältnisses dient zunächst dem Interesse des Versicherten und des Grundpfandgläubigers, denen sie die Möglichkeit offenhalten soll, inzwischen eine neue Versicherung abzuschließen bzw. auf Abschluß einer neuen Versicherung zu drängen. Dennoch enthalten die §§ 13, 103 I VVG zwingendes Recht auch insoweit, als sie nicht zum Nachteil des Versicherten oder des Grundpfandgläubigers abbedungen werden können (*Prölss/Martin* VVG[22] § 13 Anm. 7, § 103 Anm. 9; **a. A.** Voraufl. § 25 Anm. 4). Denn sie sollen Schutz gewähren vor Vertragsbedingungen, die den Versicherten unangemessen benachteiligen (*Prölss/Martin* VVG[22] Vorbem. I 1 a). Andererseits kann die Konkursmasse durch eine von den §§ 13, 103 I VVG abweichende Vereinbarung auch nicht über die gesetzlichen Fristen hinaus gebunden werden [vgl. § 17 Anm. 213; § 19 Anm. 63]. Der einstweilige Fortbestand des Versicherungsverhältnisses bringt für den Versicherten den erheblichen Vorteil, daß sein Vertragsanspruch aufgrund eines innerhalb der Monatsfrist eintretenden Versicherungsfalles Masseschuldanspruch i. S. des § 59 I Nr. 2 ist, während Ansprüche aus einem vor dem Konkurs eingetretenen Versicherungsfall — einschließlich des Anspruchs auf Rechtsschutz gemäß § 3 II Nr. 1 AHB, § 10 Nr. 1, 5, 6 AKB (*Sieg* VersR **1964** 693 f; *Bruck/Möller* VVG[8] § 13 Anm. 8; **a. A.** *Prölss/Martin* VVG[22] § 13 Anm. 3: in natura zu erfüllen) — bloße Konkursforderungen bilden, denen, soweit § 80 VAG eingreift, ein Vorrecht vor den Forderungen des § 61 I Nr. 6 KO eingeräumt ist [s. § 61 Anm. 39 b], das auch den Rechtsschutzanspruch umfaßt (*Sieg* VersR **1964** 693 f). Andererseits erhält die Masse von sämtlichen Versicherungsnehmern noch die Prämien für diesen Monat. Prämienvorauszahlungen für eine spätere Zeit darf der Versicherungsnehmer auch nur unter Abzug der für diese Zeit aufgewendeten Kosten (besonders der Abschluß- oder Inkassoprovisionen für den Versicherungsvertreter) zurückfordern (§ 40 III VVG). Auch wenn Entschädigungsansprüche des Versicherten bestehen, die sich auf das laufende Versicherungsjahr beziehen, braucht nur die anteilige Prämie bis zum Ablauf der in § 13 S. 1 VVG genannten Frist gezahlt zu werden (*Prölss/Martin* VVG[22] § 13 Anm. 3; **a. A.** *Bruck/Möller* VVG[8] § 13 Anm. 15). Der Grundsatz der Unteilbarkeit der Prämie gilt im Falle des § 13 VVG und des § 77 VAG nicht (*Prölss/Martin* VVG[22] § 40 Anm. 2). Der Versicherungsnehmer ist deshalb nicht verpflichtet, die Prämie für das bei Konkurseröffnung laufende Kalenderjahr voll zu zahlen (**a. A.** *Prölss/Sasse* VAG[8] § 77 Anm. 9), auch dann nicht, wenn die Prämie bereits vor Konkurseröffnung fällig war. Sind jedoch die Voraussetzungen des § 38 I oder des § 39 III VVG gegeben, so kann der Konkursverwalter vom Vertrage zurücktreten bzw. den Vertrag kündigen; im Falle der Kündigung kann er die Prämie bis zur Beendigung der laufenden Versicherungsperiode und im Falle des Rücktritts die angemessene Geschäftsgebühr verlangen (§ 40 II VVG). Eine Rückforderung der Prämie nach § 40 III VVG scheidet danach aus.

dd) Haftpflichtversicherung als Pflichtversicherung

(1) Allgemeines 8

Für eine Haftpflichtversicherung, zu deren Abschluß eine gesetzliche Verpflichtung besteht (Pflichtversicherung, § 158 b VVG), gilt insofern eine Besonderheit, als nach § 158 c II VVG die Beendigung des Versicherungsverhältnisses in Ansehung des Dritten erst mit Ablauf eines Monats, nachdem der Versicherer diesen Umstand der hierfür zuständigen Stelle angezeigt hat, eintritt. Pfändet der Dritte den Anspruch des Versicherungsnehmers und läßt er ihn sich zur Einziehung überweisen, so kann er den gepfändeten Anspruch im Rahmen der Mindestversicherungssumme und der vom Versicherer übernommenen Gefahr (§ 158 c III VVG) als Masseschuld im Konkurs des Versicherers geltend machen, wenn der Haftpflichtfall vor Ablauf der in § 158 c II VVG genannten Frist eingetreten ist. Die Masse kann gegen den Versicherungsnehmer nach § 158 f VVG Rückgriff nehmen, sofern der Versicherungsfall nach Ablauf der Frist des § 13 VVG eingetreten ist.

7 **(2) Kfz-Haftpflichtversicherung**

Für die Kfz-Haftpflichtversicherung wird § 158 c II VVG durch § 3 Nr. 5 PflVersG ersetzt. Das hat zur Folge, daß der Versicherer dem Direktanspruch des Dritten (§ 3 Nr. 1 PflVersG) die Beendigung des Versicherungsverhältnisses nach § 13 VVG nur entgegenhalten kann, wenn das Schadensereignis später als ein Monat nach dem Zeitpunkt eingetreten ist, in dem der Versicherer die Konkurseröffnung der Kraftfahrzeugzulassungsstelle angezeigt hat (*Prölss/Martin* VVG[22] Anm. 6 zu § 3 Nr.4—6 PflVersG — nach §§ 158 b—158 k; *Reichert-Facilides* Handwörterbuch Sp. 1134). Die Anzeige ist identisch mit der des § 29 c StVZO. Der Lauf der Frist beginnt nicht vor Beendigung des Versicherungsverhältnisses. Der Dritte kann also seinen Direktanspruch im Konkurs des Versicherers verfolgen, wenn der Haftpflichtfall vor Ablauf der Monatsfrist des § 3 Nr. 5 PflVersG entstanden ist, die frühestens mit Ablauf der Frist des § 13 VVG beginnt. § 158 c III—V VVG gilt sinngemäß (§ 3 Nr. 6 PflVersG). Da der Dritte mit dem Direktanspruch nicht schlechter stehen soll, als wenn er den Anspruch des Versicherungsnehmers gegen den Versicherer gepfändet hätte, muß auch der Direktanspruch eine Masseschuld (§ 59 I Nr. 2 KO) begründen, gleichgültig, ob der Haftpflichtfall innerhalb der Monatsfrist des § 13 VVG oder danach bis zum Ablauf der Frist des § 3 Nr. 5 PflVersG eingetreten ist. Die Masse kann nach § 3 Nr. 9 S. 2 PflVersG i. V. mit § 426 II BGB gegen den Versicherungsnehmer Rückgriff nehmen, wenn der Versicherungsfall nach Ablauf der Frist des § 13 VVG eingetreten ist (*Prölss/Martin* VVG[22] Anm. 2 a zu § 3 Nr. 9 PflVersG — nach § 158 b—158 k).

8 Die Möglichkeit des Geschädigten, seine Ansprüche nach §§ 2 III, 3 II des Solidarhilfe-Vertrages (Veröffentlichungen des Bundesaufsichtsamtes — VerBAV — **1969** 82, neueste Fassung in: Recht und Schaden **1977** Heft 5 = VerBAV **1976** 351) gegen den Verein „Solidarhilfe e. V." geltend zu machen [dazu näher unten zu § 61], schließt die Geltendmachung im Konkurs des Versicherers als Masseschuld nicht aus. Jedoch ist Voraussetzung für die Leistung des Vereins, daß der Geschädigte die Ersatzansprüche, die ihm gegen die Konkursmasse oder gegen Dritte zustehen, in Höhe der Leistung an den Verein abtritt (§ 3 III Solidarhilfe-Vertrag).

9 **ee) Seeversicherung**

Auf die Seeversicherung ist im Konkurs des Versicherers § 13 VVG nicht anwendbar (§ 186 VVG). Vielmehr soll es hier bei § 47 der Allgemeinen Deutschen Seeversicherungsbedingungen (ADS) von 1919 verbleiben, der § 898 HGB verdrängt. Danach kann bei der Seeversicherung der Versicherte im Falle der Zahlungsunfähigkeit des Versicherers — die im Konkurse regelmäßig vorliegt — entweder vom Vertrag zurücktreten oder die volle Prämie zurückfordern (bloße Konkursforderung, § 26 S. 2 KO) oder einbehalten oder aber „auf Kosten des Versicherers" eine Deckungsversicherung nehmen. Solange der Versicherte sein Wahlrecht noch nicht ausgeübt, also weder den Rücktritt erklärt noch die Deckungsversicherung genommen hat, kann ihm der Konkursverwalter des Versicherers durch Bestellung einer genügenden Sicherheit zuvorkommen (§ 47 S. 2 ADS, § 59 I Nr. 2 KO). Im Falle der Deckungsversicherung kann der Versicherte mit seinem Anspruch auf Erstattung der Deckungsversicherungskosten, der Konkursforderung ist, gegen die Prämienforderung der Konkursmasse aufrechnen (§§ 53, 54 I, III KO). § 55 KO steht dieser Aufrechnung nicht entgegen (RGZ **52** 405 ff). Auf eine Entschädigungsforderung des Versicherungsnehmers ist § 80 VAG anzuwenden. Ob § 17 KO neben § 47 ADS überhaupt anwendbar bleibt, ist streitig (dafür: *Ritter/Abraham* Das Recht der Seeversicherung Bd. I², § 47 ADS Anm. 26; **dagegen**: RGZ **52** 405, 407; Voraufl. § 25 Anm. 4; *Mentzel/Kuhn/Uhlenbruck* KO⁹ § 25 Anm. 8; *Schlegelberger* Seeversicherungsrecht, § 47 ADS Anm. 5, hält die Frage für belanglos). Zur Beantwortung dieser Streitfrage kommt es nicht darauf an, ob § 17 durch Vertrag oder durch allgemeine Geschäftsbedingungen abgeändert oder verdrängt werden kann. Denn § 47 ADS ändert nicht § 17 KO, sondern § 898 HGB. Es gilt deshalb das Verhältnis des § 898 HGB zu § 17 KO zu bestimmen. Der Versicherungsvertrag ist gegenseitiger Vertrag. Die Ansprüche des Versicherungsnehmers aus diesem Vertrag sind Konkursforderungen i. S. des § 3. Davon geht auch die Regelung des § 17 aus [§ 17 Anm. 6]. Der Vertrag wird, wenn das Gesetz nicht ausdrücklich etwas anderes bestimmt — wie z. B. in § 23 — durch die Konkurseröffnung nicht aufgehoben. Auch die Erfüllungsablehnung nach § 17 hebt den Vertrag nicht auf [§ 17 Anm. 115, 149 ff]. Eine Erfüllungsablehnung durch den Verwalter stünde also weder dem Rücktrittsrecht des Verwalters nach §§ 898 HGB, 47 ADS entgegen noch dem Deckungsrecht der §§ 898 HGB, 47 ADS. Da die Erfüllungsablehnung nach § 17 die normalen konkursrechtlichen Folgen für den gegenseitigen Vertrag unverändert läßt, ist die entscheidende Frage, ob dem Konkursverwalter des Versicherers das Recht gegeben werden soll, die Erfüllung des Vertrages zu wählen. Ein solches Recht bringt aber der Masse nichts. Der Konkursverwalter bekäme zwar weiterhin die Prämien, liefe aber das Risiko, im Versicherungsfall Deckung als Masseschuld gewähren zu müssen, und, falls der Versicherungsfall vor Konkurseröffnung eingetreten ist, wäre die Deckungsverbindlichkeit ebenfalls Masseschuld. Für die Anwendung des § 17 besteht deshalb neben § 47 ADS kein Bedürfnis. Außerdem kann der Konkursverwalter, selbst wenn er Erfüllung wählen wollte, die Rechte des Versicherungsnehmers (Rücktritt und Deckungsrecht) nicht beseitigen. Die Entscheidung, ob der Vertrag aufgelöst wird, liegt beim Versicherungsnehmer. Dem Konkursverwalter ist nur das Recht eingeräumt, das Rücktritts- und Deckungsrecht des Versicherungsnehmers durch Sicherheitsleistung in Höhe der vollen Versicherungssumme (*Ritter/Abraham* aaO § 47 ADS Anm. 19) abzuwenden (§ 47 S. 2 ADS). Daraus ergibt sich, daß er nicht ohne Sicherheitsleistung Erfüllung wählen darf. § 47 S. 2 ADS verdrängt also das Recht des Konkursverwalters zur Erfüllungswahl nach § 17. Auch wenn der Versicherungsnehmer sich nicht erklärt, ob und wie er von seinem Wahlrecht des § 47 ADS Gebrauch macht, bedarf es zum Schutz der Masse nicht des § 17. Daß § 20 II in ähnlicher Situation auf § 17 verweist, hat seinen Grund darin, daß § 20 den durch die Konkurseröffnung unberührten Fortbestand des Mietvertrages voraussetzt. Der Seeversicherungsvertrag aber wird, weil § 13 VVG nicht anwendbar ist, schon durch die Konkurseröffnung dahin abgewandelt, daß der Versicherungsnehmer seine Ansprüche gegen die Masse nur als Konkursforderung geltend machen kann — gegebenenfalls mit dem Vorrecht des § 80 VAG. Dabei verbleibt es, wenn der Versicherungsnehmer von dem Wahlrecht des § 47 ADS keinen Gebrauch macht. Der Versicherungsnehmer kann dann sein Vertragsinteresse als Konkursforderung zur Tabelle anmelden (§ 26 S. 2). Das gilt auch für Entschädigungsforderungen, die infolge eines nach Konkurseröffnung eintretenden Versicherungsfalles entstehen (*Ritter/Abraham* aaO § 47 ADS Anm. 25). Der Konkursverwalter ist nicht an einer Klärung der Ansprüche des Versicherungsnehmers interessiert. Gleichgültig wie sich der Versicherungsnehmer verhält, ob er zurücktritt, anderweitige Deckung wählt oder Schadensersatz wegen Nichterfüllung beansprucht, stets ist er Konkursgläubiger, und der Konkursverwalter braucht deshalb seine Ansprüche nicht zu berücksichtigen, solange sie nicht zur Tabelle angemeldet sind. Weil der Versicherungsnehmer, um seine Rechte im Konkurs durchzusetzen, anmelden und zum Zwecke der Anmeldung wählen muß, ob er zurücktritt, anderweitige Deckung sucht oder Schadensersatz fordert, bedarf es keines weiteren Rechts des Verwalters, den Versicherungsnehmer zu einer Entscheidung zu drängen oder das Versicherungsverhältnis zu beenden.

10 **b) Konkurs des Versicherungsnehmers**

Für den Konkurs des Versicherungsnehmers beläßt es das VVG im allgemeinen bei der Regel des § 17 KO. Der Konkursverwalter des Versicherungsnehmers kann also, wenn der Versicherungsvertrag noch beiderseits unerfüllt ist, zwischen Erfüllung und Nichterfüllung wählen und hat, wenn er die Erfüllung wählt, Prämien auf diejenigen Zeitabschnitte, für die er Erfüllung verlangt, nach § 59 I Nr. 2 als Masseschulden zu bezahlen, während bei Erfüllungsablehnung der Versicherer auf die Verfolgung eines etwaigen Ersatzanspruchs als Konkursgläubiger (§ 26 S. 2, zur Berechnung s. *Prölss/Martin* VVG^{22} § 14 Anm. 1 A b) angewiesen ist [s. näher § 1 Anm. 131 ff, § 3 Anm. 97]. Ein Kündigungsrecht hat der Konkursverwalter nicht (AG Hamburg VersR **1953** 253). Zum Erfüllungsverlangen ist der Verwalter bei massezugehörigen Versicherungsverhältnissen [§ 1 Anm. 51 ff] ohne Rücksicht darauf ermächtigt, ob die Fortsetzung des Verhältnisses der Masse einen Vorteil bietet (RGZ **52** 51 ff). Entscheidet er sich für Nichterfüllung, weil die Konkursmasse an der Aufrechterhaltung des Vertrags — etwa an einer Versicherung der Arbeitsfähigkeit des Schuldners gegen Unfall — kein Interesse hat, so wird damit der Versicherungsvertrag nicht aufgelöst. Er besteht vielmehr mit dem Gemeinschuldner fort, wenn der Versicherer nicht einen Schadensersatzanspruch wegen Nichterfüllung zur Konkurstabelle anmeldet [§ 3 Anm. 100, § 17 Anm. 154 ff]. Die abweichende Ansicht in Anm. 133 zu § 1 wird nicht aufrechterhalten. Ein fortbestehender Versicherungsschutz für den Gemeinschuldner bedarf also eines neuen Vertragsabschlusses nur, wenn der Versicherer den Vertrag mit dem Konkursverwalter abwickeln will, d. h. wenn er einen Schadensersatzanspruch wegen Nichterfüllung als Konkursgläubiger geltend macht (**a. A.** Voraufl. Anm. 4). Durch eine „Freigabe" des Versicherungsvertrages kann der Neuabschluß des Vertrages mit dem Gemeinschuldner nicht erspart werden (**a. A.** Voraufl. Anm. 4). Denn der Konkursverwalter kann den Versicherer nicht zur Fortsetzung des Vertrages mit dem Gemeinschuldner zwingen, wenn der Versicherer den Vertrag im Konkurs abwickeln will, indem er seine Schadensersatzforderung wegen Nichterfüllung zur Tabelle anmeldet [§ 17 Anm. 154]. Will aber der Versicherer den Vertrag mit dem Gemeinschuldner fortsetzen, so bedarf es dazu keiner Freigabe des Versicherungsvertrages, dessen Erfüllung der Konkursverwalter abgelehnt hat [§ 17 Anm. 154]. Eine Freigabe eines Versicherungsvertrages kommt deshalb nicht in Betracht (**a. A.** *Prölss/Martin* VVG^{22} § 14 Anm. 1 A a). Für die Lebensversicherung ist zu beachten, daß der Konkursverwalter nach § 165 VVG das Versicherungsverhältnis jederzeit für den Schluß der laufenden Versicherungsperiode kündigen kann, sofern kein unwiderruflich Bezugsberechtigter vorhanden ist (*Sieg* Festschrift für Klingmüller, 1974, S. 459). Infolge der Kündigung kann er die Prämienreserve zur Masse einziehen (§ 176 VVG, s. auch § 1 Anm. 133). Die Kündigung des Verwalters schließt die Fortsetzung des Vertrages mit dem Versicherungsnehmer aus. Sie hat also eine weitergehende Wirkung als die Erfüllungsablehnung des § 17. Deshalb liegt in der Erfüllungsablehnung des Verwalters nicht schon die Kündigung. Ob die Erklärung des Verwalters, er lehne die Erfüllung des Vertrages ab, zugleich die für § 176 VVG vorausgesetzte Kündigung enthält, muß durch Auslegung ermittelt werden. Die Erfüllungsablehnung allein löst den Anspruch auf die Prämienreserven nicht aus (**a. A.** *Prölss/Martin* VVG[22] § 176 Anm. 2), wenn die Erklärung nicht zugleich auch als Kündigung verstanden werden kann, weil die Erfüllungsablehnung das Schuldverhältnis nicht aufhebt. Damit der Konkursverwalter des Versicherungsnehmers Gelegenheit hat, rechtzeitig eine im Interesse der Masse liegende neue Versicherung zu schließen, soll sich nach der halbzwingenden Vorschrift des § 14 VVG (§ 15 a VVG, *Prölss/Martin* VVG[22] § 14 Anm. 7) der Versicherer auf die Vertragsabrede, daß der Konkurs des Versicherungsnehmers das Versicherungsverhältnis unmittelbar beendige oder dem Versicherer die Befugnis zur Kündigung ohne Einhaltung einer wenigstens einen Monat betragenden Frist verleihe, nicht gegen den Willen des Konkursverwalters berufen dürfen. Jenseits dieser Grenzen können die Parteien die Lösbarkeit des Vertrages festlegen. [Zu §§ 157, 77 VVG s. § 49 Anm. 12, 46; zur Rangfolge beim Versicherungsverein auf Gegenseitigkeit s. § 61 Anm. 6].

2. Gesellschaften und Verbandspersonen

a) Konkurs eines Gesellschafters

aa) BGB-Gesellschaft 11

Durch die Eröffnung des Konkurses über das Vermögen eines Gesellschafters wird die Gesellschaft des bürgerlichen Rechts aufgelöst (§ 728 BGB). Für die Auseinandersetzung gelten die §§ 16, 51. Zur Fortführung der Geschäfte der Gesellschaft durch Mitgesellschafter s. § 28. Die Gesellschaft wird bereits im Zeitpunkt der Konkurseröffnung aufgelöst, vorbehaltlich eines Wiederauflebens im Falle der Aufhebung des Eröffnungsbeschlusses. Doch ist § 728 BGB abdingbar in dem Sinne, daß der ursprüngliche oder vor Eintritt des Auflösungsgrundes ergänzte Gesellschaftsvertrag das Fortbestehen der Gesellschaft unter den übrigen Gesellschaftern, also unter Ausscheidung des Gemeinschuldners, bestimmt, wenn mindestens zwei Gesellschafter übrigbleiben (§§ 736, 738 BGB). Besteht eine Gesellschaft nach dem Tode eines Gesellschafters abredegemäß mit seinem Erben fort (§ 727 I BGB), so hat die Eröffnung des Nachlaßkonkurses die Auflösung der Gesellschaft nach § 728 BGB zur Folge, es sei denn die Fortsetzung unter den übrigen Gesellschaftern ist schon vorher vereinbart worden, was zum Ausscheiden des Erben führt.

bb) Stille Gesellschaft 12

Ist der Gemeinschuldner am Handelsgewerbe eines anderen als stiller Gesellschafter beteiligt (§ 335 HGB), so löst der Konkurs — nicht anders als der des Geschäftsinhabers — das Gesellschaftsverhältnis auf (RGZ **122** 70, 72; *Schilling* in Großkomm. HGB[3] § 339 Anm. 16, **a. A.** *Lübbert* ZHR **58** 461, 517). Hier kommt, da die stille Gesellschaft nur zwei Mitglieder hat, eine Übereinkunft nach § 736 BGB nicht in Frage (*Schilling* in Großkomm. HGB[3] § 339 Anm. 28). Ebenso wie der Konkurs wirkt der Nachlaßkonkurs über das Vermögen des stillen Gesellschafters (*Schilling* in Großkomm. HGB[3] § 339 Anm. 16). Ist nach dem Tode des Geschäftsinhabers die stille Gesellschaft abredegemäß mit seinem Erben fortgesetzt worden, so löst der Konkurs über den Nachlaß des früheren Geschäftsinhabers die stille Gesellschaft auf.

cc) Offene Handelsgesellschaft und Kommanditgesellschaft 13

Die offene Handelsgesellschaft (§ 131 Nr. 5 HGB) und die Kommanditgesellschaft werden aufgelöst, wenn ein persönlich haftender Gesellschafter oder auch nur ein Kommanditist in Konkurs fällt (§ 161 II mit § 131 Nr. 5 HGB).

14 **dd) Kein Schadensersatzanspruch der Mitgesellschafter**

In keinem der in Anm. 11—13 genannten Auflösungsfälle entsteht dem Mitgesellschafter wegen der Auflösung ein im Konkurs verfolgbarer Schadensersatzanspruch.

15 **ee) Auflösung und Beendigung der Gesellschaft**

Die kraft Gesetzes eintretende Auflösung ist von der Beendigung der Gesellschaft zu unterscheiden. Die Auflösung beendet die Gesellschaft nicht, sondern versetzt sie lediglich in das Abwicklungsstadium. Für den Zweck der Liquidation dauert die Gesellschaft fort. Erst der Vollzug der Auseinandersetzung beendet sie (*Ulmer* in Großkomm. HGB[3] § 131 Anm. 3 ff).

16 **ff) Anmeldepflicht**

Die Anmeldepflicht, die dem in Konkurs gefallenen Mitglied einer offenen Handelsgesellschaft nach § 143 HGB obliegt, ist vom Konkursverwalter zu erfüllen [§ 6 Anm. 135].

17 **gg) Reederei**

Der Konkurs eines Mitreeders hat nach der ausdrücklichen Vorschrift des § 505 II HGB die Auslösung der Reederei nicht zur Folge [§ 17 Anm. 29].

18 **hh) Juristische Personen**

Juristische Personen, wie der rechtsfähige Verein, die Aktiengesellschaft, die Gesellschaft mit beschränkter Haftung und die eingetragene Genossenschaft werden durch den Konkurs eines Mitglieds nicht kraft Gesetzes aufgelöst. Wohl aber kann im Einzelfall, etwa bei einer GmbH, der Konkurs eines Gesellschafters die Erreichung des Gesellschaftszwecks unmöglich machen mit der Folge des § 61 GmbHG. Die Kommanditgesellschaft auf Aktien dagen wird aufgelöst, wenn ein persönlich haftender Gesellschafter in Konkurs fällt (§ 289 I, III AktG). Zur konkursrechtlichen Behandlung der Vorgründungsgesellschaften und Vorgesellschaften s. §§ 207, 208 Anm. 2 ff.

19 **ii) Nicht rechtsfähiger Verein**

Ein nicht rechtsfähiger Verein wird durch den Konkurs eines seiner Mitglieder nicht aufgelöst. § 728 BGB ist über § 54 I BGB nicht anwendbar (*Staudinger/Coing* BGB[12] § 54 Anm. 81, 83).

20 **b) Konkurs der Gesellschaft**

Durch die Eröffnung des Konkurses über das Vermögen der Gesellschaft oder des Vereins selbst werden diese aufgelöst (§§ 131 Nr. 3, 161 II HGB, 262 I Nr. 3 AktG, 289 I AktG mit §§ 161 II, 131 Nr. 3 HGB — s. auch § 289 II Nr. 1 AktG —, § 60 I Nr. 4 GmbHG, § 101 GenG). Das gilt auch für den Versicherungsverein auf Gegenseitigkeit (§ 42 Nr. 3 VAG). Die Gesellschaft des bürgerlichen Rechts ist im Gegensatz zur offenen Handelsgesellschaft und zum nicht rechtsfähigen Verein nicht konkursfähig (s. § 1 Anm. 151; **a. A.** *Karsten Schmidt* in: Einhundert Jahre Konkursordnung, 1977, S. 247, 256 ff). Auch eine stille Gesellschaft kann nicht in Konkurs fallen, da ein Gesellschaftsvermögen nicht vorhanden ist, vielmehr das Geschäftsvermögen allein dem Inhaber gehört (§ 335 HGB; Vorbem. 13 vor §§ 207, 208; s. auch § 3 Anm. 19, § 16 Anm. 5 f). Zur Konkursfähigkeit der Reederei s. Vorbem. 14 vor §§ 207, 208 u. *Karsten Schmidt* aaO S. 247, 260.

Vereine und Stiftungen des bürgerlichen Rechts „verlieren die Rechtsfähigkeit durch die Eröffnung des Konkurses" (§§ 42 I, 86 BGB). Damit ist aber nicht gesagt, daß die Rechtspersönlichkeit sofort aufhört. Für die Zwecke der Vermögensabwicklung, aber auch nur für sie, besteht die Rechtspersönlichkeit während des Konkurses und einer sich ihm etwa noch anschließenden Liquidation weiter [§ 213 Anm. 10, 11]. 21

c) Konkurs einer bergrechtlichen Gewerkschaft 22

Auf den Konkurs einer körperschaftlich eingerichteten bergrechtlichen Gewerkschaft neuerer Ordnung sind nach § 213 die §§ 207, 208 entsprechend anwendbar [§ 213 Anm. 2; § 1 Anm.154]. Die landesrechtlichen Vorschriften für diese Gewerkschaften gelten für die bis zum 1. Januar 1986 nicht umgewandelten oder durch Beschluß aufgelösten Gewerkschaften bis zu diesem Tage (§§ 165, 163 BBergG v. 13. 8. 1980, BGBl. I 1310). Mit Ablauf des 1. 1. 1986 gelten die dann noch bestehenden bergrechtlichen Gewerkschaften als aufgelöst (§ 163 I S. 1 BBergG; s. aber auch § 163 I S. 2 BBergG). Die Entstehung neuer Gewerkschaften ist ausgeschlossen (§ 163 I S. 3 BBergG).

d) Handwerksinnung 23

Die Eröffnung des Konkurses über das Vermögen einer Handwerksinnung, eines Landesinnungsverbandes und einer Kreishandwerkerschaft hat kraft Gesetzes deren Auflösung zur Folge (§ 77 HandwO, § 83 I Nr. 4 HandwO mit § 42 BGB, § 89 I Nr. 5 mit § 77 HandwO i. d. F. v. 28. 12. 1965, BGBl. I **1966** 503, zuletzt geändert durch ÄndVO vom 10. 7. 1978, BGBl. I 984, BGBl. III 7110—1).

e) Aufhebung des Konkurseröffnungsbeschlusses 24

Die Auflösung einer Gesellschaft oder juristischen Person oder eines sonstigen konkursfähigen Verbandes tritt unmittelbar mit der Konkurseröffnung ein, nicht etwa erst mit deren Bekanntmachung oder der Rechtskraft des Eröffnungsbeschlusses. Wird jedoch der Eröffnungsbeschluß wirksam aufgehoben, so wird auch die Auflösung rückwirkend hinfällig [§ 109 Anm. 4]. Dagegen bleibt es bei der im Zeitpunkt der Konkurseröffnung eingetretenen Auflösung, wenn das Konkursverfahren nach Ausschüttung der Masse oder Abschluß eines Zwangsvergleichs aufgehoben oder eingestellt wird (§ 192 Anm. 4, §§ 205 f Anm. 5 f; *Staudinger/Coing* BGB[12] § 42 Anm. 8).

3. Familienrechtliche Vorschriften

a) Gesetzlicher Güterstand 25

Der gesetzliche Güterstand der Zugewinngemeinschaft (§§ 1363 ff BGB) bleibt von der Konkurseröffnung über das Vermögen eines Ehegatten unberührt, weil es sich in Wahrheit hier nicht um eine Gemeinschaft, sondern um ein System der Gütertrennung (§ 1363 II BGB) mit gewissen Verfügungsbeschränkungen (§§ 1365—1370 BGB) handelt. Danach behält jeder Ehegatte sein Vermögen, das ihm bei Eingehung der Ehe gehörte und das er während der Ehe hinzuerwirbt, und verwaltet es selbständig. Bei der Konkurseröffnung über das Vermögen eines Ehepartners gehört nur dieses zur Konkursmasse.

b) Gütergemeinschaft 26

Bei vereinbarter Gütergemeinschaft (§§ 1415 ff BGB) hat die Konkurseröffnung über das Vermögen eines Ehepartners auf das Gesamtgut keinen Einfluß, solange es von beiden Ehegatten gemeinschaftlich verwaltet wird; über das Gesamtgut ist ein selbständiger Konkurs nach §§ 236 a—236 c zulässig (§ 2 II). Verwaltet ein Ehegatte das Gesamtgut allein, so fällt es in dessen Konkursmasse. Der Konkurs des nichtverwaltenden Ehegatten erfaßt das Gesamtgut nicht (§ 2 I). Die fortgesetzte Gütergemeinschaft (§§ 1483 ff BGB) endet weder durch den Konkurs des überlebenden Ehegatten noch durch den Konkurs eines anteilsberechtigten Abkömmlings (s. aber §§ 1492, 1495 BGB). Zum Sonderkonkurs über das Gesamtgut der fortgesetzten Gütergemeinschaft s. § 236.

27 **c) Vermögenssorgerecht der Eltern**

Wird das Konkursverfahren über das Vermögen eines Elternteils auf einen Gläubigerantrag hin eröffnet, so endet die Vermögenssorge dieses Elternteils mit der Eröffnung des Verfahrens [§ 73 Anm. 11, § 108 Anm. 1]. Hat der Elternteil selbst die Eröffnung des Konkurses über sein Vermögen beantragt, so endet seine Vermögenssorge bereits mit der Stellung des Konkursantrages (§ 1670 I BGB). Der andere Elternteil darf sein Vermögenssorgerecht solange nicht ausüben, bis das Vormundschaftsgericht angeordnet hat, daß ihm die Vermögenssorge allein zusteht (§ 1680 I S. 3, 4 BGB) oder bei geschiedenen bzw. getrennt lebenden Eltern (§§ 1671, 1672 BGB) die Übertragung der Vermögenssorge auf den nicht mehr berechtigten Teil angeordnet hat (§ 1680 II BGB). Widerspricht eine solche Entscheidung den Vermögensinteressen des Kindes, so hat das Vormundschaftsgericht einen Pfleger zur Fortführung der Vermögensverwaltung zu bestellen (§§ 1680, 1909 I BGB).

28 Das Vermögenssorgerecht endet für beide Elternteile, wenn bei Gütergemeinschaft Konkurs über das Gesamtgut gemäß §§ 2 II, 236 a eröffnet wird (MünchKomm.-*Hinz* § 1670 Anm. 6; *Staudinger/Engler* BGB$^{10/11}$ § 1670 Anm. 5; *Soergel/Lange* BGB^{10} § 1670 Anm. 2; s. auch unten §§ 236 a—236 c Anm. 28).

29 Mit dem Vermögenssorgerecht verliert der betroffene Elternteil das familienrechtliche Verwendungsrecht des § 1649 II BGB (MünchKomm.-*Hinz* § 1670 Anm. 6; *Staudinger/Engler* BGB$^{10/11}$§ 1670 Anm. 8).

30 Das Konkursgericht hat dem Vormundschaftsgericht von einem Antrag auf Eröffnung des Konkursverfahrens Anzeige zu machen (§ 1668 BGB). Eine Anzeigepflicht der Eltern nach § 1909 II BGB besteht dagegen nicht, weil regelmäßig anzuordnen ist, daß die Vermögenssorge dem anderen Elternteil allein zusteht und die Pflegerbestellung nur ausnahmsweise in Betracht kommt (§ 1680 I S. 3 BGB). Sind aber beide Eltern im Konkurs, so muß ein Pfleger bestellt werden (§ 1909 I BGB). In diesem Fall sind beide Eltern zur Anzeige an das Vormundschaftsgericht verpflichtet (§ 1909 II BGB).

31 Nach Konkursbeendigung bzw. nach Abweisung des Eigenantrages eines Elternteils muß das Vormundschaftsgericht dem sorgeberechtigten Elternteil die Vermögensverwaltung zurückübertragen, soweit dies den Vermögensinteressen des Kindes nicht widerspricht (§ 1670 II BGB). Von selbst lebt das Vermögenssorgerecht, wie auch das Konkursverfahren enden mag, nicht wieder auf. Mit der Rückübertragung der Vermögensverwaltung nach § 1670 II BGB erlangt auch der andere Elternteil das Vermögenssorgerecht zurück, sofern es ihm nicht nach § 1680 I S. 3 BGB zur Alleinausübung übertragen war. Jedoch enden die Befugnisse eines Pflegers erst mit der Aufhebung der Pflegschaft durch das Vormundschaftsgericht (*Palandt/Diederichsen* BGB^{40} § 1680 Anm. 2 b).

32 Erlangt der Gemeinschuldner erst während des Konkurses das elterliche Sorgerecht (§§ 1736, 1754 BGB oder Geburt eines Kindes während des Konkurses), so muß

§ 1670 BGB in der Weise entsprechend angewendet werden, daß das elterliche Sorgerecht nur ohne das Recht zur Vermögensverwaltung entsteht und das letztere auch nach dem Konkurs nur durch Anordnung des Vormundschaftsgerichts eingeräumt werden kann. Dagegen erwirbt der Sorgeberechtigte das Vermögenssorgerecht kraft Gesetzes, wenn das Kind erst nach wirksamer Beendigung des Konkurses geboren wird, während ihm für früher geborene Kinder bis zu einer Rückübertragung nach § 1670 II BGB das Vermögenssorgerecht nicht zusteht (*Staudinger/Engler* BGB$^{10/11}$ § 1670 Anm. 13; *Palandt/Diederichsen* BGB^{40} § 1670 Anm. 1; *Erman/Ronke* BGB^{7} § 1670 Anm. 4; MünchKomm.-*Hinz* § 1670 Anm. 3).

d) Vormundschaft, Pflegschaft 33

Der Konkurs eines Vormundes, Pflegers, Nachlaßverwalters (§ 1975 BGB) oder Gegenvormundes beendet bestehende Vormundschaften oder Pflegschaften nicht von Rechts wegen. Jedoch bildet der Konkurs einen Grund zur Entlassung von Amts wegen, da ein Gemeinschuldner zur Übernahme einer Vormundschaft oder Pflegschaft untauglich ist (§§ 1886, 1781 Nr. 3, 1895 BGB). Die Untauglichkeit des § 1781 Nr. 3 BGB beginnt im Zeitpunkt der Konkurseröffnung (§ 108), nicht erst mit der Rechtskraft des Eröffnungsbeschlusses (*Staudinger/Engler* BGB$^{10/11}$ § 1781 Anm. 4; *Palandt/Diederichsen* BGB^{40} § 1781 Anm. 2 c); sie hört auf, sobald der Beschluß wirksam wird, der das Konkursverfahren aufhebt oder einstellt [§ 163 Anm. 4; § 190 Anm. 1; §§ 205 f Anm. 4]. Solange ist auch die Entlassung nach § 1886 BGB geboten. Später kann sie wegen des Konkurses nicht mehr verfügt werden, möglicherweise aber wegen Gefährdung der Interessen des Mündels (§ 1886 1. Alt. BGB). Zur Anzeige an das Vormundschaftsgericht: § 50 I FGG [s. § 112 Anm. 9]. Zum Sonderkonkurs s. § 1 Anm. 155.

4. Unterbrechung der Verjährung

a) Ansprüche des Gemeinschuldners 34

Durch die Eröffnung des Konkursverfahrens über das Vermögen des Gemeinschuldners wird eine zu seinen Lasten laufende Verjährung weder unterbrochen noch gehemmt. Das Gesetz enthält insoweit keine besonderen Vorschriften. Die Verjährung der zur Konkursmasse gehörenden Ansprüche des Gemeinschuldners wird auch mit Wirksamkeit zugunsten des Gemeinschuldners persönlich durch Anerkennung des Verpflichteten gegenüber dem Verwalter oder durch eine vom Verwalter ausgehende gerichtliche Geltendmachung unterbrochen (§§ 208, 209 BGB). Eine dem Gemeinschuldner selbst gegenüber vorgenommene Anerkennung wirkt auch zugunsten der Masse. § 7 steht nicht entgegen.

b) Konkursforderungen

aa) Forderungsanmeldung 35

Die Verjährung eines gegen den Gemeinschuldner gerichteten und zu den Konkursforderungen zählenden Anspruchs wird nicht schon durch die Konkurseröffnung, sondern nur durch eine den wesentlichen Erfordernissen des § 139 genügende, d.h. den Anspruch nach Grund und Betrag individualisierende Anmeldung unterbrochen (RGZ **39** 37, 44 f; **170** 276 ff; s. auch OLG Köln BB **1973** 19). Die Verjährung kann sich also noch im Konkurs vollenden [§ 3 Anm. 10]. Auch wenn eine Anmeldung erst nach dem allgemeinen Prüfungstermin vorgenommen wird, unterbricht sie als konkursmäßige Rechtsverfolgung den Lauf der Verjährung, zumal die Klage gegen den Konkursverwalter ohne Anmeldung der Forderung und ohne dessen Widerspruch unzulässig ist

(§§ 12, 144 II, 146) und gegen den Gemeinschuldner nur geklagt werden kann, wenn der Gläubiger auf die Haftung der Masse verzichtet [§ 12 Anm. 3]. Wird eine Vorrechtsforderung ohne Vorrecht, aber unter bestimmter Angabe von Grund und Betrag, angemeldet, so liegt bereits darin, nicht erst in der nachträglichen Inanspruchnahme des Vorrechts, eine verjährungsunterbrechende Geltendmachung [s. § 139 Anm. 17]. Dies gilt unabhängig davon, ob man die Forderung, wenn sie als einfache Konkursforderung angemeldet wird, und die nachträgliche Anmeldung des Vorrechts für diese Forderung als einheitlichen Anmeldungs- und Feststellungsgegenstand i. S. der §§ 139, 145 II ansieht oder als zwei verschiedene Gegenstände (im ersteren Sinne Voraufl. § 139 Anm. 17, im letzteren *Henckel* Festschrift für Michaelis, 1972, S. 151, 161 ff; *Spellenberg* Zum Gegenstand des Konkursfeststellungsverfahrens, 1973, S. 81 ff, 93 ff). Denn die verfahrensrechtlichen Grenzen des Feststellungsgegenstandes und die Grenzen der Verjährungsunterbrechung sind nicht in vollem Umfang identisch (*Spellenberg* aaO S. 96 ff). Eine Anmeldung vor der Konkurseröffnung ist unwirksam [§ 138 Anm. 3]. Anmeldungen während des Konkurses, auch verspätete, unterbrechen die Verjährung selbst dann, wenn dem Anmelder Anteile nur für den Ausfall- oder Verzichtsbetrag auszuzahlen sind, wie in den Fällen der §§ 64, 212. Da der Gläubiger einer offenen Handelsgesellschaft auch beim Zusammentreffen von Gesellschaftskonkurs und Privatkonkurs im Privatkonkurs seine volle Forderung sofort anmelden und mit der Folge einstweiliger Zurückbehaltung der auf den ganzen Betrag entfallenden Anteile feststellen lassen kann [§ 212 Anm. 10], wird die Verjährung durch die Eröffnung des Gesellschaftskonkurses nicht „gehemmt" (vgl. § 202 BGB; *Staub/Pinner* HGB[14] § 159 Anm. 7; *Schilling* in Großkomm. HGB[3] § 160 Anm. 11; die **abweichende,** an die Denkschrift zum Entwurf eines HGB S. 109 anknüpfende Ansicht von *Makower* HGB[13] S. 408 und *Goldmann* HGB §§ 159, 160 Anm. 16 ist überholt). [Zu §§ 159, 160 HGB s. Anm. 46]. Teilanmeldungen wirken unterbrechend nur für ihren Betrag, da nur insoweit eine konkursmäßige Rechtsverfolgung vorliegt, und zwar auch bei einheitlichen Ansprüchen.

36 **bb) Beginn und Ende der Unterbrechung**

Die Unterbrechung beginnt mit dem Eingang der Anmeldung beim Konkursgericht oder mit deren Erklärung zu Protokoll der Geschäftsstelle [§ 139 Anm. 4]. Sie dauert fort, bis der Konkurs beendet ist (§ 214 BGB).

37 Demnach dauert die Unterbrechung so lange, bis ein die Aufhebung (§§ 163, 190) oder die Einstellung (§§ 202, 204, 205) des Verfahrens aussprechender Beschluß wirksam wird, also bis zum Ablauf des zweiten Tages nach Ausgabe des Amtsverkündungsblattes, in dem der Beschluß erstmals öffentlich bekannt gemacht (§ 76 I) worden ist [§ 163 Anm. 4, § 190 Anm. 1, §§ 205 f Anm. 4].

38 Wird der Konkurs infolge eines Stundung bewilligenden Zwangsvergleichs aufgehoben, so ist nach Beendigung des Konkurses und der Unterbrechung die Verjährung noch für die Dauer der Stundungsfrist gehemmt (§ 202 BGB). Die Zeit bis zum ersten Fälligkeitstermin kommt also noch nicht in Ansatz (§ 205 BGB). Auch der Lauf der dreißigjährigen Verjährung des festgestellten Anspruchs kann nicht vorher beginnen.

39 Gründe der Beendigung eines Konkursverfahrens sind nur Aufhebung und Einstellung i. S. der §§ 163, 190, 202, 204. Trotzdem muß angenommen werden, daß auch bei Aufhebung des Eröffnungsbeschlusses im Beschwerdeweg (§§ 109, 116) die Unterbrechung der Verjährung als erfolgt gilt und fortdauert, bis eine den Eröffnungsbeschluß aufhebende Entscheidung wirksam wird. Denn infolge der Aufhebung des Eröffnungsbeschlusses werden nur die unmittelbaren Rechtsfolgen der Konkurseröff-

nung rückgängig gemacht [§ 109 Anm. 4]. Die Unterbrechung der Verjährung ist aber keine Wirkung der Konkurseröffnung, sondern der konkursmäßigen Rechtsverfolgung. Die Forderungsanmeldung als die im Konkurs gebotene Art der gerichtlichen Geltendmachung (§ 12) unterbricht den Lauf der Verjährung, auch wenn die Aussicht auf eine rechtskraftfähige Feststellung des Anspruchs innerhalb des Konkursverfahrens entfällt (OLG Celle NJW **1959** 941; *Enneccerus/Nipperdey* Allg. Teil[15] § 235 Note 28; *Erman/Hefermehl* BGB[7] § 214 Anm. 1; *Johannsen* RGRK BGB[12] § 214 Anm. 1; *Palandt/Heinrichs* BGB[40] § 214 Anm. 1; *Staudinger/Dilcher* BGB[12] § 214 Anm. 2; *Mentzel/Kuhn/Uhlenbruck* KO[9] § 25 Anm. 10). Die Aufhebung des Eröffnungsbeschlusses läßt sich nicht mit der Prozeßabweisung (§ 212 BGB) gleichsetzen. Dieser ist nur der Fall vergleichbar, daß die Anmeldung mangels wesentlicher Erfordernisse als unstatthaft zurückgewiesen wird [§ 141 Anm. 3 f]. In diesem Fall rechtfertigt sich eine entsprechende Anwendung des § 212 BGB in der Weise, daß bei ordnungsmäßiger Neuanmeldung binnen sechs Monaten seit Eintritt der Rechtskraft des Zurückweisungsbeschlusses [§ 141 Anm. 4] die Verjährung als durch die erste Anmeldung unterbrochen gilt (*Kussi* Privatrechtliche Wirkungen des Prozeßbeginns, Leipziger rechtswissenschaftliche Studien 13, 1925, S. 104). Im Falle der Aufhebung des Eröffnungsbeschlusses im Beschwerdeweg endet die Unterbrechung mit der Rechtskraft der Beschwerdeentscheidung (§ 74 S. 1; *Staudinger/Dilcher* BGB[12] § 214 Anm. 2). Die Unterbrechung der Verjährung mit der nach § 116 S. 1 gebotenen öffentlichen Bekanntmachung enden zu lassen (so *Johannsen* RGRK BGB[12] § 214 Anm. 1; MünchKomm.-*v. Feldmann* § 214 Anm. 2 in Anlehnung an die Regelung der §§ 163 II, 190 II, 205 I), widerspricht § 74 S. 1, der die Beschwerdeentscheidung mit der Rechtskraft und nicht mit der öffentlichen Bekanntmachung wirksam werden läßt. Daß die Verjährungsunterbrechung erst enden dürfe, wenn der Gläubiger in der Lage ist, sich zu neuen Unterbrechungsmaßnahmen zu entschließen (so *Johannsen* aaO), ist kein Grundsatz des geltenden Rechts. Auch § 211 BGB läßt die Verjährungsunterbrechung mit der Rechtskraft der Entscheidung enden ohne Rücksicht darauf, wann der Gläubiger von der Entscheidung Kenntnis erhält. Die Entscheidung des Bundesgerichtshofs (BGHZ **64** 1, 3), auf die sich *v. Feldmann* beruft, betrifft die Aufhebung des Konkursverfahrens nach § 163, nicht aber die Aufhebung des Eröffnungsbeschlusses.

Die Unterbrechung dauert nach § 214 BGB bis zur Beendigung des Konkurses, **40**
gleichgültig, ob ein Widerspruch gegen die Anmeldung überhaupt nicht erfolgt, der Anspruch also mit der Folge des § 145 II festgestellt wird, oder nur der Gemeinschuldner oder nur der Konkursverwalter oder ein Konkursgläubiger bestreitet oder Widersprüche von verschiedenen Seiten erhoben werden. Die an die konkursmäßige Feststellung anknüpfende dreißigjährige Verjährung [Anm. 43] kann daher nicht vor Konkursbeendigung beginnen, bei Beendigung infolge Zwangsvergleichs nicht vor Ablauf der etwaigen Stundung [Anm. 38]. Widersprüche des Konkursverwalters oder eines Konkursgläubigers vereiteln die Aussicht auf konkursmäßige Feststellung des angemeldeten Anspruchs. Trotzdem besteht die unterbrechende Wirkung der Anmeldung weiter. Das gilt auch für angemeldete Wechselforderungen. Wird eine Verjährung durch Klageerhebung unterbrochen (§ 211 I BGB), der Prozeß aber kraft Gesetzes durch Konkurs unterbrochen (§ 240 ZPO) und im Laufe des Konkurses nicht aufgenommen, so dauert die Verjährungsunterbrechung während des Konkurses fort und endet nach § 211 II BGB erst dann, wenn der noch unerledigte Prozeß auch nach dem Konkurs nicht weiter betrieben wird (RG LZ **1916** Sp. 1552).

In einem Fall überdauert die durch Anmeldung bewirkte Unterbrechung den Kon- **41**
kurs. Wenn nämlich bei Konkursbeendigung ein durch den Widerspruch des Konkurs-

verwalters oder eines Konkursgläubigers veranlaßter Feststellungsprozeß (§§ 144 I, 146) noch schwebt und deshalb die auf die bestrittene Forderung entfallenden Anteile nach § 168 Nr. 1 zurückbehalten worden sind, dauert die Unterbrechung jedenfalls bis zur Erledigung des Prozesses, sei es durch Rechtskraft oder durch Prozeßvergleich und, wenn der Prozeß nicht weiter betrieben wird, bis zur letzten Prozeßhandlung (§ 214 III mit § 211 BGB). Obwohl § 220 BGB nicht auf § 214 III BGB verweist, gilt dieser auch, wenn der Feststellungsstreit vor einem Arbeitsgericht oder Verwaltungsgericht geführt wird. Denn § 214 III BGB bezieht sich auch auf die in § 146 V genannten Prozesse. Die Unterbrechung dauert nach § 214 III BGB für den ganzen Betrag des streitigen Anspruchs fort, nicht etwa nur in Höhe der zurückbehaltenen Dividende. Ein Widerspruch nur des Gemeinschuldners selbst hindert die Konkursfeststellung und die Dividendenauszahlung nicht. § 214 III BGB greift also nicht Platz, wenn nur der Gemeinschuldner widersprochen hat. Vielmehr endet hier die durch die Anmeldung bewirkte Unterbrechung mit dem Konkurs [Anm. 40], im Falle eines mit dem Schuldner persönlich schwebenden Prozesses aber nicht vor dessen Erledigung (§ 211 BGB).

42 **cc) Zurücknahme der Anmeldung**

Die Unterbrechung gilt als nicht erfolgt, wenn die Anmeldung zurückgenommen wird (§ 214 II BGB). Verklausulierte Rücknahme: § 139 Anm. 18. Die Zurücknahme schließt Neuanmeldung und erneute Unterbrechung nicht aus [§ 139 Anm. 20]. Erfolgt eine die mangelhafte Erstanmeldung verbessernde Neuanmeldung (vgl. § 142 II) binnen sechs Monaten, so muß nach dem Grundsatz des § 212 II BGB der Erstanmeldung fortdauernde Unterbrechungskraft zukommen (*Kussi* Privatrechtliche Wirkungen des Prozeßbeginns, Leipziger rechtswissenschaftliche Studien 13, 1925, S. 104; **a. A.** *Planck/Knoke* BGB[4] § 214 Anm. 2). Die Zurücknahme der Klage auf Feststellung des bestrittenen Konkursgläubigerrechts ist ohne Einfluß auf die Unterbrechung.

43 **dd) Wirkung der Unterbrechung**

Die Unterbrechung bewirkt, daß die bisher verstrichene Zeit außer Ansatz bleibt und nach dem Ende der Unterbrechung eine neue Verjährung beginnt (§ 217 BGB). Im Falle rechtskräftiger Feststellung des Anspruchs beträgt die neue Verjährungsfrist auch dann, wenn die bisherige kürzer war, dreißig Jahre (§ 218 BGB). Den gleichen Erfolg hat die Feststellung zur Konkurstabelle, wenn ein Widerspruch auch des Schuldners selbst nicht erklärt oder überwunden worden ist (§§ 145 II, 164 II, 194, 206 II KO, 218 BGB).

44 Die Unterbrechung wirkt nicht nur im Verhältnis zur Konkursmasse, sondern auch gegenüber dem Gemeinschuldner persönlich, da die Anmeldung eine Anspruchsverfolgung nicht nur gegenüber der Masse, sondern mittelbar auch gegenüber dem konkursfreien gegenwärtigen und zukünftigen Vermögen des Schuldners darstellt (§§ 141 II, 164 II, 194, 206 II; **a. A.** *Wolff* KO[2] § 139 Anm. 4: Verjährung gehemmt).

45 **ee) Unterbrechung nur für Konkursforderungen**

Nur die Verjährung von Konkursforderungen wird unterbrochen, nicht die der zu § 14 Anm. 15—21 aufgeführten Ansprüche. § 209 II Nr. 2 BGB spricht zwar von der Anmeldung „des Anspruchs" schlechthin; jedoch sind einer Anmeldung im Sinne des Gesetzes (§§ 138 ff) nur Konkursforderungen — einfache und bevorrechtigte — zugänglich. Konkursgläubigern, die auf die Konkursteilnahme nicht verzichten, gestattet das Gesetz (§ 12), wenn der Konkurs einmal eröffnet ist, zunächst überhaupt keine andere Art der gerichtlichen Anspruchsverfolgung als die Anmeldung. Für

Absonderungs-, Aussonderungs- und Masseansprüche dagegen schreibt das Gesetz keine besondere Art der Rechtsverfolgung vor (§§ 4 II, 43, 57). Ihre Verjährung wird daher durch Klage gegen den Konkursverwalter oder durch eine sonstige gerichtliche Geltendmachung ihm gegenüber (§ 209 II Nr. 1, 1 a, 3—5 BGB) unterbrochen. Das gilt auch für die Ansprüche nach § 59 I Nr. 3. Denn der Gesetzgeber hat sie, obwohl sie nach der Definition des § 3 Konkursforderungen wären, zu Masseschuldforderungen erhoben, damit ihre Gläubiger sie nicht im konkursmäßigen Anmeldeverfahren geltend machen müssen, sondern in der Rechtsverfolgung unbeschränkt sind. Ansprüche, die im Konkurs überhaupt nicht verfolgt werden können (z. B. Schenkungsforderungen, § 63 Nr. 4), sind gegenüber dem Schuldner persönlich einklagbar. Ihre Verjährung wird also durch gerichtliche Geltendmachung ihm gegenüber unterbrochen. Deshalb unterbricht auch die Anmeldung einer Konkursforderung nicht den Lauf der Verjährung der seit Konkursbeginn für sie angefallenen Zinsen [§ 63 Anm. 2]. Die Geltung des § 209 II Nr. 2 BGB beschränkt sich auf Konkursforderungen, weil nur für sie das Bedürfnis und die Möglichkeit dieser besonderen Unterbrechungsart besteht. Durch irrtümliche Anmeldung wird die Verjährung von Ansprüchen, die keine Konkursforderungen sind, nicht unterbrochen. Denn selbst der Feststellungsvermerk der Konkurstabelle vermag einen solchen Anspruch nicht zur Konkursforderung umzuprägen, also auch seine Unanmeldbarkeit nicht zu heilen [§ 145 Anm. 7]. Darin, daß „Masseansprüche“ „zur Kenntnis des Verwalters“ gebracht werden (§ 172), also z. B. in der Überreichung einer Rechnungsaufstellung über Masseschulden (§ 59), liegt keine „Anmeldung“ und keine Unterbrechung der Verjährung (a. A. wohl OLG Hamburg SeuffArch. 41 S. 244 f). Wohl aber kann im Verhalten des einer Geltendmachung nicht widersprechenden Verwalters im Einzelfall eine Anerkennung mit der Unterbrechungsfolge des § 208 BGB zu sehen sein.

ff) Forderungsanmeldung im Gesellschaftskonkurs 46

Durch die Anmeldung einer Gesellschaftsforderung zum Konkurs der offenen Handelsgesellschaft wird die Anspruchsverjährung nicht nur gegenüber der Konkursmasse (dem Gesellschaftsvermögen) unterbrochen, sondern nach § 160 HGB zugleich gegenüber den Mitgliedern der in Auflösung begriffenen Gesellschaft als Trägern der Gemeinschuldnerrolle. Zur Auslegung des § 159 HGB s. unten § 164 Anm. 9.

5. Nachlaßkonkurs

a) Vermögenssonderung 47

Von den besonderen Wirkungen der Eröffnung des Nachlaßkonkurses (§§ 214—235) ist die bedeutendste die — vorbehaltlich des § 2013 BGB — eintretende Sonderung des ererbten vom eigenen Vermögen des Erben: Für Nachlaßverbindlichkeiten haftet ausschließlich der Nachlaß (§ 1975 BGB), für Eigenschulden des Erben ausschließlich dessen Eigenvermögen (§ 226 I KO, vgl. § 784 ZPO), die infolge des Erbfalls eingetretene Rechtsvereinigung wird von selbst und für die Vergangenheit wieder rückgängig gemacht (§§ 1976, 1977 BGB, 225 KO); der Erbe ist aus seiner bisherigen Geschäftsführung den Nachlaßgläubigern gegenüber wie ein Verwalter fremden Vermögens berechtigt und verpflichtet (§ 1978, s. auch § 1979 BGB).

b) Prozeßunterbrechung 48

Ein vom Erben begonnener oder aufgenommener, die Nachlaßkonkursmasse betreffender Rechtsstreit wird durch die Eröffnung des Nachlaßkonkurses unterbrochen, bis der Prozeß wieder aufgenommen oder das Konkursverfahren erledigt ist (§§ 240, 243 ZPO, s. die Erläuterungen zu § 10, bes. Anm. 45).

49 **c) Verjährungsunterbrechung**

Die für oder gegen einen Nachlaß laufende Anspruchsverjährung endet nach § 207 S. 1 BGB frühestens nach sechs Monaten seit Erbschaftsannahme, Eröffnung des Nachlaßkonkurses oder Bestellung eines „Vertreters" (z. B. eines Nachlaßpflegers). § 207 S. 1 BGB erfaßt, soweit er die gegen den Nachlaß gerichteten Ansprüche betrifft, nicht nur Nachlaßverbindlichkeiten (§ 1967 BGB), sondern auch Aussonderungs- und Absonderungsrechte. An die Stelle der Sechs-Monats-Frist tritt nach § 207 S. 2 BGB eine Frist von kürzerer Dauer, wenn die gesetzliche Verjährungsfrist weniger als sechs Monate beträgt. Ist die eine oder die andere Frist beim Eintritt der Wirksamkeit des den Nachlaßkonkurs aufhebenden oder einstellenden Beschlusses [Anm. 39] noch nicht abgelaufen, so läuft sie neu von der später erfolgenden Annahme der Erbschaft oder Bestellung eines Nachlaßpflegers ab.

50 Durch Anmeldung zum Nachlaßkonkurs unterbricht der Nachlaßgläubiger die Verjährung der Konkursforderung auch mit Wirksamkeit gegenüber dem Erben (Gemeinschuldner) persönlich, wenn dieser für sie mit seinem Eigenvermögen einzustehen hat (§ 2013 BGB, s. Anm. 44 mit § 214 Anm. 12). Die Anmeldung einer Forderung im Sonderkonkurs unterbricht die Verjährung nicht nur für die Haftung des Sondervermögens, sondern auch zugleich für die des übrigen Schuldnervermögens [vgl. auch Anm. 46 und die Erläuterungen zu §§ 214 ff; wegen der Aufrechnung s. § 53 Anm. 17 ff].

51 **III. Einfluß des Konkurses auf die öffentlich-rechtliche Stellung des Gemeinschuldners**

Die Eröffnung des Konkursverfahrens berührt nicht nur die privatrechtliche Sphäre des Gemeinschuldners. Vielmehr führt sie auch zu öffentlich-rechtlichen Konsequenzen (hierzu rechtspolitische Kritik bei *Gerhardt* Festschrift für Michaelis, 1972, S. 100 ff). Im Gegensatz zum älteren Recht werden aber seit der Weimarer Verfassung die allgemeinen staatsbürgerlichen Rechte, insbesondere das aktive und das passive Wahlrecht durch die Konkurseröffnung nicht mehr beeinträchtigt. Soweit nach geltendem Recht noch spezielle staatsbürgerliche Rechte durch die Konkurseröffnung betroffen werden, gilt dies nur für den Gemeinschuldner selbst. Allgemeine gesetzliche Vertreter eines Gemeinschuldners (wie der Vormund, der Inhaber des elterlichen Sorgerechts, der Vorstand einer juristischen Person) werden in ihren staatsbürgerlichen Rechten durch den Konkurs des Vertretenen nicht beeinträchtigt. Sie sind nicht selbst Gemeinschuldner und haben lediglich die konkursrechtlichen Pflichten und Obliegenheiten des von ihnen vertretenen Gemeinschuldners zu erfüllen und die zur Durchführung des Konkurses unerläßlichen persönlichen Beschränkungen zu tragen [§ 100 Anm. 4, § 101 Anm. 5].

52 **1. Befähigung zum Amt eines ehrenamtlichen Richters**

Als eine infolge gerichtlicher Anordnung „in der Verfügung über ihr Vermögen beschränkte Person" (§ 6) ist der Gemeinschuldner unfähig zum Amt eines Schöffen (§ 32 Nr. 3 GVG), eines Handelsrichters (§ 109 III GVG), eines Beisitzers im Seeamte (§ 8 VI SUG v. 28. 9. 1935, RGBl. I S. 1183), eines landwirtschaftlichen Beisitzers (§ 4 III, VI LwVG mit § 32 Nr. 3 GVG), eines ehrenamtlichen Richters in Arbeitsgerichten (§§ 21 II Nr. 3, 37 II, 43 III ArbGG), in Finanzgerichten (§ 18 Nr. 3 FGO), in Verwaltungsgerichten (§ 21 Nr. 3 VwGO und Ausführungsgesetze der Länder) und Sozialgerichten (§§ 17 I Nr. 3, 35 I, 47 SGG), ferner eines ehrenamtlichen Richters in Steuerberatungs- und Wirtschaftsprüfersachen (§§ 100 I, 101 I Nr. 1 u. 2 StBerG; §§ 76 I, 77 I Nr. 1 u. 2 Wirtschaftsprüferordnung).

2. Beschränkungen in der Berufszulassung und -ausübung 53

Der Gemeinschuldner ist nicht zuzulassen zum Beruf des Rechts- und Patentanwalts. Eine schon erteilte Zulassung kann zurückgenommen werden (§§ 7 Nr. 9, 15 Nr. 1 BRAO; §§ 14 I Nr. 10, 22 Nr. 1 PatAnwO). Er ist infolgedessen nicht zur Vorstandschaft in Rechts- und Patentanwaltskammern wählbar und scheidet mit der Konkurseröffnung aus dem Vorstandsamt aus (§§ 66 Nr. 1, 69 I Nr. 1 BRAO; §§ 60 Nr. 1, 63 I Nr. 1 PatAnwO). Der Gemeinschuldner kann ferner nicht ehrenamtlicher Richter in Rechtsanwalts- und Patentanwaltssachen werden. Ist er bereits Mitglied des Ehrengerichts, so ist er auf Antrag der Landesjustizverwaltung bzw. des Bundesministers der Justiz seines Amtes zu entheben (§§ 94 III, 95 II, 108 I, 109 I Nr. 1 u. 2 BRAO; §§ 87 II, 89 I Nr. 1 u. 2, 91 II, 93 I PatAnwO). Mit dem Wegfall der Zulassung als Rechtsanwalt erlischt das Amt des Anwaltsnotars (§ 47 Nr. 3 mit § 3 II BNotO). Im übrigen ist der Notar nach § 50 I Nr. 5 BNotO seines Amtes zu entheben, wenn er durch gerichtliche Anordnung in der Verfügung über sein Vermögen beschränkt ist.

3. Beschränkungen auf gewerberechtlichem Gebiet 54

Auf gewerberechtlichem Gebiet erleidet der Gemeinschuldner Rechtseinbußen namentlich aufgrund der §§ 96 II Nr. 3, 98 II HandwO durch Ausschluß der Wahlberechtigung zur Wahl der Handwerkskammern.

4. Nachwirkungen des Konkursverfahrens 55

Nach Beendigung des Konkursverfahrens unterliegt die öffentlichrechtliche Stellung des Gemeinschuldners keinen Beschränkungen mehr. Der Konkurs als solcher bewirkt keine fortdauernde Diskriminierung. Lediglich die Verurteilung wegen Konkursstraftaten kann zu anhaltenden öffentlich-rechtlichen Folgen führen (z. B. § 32 Nr. 1 GVG).

§ 26

Wenn infolge der Eröffnung des Konkursverfahrens die Nichterfüllung einer Verbindlichkeit oder die Aufhebung eines Rechtsverhältnisses des Gemeinschuldners eintritt, so ist der andere Teil nicht berechtigt, die Rückgabe seiner in das Eigentum des Gemeinschuldners übergegangenen Leistung aus der Konkursmasse zu verlangen. Er kann eine Forderung wegen der Nichterfüllung oder der Aufhebung nur als Konkursgläubiger geltend machen, soweit ihm nicht ein Anspruch auf abgesonderte Befriedigung zusteht.

Materialien: Motive I Bd. 1 S. 113 ff, Motive II S. 86 ff; Protokolle S. 19 f, 149.

Übersicht

1 **I. Einleitung**

In § 26 zieht das Gesetz zunächst die Konsequenz aus der dem § 17 zugrundeliegenden Vorstellung, daß der Vertragspartner des Gemeinschuldners als persönlicher Gläubiger nur eine Konkursforderung in Höhe seines Vertragsinteresses, also der Differenz zwischen dem Wert der Leistung und der Gegenleistung hat und dem Konkursverwalter das Wahlrecht zusteht, die Erfüllung des Vertrages zu verlangen oder es bei der Nichterfüllung und damit bei dem mit Konkurseröffnung entstandenen Differenzanspruch zu belassen (Motive II S. 65, 67, 68 f, 89, 91; s. auch § 17 Anm. 6, 115, 151 ff). Der gegenseitige Vertrag wird also weder durch die Konkurseröffnung noch durch die Erfüllungsablehnung des Konkursverwalters aufgehoben. Demzufolge ergibt sich aus dem Konkursrecht kein Anspruch des Vertragspartners auf Rückgabe seiner vor Konkurseröffnung an den Gemeinschuldner erbrachten Leistung (§ 26 S. 1). Für die in §§ 19 ff geregelten Dauerschuldverhältnisse folgt die Regel des § 26 S. 1 daraus, daß diese Rechtsverhältnisse durch die Konkurseröffnung oder die Kündigung des Verwalters nur für die Zukunft aufgehoben werden. Die bis zu ihrer Beendigung erbrachten Leistungen bleiben deshalb vom Konkurs unberührt und können nicht zurückgefordert werden. Soweit dem Vertragspartner infolge der Nichterfüllung oder Aufhebung des Schuldverhältnisses ein Anspruch zusteht, ist dieser eine Konkursforderung (§ 26 S. 2). Dies betrifft einerseits den Differenzanspruch des Vertragspartners im Anwendungsbereich des § 17 und versteht sich insoweit von selbst, weil dieser Anspruch richtiger Ansicht nach mit der Konkurseröffnung nach § 3 Konkursforderung wird. Zum anderen bezieht sich § 26 S. 2 auf die „Forderung wegen Nichterfüllung" nach § 18 und auf die Schadensersatzforderungen des Vermieters nach § 19 S. 3, des Mieters im Falle des § 21 IV [§ 21 Anm. 25], des Dienstverpflichteten nach § 22 II und des Geschäftsbesorgers [§ 23 Anm. 45]. Auch soweit der Schadensersatzanspruch erst nach Konkurseröffnung infolge einer Kündigung des Verwalters oder Grundstückserwerbers entsteht, wird er als Konkursforderung eingeordnet, als ein „Surrogat der kontraktlichen Rechte, wie sie zur Zeit der Konkurseröffnung bestanden" (Motive II S. 93).

II. Ausschluß einer Rückforderung (§ 26 Satz 1)

2 **1. Grundsatz**

Der erste Satz des § 26 hat eine negative Bedeutung: Lediglich deshalb, weil infolge des Konkurses eine Verbindlichkeit nicht erfüllt [Anm. 10] oder ein Rechtsverhältnis aufgehoben wird [Anm. 11], hat der Vertragspartner des Gemeinschuldners die Rückgabe eines schon vor Konkurseröffnung in das Vermögen des Gemeinschuldners übergegangenen Gegenstandes nicht zu beanspruchen. Ein auf diese Nichterfüllung oder Aufhebung gestütztes Rückgewährverlangen scheitert also der Konkursmasse gegenüber schlechthin, auch wenn außerhalb des Konkurses ein Rückgewähranspruch begründet sein sollte. Dies gilt selbst dann, wenn der Rückgewähranspruch außerhalb des Konkurses ein dinglicher wäre, sofern der Zeitpunkt seiner Entstehung erst nach der Konkurseröffnung läge. Insoweit wird dem Vertragspartner die Aussonderung verwehrt, im übrigen auch die Anmeldung des Geldwertes eines Rückgabeanspruchs (§ 69). Insbesondere steht dem Vertragspartner kein Rücktrittsrecht aus dem Grunde zu, daß der Konkursverwalter nicht die Erfüllung des gegenseitigen Vertrages nach § 17 wählt, sondern es bei den normalen Konkursfolgen beläßt (RGZ **56** 238, 340 f; **90** 218, 220). Über ein Rückforderungsrecht des Konkursverwalters sagt § 26 nichts [s. hierzu § 17 Anm. 71 ff].

2. Unabdingbarkeit im Interesse der Konkursgläubiger 3

Das Verbot dient dem gemeinschaftlichen Interesse der Konkursgläubiger. Darum sind die Vertragsparteien außerstande, das im Satz 1 verneinte Rückforderungsrecht durch Vereinbarung zu begründen. Eine solche Vereinbarung wäre nach § 134 BGB nichtig. Andererseits bezweckt das Verbot auch nur den Schutz der Konkursgläubiger. Wenn eine Rücknahmegestattung — weil beispielsweise der Vertragspartner ein der Masse vorteilhaftes Entgelt bietet — der Konkursmasse Vorteile bringt, braucht der Verwalter auf das entgegenstehende Interesse anderer Personen, insbesondere der Absonderungsgläubiger, keine Rücksicht zu nehmen (RGZ **17** 78, 85).

3. Verhältnis zur Aussonderung

a) Allgemeines 4

War im Zeitpunkt der Konkurseröffnung (§ 108) der vom anderen Teil geleistete Gegenstand noch nicht in das Vermögen des Gemeinschuldners übergegangen, so steht § 26 einer Rückforderung — auch derjenigen des § 11 — nicht entgegen (RGZ **17** 78, 82). § 26 schließt also die Aussonderung (§§ 43, 46) einer dem Gemeinschuldner bei Konkurseröffnung bereits übergebenen, aber noch nicht übereigneten Kaufsache im Fall der Erfüllungsablehnung des Verwalters nicht aus [§ 17 Anm. 60, 166]. Das gleiche gilt, wenn bei Konkurseröffnung die Rechtsübertragung (z. B. Übereignung) bereits mit dinglicher Kraft widerrufen war oder rückwirkend angefochten wird [Anm. 6]. Auch der Aussonderung eines durch bloße Treuhandverfügung überlassenen Gegenstandes [§ 43 Anm. 38 ff] steht § 26 nicht im Wege (RGZ **45** 80, 81 ff). Leistungsgegenstände, die — gleichgültig aus welchem Grunde — nicht in das Vermögen des Gemeinschuldners übergegangen waren, und darum vom Konkursverwalter in den Händen des Schuldners belassen werden, hat der Berechtigte vom Schuldner selbst herauszuverlangen. Eine „Freigabe" [§ 6 Anm. 17 ff] steht hier nicht in Frage (vgl. Motive II S. 91; OLG Dresden SächsOLG **17** 420 f).

b) Aussonderung infolge Anfechtung

aa) Irrtum 5

§ 26 S. 1 steht einer Aussonderung nicht entgegen, wenn das Rechtsgeschäft, das den Gegenstand in das Vermögen des Gemeinschuldners übertragen hat, angefochten wird. Nach § 142 I BGB ist das angefochtene Rechtsgeschäft als von Anfang an nichtig anzusehen, wenn ein Anfechtungsgrund vorlag. Das bedeutet, daß der anfechtbar übertragene Gegenstand als im Zeitpunkt der Konkurseröffnung nicht zum Vermögen des Gemeinschuldners gehörend zu betrachten und deshalb nicht Massebestandteil ist [§ 1 Anm. 55, § 15 Anm. 95]. Zu beachten ist aber, daß die Verfügungsgeschäfte abstrakt sind, so daß die Anfechtung des Kausalgeschäftes die Gültigkeit des Verfügungsgeschäftes unberührt läßt. Das gilt uneingeschränkt für die Anfechtung des Kausalgeschäftes wegen Irrtums (*Flume* Allg. Teil II[3] § 12 III 3). So berechtigt zwar ein Irrtum über die Kreditwürdigkeit des Vertragspartners zur Anfechtung eines Kreditgeschäftes nach § 119 II BGB (RGZ **66** 385, 388 ff; *v. Tuhr* Allg. Teil II 1 § 67 zu Noten 96 ff, § 68 Note 34; *Enneccerus/Nipperdey* Allg. Teil[15] § 168 II 1 c m. Nachw. in Note 23; *Palandt/Heinrichs* BGB[40] § 119 Anm. 4 b; *Soergel/Hefermehl* BGB[11] § 119 Anm. 42; **a. A.** *Flume* Allg. Teil II[3] § 24, 3 b: § 119 II BGB sei durch § 321 BGB ausgeschlossen, s. dazu oben § 17 Anm. 138), jedoch beschränkt sich die Anfechtbarkeit auf das Kausalgeschäft. Die Übereignung bleibt wirksam (**a. A.** RGZ **66** 385, 389 f; RG LZ **1912** Sp. 159 ff; OLG Stuttgart OLGRspr. **20** 39 f; OLG Hamburg OLGRspr. **20** 40 f). Denn der Verkäufer übereignet nicht, weil er den Käufer für kreditwürdig hält, sondern weil er sich in dem durch Irrtum beeinflußten Kausalgeschäft zur Übereignung verpflichtet hat. Ficht der Vertragspartner das Kausalgeschäft wegen Irrtums an, so hat er einen Bereicherungsanspruch, der Konkursforderung ist (§§ 812, 142 I BGB, 3 KO). Für eine Durchbrechung des Abstraktionsprinzips besteht gerade im Konkurs kein Anlaß. Man mag zwar darüber streiten, ob das Abstraktionsprinzip neben dem gutgläubigen Erwerb notwendig ist, um den Verkehrschutzinteressen eines Dritterwerbers gerecht zu werden. Jedenfalls aber bewährt sich das Abstraktionsprinzip als Schutz der Gläubiger des Erwerbers, die beim Haftungszugriff keinen Gutglaubensschutz genießen. Das Abstraktionsprinzip schirmt die haftungsrechtliche Zuordnung ab gegen Mängel, welche allein der causa des Erwerbsgeschäfts des Schuldners anhaften (*Baur* SachenR[11] § 51 VIII 1; *Flume* Allg. Teil II[3] § 12 III 3). Ein Aussonderungsrecht kommt deshalb nur in Betracht, wenn der Irrtum das Verfügungsgeschäft selbst betrifft, z. B. wenn der Verkäufer sich bei der Übereignung vergriffen und eine andere Ware übereignet hat, als er übereignen wollte.

6 **bb) Arglistige Täuschung und Drohung**

Das Abstraktionsprinzip ist jedoch kein absolutes Dogma, sondern ein Instrument, um den überwiegenden Schutzinteressen der Gläubiger gerecht zu werden. Diese Interessen müssen aber zurücktreten gegenüber besonders schutzwürdigen Personen. Zu diesen gehören diejenigen, die durch arglistige Täuschung oder widerrechtlich durch Drohnung zum Vertragsschluß mit dem Gemeinschuldner bestimmt worden sind (§ 123 BGB). Die Anfechtung aus diesem Grunde vernichtet auch das Verfügungsgeschäft des Getäuschten oder Bedrohten, wenn zur Zeit seiner Vornahme der Irrtum noch besteht oder die Drohung fortwirkt (RGZ **69** 13, 16; **70** 55, 58; OLG Dresden SeuffArch. **67** Nr. 192; OLG Hamburg OLGRspr. **15** 233; *Soergel/Hefermehl* BGB[11] § 142 Anm. 5; *Staudinger/Dilcher* BGB[12] § 142 Anm. 8; MünchKomm.-*Quack* § 929 Anm. 60). Ist also der Vertragspartner des Gemeinschuldners durch arglistige Täuschung über dessen Kreditwürdigkeit zum Abschluß eines Kreditgeschäftes und zu einer in dessen Erfüllung vorgenommenen Verfügung veranlaßt worden, so kann er, wenn er auch das Verfügungsgeschäft anficht, aussondern. § 26 steht nicht entgegen. Auch kann eine entsprechende Anwendung des § 26 die Aussonderung nicht ausschließen (**a. A.** *Jaeger* KO[6/7] § 26 Anm. 6). § 26 schließt die Rückforderung aus, wenn infolge der Konkurseröffnung die Erfüllung der Verbindlichkeit des Gemeinschuldners ausbleibt, setzt also ein wirksames Rechtsgeschäft voraus. Über die Rechtsfolgen eines nichtigen oder anfechtbaren Rechtsgeschäfts sagt er weder unmittelbar noch mittelbar etwas aus. Daß der Gläubiger, der seine Verfügung nach § 123 BGB anficht und damit aussonderungsberechtigt wird, unter Verletzung des Gleichbehandlungsgrundsatzes bevorzugt würde (so *Marquardt* LZ **1914** Sp. 824 ff; *Breit* JW **1916** 1079; *Jaeger* KO$^{6/7}$ § 26 Anm. 6), trifft nicht zu. Wer zu einer Zeit, in der der spätere Gemeinschuldner noch kreditwürdig ist, vorleistet und die spätere Krise nicht zum Anlaß nimmt, die Gegenleistung rechtzeitig (anfechtungsfrei) beizutreiben, verdient nicht denselben Schutz, wie derjenige, der in der Krise durch Täuschung veranlaßt worden ist, mit dem konkursreifen Schuldner zu kontrahieren. Daß der getäuschte Käufer, der auf Kredit liefert, besser steht als der getäuschte Darlehensgeber, beruht nicht auf der Anfechtbarkeit des Verfügungsgeschäfts. Denn auch der getäuschte Darlehensgeber kann die Auszahlung der Valuta anfechten. Daß ihm dies meist nichts hilft, liegt daran, daß das Geld beim Schuldner regelmäßig nicht mehr vorhanden ist und deshalb nicht ausgesondert werden kann. Der Darlehensgeber steht dann aber nicht anders da als der vorleistende Verkäufer, wenn die verkaufte Sache sich nicht mehr in der Masse befindet. Zum Schadensersatzanspruch des Getäuschten nach § 826 BGB s. OLG Colmar LZ **1913** Sp. 250 f. Daß § 26 einer Anfechtung des Verfügungsgeschäftes wegen arglistiger Täuschung nicht entgegensteht, wenn die Täuschung einen anderen Umstand betrifft als die Kreditwürdigkeit des Schuldners (RGZ **56** 238, 241; **86** 247, 250 f), ist unstreitig.

4. Verhältnis zu § 24 7

Da nach § 26 S. 1 nicht einmal die dingliche Vertragslösung einen Rückgabeanspruch gegenüber der Masse begründet [Anm. 2], wenn Lösungsgrund die durch den Konkurs veranlaßte Nichterfüllung ist, muß auch der durch eine Vormerkung gesicherte Anspruch auf Rückgewähr am Verbot des § 26 scheitern, falls die Nichterfüllung Rücktrittsgrund und Konkursfolge ist. Deshalb wird § 24 durch § 26 eingeschränkt. Der Verkäufer eines Grundstücks, der nach einer Anzahlung seine Verkäuferpflichten restlos erfüllt, sich aber für den Fall, daß der Konkurs die vollständige Zahlung des Kaufpreises vereiteln sollte, den Rücktritt vorbehalten hat und den ihm aufgrund des Rücktritts erwachsenden Rückübereignungsanspruch durch Vormerkung hat sichern lassen, kann also nicht deshalb, weil seine Kaufpreisrestforderung nur konkursmäßig berücksichtigt wird, den Vollzug der Rückübereignung vom Konkursverwalter verlangen. Zu diesem Ergebnis führt auch die Überlegung, daß der durch die Vormerkung gesicherte Anspruch, nämlich der Rückgewähranspruch aufgrund Rücktritts, aus den in Anm. 3 angeführten Gründen gar nicht entstehen kann und deshalb auch die von ihm abhängige Vormerkung keine Wirkungen entfaltet (OLG Köln LZ **1909** Sp. 491 — offengelassen in der diesbezüglichen Revisionsentscheidung RG LZ **1910** Sp. 312; *Mentzel/Kuhn/Uhlenbruck* KO^{9} § 26 Anm. 8; *Böhle-Stamschräder/Kilger* KO^{13} § 26 Anm. 4; *Petersen/Kleinfeller* KO^{4} § 26 Anm. 3; **a. A.** *v. Wilmowski/Kurlbaum* KO^{6} § 26 Anm. 8; *Bleyer* KO^{3} § 26 Anm. 3 c; *Wolff* KO^{2} § 26 Anm. 3). Ist dagegen der Rücktritt durch einen anderen Umstand bedingt oder in das freie Belieben des Rücktrittsberechtigten gestellt, so kann der durch Vormerkung gesicherte Rückgewähranspruch auch dem Konkursverwalter gegenüber durchgesetzt werden. Das Wahlrecht des Konkursverwalters, ob er das Rückgewährschuldverhältnis erfüllen will [§ 17 Anm. 28], wird durch § 24 verdrängt [§ 24 Anm. 2, 22].

5. Rechtsänderung infolge der Konkurseröffnung 8

„Infolge der Eröffnung des Konkursverfahrens“ muß die Rechtsänderung eingetreten sein. Dem strengen Wortlaut nach gehören hierher nur unmittelbare Rechtsfolgen der Konkurseröffnung, z. B. die von Rechts wegen mit dem Konkurs eines Gesellschafters verknüpfte Auflösung der Gesellschaft [§ 25 Anm. 11], das Erlöschen eines Vertrages nach § 23 oder das Erlöschen eines Rechtsverhältnisses durch die Konkurseröffnung infolge einer entsprechend vereinbarten Bedingung; aber auch die durch den Konkurs bewirkte Umwandlung eines von § 17 erfaßten gegenseitigen Vertrages in einen einseitigen Differenzanspruch des Vertragspartners gegenüber der Masse, wenn der Konkursverwalter nicht die Erfüllung des Vertrages wählt [§ 17 Anm. 115, 149 ff]. Unbestritten kommen aber auch solche Rechtsänderungen in Betracht, die als mittelbare Wirkungen des Konkurses erst aus Rechtshandlungen des Konkursverwalters oder eines Dritten entstehen, der einen Massegegenstand vom Verwalter erworben hat; so die Folge der vorzeitigen Kündigung in den Fällen der §§ 19, 22, der Veräußerung im Falle des § 21 IV (RGZ **67** 372, 375; **86** 247, 250; RG LZ **1910** Sp. 473). Im Falle des § 21 IV beruht die Vertragsbeendigung nur mittelbar auf einem Akt des Konkursverwalters; unmittelbar — aber immer noch infolge des Konkurses — wird sie durch den Erwerber bewirkt. Auch das genügt, gleichgültig, ob der Verwalter den Massegegenstand in den Formen freiwilliger oder vollstreckungsmäßiger Verwertung veräußert hat (RG LZ **1916** Sp. 1191, s. auch § 21 Anm. 25). Einer unmittelbar durch die Konkurseröffnung veranlaßten Nichterfüllung gleichzustellen ist die Unwirksamkeit einer Vorausverfügung des Gemeinschuldners über künftigen Miet- oder Pachtzins nach § 21 II.

9 Ist aber die Nichterfüllung oder Aufhebung nicht wenigstens mittelbar durch den Konkurs veranlaßt, so versagt § 26. Er ist nicht anwendbar, wenn die Rechtsänderung bereits vor dem Konkurs wirksam geworden war oder nach der Konkurseröffnung, aber durch eine rückwirkende Anfechtung vollzogen wird [Anm. 5, 6].

10 **6. Nichterfüllung einer Verbindlichkeit**

„Nichterfüllung einer Verbindlichkeit" i. S. des ersten Satzes liegt vor, wenn infolge des Konkurses die Bewirkung der geschuldeten Leistung ganz oder teilweise unterbleibt. Strenggenommen ist auch die konkursmäßige Befriedigung — Auszahlung der Anteile nach dem Geldwert (§ 69) der Forderung — eine „Erfüllung". Jedoch ergibt sich aus dem Zweck des § 26, daß gerade die infolge der Konkurseröffnung eintretende Änderung in der Art der Erfüllung eine „Nichterfüllung" ist, wie sie Satz 1 voraussetzt. Deshalb kommt außer der Erfüllungsablehnung des Verwalters aufgrund des § 17 insbesondere auch der Fall in Betracht, daß die Gegenpartei schon vor Konkursbeginn vollständig erfüllt hatte, aber noch nicht oder noch nicht vollständig befriedigt worden war (Motive II S. 87, 91; *Marquardt* LZ **1914** Sp. 828). Eine engere Bedeutung hat der Ausdruck „Nichterfüllung" in Satz 2 [s. Anm. 19].

11 **7. Aufhebung eines Rechtsverhältnisses**

„Die Aufhebung eines Rechtsverhältnisses des Gemeinschuldners" kann unmittelbar durch die Konkurseröffnung (z. B. Auflösung einer Gesellschaft, Erlöschen eines Vertrages, § 23) oder durch eine vorzeitige Kündigung des Verwalters (§§ 19, 22) erfolgen. Der Ausdruck „Rechtsverhältnis" umfaßt nicht nur gegenseitige Verträge, wenn auch vorwiegend an solche zu denken ist.

8. In das Eigentum des Gläubigers gelangte Leistung

12 **a) Begriffe „Eigentum" und „Leistung"**

Die Rückgabe einer zur Zeit der Konkurseröffnung bereits „in das Eigentum des Gemeinschuldners übergegangenen Leistung" kann nicht verlangt werden. Die Fassung des Gesetzes ist ungenau. Wie aus dem Wort „Eigentum" zu schließen wäre, müßte der Begriff „Leistung" nach dem Wortlaut des Gesetzes nur körperliche Leistungsgegenstände (§ 90 BGB) umfassen. Jedoch beruht die Fassung des Gesetzes, die an die Terminologie des BGB nicht angepaßt worden ist, auf der früheren französischen und preußischen Rechtssprache, in der auch vom Eigentum an Rechten die Rede ist. Deshalb muß in Anpassung an die Terminologie des BGB das Wort „Leistung" ganz allgemein im Sinn von Leistungsgegenstand verstanden werden. Dementsprechend ist der Begriff „Eigentum" nicht im Sinne des BGB zu verstehen, sondern durch den Begriff „Vermögen" zu ersetzen. Eine „in das Eigentum des Gemeinschuldners übergegangene Leistung" ist also z. B. auch der ihm vom Verkäufer einer Forderung oder eines sonstigen Rechts übertragene unkörperliche Leistungsgegenstand (§§ 398, 413, 437 f BGB), aber auch eine Vorrangsbewilligung (RG JW **1887** 289 Nr. 9; *Mentzel/Kuhn/Uhlenbruck* KO[9] § 26 Anm. 3).

b) Maßgeblichkeit des bürgerlichen Rechts 13

Ob der Leistungsgegenstand bei Konkurseröffnung bereits in das Vermögen („Eigentum") des Gemeinschuldners übergegangen war oder nicht, entscheidet das bürgerliche Recht. Insbesondere kommen die §§ 873 ff, 925 ff, 929 ff BGB, ferner die §§ 424, 450, 650 HGB in Betracht. Ist die Einigung nichtig, so geht trotz Eintragung oder Übergabe das Eigentum nicht über. Dagegen hindert wegen der Abstraktheit rechtsgeschäftlicher Verfügungen, auch der Abtretung von Forderungen, ein Mangel im Kausalgeschäft den Übergang des Eigentums oder sonstigen Rechts nicht.

c) Eigentumsvorbehalt 14

Dem Anspruch auf Herausgabe eines bei Konkurseröffnung nicht zum Schuldnervermögen gehörenden Gegenstandes steht § 26 nicht im Wege. Ein Eigentumsvorbehalt wird deshalb durch § 26 nicht berührt (RG JW **1907** 315). Der Eigentumsvorbehalt bis zur Zahlung des vollen Kaufpreises ist entsprechend der Auslegungsregel des § 455 BGB als Übereignung unter der aufschiebenden Bedingung vollständiger Zahlung anzusehen, und der Verkäufer ist rücktrittsberechtigt, wenn der Käufer in Zahlungsverzug kommt. Folglich bleibt während der Schwebezeit der Verkäufer Eigentümer (§ 158 I BGB) und deshalb ist er im Konkurs des Erwerbers aussonderungsberechtigt. Die Voraussetzung des § 26 S. 1 ist nicht gegeben, § 26 ist daher nicht anzuwenden. Das Anwartschaftsrecht der Masse [§ 1 Anm. 129] erlischt mit dem Ausfall der Bedingung. Dieser tritt nicht schon mit der Zahlungsunfähigkeit oder der Konkurseröffnung ein. Erst wenn der Konkursverwalter die Erfüllung endgültig ablehnt, steht fest, daß die Bedingung für den Eigentumserwerb des Käufers nicht mehr eintreten kann [§ 17 Anm. 56]. Im Falle einer Veräußerung des Aussonderungsgegenstandes durch den Verwalter ist der Verkäufer nach Maßgabe der §§ 46, 59 I Nr. 1 u. 4 geschützt [§ 46 Anm. 17].

d) Abzahlungsgeschäft 15

Beim Abzahlungsgeschäft behält sich regelmäßig der Verkäufer das Eigentum bis zur vollständigen Zahlung des Kaufpreises vor und sichert sich damit für den Konkursfall die Aussonderung. Nach § 5 AbzG „gilt" es unwiderlegbar als Ausübung des Rücktritts, wenn der Verkäufer aufgrund des Vorbehalts die Sache wieder an sich nimmt, auch wenn er gar nicht zurücktreten, sondern durch die Ansichnahme nur eine erhöhte Sicherheit gewinnen will. Die Rücktrittsfiktion des § 5 AbzG tritt nach der Rechtsprechung des BGH auch dann ein, wenn der Verkäufer im Wege der Zwangsvollstrekkung, die er wegen des Kaufpreisanspruchs betreibt, dem Käufer den Besitz der Sache entzieht; so wenn der Verkäufer selbst die Sache ersteigert (BGHZ **15** 171 ff; **19** 326 f) oder sie sich nach § 825 ZPO zuweisen läßt, um sie freihändig an einen Dritten zu veräußern (BGHZ **15** 241 ff), aber auch wenn ein Dritter die Sache in der Zwangsvollstreckung ersteigert (BGHZ **55** 59 ff; kritisch dazu: MünchKomm.-*H. P. Westermann* § 5 AbzG Anm. 9 m. Nachw. in Noten 19—26, zum Zeitpunkt der Rücktrittsfiktion: § 5 AbzG Anm. 10—12). Im Konkurs des Abzahlungskäufers übt der Verkäufer bereits dadurch, daß er kraft seines Eigentums den Konkursverwalter auf Herausgabe der Sache verklagt (§ 43), den Rücktritt aus. Deshalb hat er die empfangenen Anzahlungen nach Maßgabe der §§ 1, 2 AbzG zur Konkursmasse zurückzugewähren (RGZ **96** 297 ff; MünchKomm.-*H. P. Westermann* § 5 AbzG Anm. 13, s. auch Anm. 15). Im Bereich des AbzG schließt sonach das auf Rückgabe (§ 43) oder entsprechenden Ersatz (§§ 46, 59 I Nr. 4) gerichtete Begehren den Kaufpreisanspruch aus. Außerhalb des Anwendungsbereichs des AbzG aber läßt sich nicht behaupten, daß die Geltendmachung des vorbehaltenen Eigentums und die Erhebung des Kaufpreisanspruchs miteinander unvereinbar wären. Selbst beim Abzahlungsgeschäft ist ein auf Feststellung der Nichtzugehörigkeit der Sache zur Konkursmasse beschränktes Aussonderungsbegehren mit der Verfolgung des Kaufpreisanspruchs im Konkurs vereinbar (*Mentzel/Kuhn/Uhlenbruck* KO⁹ § 26 Anm. 6). Denn damit erstrebt der Lieferant die urteilsmäßige Anerkennung der Wirksamkeit des Vorbehalts, erklärt also noch keineswegs, daß er die Sache „wieder an sich nehmen" will, wie dies § 5 AbzG voraussetzt. Andererseits wäre der Eigentumsvorbehalt wertlos, wenn eine gerichtliche Verfolgung des Kaufpreisanspruchs als Verzicht auf den Vorbehalt gelten würde. Beide Rechte können daher auch im Konkurs des Käufers nebeneinander geltend gemacht werden. Der Verkäufer bleibt, wenn er bei Durchführung des Konkurses einen Teil des Kaufpreises erhalten hat, wegen seiner Restforderung (§ 164) durch den Vorbehalt geschützt (RGZ **7** 147, 150; RG JW **1905** 18 f; RG LZ **1907** Sp. 513 f; *Serick* I § 15 VI 2).

16 **e) Eigentumsvorbehalt und Zwangsvergleich**

Beim Zwangsvergleich geht das vorbehaltene Eigentum nicht schon dadurch auf den Käufer über, daß dieser die Vergleichsquote auf den Restkaufpreis zahlt. Ebenso wie im Falle des verjährten Kaufpreisanspruchs (BGHZ **34** 191 f; **70** 96 ff; BGH NJW **1979** 2195) ist auch hier auf den Sicherungszweck des Eigentumsvorbehalts abzuheben. Wie der BGH (aaO) beim verjährten Anspruch § 223 BGB analog anwendet, ist im Falle des Zwangsvergleichs die entsprechende Anwendung des § 193 S. 2 KO geboten (*Mentzel/Kuhn/Uhlenbruck* KO⁹ § 193 Anm. 8, 12; *Böhle-Stamschräder/Kilger* KO¹³ § 193 Anm. 2 d u. 4; *Jauernig* Zwangsvollstreckungs- und Konkursrecht¹⁵ § 58 VI; *Serick* I § 15 VI 2; RG GruchBeitr. **57** 1098 = RG Recht **1913** Nr. 583). Der Verkäufer kann in beiden Fällen der unvollkommenen Verbindlichkeit die Sache herausverlangen, ohne daß ein Rücktrittsgrund gegeben ist (BGHZ **70** 96, 99 ff).

17 **f) Auflösende Bedingung**

Ist dem Gemeinschuldner das Eigentum unter der auflösenden Bedingung übertragen worden, daß der Kaufpreis nicht bis zu einer bestimmten Zeit voll bezahlt ist, so kann der Verkäufer die Sache nicht aus dem Grunde zurückverlangen, weil er nur konkursmäßige Befriedigung erhält (**a. A.** *v. Wilmowski/Kurlbaum* KO⁶ § 26 Anm. 6). Zwar läßt der Eintritt einer auflösenden Bedingung die Wirksamkeit der bedingten Verfügung von selbst erlöschen. Der Zweck des § 26 S. 1 geht aber gerade dahin, den sonst wirksamen Rückfall im Interesse der Konkursgläubiger zu unterbinden, wenn er seinen Grund in der konkursbedingten Nichterfüllung hat. Ist die auflösende Bedingung auf ein Ereignis abgestellt, das mit dem Konkurs nichts zu tun hat, so steht § 26 dem Rückfall des Eigentums nicht entgegen, da die Aufhebung des Eigentums nicht „infolge der Konkurseröffnung" eintritt. Ist dagegen der Rückfall auf die Nichtzahlung abgestellt, so findet § 26 Anwendung, wenn die Nichtzahlung auf § 18 oder § 23 beruht oder durch Handlungen des Verwalters nach §§ 19, 22 herbeigeführt ist (*Böhle-Stamschräder/Kilger* KO[13] § 26 Anm. 4; *Mentzel/Kuhn/Uhlenbruck* KO[9] § 26 Anm. 5; *Wolff* KO[2] § 26 Anm. 3). Ist die Konkurseröffnung als auflösende Bedingung vereinbart, so steht § 26 dem Rückfall des Eigentums ebenfalls entgegen (**a. A.** *Böhle-Stamschräder/Kilger* KO[13] § 26 Anm. 4). Ob die Bedingung auf die Konkurseröffnung oder auf die Nichterfüllung wegen der Konkurseröffnung abgestellt ist, kann keinen erheblichen Unterschied begründen, zumal der Wortlaut des § 26 auch die Fälle erfaßt, in denen „die Aufhebung des Rechtsverhältnisses infolge der Konkurseröffnung eintritt".

III. Ausschluß einer Masseschuld (§ 26 Satz 2)

1. Grundsatz 18

„Der andere Teil kann eine Forderung wegen der Nichterfüllung oder der Aufhebung nur als Konkursgläubiger geltend machen, soweit ihm nicht ein Anspruch auf abgesonderte Befriedigung zusteht". Zunächst ist zu klären, welche Forderungen „des anderen Teiles" begrifflich in Betracht kommen, falls bei einem Schuldverhältnis auf einer Seite die bedungene Leistung ausbleibt. Man kann — vom Anspruch auf Erfüllung abgesehen — an das Recht des Rücktritts oder die daraus erwachsenden Ansprüche oder an einen Anspruch auf Schadensersatz wegen Nichterfüllung denken. Das Recht des Rücktritts wird durch Satz 1 für den Fall einer durch den Konkurs veranlaßten „Nichterfüllung" oder „Aufhebung" dem Gegner ausdrücklich versagt. Es bleibt also die Entschädigungsforderung. Jedoch kann allein wegen der durch den Konkurs gebotenen Änderung der Erfüllungsart nach dem Zweck des Konkursverfahrens dem Gläubiger „Schadensersatz wegen Nichterfüllung" nicht gebühren. Sonst wäre jeder Konkursgläubiger als solcher auch schadensersatzberechtigt.

2. Forderung wegen Nichterfüllung 19

Das Wort „Nichterfüllung" in § 26 S. 2 ist deshalb als Folge der Änderung des Schuldverhältnisses zu verstehen, die sich von Rechts wegen mit der Konkurseröffnung nach §§ 17, 18 vollzieht [s. § 17 Anm. 115, 149 ff, 171 ff, § 18 Anm. 16 ff]. Der zweite Satz des § 26 gebraucht also den Ausdruck „Nichterfüllung" in einem engeren Sinne als der erste (Anm. 10; *Oetker* ZZP **14** 48 f; **s. aber** *v. Sarwey/Bossert* KO[4], die selbst in Anm. 1 das Wort Nichterfüllung in weiterem Sinn auffassen als in Anm. 4 unter 3 und doch auf S. 131 die zwiespältige Auslegung verwerfen).

3. Forderung wegen Aufhebung 20

Ein Entschädigungsanspruch wegen Aufhebung eines Rechtsverhältnisses kommt in Frage, wenn der Konkursverwalter kraft seiner gesetzlichen Befugnisse schwebende Schuldverhältnisse durch unmittelbare oder mittelbare Lösung vorzeitig zum Erlöschen bringt, unmittelbar durch Kündigung (§§ 19, 22), mittelbar durch Veräußerung des vom Gemeinschuldner vermieteten oder verpachteten Grundstücks (§ 21 IV; RG LZ **1916** Sp. 1191; Untermiete: § 21 Anm. 5). Wenn der Vermieter oder Verpächter im Fall des § 19 kündigt oder im Fall des § 20 zurücktritt, steht ihm eine Schadensersatzforderung nicht zu [§ 19 Anm. 70 f, § 20 Anm. 8]. Erlischt mit der Konkurseröffnung ein Geschäftsbesorgungsvertrag, so entsteht ebenfalls ein von § 26 erfaßter Ersatzanspruch [§ 23 Anm. 45].

21 **4. Konkursforderung**

Entsteht aus einer Handlung des Konkursverwalters eine Verbindlichkeit, so hat sie nach § 59 I Nr. 1 die Eigenschaft einer Masseschuld. Deshalb müßte strenggenommen ein aus der Kündigung des Verwalters erwachsender Entschädigungsanspruch, wenn überhaupt ein solcher entsteht, Masseschuldanspruch und nicht Konkursforderung sein. Diese Folgerung schließt § 26 S. 2 aus, indem er etwaige Schadensersatzansprüche zu bloßen Konkursforderungen herabdrückt (§ 61 I Nr. 6) unbeschadet eines dem Gläubiger vielleicht zustehenden Absonderungsrechtes [Beispiel: § 17 Anm. 198]. Damit bestimmt das Gesetz zugleich das Wesen der dem Vertragsgegner des Gemeinschuldners nach § 18 zustehenden Forderung „wegen Nichterfüllung". Die Aufrechenbarkeit der Entschädigungsforderung wird weder durch den Wortlaut noch durch den Zweck des § 26 ausgeschlossen (§ 17 Anm. 202; *Mentzel/Kuhn/Uhlenbruck* KO^9 § 26 Anm. 15).

22 **5. Zwingendes Recht**

Auch § 26 S. 2 enthält zwingendes Recht, da er die Gesamtheit der Konkursgläubiger schützen soll. Er bleibt unanwendbar, wenn ein noch beiderseits unerfülltes Schuldverhältnis vom Vertragspartner nach Konkursbeginn in Unkenntnis des Konkurses erfüllt wird, die Leistung zur Masse gelangt, der Verwalter aber die Erfüllung nach § 17 ablehnt. Infolge dieser Ablehnung verliert die nach § 17 nur gegen Volleistung der Masse geschuldete Erfüllung den rechtlichen Grund [s. § 17 Anm. 44]. Da die Bereicherung erst zugunsten der Konkursmasse eingetreten ist, greift § 59 I Nr. 4 Platz.

23 **6. Inhalt des Schadensersatzanspruchs**

Zum Inhalt des Schadensersatzanspruchs s. § 17 Anm. 172—196; zur Vertragsstrafe s. § 17 Anm. 206.

§ 27

Erlischt ein von dem Gemeinschuldner erteilter Auftrag oder ein Dienst- oder Werkvertrag der im § 23 Abs. 2 bezeichneten Art infolge der Eröffnung des Verfahrens, so ist der andere Teil in Ansehung der nach der Eröffnung des Verfahrens entstandenen Ersatzansprüche im Falle des § 672 Satz 2 des Bürgerlichen Gesetzbuchs Massegläubiger, im Falle des § 674 des Bürgerlichen Gesetzbuchs Konkursgläubiger.

Materialien: P. VI S. 761; Begründung S. 32 f; im übrigen wie zu § 23.

Übersicht

I. Einleitung 1

Die §§ 27, 28 regeln die konkursrechtliche Behandlung der nach Konkursbeginn entstehenden Ersatzansprüche eines Geschäftsbesorgers. Wegen der Rechtsstellung des Dritten, mit dem ein Geschäft nach Konkursbeginn abgeschlossen wird, s. § 23 Anm. 56 ff.

II. Der Geschäftsbesorger als Massegläubiger (§ 672 Satz 2 BGB)

1. Nach der Eröffnung des Verfahrens entstandene Ersatzansprüche 2

Aufträge, sowie Dienst- und Werkverträge auf Geschäftsbesorgung für den Gemeinschuldner erlöschen, wenn sie zu seinem konkursgebundenen Vermögen in Beziehung stehen, nach Maßgabe des § 23 I S. 1, II von Rechts wegen infolge der Konkurseröffnung. Nach § 23 S. 2 KO mit §§ 672 S. 2, 675 BGB ist aber der Geschäftsbesorger, wenn mit dem Aufschub Gefahr verbunden ist,verpflichtet, die ihm übertragene Tätigkeit zum Schutz der Masse solange fortzusetzen, bis der Konkursverwalter anderweit Fürsorge treffen, also z. B. den Verkauf leicht verderblicher Waren trotz Kenntnis des Konkurses noch ausführen kann. Insoweit gilt der Vertrag als fortbestehend [§ 23 Anm. 41, 56 — Vollmacht —, § 23 Anm. 47 mit § 59 Anm. 1 — unbeauftragte Geschäftsführung —]. Beruht die Pflicht zur Geschäftsfortführung auf einem Dienst- oder Werkvertrag, so liegt ein gegenseitiges Schuldverhältnis i. S. d. § 59 I Nr. 2 vor, dessen Erfüllung für die Zeit nach der Eröffnung des Verfahrens erfolgen muß: Der Anspruch des Geschäftsbesorgers auf Erstattung der zum Zweck der Fortführung des Geschäfts gemachten Aufwendungen (§§ 670, 675 BGB) ist also Masseschuldanspruch. Für den Fall des Auftrags, der nur ein unvollkommen zweiseitiges Schuldverhältnis begründet [§ 17 Anm. 32 f], ist bei entsprechender Sachlage eine gleiche rechtliche Behandlung geboten. Die Vorschrift des § 27, die dem Ersatzberechtigten bei unaufschiebbarer Geschäftsbesorgung die Stellung eines Massegläubigers einräumt, bewirkt die Anwendbarkeit des § 59 I Nr. 2, indem sie ausspricht, daß der Ersatzanspruch als Masseschuld zu erfüllen ist. Die abweichende Ansicht von *v. Wilmowski/Kurlbaum* (§ 27 Anm. 2), die § 59 I Nr. 1 heranziehen, weil der Geschäftsbesorger „Beauftragter des Konkursverwalters" sei, ist unzutreffend, weil § 59 I Nr. 1 ein Rechtsgeschäft oder eine Handlung des Konkursverwalters voraussetzt, der Konkursverwalter aber den Auftrag nicht erteilt hat. Die Ersatzansprüche des Geschäftsbesorgers haben im Falle der Masseunzulänglichkeit den Rang des § 60 Nr. 1. Der Standpunkt des Gesetzes rechtfertigt sich aus der Erwägung, daß die Fortführung der Geschäfte im Interesse der Masse geboten ist. Daß aber diese Geschäftsbesorgung auch tatsächlich der Masse einen Vermögensgewinn zuführen müsse, verlangt § 27 nicht. Auch beschränkt sich der Ersatzanspruch, wie dies im Falle des § 59 I Nr. 4 der Fall wäre, nicht auf die „Bereicherung" der Masse. Ist wirklich mit dem Aufschub Gefahr verbunden, so liegt der Fall des § 672 S. 2 BGB, also der Fall der Notbesorgung, vor, einerlei, ob der Geschäftsbesorger nun in Kenntnis oder in Unkenntnis des Konkurses handelt. Auch im letzten Fall bildet die Ersatzpflicht eine Masseschuld.

3 **2. Vor Konkurseröffnung entstandene Ersatzansprüche**

§ 27 regelt nur die konkursrechtliche Behandlung der Ersatzansprüche des Geschäftsbesorgers, die nach Konkursbeginn (§ 108) entstanden sind. Ersatzansprüche aus früherer Zeit bilden Konkursforderungen (§ 3). Das gilt in gleicher Weise für die unentgeltliche (§ 662 BGB) wie für die entgeltliche Geschäftsbesorgung.

4 **3. Vergütungsansprüche**

Von den Vergütungsansprüchen, die bei entgeltlicher Geschäftsbesorgung dem Dienstverpflichteten oder Werkunternehmer zustehen (§§ 611 f, 615 ff, 628, 631 f, 641, 645 ff BGB) spricht § 27 nicht. Sie sind zwar von den Ersatzansprüchen zu unterscheiden, aber wohl nur versehentlich in § 27 unerwähnt geblieben. Die Annahme eines bloßen Versehens liegt um so näher, als der entsprechende § 28 auch Vergütungsansprüche mit umfaßt [§ 28 Anm. 2]. Im übrigen führt auch die Anwendung der allgemeinen Vorschriften des Konkursrechts zu entsprechenden Ergebnissen: Der Vergütungsanspruch ist Konkursforderung, soweit er bereits vor Konkursbeginn erworben war (§ 3 mit § 61 I Nr. 6, unter Umständen § 59 I Nr. 3 c, § 61 I Nr. 1 c). Das gilt auch für Provisionsansprüche eines Handelsvertreters für einen von ihm vor Konkurseröffnung mit einem Dritten abgeschlossenen Vertrag, den der Konkursverwalter gem. § 17 erst nach Konkurseröffnung erfüllt (*Mentzel/Kuhn/Uhlenbruck* KO⁹ § 17 Anm. 35; OLG Naumburg JW **1935** 1346). Der Vergütungsanspruch ist dagegen Masseschuldanspruch, soweit er eine gem. § 675 mit § 672 S. 2 BGB nach Konkursbeginn zu leistende Geschäftsbesorgung betrifft (§ 59 I Nr. 2; *Bleyer* KO³ § 27 Anm. 1 a; *Mentzel/Kuhn/Uhlenbruck* KO⁹ § 27 Anm. 2; **a. A.** *Seuffert* Konkursprozeßrecht S. 196 Note 2). Deshalb hat bei der Kommission [§ 17 Anm. 24, § 23 Anm. 9] der Kommissionär, der wegen einer mit dem Aufschub verbundenen Gefahr noch während des Konkurses tätig werden mußte, die Provision (§§ 396, 354 HGB) für diese Tätigkeit als Massegläubiger zu beanspruchen (*Koller* in Großkomm. HGB³ § 383 Anm. 91; *Canaris* in Großkomm. HGB³ Anh. nach § 357 Anm. 922).

III. Der Geschäftsbesorger als Konkursgläubiger (§ 674 BGB)

5 **1. Ersatzansprüche**

Wenn der Geschäftsbesorger das Erlöschen des Vertrages — genauer: die das Erlöschen bewirkende Tatsache der Konkurseröffnung — weder kennt noch fahrlässig verkennt, mit dem Aufschub des Geschäftes aber keine Gefahr verbunden ist [Anm. 2], gilt der Vertrag nach § 23 S. 2 KO mit §§ 674, 675 BGB zu seinen Gunsten als fortbestehend [§ 23 Anm. 42]. Der Ersatzanspruch des Geschäftsbesorgers ist in diesem Fall eine Konkursforderung, und zwar stets eine nicht bevorrechtigte. Sinn dieser Regelung ist, den Geschäftsbesorger so zu stellen, als hätte er das Geschäft vor der Konkurseröffnung geführt [§ 23 Anm. 57]. Über die Folgen der Konkursforderungseigenschaft s. § 3 Anm. 6, 7. Daß die Geschäftsbesorgung der Masse Vorteile bringt, wird nicht vorausgesetzt. Begründet aber im Einzelfall der Aufwand eine ungerechtfertigte Bereicherung der Masse, so hat der Geschäftsbesorger nach § 59 I Nr. 4 den Rang eines Massegläubigers. Denn § 27 will ihn besser, nicht aber schlechter stellen, als er nach allgemeinen konkursrechtlichen Vorschriften gestellt ist. So besteht z. B. ein Massebereicherungsanspruch, wenn der Geschäftsbesorger einen Massegegenstand herbeischafft und dabei Kosten aufwendet, die auch der Verwalter nicht hätte ersparen können [§ 23 Anm. 47].

2. Vergütungsansprüche 6

Über die konkursrechtliche Einordnung der Vergütungsansprüche im Konkurs des Geschäftsherrn trifft § 27 auch für den zweiten Fall (§ 675 mit § 674 BGB) keine ausdrückliche Bestimmung [s. Anm. 4]. Jedoch gebietet auch hier der Schutzgedanke der §§ 23 I S. 2 KO, 674 BGB, 27 KO den Geschäftsbesorger so zu behandeln, als hätte er die Geschäftsbesorgung vor Konkurseröffnung ausgeführt [Anm. 5]. Der Vergütungsanspruch ist deshalb Konkursforderung (*Koller* in Großkomm. HGB[3] § 383 Anm. 91; *Canaris* in Großkomm. HGB[3] Anh. nach § 357 Anm. 922).

3. Geschäftsbesorgung, die sich nicht auf die Konkursmasse bezieht 7

Bezieht sich der Auftrag oder Geschäftsbesorgungsvertrag nicht auf die Konkursmasse [§ 23 Anm. 35 ff] und besteht er deshalb fort, so findet § 27 keine Anwendung, weil diese Vorschrift sich nur auf die Verträge bezieht, die von § 23 erfaßt werden. Der Vergütungsanspruch und die Ersatzansprüche des Geschäftsbesorgers sind deshalb in diesen Fällen nur insoweit Konkursforderungen, als die Geschäftsbesorgung vor Konkurseröffnung ausgeführt wurde bzw. die Aufwendungen vor Konkurseröffnung gemacht wurden [§ 23 Anm. 37].

IV. Geschäftsbesorgung außerhalb der §§ 672 Satz 2, 674 BGB 8

Bezieht sich der Geschäftsbesorgungsvertrag auf die Masse und liegt weder der Fall einer Notbesorgung (§ 672 S. 2 BGB) noch der einer geschützten Konkursunkenntnis (§ 674 BGB) vor, wird der Geschäftsbesorger aber trotz der Vertragsbeendigung weiter als solcher tätig, so bestimmt sich die Rechtslage nach den Regeln über die Geschäftsführung ohne Auftrag [§ 23 Anm. 47].

V. Absonderungsrecht 9

Steht dem Geschäftsbesorger, etwa aufgrund einer Sicherung seiner Ansprüche durch ein Pfandrecht, ein Recht auf abgesonderte Befriedigung zu (§§ 4, 57 ff), so verstärkt es die ihm durch § 27 gewährleisteten Masse- oder Konkursgläubigerrechte. Nur im zweiten Fall gilt der Ausfallgrundsatz des § 64. Beim Werkvertrag (§ 631 BGB) genießt der Geschäftsbesorger (als „Unternehmer") von Rechts wegen solchen Schutz. Seine Forderungen aus dem Vertrag — Ersatz- und Lohnanspruch, Masseschuldanspruch und Konkursforderung — sind nämlich durch das gesetzliche Pfandrecht an der von ihm hergestellten oder ausgebesserten beweglichen Sache des Bestellers gedeckt, wenn die Sache bei der Herstellung oder zum Zwecke der Ausbesserung in den Besitz des Unternehmers gelangt ist (§ 647 BGB mit § 49 Nr. 2 KO, vgl. auch § 49 Nr. 3 KO).

VI. Aufrechnung 10

Ist der Anspruch des Geschäftsbesorgers Konkursforderung, weil ein Fall des § 674 BGB vorliegt, so ist ihm die Aufrechnung mit einer vor Konkurseröffnung gegen ihn begründeten massezugehörigen Forderung gestattet (*Canaris* in Großkomm. HGB[3] Anh. nach § 357 Anm. 922; *Koller* in Großkomm. HGB[3] § 383 Anm. 91). § 55 Nr. 2 steht nicht entgegen, weil § 27 die Ansprüche des Geschäftsbesorgers so behandelt, als seien sie vor Konkurseröffnung entstanden.

§ 28

Wird eine nach § 705 des Bürgerlichen Gesetzbuchs eingegangene Gesellschaft durch die Eröffnung des Konkursverfahrens über das Vermögen eines Gesellschafters aufgelöst, so ist der geschäftsführende Gesellschafter in Ansehung der Ansprüche, welche ihm aus der einstweiligen Fortführung der Geschäfte nach § 728 Satz 2 des Bürgerlichen Gesetzbuchs zustehen, Massegläubiger, in Ansehung der ihm nach § 729 des Bürgerlichen Gesetzbuchs zustehenden Ansprüche, unbeschadet der Bestimmung des § 51, Konkursgläubiger.

Materialien: P. II S. 439 f, 517, VI S. 195, 761 (§ 19 b), 762 (§ 21 a); Begründung S. 33 (§ 21 b).

Übersicht

I. Gesellschaft des bürgerlichen Rechts (§ 705 BGB)

1 **1. Notgeschäftsführung**

Durch die Eröffnung des Konkurses über das Vermögen eines Gesellschafters wird eine nach § 705 BGB eingegangene Gesellschaft gemäß § 728 S. 1 BGB aufgelöst, es sei denn, daß im ursprünglichen oder ergänzten Gesellschaftsvertrag für den Fall eines solchen Konkurses das Fortbestehen der Gesellschaft unter den übrigen Gesellschaftern mit der Folge des § 736 BGB vereinbart war [§ 25 Anm. 11]. Eine Aufrechterhaltung der Gesellschaft mit dem in Konkurs gefallenen Mitglied selbst kann dagegen vor Eintritt des Auflösungsgrundes nicht wirksam vereinbart werden. [Zur entsprechenden Rechtslage bei der OHG s. § 212 Anm. 6]. Die Auflösung der Gesellschaft tritt ein, damit das durch den Gesellschaftszweck gebundene Vermögen des in Konkurs gefallenen Mitglieds für die Befriedigung seiner Gläubiger frei wird. Sie setzt aber das Vorhandensein solchen Vermögens nicht voraus (*Soergel/Schultze-v. Lasaulx* BGB[10] § 728 Anm. 3). Kommt es zur Auflösung der Gesellschaft, so sind die übrigen Gesellschafter solange zur Fortführung der ihnen übertragenen und nicht ohne Gefahr aufzuschiebenden Geschäfte verpflichtet, bis der Konkursverwalter in Gemeinschaft mit ihnen anderweit Fürsorge treffen kann. Für die Zwecke dieser Notbesorgung gilt das bisherige Gesellschaftsverhältnis als fortbestehend (§ 728 S. 2 mit § 727 II S. 2, 3 BGB). Dem Gemeinschuldner persönlich oder seinem Konkursverwalter hat das Gesetz eine entsprechende Nothandlungspflicht nicht auferlegt.

2 **2. Ersatz- und Vergütungsansprüche**

Da die Gesellschaft nach § 728 S. 2 mit § 727 II S. 3 BGB insoweit als fortbestehend gilt, als die übrigen Gesellschafter zur Notgeschäftsführung verpflichtet sind, stellen die für die Notbesorgung erwachsenden Gegenansprüche Massegläubigerrechte dar, und zwar nach § 59 I Nr. 2, weil sie nach § 28 für die Zeit nach der Eröffnung des Verfahrens erfüllt werden müssen. Die dem Mitgesellschafter nach § 728 S. 2 mit

§ 727 III S. 3 BGB zustehenden Ansprüche sind seine Forderungen aus dem insoweit weitergeltenden Gesellschaftsvertrag, mögen sie nun auf Ersatz der zum Zweck der Notbesorgung gemachten Aufwendungen (§ 713 mit §§ 670, 256 BGB) oder auf eine ihm vertragsmäßig gebührende Vergütung gerichtet sein.

3. Geschützte Konkursunkenntnis 3

Im Falle einer Auflösung der Gesellschaft durch den Konkurs eines Gesellschafters gilt die auf dem Gesellschaftsvertrag beruhende Geschäftsführungsbefugnis des Mitgesellschafters solange zu dessen Gunsten als fortbestehend, bis er die Auflösung — genauer: die sie bewirkende Tatsache, hier die Konkurseröffnung — kennt oder kennen muß (§ 729 BGB). Wie in § 27 stellt das Gesetz klar, daß die für die Tätigkeit des konkursunkundigen Mitgesellschafters nach Konkurseröffnung erwachsenden Gegenansprüche Konkursgläubigerrechte bilden (§ 3). Der Mitgesellschafter soll hinsichtlich seiner Ersatz- und Vergütungsansprüche so gestellt werden, als hätte er vor Konkurseröffnung gehandelt.

4. Absonderungsrecht 4

Unabhängig von § 28 sind im Konkurs eines Gesellschafters die im Gesellschaftsverhältnis begründeten Ansprüche der Mitgesellschafter durch ein Absonderungsrecht geschützt (§ 51). Der geschäftsführende Gesellschafter kann daher wegen der im Gesellschaftsverhältnis begründeten Gegenansprüche, seien sie Massegläubiger- oder Konkursgläubigerrechte, bei der Auseinandersetzung Vorzugsbefriedigung verlangen.

II. Handelsgesellschaften 5

Durch die Eröffnung des Konkurses über das Vermögen eines Gesellschafters wird nach § 131 Nr. 5 HGB auch die offene Handelsgesellschaft aufgelöst [§ 25 Anm. 13]. Auch bei ihr kann im ursprünglichen oder ergänzten Gesellschaftsvertrag für den Fall eines solchen Konkurses das Fortbestehen der Gesellschaft unter den übrigen Gesellschaftern vereinbart (§ 138 HGB), ja sogar noch nachträglich durch die übrigen Gesellschafter die Fortsetzung der Gesellschaft beschlossen werden (§ 141 II HGB; s. auch § 212 Anm. 6). Auch hier sind die übrigen Gesellschafter — und nur sie — im Fall der Auflösung zu Notbesorgungen verpflichtet (§ 137 HGB, entsprechend § 728 mit § 727 BGB). Auch hier wird die Konkursunkundigkeit des Mitgesellschafters geschützt (§ 136 HGB, entsprechend § 729 BGB). Obwohl § 28 nur von der Gesellschaft des bürgerlichen Rechts spricht, ist er auch auf die OHG anzuwenden, soweit der geschäftsführende Gesellschafter sich an den im Konkurs stehenden Gesellschafter halten darf (§ 105 II HGB; *Ulmer* in Großkomm. HGB[3] § 137 Anm. 28, 29, § 136 Anm. 10; *Mentzel/Kuhn/Uhlenbruck* KO[9] § 28 Anm. 5; *Böhle-Stamschräder/Kilger* KO[13] § 28 Anm. 3). Gleiches gilt für die Kommanditgesellschaft, die sowohl durch den Konkurs eines persönlich haftenden Gesellschafters als auch durch den Konkurs eines Kommanditisten (§ 161 II mit § 131 Nr. 5 HGB) aufgelöst wird, und für die Kommanditgesellschaft auf Aktien, bei der aber nur der Konkurs eines persönlich haftenden Gesellschafters zur Auflösung führt (§ 289 I, III AktG). Auf die stille Gesellschaft (§§ 335 ff HGB) finden die §§ 705, 728, 729 BGB und damit § 28 unmittelbar Anwendung.

III. Vereine ohne Rechtsfähigkeit 6

Der nicht rechtsfähige Verein ist seinem Wesen nach unabhängig vom Wechsel (Tod, Austritt) seiner Mitglieder. Er wird deshalb durch den Konkurs eines Mitglieds nicht aufgelöst [§ 16 Anm. 11; § 25 Anm. 19]. Für die Anwendung der §§ 727 II, 728 S. 2 BGB, 28 KO bleibt deshalb kein Raum.

W DE G

Walter de Gruyter Berlin · New York

Jetzt komplett

Bley/Mohrbutter

VglO

Vergleichsordnung

Großkommentar

Begrundet von Erich Bley

4., neubearbeitete Auflage von Dr. Jurgen Mohrbutter, Oberamtsrichter i. R., unter Mitarbeit von Harro Mohrbutter, Rechtsanwalt und Notar (Großkommentare der Praxis)

Band 1 **§§ 1-81.** – XIV, 962 Seiten 1979 DM 502,-
Band 2. **§§ 82-132, Anhang, Nachtrag, Register.** – VI, 837 Seiten 1981 DM 494,-

Lexikon-Oktav Halbleder. Abnahmeverpflichtung fur das Gesamtwerk

Aus Besprechungen:

„. . . In seiner Besprechung der 3 Auflage hat Habscheid (NJW 1971, 1688) bereits darauf hingewiesen, daß aus dem ursprünglichen Gelehrtenkommentar von Bley ein an der h M. orientiertes, auf die Bedürfnisse der Praxis abgestelltes Erlauterungswerk geworden ist Die Wirtschaft und die Insolvenzgerichte wissen sich Mohrbutter hierfür zu Dank verpflichtet, weil immer klare, wirtschaftlich vernunftige und verstandlich formulierte Losungen zu allen mit dem Vergleichsverfahren zusammenhangenden Problemen angeboten werden, die durch neueste Literatur und aktuelle Rechtsprechung belegt sind . . "

Richter am AG Dr. Wilhelm Uhlenbruck, Köln
In: Neue Juristische Wochenschrift

„ . Mohrbutter hat aus dem Gelehrtenkommentar immer mehr ein auf die Praxis ausgerichtetes Erläuterungswerk gemacht, . .
Zu allen Problemen werden überzeugende Lösungen angeboten, ohne stur an ihnen festzuhalten, wenn Entscheidungen oder die Meinungen anderer Autoren richtiger erschienen Bei souveraner Beherrschung des formellen und materiellen Rechts kann Mohrbutter überall aus dem reichen, nie versiegenden Born seiner jahrzehntelangen, praktischen Erfahrungen als Konkurs- und Vollstreckungsrichter schöpfen und seinen Kollegen sogar aufzeigen, wie man in den Verfahren mit unvorhersehbaren Situationen fertig wird! . ."

Syndikus Dr. Karl Künne, Wuppertal
In: Monatsschrift für Deutsches Recht

„Nur sechs Jahre nach Abschluß der 3. Auflage ist die erste Lieferung (§§ 1-24) der 4. Auflage des Großkommentars von Bley/Mohrbutter zur Vergleichsordnung erschienen. Darin zeigt sich besser als in jeder noch so positiven Stellungnahme zu dem Standardwerk, daß es Mohrbutter gelungen ist, das hohe wissenschaftliche Niveau des von Bley begründeten Werks beizubehalten und gleichzeitig auf die die Praxis bewegenden Fragen einzugehen und sie interessengerecht zu beantworten. . "

Prof. Dr. Wolfgang Grunsky, Bielefeld
In: Insolvenzrecht (ZIP)

„ . Gegenüber der Vorauflage (1968/72) ist der Umfang des Bandes 1 um fast 200 Seiten gewachsen und die Druckanordnung noch übersichtlicher geworden. Erheblich erweitert ist z. B die Kommentierung zu § 7 (Vergleichsverfahren und das Unternehmen, Aufstellung eines Sozialplanes, Haftung bei Betriebsubernahme) sowie zu den §§ 26, 35 und 39.
Alles in allem liegt mit der Neuauflage des Großkommentars von Bley/Mohrbutter ein umfassendes, fur alle beteiligten Kreise unentbehrliches Standardwerk zur Vergleichsordnung vor, das hochsten wissenschaftlichen Anspruchen genugt und zugleich auch die Bedurfnisse der Praxis nach detaillierten Informationen in vollem Maße befriedigt "

Prof. Dr. W. Schubert, Kiel
In: Juristische Rundschau

„. . . Im ubrigen braucht den mit Fragen des Insolvenzrechts befaßten Juristen der »Bley/Mohrbutter« weder bekannt gemacht noch empfohlen zu werden. Denn dieser Kommentar gilt zu Recht als wissenschaftlich ebenso gediegen wie praktisch unentbehrlich. ."

Prof Dr Pawlowski und Assessor Dr Braun
In· Zeitschrift für Zivilprozeß

Preisanderung vorbehalten

ISBN 3 11 008860 6

FSC
www.fsc.org
MIX
Papier | Fördert gute Waldnutzung
FSC® C083411

Kolibri 360 GmbH
Ferdinand-Jühlke-Straße 7
99095 Erfurt, Deutschland
produktsicherheit@kolibri360.de